Einführungskurs Soziologie

Herausgegeben von
Hermann Korte, Münster, Deutschland
Bernhard Schäfers, Karlsruhe, Deutschland

Einführungskurs Soziologie
Band 1

Herausgegeben von
Hermann Korte und Bernhard Schäfers

Die weiteren Bände:
Band 2: Hermann Korte · Einführung in die Geschichte der Soziologie
Band 3: Annette Treibel · Einführung in soziologische Theorien der Gegenwart

Hermann Korte · Bernhard Schäfers
(Hrsg.)

Einführung in Hauptbegriffe der Soziologie

9., überarbeitete und aktualisierte Auflage

Springer VS

Herausgeber
Hermann Korte
Münster, Deutschland

Bernhard Schäfers
Karlsruhe, Deutschland

Einführungskurs Soziologie
ISBN 978-3-658-13410-5 ISBN 978-3-658-13411-2 (eBook)
DOI 10.1007/978-3-658-13411-2

Die Deutsche Nationalbibliothek verzeichnet diese Publikation in der Deutschen Nationalbibliografie; detaillierte bibliografische Daten sind im Internet über http://dnb.d-nb.de abrufbar.

Springer VS

Lektorat: Cori A. Mackrodt, Stefanie Loyal

Gedruckt auf säurefreiem und chlorfrei gebleichtem Papier

Springer VS ist Teil von Springer Nature
Die eingetragene Gesellschaft ist Springer Fachmedien Wiesbaden GmbH

Inhalt

Editorial zum Einführungskurs Soziologie

Der Einführungskurs ist konzipiert für Studienanfänger an Universitäten und Fachhochschulen. Wer im Haupt- oder Nebenfach Soziologie studiert, kann mit dem **Einführungskurs Soziologie** im Grundstudium bzw. im ersten Studienabschnitt die erforderlichen Kenntnisse in soziologischer Begriffs- und Theoriebildung und in der Geschichte der Soziologie erwerben. Der **Einführungskurs Soziologie** umfasst drei Bände:

I. Einführung in Hauptbegriffe der Soziologie
II. Einführung in die Geschichte der Soziologie
III. Einführung in soziologische Theorien der Gegenwart

Den Autorinnen und Autoren der drei Bände waren von den Herausgebern u. a. folgende Grundsätze als Orientierung bei der Texterstellung ihrer Lektion vorgegeben worden:

- Jede Lektion soll nur den Stoff umfassen, der in etwa zwei Doppelstunden Vorlesung und Übung behandelt werden kann.
- Jede Lektion soll in sich verständlich und abgeschlossen sein.
- Die für das Weiterstudium wichtigsten Literaturangaben sind im Informationsteil besonders hervorzuheben.

Wir hoffen, mit dem **Einführungskurs Soziologie** einen angemessenen Weg gefunden zu haben, das soziologische Grundstudium in dem Maße zu standardisieren, wie es für jede wissenschaftliche Disziplin unabdingbar ist.

Hermann Korte
Universität Hamburg

Bernhard Schäfers
Universität Karlsruhe (TH; jetzt KIT)

Vorwort zur 9. Auflage von Band 1: Einführung in Hauptbegriffe der Soziologie

Soziologie ist die Wissenschaft von den Bedingungen und Strukturen des sozialen Handelns und den verschiedenen, sich daraus ergebenden Formen der Vergemeinschaftung und Vergesellschaftung. Zu ihrem Gegenstandsbereich gehören auch die sozialen Prozesse, die sowohl die Kontinuität bestimmter sozialer Strukturen und Institutionen gewährleisten als auch ihren Wandel bewirken.

Aus dieser Definition der Soziologie, die sich so oder ähnlich in allen soziologischen Lehrbüchern und Lexika findet, ergeben sich die in diesem Band abgehandelten **Hauptbegriffe der Soziologie.**

Dieser erste Band des **Einführungskurses Soziologie** geht von einigen allgemeinen Grundlagen wissenschaftlichen Arbeitens überhaupt und spezifischen Erfordernissen der Soziologie in Lehre und Forschung aus:

- Keine wissenschaftliche Disziplin kann ohne kontinuierliche Arbeit an ihren Begriffen, mit denen sie ihren Gegenstandsbereich in erster Annäherung definiert und strukturiert, auskommen.
- In der Soziologie ist eine gründliche Kenntnis zentraler Begriffe schon deshalb unerlässlich, weil diese zum Teil zur Alltagssprache und zum Alltagsverständnis sozialer Phänomene gehören.

Die Erarbeitung der in diesem Band in dreizehn Lektionen erläuterten 27 **Hauptbegriffe der Soziologie** sollte im Kontext der Geschichte und Sozialgeschichte der Soziologie (Bd. II) erfolgen und dann – vertiefend – auf die aktuelle Theoriediskussion (Bd. III) bezogen werden.

Für die vorliegende 9. Auflage haben alle Autorinnen und Autoren ihre Beiträge überarbeitet und die Literatur aktualisiert.

Hermann Korte
Universität Hamburg

Bernhard Schäfers
Universität Karlsruhe (TH; jetzt KIT)

Lektion I
Soziologie als Wissenschaft. Warum Begriffe lernen?

Hermann L. Gukenbiehl

Inhalt

1 Soziologie als Wissenschaft

Soziologie als Wissenschaft von der sozialen Wirklichkeit

In einer ersten Annäherung kann man **Soziologie** als Wissenschaft von der sozialen Wirklichkeit bezeichnen. **Soziale Wirklichkeit** meint dabei jenen Teil der erfahrbaren Wirklichkeit, der sich im Zusammenleben der Menschen ausdrückt oder durch dieses Zusammenleben und Zusammenhandeln hervorgebracht wird. Damit sind Familien ebenso gemeint wie Betriebe und Gemeinden, kleine Gruppen ebenso wie ganze Gesellschaften, der Aufbau und die Gestaltung eines solchen Zusammenlebens ebenso wie seine Erhaltung oder Veränderung.

Was macht diese soziale Wirklichkeit aus, was bringt sie hervor? Wie kann man dann erfassen und erklären, was diese Wirklichkeit ausmacht? Klassisch geworden und daher immer wieder zitiert sind die Antworten von zwei „Gründervätern" der Soziologie, die von Max Weber (1864–1920) und Emile Durkheim (1858–1917).

Webers Definition von Soziologie

M. Weber gibt in seiner „soziologischen Kategorienlehre", einem begriffsklärenden Vorspann zu seinem Werk „Wirtschaft und Gesellschaft" (2002), folgende Antwort: „Soziologie (im hier verstandenen Sinn dieses sehr vieldeutig gebrauchten Wortes) soll heißen: eine Wissenschaft, welche soziales Handeln deutend verstehen und dadurch in seinem Ablauf und in seinen Wirkungen ursächlich erklären will. ‚Handeln' soll dabei ein menschliches Verhalten (einerlei ob äußeres oder innerliches Tun, Unterlassen oder Dulden) heißen, wenn und insofern der oder die Handelnden mit ihm einen subjektiven Sinn verbinden. ‚**Soziales Handeln**' aber soll ein solches Handeln heißen, welches seinem von dem oder den Handelnden gemeinten Sinne nach auf das Verhalten anderer bezogen wird und daran in seinem Ablauf orientiert ist".

Durkheims Definition von Soziologie

E. Durkheim antwortet in seinem Werk „Die Regeln der soziologischen Methode" (2007) auf diese Fragen: „Die Soziologie kann also definiert werden als die Wissenschaft von den Institutionen, deren Entstehung und Wirkungsart". **Institutionen** werden, wie ihre Elementarform soziale Norm, von Durkheim als ‚soziale Tatbestände' oder französisch: *‚faits sociaux'* verstanden. „Ein *soziologischer Tatbestand* ist jede mehr oder minder festgelegte Art des Handelns, die die Fähigkeit besitzt, auf den Einzelnen einen äußeren Zwang auszuüben; oder auch, die im Bereich einer gegebenen Gesellschaft allgemein auftritt, wobei sie ein von ihren individuellen Äußerungen unabhängiges Eigenleben besitzt".

Sowohl Durkheim als auch Weber sehen in der Soziologie eine Wissenschaft, die Phänomene und Prozesse der sozialen Wirklichkeit erfassen und erklären soll. Während Weber diese Wirklichkeit auf den Grundprozess „soziales Handeln" zurückfuhrt, sieht Durkheim in den *„faits sociaux"* die elementaren Tatbestände, die die soziale Wirklichkeit ausmachen.

Entsprechend unterschiedlich sind ihre Grundannahmen über die Vorgehensweisen, die sich zur systematisch-empirischen Erfassung der jeweils als grundlegend verstandenen Elemente der sozialen Wirklichkeit eignen: Während Durkheim die „objektiv" gedachten Tatbestände aus beobachtbarem Handeln logisch erschließen zu können glaubt, sieht Weber die Notwendigkeit, nicht nur das Verhalten zu beobachten, sondern auch den Sinn und die Sozialorientiertheit des Handels zu verstehen.

Das gesamte gedankliche Gefüge solcher Grundannahmen, zu denen dann auch entsprechende Begriffssysteme gehören, die das als wesentlich Erachtete (z. B. soziales Handeln, soziale Tatsache) auch bezeichnen und definieren lassen, nennt man in der Soziologie einen „Theorieansatz" oder auch mit dem von T. S. Kuhn (2006) eingeführten Fachbegriff ein **„Paradigma"**.

Paradigma oder Theorieansatz

Aus diesen beiden klassisch gewordenen Antworten auf die Frage nach dem Verständnis von Soziologie lassen sich folgende allgemeine Aussagen ableiten:

Soziologie als empirisch-rationale Sozialwissenschaft

- Soziologie ist eine empirisch-rationale Sozialwissenschaft.
  Das heißt, ihr Gegenstand ist die erfahrbare soziale Wirklichkeit, den sie sich mit anderen Sozialwissenschaften (z. B. Kulturanthropologie, Sozialpsychologie, Wirtschaftswissenschaften, Politologie) teilt. In ihrem Vorgehen zur Erfassung dieser Wirklichkeit ist sie systematisch-methodisch und in ihren Erklärungsversuchen rational-logisch.
- Soziologie hat eine paradigmatische Struktur.
  Das heißt, in der Soziologie werden Forschung und Lehre von sogenannten Paradigmen oder Theorieansätzen geleitet. Sie enthalten Grundannahmen darüber, was die soziale Wirklichkeit ausmache, wie man das als wesentlich Erachtete empirisch erfassen und bezeichnen solle und wie man das Erfasste zu interpretieren und logisch zu erklären habe. Allerdings benutzt die Soziologie nicht nur ein einziges, gemeinsames Paradigma, sondern eine Mehrzahl solcher Theorieansätze, die sich in ihren Grundannahmen und Fragestellungen, aber auch in ihren zentralen Begriffen mehr oder minder deutlich voneinander unterscheiden.

Paradigmatische Struktur der Soziologie

2 Studium der Soziologie und Soziologie als Beruf

Drei Bereiche des Soziologiestudiums

Das Studium der Soziologie, das je nach Hochschule und Studiengang zeitlich und inhaltlich unterschiedliche Ausgestaltung erfahren kann, umfasst grundsätzlich drei Bereiche:

- Das Studium der **Speziellen Soziologien**, die über Forschungsergebnisse in den verschiedenen Feldern der sozialen Wirklichkeit informieren, z. B.

die Familiensoziologie, die Jugendsoziologie, die Industrie- und Betriebssoziologie oder die Soziologie sozialer Ungleichheit und die Sozialstrukturanalyse.

- Das Studium der sozialwissenschaftlichen **Methodenlehre,** die Techniken der Informationsbeschaffung sowie der Erhebung, Aufbereitung und Auswertung von Daten vermittelt.
- Das Studium der **Allgemeinen Soziologie.** Sie informiert über grundlegende Fragestellungen und gebräuchliche Paradigmen in der Soziologie einschließlich ihrer wissenschaftsgeschichtlichen Entstehung.

Hauptbegriffe als Grundlage

Studienanfänger aller Wissenschaftsdisziplinen fragen gelegentlich: Warum und wozu soll oder muss ich gar die vielen Fachbegriffe (Fachtermini) lernen? Eine motivierende Antwort hat die Funktionen und Aufgaben zu verdeutlichen, die den Fachbegriffen in einer Wissenschaftsdisziplin, also auch in der Soziologie, zukommen. Sie dienen:

- der Definition, d. h. der sprachlichen Eingrenzung, Festlegung und Bezeichnung eines gemeinten Sachverhaltes (Nominaldefinition),
- der Reflexion, d. h. der gedanklichen Be- und Verarbeitung des definierten Sachverhaltes,
- der Kommunikation, d. h. der sprachlichen Mitteilung und Verständigung über diesen Sachverhalt.

Warum Begriffe lernen?

Wer also an den Ergebnissen der Forschung und an fachlicher Kommunikation in einer Wissenschaftsdisziplin teilhaben will, muss die dort gebräuchlichen Fachbegriffe kennen.

Der entsprechende Lernprozess folgt jedoch nicht einer alphabetischen oder sonstigen lexikalischen Ordnung der Begriffe. Vielmehr geschieht er meist – wie auch im vorliegenden Band – anhand von Themen oder von Sachverhalten, die in dieser Wissenschaftsdisziplin als zentral oder grundlegend gelten. Er greift auch nicht sofort alle begrifflichen Differenzierungen auf, die sich im Laufe von Forschung, Reflexion oder fachlicher Kommunikation herausgebildet haben, sondern beginnt meist bei den grundlegenden Termini, wie man sie in den Anfangssemestern eines Fachstudiums kennen lernt, um dann der Ausweitung und Ausdifferenzierung des Fachwissens im weiteren Verlauf des Studiums zu folgen.

Berufsfelder für Soziologen

Soziologie ist eine relativ junge Wissenschaft, deren Vertreter uns nicht ständig im Alltag begegnen wie etwa Mediziner, Juristen, Theologen, Ingenieure oder Mathematiker und deren Tätigkeits- oder Berufsfelder wir daher aus eigener Erfahrung mehr oder minder gut zu kennen glauben. Gleichwohl gibt es einige tausend Absolventen im Hauptfach Soziologie, die ihrem

Beruf nachgehen. Wir finden sie vor allem in sozialwissenschaftlichen Forschungsinstituten, in beratenden und leitenden Funktionen in verschiedenen Bereichen der Wirtschaft (Personalmanagement, Betriebsorganisation), der Politik (Politikberatung, Parteiorganisation), der Verwaltung oder des Sozialwesens. Noch sehr viel häufiger sind Nebenfach-Soziologen zu finden, da heutzutage nicht nur Wirtschafts- und Kommunikationswissenschaftler (z. B. Journalisten) oder Politologen und Völkerkundler, sondern zunehmend auch Pädagogen, Sozial- und Organisationspsychologen, Historiker, Theologen, Ingenieurwissenschaftler oder auch Mediziner (Arbeits-, Berufs-, Sozialmedizin) wissen, dass sie in ihrem beruflichen Studium eine soziologische Komponente oder Ergänzung brauchen.

3 Soziologie als Bezeichnung

„Soziologie" – ein Kunstwort

Etymologisch ist Soziologie ein Kunstwort, das aus dem lateinischen Teil „socius“ (adj.: gemeinsam, verbunden, verbündet, oder substant.: Gefährte, Verbündeter, Teilnehmer) und dem griechischen Teil „logos“ (sprachliche Darstellung, Kunde, Denkkraft) zusammengesetzt ist. Allgemein könnte man Soziologie als „Wissenschaft vom Zusammenleben“ übersetzen. Damit ist das Zusammenleben von Menschen gemeint, auch wenn in der Verhaltensforschung (Ethologie) gelegentlich von Tiersoziologie die Rede ist.

Wortschöpfer Auguste Comte

Eingeführt wurde dieses Kunstwort von dem Franzosen Auguste Comte (1798–1857) in den 30er Jahren des 19. Jahrhunderts. Er bezeichnete damit eine neu zu schaffende Wissenschaftsdisziplin, die sich – nach dem Vorbild der von ihm hochgeschätzten Naturwissenschaften – empirisch mit dem Zusammenleben der Menschen, mit der erfahrbaren sozialen Wirklichkeit befassen sollte. Die ‚soziale‘ Wirklichkeit ist ein Gegenstandsbereich besonderer Art. Sie drückt sich im Zusammenleben der Menschen sowie in den Effekten und Ergebnissen dieses Zusammenlebens und Zusammenhandelns aus.

Die Idee zu diesem Programm war bei Comte aus zwei Lebenserfahrungen entstanden: Zum einen erlebte er die vehementen und durchgreifenden gesellschaftlichen und politischen Umbrüche in der nachrevolutionären und napoleonischen Zeit in Frankreich und vor allem die damit verbundenen Wirren, in denen alte tradierte Ordnungen ihre Geltung verloren hatten und neue Ordnungen noch unklar und instabil waren. Zum anderen kannte er die Erfolge der aufblühenden Naturwissenschaften, die aus der Beobachtung sinnlich wahrnehmbarer Tatbestände in der Wirklichkeit allgemeingültige Gesetzmäßigkeiten von Prozessen und allgemeingültig erscheinende Ordnungen ableiteten. Dieses wissenschaftliche Denken, das sich auf erfahrbare „objektive Tatbestände“ (positives Wissen) stützte, sollte nun auch auf

Ziel der Soziologie: positives, „objektives" Wissen

die soziale Wirklichkeit, auf das Zusammenleben der Menschen übertragen werden, um auch hier durch die Beobachtung objektiver Tatbestände jene allgemeingültigen sozialen Gesetzmäßigkeiten und sozialen Ordnungen zu entdecken, die die soziale Wirklichkeit bestimmen. Und dieses Wissen, so hoffte Comte, könne dann – gewissermaßen in Parallele zur technischen Anwendung naturwissenschaftlicher Erkenntnisse – zu einer stabilen und modernen Neuordnung der Gesellschaft verwendet werden (vgl. ausführliche Darstellungen zu Comte, Durkheim, Weber et al. in Bd. 2 des „Einführungskurs Soziologie", Korte 2016).

Bestimmung der sozialen Wirklichkeit durch soziale Gesetzmäßigkeiten

4 Soziologie als Wissenschaftsprogramm

Soziologie ist seit Comte nicht nur ein Name, sondern auch ein spezifisches wissenschaftliches Programm. Solche Programme, die man auch theoretische Ansätze oder Paradigmen nennt, bestimmen darüber

Gegenstand und Methode der Soziologie

- was das eigentlich Wichtige und Grundlegende an der sozialen Wirklichkeit sei (Gegenstand) und
- wie Soziologie dann am sinnvollsten und besten zu betreiben sei (Methode).

Zunächst ist man sich darüber einig,

- dass sich Soziologie mit Menschen zu befassen habe, genauer mit dem Zusammenleben der Menschen. Das Zusammenleben und Zusammenhandeln sowie deren Ergebnisse und Effekte – die soziale Wirklichkeit – sind der Forschungsgegenstand der Soziologie;
- dass Soziologie als Erfahrungswissenschaft, als empirisch-rationale Wissenschaft zu betreiben sei. D. h. sie hat systematisch Informationen über die soziale Wirklichkeit zu beschaffen und nach den Regeln der rationallogischen Argumentation damit umzugehen. Mit dieser zweiten, methodologischen Aussage will sich die Soziologie einerseits von rein formallogischen Wissenschaften, wie etwa der Mathematik, abgrenzen. Zum anderen lehnt sie Wissenschaftsauffassungen, die es gab und gibt, ab, in denen nicht der Verstand und die logische Argumentation darüber entscheiden, was Wirklichkeit und was wahr oder falsch sei, sondern dogmatisch vorgegebene Glaubensauffassungen, Weltanschauungen und spekulatives Denken.

Grundannahmen über das Soziale

Problematisch wird es jedoch mit der Gemeinsamkeit, wenn man nach den Grundannahmen über Mensch und Gesellschaft fragt, die hinter der Gegenstandsbezeichnung soziale Wirklichkeit stehen. Viele Soziologen würden mehr oder minder uneingeschränkt folgenden Annahmen zustimmen:

1) Menschen leben nicht isoliert und allein, obwohl jeder Mensch seinen eigenen Körper und sein eigenes Bewusstsein besitzt, die dann zusammen seine jeweils eigene Person und Identität ausmachen. Aber bei seinem Leben und Überleben ist der einzelne Mensch von Anfang an auf ein Zusammenleben mit anderen angewiesen und durch dieses Zusammenleben grundlegend beeinflusst (Mensch als soziales Wesen und Person).
2) Menschen schaffen in ihrem Zusammenleben eine zweite, eine kulturelle und soziale Welt. Dieses geistige und soziale Produkt von Menschen ist aber aus ihrer alltäglichen Sicht von Wirklichkeit aufs engste mit der sinnlich wahrnehmbaren materiellen Welt verflochten. Beides zusammen bildet für sie die Realität, ihre gesellschaftliche Umwelt also. Ein Leben in einer derart doppelt konstituierten Wirklichkeit ist den Menschen jedoch deshalb möglich, weil sie als Person sowohl mit einem Körper als auch mit einem Bewusstsein ausgestattet sind und daher an beiden Welten bzw. an der doppelt konstituierten Wirklichkeit des Alltags teilhaben können (materielle und gesellschaftliche Umwelt).

Veränderungen der sozialen Wirklichkeit

Diese soziale Wirklichkeit ist in doppelter Weise Veränderungen unterworfen: erstens durch die biographischen Wandlungen der Personen und zweitens durch die geschichtlichen Wandlungen der gesellschaftlichen Umwelt. Zu denken ist an körperliche Reifungs- und Alterungsvorgänge, an psychische Lern- und Sozialisationsprozesse, aber auch an Wandlungen in der geistigen Kultur von Weltanschauungen bis zum Recht und schließlich an Veränderungen in der materiellen Kultur und in der Natur, vom Häuser- und Straßenbau bis zu Klimaveränderungen. Dabei ist noch zu bedenken, dass sich die Wandlungen der verschiedenen Einzelfaktoren in aller Regel weder synchron noch aufeinander abgestimmt vollziehen. Erst der dynamische Zusammenhang all dieser Faktoren ist es, den wir soziale Wirklichkeit nennen und dem sich die Soziologie als ihrem Gegenstand widmet und über den sie Informationen beschaffen soll.

5 Analytische Begriffssysteme

Beschreibung und Erklärung sozialer Phänomene

Bei der Beschaffung von Informationen und Daten über die soziale Wirklichkeit geht es darum, auffällige soziale Phänomene und deren vermutliche Entstehungsbedingungen zu erfassen und so zu beschreiben, dass sie mit erklärenden Theorien, sogenannten Aussagen über soziale Regelmäßigkeiten, in

Zusammenhang gebracht und so auch erläutert werden können. Die fachliche Beschreibung sozialer Phänomene und deren Erklärung sind die eigentlichen Ziele der Informationsbeschaffung.

Die fachliche Beschreibung erfolgt mit Hilfe von Fachbegriffen oder fachlichen Termini wie Gruppe, Norm, Konformität, soziale Kontrolle, Sanktion, Organisation, soziale Rolle, soziale Distanz, Initiationsritus oder soziales Handeln.

Wie jede andere Wissenschaftsdisziplin und jeder Lehrberuf mit einiger Tradition hat auch die Soziologie im Laufe der Zeit eine Reihe von Fachbegriffen entwickelt, die der Fachmann/die Fachfrau kennen und die die Studierenden lernen müssen, um zu verstehen, wovon die Rede ist, und um gegebenenfalls mitreden und mitdenken zu können. Denn die fachliche Kommunikation über die soziale Wirklichkeit erfolgt in der Fachsprache. Die weiteren Lektionen in diesem Band und Fachwörterbücher informieren über gebräuchliche Fachbegriffe.

Einige wichtige Gesichtspunkte seien hervorgehoben:

Doppelter Bezug der Fachtermini

- Fachtermini haben einen doppelten Bezug: Zum einen stehen sie in Beziehung zur sozialen Wirklichkeit, die sie bezeichnen und über die sie informieren wollen und sollen. Dazu bedarf es aber immer der Operationalisierung dieser Begriffe. Diese *operationale Definition* schafft die Verbindung zwischen den jeweiligen Fachbegriffen und den entsprechenden Daten aus der sozialen Wirklichkeit.

  Zum anderen stehen diese Begriffe im Zusammenhang mit theoretischen Modellen, mit fachlichen Gesamtvorstellungen über die soziale Wirklichkeit. In solchen Modellen wird die soziale Wirklichkeit z. B. als ein System immer wiederkehrender und miteinander verflochtener sozialer Handlungen angesehen oder als ein vorgegebenes Gefüge von Normen, Institutionen und verpflichtenden Handlungsmustern oder auch als Geschehenszusammenhang einer Vielzahl von sinnhaften Interaktionen.

  Solche Modelle bieten also unterschiedliche Perspektiven für die soziale Wirklichkeit an und drücken diese Perspektivität dann in jeweils unterschiedlichen oder zumindest unterschiedlich gemeinten Fachtermini aus und sagen damit, was aus dieser Sicht an der sozialen Wirklichkeit wichtig und empirisch zu erfassen sei.

  Umgekehrt werden die in Fachbegriffe zusammengefassten Daten dann in diesen Theoriezusammenhang eingebracht und von dort aus interpretiert und erklärt. Die *theoretische Definition* der Fachbegriffe stellt also den Zusammenhang zwischen bestimmten theoretischen Modellen und dem jeweiligen Fachterminus her.

Abbildung 1 Fachbegriffe als Analyseinstrument

soziologische Theorie

Theoretische Modelle
(Paradigmen)

↓

theoretische Definition

↓

Fachbegriff

↑

operationale Definition

↓

empirische Daten über
soziale Wirklichkeit

Sinnzusammenhang der Fachbegriffe

- Viele Fachtermini bilden einen Sinnzusammenhang. Wie dargelegt, werden solche Fachbegriffe nicht als Einzelbegriffe geschaffen. Vielmehr sind sie Teil eines theoretischen Modells (Paradigmas) und stehen von daher in einem Sinnzusammenhang mit anderen, korrespondierenden Begriffen. So gehört zum Begriff Norm auch soziale Kontrolle, Konformität und Sanktion und diese Begriffe zusammen zum normativen Paradigma und Modell von sozialer Wirklichkeit.

Instrumenteller Charakter der Fachbegriffe

- Fachtermini haben instrumentellen Charakter. Wissenschaftliche Termini haben keine magische Kraft oder mystische Funktion wie Zauberformeln oder Namen, die das Genannte gewissermaßen verfügbar machen. Es sind auch keine Aussagen über das wahre Wesen der Dinge. Fachbegriffe sind einfach Bezeichnungen, vereinbarte sprachliche Symbole für etwas Bestimmtes. Ihr Zweck ist zum einen die sichere fachliche Kommunikation und zum anderen – als theoretische Definition – die Bestimmung und Eingrenzung des gemeinten Forschungsgegenstandes.
  Fachtermini sind daher nicht wahr oder falsch. Das können nur Aussagen über die ‚soziale Wirklichkeit' sein, die mit Hilfe solcher Fachbegriffe gemacht werden. Die Termini selbst können allerdings klar oder unklar definiert und gebraucht werden, undifferenziert oder präzise, zweckmäßig und passend oder unzweckmäßig und verwirrend sein. Es sind eben geeignete oder ungeeignete sprachliche Instrumente zur Analyse der sozialen Wirklichkeit, nicht jedoch Aussagen über diese Wirklichkeit.

6 Fachinformationen zur Soziologie

Wörterbücher und Nachschlagewerke

Baur, N./Korte, H./Löw, M./Schroer, M., Hg., Handbuch Soziologie, Wiesbaden 2008
Bernsdorf, W./Knospe, H., Hg., Internationales Soziologenlexikon, 2 Bde., Stuttgart [2]1980/84
Endruweit, G./Trommsdorf, G./Burzan, N., Hg., Wörterbuch der Soziologie, 3., völlig überarbeitete Auflage, Konstanz/München 2014
Farzin, S./Jordan, St., Hg., Lexikon Soziologie und Sozialtheorie. Hundert Grundbegriffe, Stuttgart 2008
Fuchs-Heinritz, W., et al., Hg., Lexikon zur Soziologie, Wiesbaden [4]2007
Hillmann, K.-H., Wörterbuch der Soziologie, 5., vollständig überarbeitete und erweiterte Auflage, Stuttgart 2007
Kaesler, D./Vogt, L., Hg., Hauptwerke der Soziologie, Stuttgart 2000
Kneer, G./Schroer, M., Hg., Handbuch Spezielle Soziologie, Wiesbaden 2010
Kopp, J./Steinbach, A., Hg., Grundbegriffe der Soziologie, Wiesbaden [11]2016
Oesterdiekhoff, G. W., Hg., Lexikon der soziologischen Werke, Wiesbaden 2001
Papcke, S./Oesterdiekhoff, G. W., Hg., Schlüsselwerke der Soziologie, Wiesbaden 2001

Deutschsprachige Zeitschriften der Allgemeinen Soziologie

Berliner Journal für Soziologie, BJS, 1991 ff.
Kölner Zeitschrift für Soziologie und Sozialpsychologie, KZfSS, 1921 ff.
Österreichische Zeitschrift für Soziologie, OZS, 1976 ff.
Schweizerische Zeitschrift für Soziologie/Revue Suisse de Sociologie, 1975 ff.
Soziale Welt. Zeitschrift für sozialwissenschaftliche Forschung und Praxis, 1949 ff.
Soziologie. Forum der Deutschen Gesellschaft für Soziologie, 1972/73 ff.
Soziologie heute (www.soziologie-heute.at), 2008 ff.
Zeitschrift für Soziologie, ZfS, 1972 ff.

Fremdsprachige Zeitschriften (Auswahl)

American Journal of Sociology, AJS, 1895 ff.
American Sociological Review, ASR, 1935 ff.
Annual Review of Sociology, 1975 ff.
British Journal of Sociology, 1950 ff.
International Social Science Journal, 1949 ff.
Revue française de Sociologie, 1960 ff.

Periodisch erscheinende Literaturrezensionen und -berichte

Contemporary Sociology, 1972 ff.
Current Sociology/La Sociologie Contemporaire, 1952 ff.
Revue Internationale de Sociologie/International Revue of Sociology, 1892–1939, 1958–1960, 1964 ff.
Sociological Review, 1907 ff.
Sociology. Reviews of New Books, 1973 ff.
Soziologische Revue, 1978 ff.

Informationen zur Soziologie im Internet

DGS – Deutsche Gesellschaft für Soziologie
http://www.soziologie.de
Offizielle Homepage der Deutschen Gesellschaft für Soziologie. Neben Informationen zur DGS beinhaltet die Homepage eine umfangreiche Linksammlung, einen Stellenmarkt und Informationen zum offiziellen Mitteilungsblatt der DGS, SOZIOLOGIE.

GESIS SocioGuide: Quellen zu den Sozialwissenschaften
http://www.gesis.org/SocioGuidelindex.htm#special
Sammlung sozialwissenschaftlicher Internetquellen mit Auswahlmöglichkeit nach Ländern/Regionen, Themengebieten und speziellen SocioGuides

WISO – Datenbank Recherche
http://www.wiso-net.de
Umfassendes Angebot deutschsprachiger Literatur für die Wirtschafts- und Sozialwissenschaften mit jeweiliger Kurzzusammenfassung. Beinhaltet relevante Informationen (Artikel, Aufsätze, Forschungsprojekte etc.) für Studium und Beruf aus diversen wirtschafts- und sozialwissenschaftlichen Datenbanken (z. B. FORIS, SOUS etc.). In der Regel über die Homepages der Universitäts-Bibliotheken zugänglich.

Informationsteil

Zitierte Literatur

Durkheim, E., Die Regeln der soziologischen Methode, Frankfurt a. M. [6]2007 (Orig. frz. 1895)
Kuhn, T. S., Die Struktur wissenschaftlicher Revolutionen, Frankfurt [19]2006 (Orig. amerik. 1962)
Weber, M., Soziologische Grundbegriffe, in: Schriften 1894–1922, ausgewählt von Dirk Kaesler, Stuttgart 2002, S. 653–716

Einführungstexte

Abels, H., Einführung in die Soziologie, 4., überarb. Auflage, Wiesbaden 2009

Arbeitsgruppe Soziologie, Denkweisen und Grundbegriffe der Soziologie, Frankfurt 152004 (zuerst 1978)

Bahrdt, H. P., Schlüsselbegriffe der Soziologie. Eine Einführung mit Lehrbeispielen, München 92003

Dechmann, B., Soziologie im Alltag: Eine Einführung, Weinheim 122006

Elias, N., Was ist Soziologie?, Frankfurt a. M. 2006 (zuerst 1970)

Esser, H., Soziologie, Frankfurt 31999

Gukenbiehl, H. L., Einführung in soziologisches Denken, Landau 42001

Joas, H., Hg., Lehrbuch der Soziologie, Frankfurt/New York 32006

Kaesler, D., Hg., Klassiker der Soziologie, 2 Bde., München 52006/07

Korte, H., Einführung in die Geschichte der Soziologie, Wiesbaden 102016

Ders., Soziologie, Konstanz 22009

Schaefers, B., Einführung in die Soziologie, 2., verb. Auflage, Wiesbaden 2016

Schluchter, W., Grundlegungen der Soziologie. Theoriegeschichte in systematischer Absicht, 22015

Treibel, A., Einführung in soziologische Theorien der Gegenwart. Bd. 3 des Einführungskurs Soziologie, 8., verb. Auflage, Wiesbaden 2016

Lektion II
Soziales Handeln und seine Grundlagen: Normen, Werte, Sinn

Bernhard Schäfers

Inhalt

1 Soziales Handeln – mehr als nur ein Hauptbegriff

Wie jede andere Wissenschaft, die sich als eigenständige Disziplin abgrenzen lässt, erfasst auch die Soziologie analytisch einen bestimmten Ausschnitt aus der dem Menschen zugänglichen Realität. Ein grundlegender Bereich der von der Soziologie zu erklärenden Wirklichkeit ist das **soziale Handeln** in allen seinen Dimensionen. Das Adjektiv „sozial" heißt in soziologischer Perspektive: auf den oder die Mitmenschen (lat. *socius* = Gefährte) bezogen, also zwischenmenschlich. Zum sozialen Handeln gehören der unmittelbare Austausch mit anderen Personen ebenso wie die über Gruppen und Organisationen, Institutionen und „die" Gesellschaft vorstrukturierten Beziehungsmuster.

Soziales Handeln als zentraler Gegenstand

Damit ist der in alltäglichen, öffentlichen und privaten Situationen zu beobachtende Tatbestand gemeint, dass das soziale Handeln der Menschen nach bestimmten Regeln und in bestimmten Formen abläuft und dass diese eine gewisse Konstanz erfordern. Diese Zusammenhänge sind für jedes Individuum einsichtig, da praktisch erfahrbar und kognitiv nachvollziehbar.

Regelhaftigkeit des Handelns

Mit diesem Alltagsverständnis kann sich die Soziologie jedoch nicht zufrieden geben. Sie fragt nach den Grundlagen der wechselseitigen Orientierung des Verhaltens und den Bedingungen seiner Kontinuität. Bei der Erläuterung dieser Grundlagen kommt den Begriffen Norm, Wert und Sinn zentrale Bedeutung zu.

Bereits diese Hinweise machen deutlich, dass der Begriff soziales Handeln mehr als nur ein Hauptbegriff der Soziologie ist: Er ist ihr Gegenstandsbereich. Soziales Handeln umfasst die Vielfalt der menschlichen Lebenswelt. Der Begriff ist zwar auf den Mikrobereich des Sozialen bezogen, auf das soziale Handeln in angehbaren sozialen Situationen, er ist aber zugleich auch die Basis des sog. Mesobereichs: der Institutionen und Organisationen, und schließlich der Makroebene: der Gesellschaft und Weltgesellschaft.

Aus diesem Grund wird Soziologie auch als „Wissenschaft vom sozialen Handeln", den darauf basierenden sozialen Figurationen (mit einem Begriff von Norbert Elias; vgl. Bd. 2 und 3 des „Einführungskurses Soziologie") und sozialen Gebilden verstanden. Die bekannteste Definition, die sich für die Soziologie als Wissenschaft findet, stammt von Max Weber (1864–1920); er stellte sie programmatisch als § 1 den „Soziologischen Grundbegriffen" voran: „**Soziologie** (...) soll heißen: eine Wissenschaft, welche soziales Handeln deutend verstehen und dadurch in seinem Ablauf und seinen Wirkungen ursächlich erklären will. ‚Handeln' soll dabei ein menschliches Verhalten (einerlei ob äußeres oder innerliches Tun, Unterlassen oder Dulden) heißen, wenn und insofern als der oder die Handelnden mit ihm einen subjektiven Sinn verbinden. **‚Soziales' Handeln** aber soll ein solches Handeln heißen, welches

Webers Definition von sozialem Handeln

seinem von dem oder den Handelnden gemeinten Sinn nach auf das Verhalten anderer bezogen wird und daran in seinem Ablauf orientiert ist" (Weber 2002: 653).

Theorie der sozialen Strukturierung

Die Individuen orientieren sich aber nicht nur am Verhalten anderer. In der Theorie der sozialen Strukturierung geht Giddens (1997) von einer Dualität von Handlung und Struktur aus: Gesellschaftliche Strukturen gehen in die Handlungen eines Individuums ein, gleichzeitig werden entsprechende Strukturen durch individuelles Handeln geschaffen. Die Individuen besitzen zwar die Fähigkeit, ihr Handeln zu steuern, dieses unterliegt aber bewussten und unbewussten Rahmenbedingungen. Handeln kann des Weiteren intentional erfolgen – das Individuum ist sich der Wirkung seiner Handlung bewusst –, aber auch nicht-intentional: Der Handelnde kann die Folgen seiner Handlung nicht bzw. nicht vollständig abschätzen.

Eng verbunden sind bei Giddens die Begriffe Handeln und Bewusstheit. Er unterscheidet zwischen den unbewussten Motiven des Handelns, dem praktischen Bewusstsein, das implizit von den Individuen angewendet wird, ohne es zu reflektieren (Routinen), sowie dem diskursiven Bewusstsein, das Handeln rationalisiert bzw. begründet.

Die Komplexität des Gegenstandes „soziales Handeln" wird dadurch gesteigert, dass in alle Aussagen hierzu Annahmen (bzw. Erklärungen) über die „Natur des Menschen" und seine Organausstattung wie über die Struktur der Psyche eingehen. Darum wird den Ausführungen über die Bedeutung von Norm, Wert und Sinn für das soziale Handeln ein Kapitel vorangestellt, das deren anthropologische Grundlagen erläutert.

2 Zur Anthropologie des sozialen Handelns

2.1 „Natur" und Sozialnatur des Menschen

Der Mensch als Sozialwesen

Beobachtungen und Betrachtungen zur „Natur" des Menschen und zum Menschen als Sozialwesen stehen mit am Beginn der abendländischen Philosophie. Wenn Aristoteles (384–322 v. Chr.) den Menschen definierte als *zoon politikon* oder Thomas von Aquin (1227–1274) ihn als *animal sociale* bezeichnete, dann wird in die Wesensbestimmung des Menschen seine Fähigkeit zum Gemeinschaftshandeln und sein Angewiesensein auf das Soziale mit hineingenommen.

Zweite Natur des Menschen

Auch die Sonderstellung des Menschen im Vergleich zur Tierwelt war in der Antike Anlass für differenzierende Überlegungen. Bereits Poseidonius (ca. 135–51 v. Chr.), Stoiker und Lehrer Ciceros, gebrauchte den Begriff von der „zweiten Natur" des Menschen. Damit war die Frage nach der „eigentlichen"

Natur des Menschen und wie sich seine erste (biologische) Natur zur zweiten Natur – der Mensch als Sozial- und Kulturwesen – verhält, unabweisbar geworden.

Die Paläoanthropologie, die Wissenschaft von der Entwicklung und den Frühformen des Menschen, unterscheidet in ihrer Systematisierung der menschlichen Stammesgeschichte rein begrifflich Stufen der Verschmelzung dieser beiden Naturen: Dem *homo habilis* (vor ca. 3 Mio. Jahren) folgt der *homo erectus* (vor ca. 1 Mio. Jahren) und diesem schließlich der *homo sapiens* (vor ca. 100 Tsd. Jahren).

Aber was ist die Natur des Menschen, wenn seit dem Auftreten des *homo sapiens* die Akkumulation von immer mehr Wissen und Können sowohl den Evolutionsprozess beschleunigt als auch die „Natur" des Menschen verändert?

Vom *homo sapiens* zum *homo sociologicus*

Alle Wesensbestimmungen des Menschen erfassen immer nur einzelne Aspekte, wofür neben den genannten weitere Differenzierungen des heute lebenden Menschen, des *homo sapiens sapiens* (seit etwa 50 Tsd. Jahren), stehen:

- *animal symbolicum* (Ernst Cassirer 2007): der Mensch als ein auf Symbole angewiesenes Lebewesen; der Evolutionsprozess als Geschichte der Entwicklung immer komplexerer, informationssteigernder Symbolsysteme;
- der *homo oeconomicus* der liberalen Wirtschaftstheoretiker seit dem 18. Jahrhundert (ebenfalls mit Anspruch auf universale Gültigkeit);
- der *homo sociologicus* (Dahrendorf 2006): der Mensch als rollenspielendes, vergesellschaftetes Wesen.

Die weiteren Erörterungen zur „Natur" des Menschen könnten mit Immanuel Kants (1724–1804) drittem Satz seiner „Ideen zu einer allgemeinen Geschichte in weltbürgerlicher Absicht" zusammengefasst werden: „Die Natur hat gewollt, dass der Mensch alles, was über die mechanische Anordnung seines tierischen Daseins geht, gänzlich aus sich selbst herausbringe". Und im sechsten Satz ergänzt Kant: „Die Rolle des Menschen ist also sehr künstlich". Damit ist alles gesagt, aber nichts erklärt. Was bedeutet diese „Künstlichkeit", diese Kulturangewiesenheit für das einzelne Individuum?

2.2 Soziologie und Anthropologie

Die Soziologie hat die anthropologischen und philosophischen Fragen nach „Wesen und Wirklichkeit des Menschen" neu zu stellen. Sie nimmt die Ergebnisse der morphologischen, der biologischen, sozialen und philosophischen Anthropologie nur insoweit auf, als sie für die Erklärung der Besonderheiten des Handelns unabdingbar sind.

Bekannte Vertreter einer durch die Ergebnisse der (philosophischen) Anthropologie fundierten Soziologie sind Max Scheler (1874–1928), Helmuth Plessner (1892–1985) und Arnold Gehlen (1904–1976).

Aussagen der philosophischen Anthropologie

Nach den Aussagen der philosophischen Anthropologie, vor allem des für die Soziologie einflussreichen Arnold Gehlen, ist der Mensch „das handelnde Wesen" (Gehlen 1993: 30). Nach Gehlen

- ist der Mensch im Vergleich zum Tier ein instinktverunsichertes und instinktreduziertes Wesen; eine sichere Handlungsführung bekommt er nur über von ihm selbst geschaffene Institutionen („was die Instinkte beim Tier sind, sind die Institutionen beim Menschen"; vgl. Lektion VIII). Gehlen verweist auf Johann Gottfried Herder (1744–1803), der den Menschen als „Mängelwesen" bezeichnet hatte; er sieht im aufrechten Gang einer bestimmten Primatenart und dem damit möglichen freien Gebrauch der Hände und des freien Blicks die Voraussetzung der Menschwerdung (vor ca. 3 bis 4 Mio. Jahren); Helmuth Plessner setzte hierfür die „Dominanz des Auge-Hand-Feldes" voraus (1985);
- hat der Mensch einen großen Triebüberschuss, der kulturschaffend sein kann, aber ohne Institutionen (Regeln) leicht in „aggressive Destruktivität" (Gehlen) umschlägt;
- ist der Mensch durch eine hohe „Plastizität" (Formbarkeit) der Antriebe charakterisiert;
- gibt es zwischen Handlungsantrieb (Reiz) und Handlung einen sog. „Hiatus" (Kluft), die moralisch-ethisch oder rein pragmatisch gesteuerte Handlungshemmung durch Reflexion, Besinnung etc.;
- ist der Mensch „weltoffen", ein Neugierwesen (vgl. zu vorstehenden Aussagen Gehlen 1993 und Gehlen 1993a).

Gehlen ist anthropologischer Pessimist. Funktionstüchtige Institutionen und ein starker Staat sind für ihn notwendige Voraussetzungen, die jederzeit gefährdete Triebnatur des Menschen zu „bändigen". Sein wertkonservativer Standpunkt wurde vielfach kritisiert (vgl. z. B. Honneth/Joas 1980).

Konsequenzen pessimistischer Anthropologie

Bei Gehlen wird eine gewisse Gefahr der philosophischen Anthropologie (wie auch der Ethologie, der vergleichenden Tierverhaltensforschung) deutlich:

- dass Seinsaussagen über die menschliche Natur in Sollaussagen (z. B. der Notwendigkeit eines starken Staates, eines „Leviathan", Thomas Hobbes) umschlagen können;
- dass Aussagen über die kaum feststellbare „Natur" des Menschen zu Normaussagen über das daraus folgende notwendige Verhalten und die Beschaffenheit von Institutionen werden;

- dass die Anthropologie ihren Euro- und Ethnozentrismus nicht überwunden hat.

2.3 Handlung – anthropologisch betrachtet

Besonderheiten menschlichen Handelns

Einige Besonderheiten der Handlung, der für den Menschen typischen Form des Sicheinlassens auf Welt und zwischenmenschliche Beziehungen, können wie folgt zusammengefasst werden:

- Der Mensch handelt immer aus einer gewissen Distanz heraus, aus einem nie vollen Eingepasstsein in seine Welt (die philosophischen Begriffe des Geworfenseins und der Entfremdung haben hier ihren Ursprung). Helmuth Plessner (1985: 56f.) erläuterte dies mit dem Begriff der „exzentrischen Positionalität" des Menschen: die Differenz von Leibsein und Körperhaben und damit die Fähigkeit, sich selbst zum Objekt werden zu können (eigene Reflexivität);
- Handeln ist immer eine Verschränkung von Innen und Außen, von konkreter Situationsbewältigung und den Überzeugungen, dem Willen und Motiven einer bestimmten Person. Geht beides ineinander auf oder ineinander über, so könnte man von sozialer Harmonie sprechen (z.B. in der Übereinstimmung von zwei Willenserklärungen, von festgestellten gleichen Überzeugungen, Neigungen usw.). Fehlt es an dieser Übereinstimmung, so sind alle Formen von Dissens und Abweichung möglich, ebenso aber Rückzug aus Handlungssituationen;
- das Handeln vollbringt eine für den Menschen notwendige Strukturierungsleistung: Die in die Umwelt nicht eingepasste Motorik, die reizüberflutete Wahrnehmung mit ihrem Reflexions- und Deutungsüberschuss und die „Zerstreutheit der Begierden" (Gehlen) erfordern eine bewusste Auswahl **(Selektion)** und eine gut trainierte Motorik, die eine gewisse Regelhaftigkeit und Angepasstheit auf erlernter Basis erlauben.

Die besonderen Selektionsleistungen, die Menschen im Handeln vollbringen, werden mit den Begriffen Sinn, Norm und Wert erläutert. Mit der Explikation dieser Begriffe ist auch der Sprung vom Einzelwesen Mensch in das Gattungs- und Sozialwesen getan. Denn ein einzelnes Individuum kann nicht das hervorbringen, was mit diesen Begriffen an Sozialität (an vorausgesetzter Gemeinschaftsbezogenheit) des Menschen zum Ausdruck kommt. Diese auch erkenntnistheoretisch wichtigen Feststellungen können am besten mit Karl Marx' (1818–1883) 6. These über Feuerbach zum Ausdruck gebracht werden: „Das menschliche Wesen ist kein dem einzelnen Individuum innewohnendes

Der Mensch als „Ensemble gesellschaftlicher Verhältnisse"

Abstraktum. In seiner Wirklichkeit ist es das Ensemble der gesellschaftlichen Verhältnisse" (Marx 2004: 340).

Zwei weitere Sentenzen, die die unauflösbare Verschränkung von Innen und Außen, von Individualität und Sozialität zum Ausdruck bringen, seien genannt: Bei Novalis (1772–1801) heißt es: „Jeder Mensch ist eine kleine Gesellschaft"; und bei Sigmund Freud (1856–1939): „Jede Gesellschaft ist ein umfangreicher Mensch".

2.4 Der Raumbezug des Handelns

Der Raum bzw. das Verhalten im Raum lassen sich aus anthropologisch-soziologischer Sicht wie folgt differenzieren: Bei Tieren wie bei Menschen haben wir von einem bestimmten Territorialverhalten auszugehen, das jedoch beim Menschen eine viel höhere Variabilität zeigt als beim Tier. In der philosophischen Anthropologie und der vergleichenden Tierverhaltensforschung ist dieser Unterschied mit der Einsicht verbunden, dass der Mensch Welt, das Tier hingegen Umwelt habe. Der Mensch ist durch Weltoffenheit, verbunden mit Umwelt- und Raumoffenheit, gekennzeichnet, das Tier durch Umweltgebundensein an ein bestimmtes Territorium.

Territorialverhalten beim Menschen

Anthropologisch-soziologisch grundlegende Darstellungen der menschlichen Territorien und der typischen Raumnutzungsmuster finden sich bei Erving Goffman (1922–1982) in seinem Werk „Das Individuum im öffentlichen Austausch" und bei Edward T. Hall (geb. 1914).

Hall (1976) unterscheidet vier grundlegende Distanzen:

1a) „die intime Distanz – nahe Phase"; körpereigen und hautnah; Berührungen bedürfen der Übereinkunft und Einwilligung;
1b) „die intime Distanz – weite Phase"; ca. 15–45 cm; ein Eindringen in diesen körpereigenen Raum bedarf der – kulturspezifischen – Verständigung;
2a) „die persönliche Distanz – nahe Phase"; ca. 45–75 cm; andere Menschen sind quasi noch in Griffweite; so erlauben nur besondere Situationen – z. B. im Kino – ein Eindringen in diesen Distanzbereich;
2b) „die persönliche Distanz – weite Phase"; ca. 75–120 cm; hier werden die anderen bereits „auf Armlänge" ferngehalten; „die Grenze der körperlichen Herrschaft im eigentlichen Sinn" ist erreicht;
3a) „die soziale Distanz – nahe Phase"; ca. 120–220 cm; dies sei die Entfernung für die Abwicklung unpersönlicher Geschäfte;
3b) „soziale Distanz – weite Phase"; ca. 220–360 cm; die Distanz signalisiert eine gewollte Formalisierung der interpersonalen Aktivitäten (z. B. Büro des Chefs);

4a) „öffentliche Distanz – nahe Phase“; ca. 360–750 cm;
4b) „öffentliche Distanz – weite Phase“; über 750 cm.

Alle vier Distanzen haben mit spezifischen Empfindlichkeiten des menschlichen Raumverhaltens zu tun; sie nehmen von den Extremitäten (z. B. Armlänge) und dem Gesichtswinkel der Wahrnehmung wie den anderen Sinnesorganen (Geruchssinn) ihren Ausgang.

Ergänzend zu den Erklärungen in Schaubild 1 (S. 31) lassen sich einige Gemeinsamkeiten im Hinblick auf die Differenzierungen der *Territorien des Selbst* nennen:

- sozial wie kulturell und epochenspezifisch gibt es eine bestimmte Variationsbreite, die jedoch nicht beliebig ist: je näher man jemandem „auf den Leib/die Haut rückt“, desto kritischer und empfindlicher werden die Distanzen gewahrt;
- kulturspezifisch gibt es z. B. in Japan einen anderen Umgang mit Nähe/Dichte als in Deutschland;
- der soziale Status eines Individuums zeigt sich auch im Umfang des Territoriums, das von ihm behauptet wird und in den Formen der Kontrolle.

Territorien des Selbst haben einen doppelten Zweck: Vermeidung von unerwünschter und unerwarteter Berührung einerseits, von unberechtigten Vermischungen von Besitzansprüchen andererseits. Territorien dienen letztlich der Aufrechterhaltung einer bestimmten Identität durch Markierung von Grenzen optischer, verhaltenspsychischer und sonstiger Art. Begriffe wie intim, privat, öffentlich, Dichte, Enge sind immer auch als Positionierung von Menschen im Raum und als Distanzwahrung zu anderen Menschen aufzufassen (vgl. über diese Zusammenhänge in der Architektur: Schäfers 2014).

3 Die Normativität des sozialen Handelns

3.1 Der Normbegriff und seine anthropologischen Grundlagen

Der Begriff Norm kommt aus dem Lateinischen und bedeutet: Winkelmaß, Richtschnur, Regel. Wir finden Normen in der Ethik und damit in den „Standards“ des Sozialverhaltens, der Ästhetik und Logik, der Technik (DIN-Normen) und der Alltagspragmatik.

Wenn Normen sagen, wie etwas beschaffen sein sollte, handelt es sich um „normative Urteile“, im Gegensatz zu Tatsachenurteilen. Was einer Norm entspricht, heißt normal; was ihr widerspricht abnorm, anormal.

Schaubild 1 Vom Territorium des Selbst zum öffentlichen Raum

Hülle	**Besitzterritorium**	**Persönlicher Raum**	**Benutzungsraum**	**Box**	**Halböffentlicher Raum**	**Öffentlicher Raum**
„die Haut, die den Körper schützt, und die Kleider, die die Haut bedecken“	Gegenstände, „die als mit dem Selbst identisch betrachtet werden können und die den Körper umgeben“	„der Raum, der ein Individuum überall umgibt“	„Territorium unmittelbar um oder vor einem Individuum“	„der deutlich begrenzte Raum, auf den Individuen temporären Anspruch erheben können“	begrenzter Raum, in dem Individuen sich temporär begegnen	Raum, der durch die Möglichkeit der Begegnung geprägt ist
Distanz:						
Intimität; direkter Kontakt	intime Distanz; oft mit Körperkontakt	persönliche Distanz; individuell, bezogen auf eine Person	persönliche Distanz; bezogen auf den Nutzungsraum	persönliche Distanz; bezogen auf ein Nutzungsobjekt	öffentliche Distanz; Möglichkeit begrenzter eigener Territorien	öffentliche Distanz; weiträumige eigene Territorien
Beispiel:						
kulturelle Bedeutung von Nacktheit, Scham, Kleidung	„persönliche Habe“: Kleidung, Handtasche	Verhalten im Fahrstuhl	Galeriebesucher vor einem Bild	begehrter Sitzplatz in der Oper, Liegestuhl	Café, öffentliche Verkehrsmittel	öffentliche Plätze und belebte Straßenräume, Parks

Quelle: In Anlehnung an: E. Goffman 2005; E. T. Hall 1976

Entwurf: Bianca Lehmann

Soziale Normen = explizit gemachte Verhaltensregeln

Für den sozialen Bereich bzw. das soziale Handeln können Normen definiert werden als explizit gemachte Verhaltensregeln, die Standardisierungen – und damit Handlungswiederholungen und -erwartungen – ermöglichen.

Soziale Normen sind, wie das soziale Handeln, für die Soziologie ein „transzendental" (Kant) vorauszusetzender Bestandteil ihres Gegenstandsbereichs. Der Begriff der sozialen Norm könne nicht aus anderen Begriffen abgeleitet werden; in ihm stelle sich gewissermaßen das ‚Urphänomen' des Sozialen dar, so Rene König (1906–1992).

Dinghaftigkeit sozialer Tatsachen als Basis der Normativität

Wie bei anderen Begriffen und theoretischen Ansätzen der Soziologie kann auch für die Normativität des Sozialen ein Klassiker genannt werden: der französische Soziologe Émile Durkheim (1858–1917). Für ihn besteht das Soziale in einer geradezu dinghaft feststellbaren Realität, die ihre Basis in der Normativität des sozialen Handelns hat. In den „Regeln der soziologischen Methode" definierte Durkheim diese Dinghaftigkeit und damit die Verpflichtungsstruktur des Sozialen wie folgt:

> „Ein *sozialer Tatbestand (fait social)* ist jede mehr oder minder festgelegte Art des Handelns, die die Fähigkeit besitzt, auf den einzelnen einen äußeren Zwang auszuüben; oder auch, die im Bereich einer gegebenen Gesellschaft allgemein auftritt, wobei sie ein von ihren individuellen Äußerungen unabhängiges Eigenleben besitzt" (Durkheim 2007: 114).

Unterscheidung von Sinn und Norm

Wird der **Sinn**begriff vor allem vom Individuum her gedacht und steht dabei als Frage im Mittelpunkt, welchen (subjektiven) Sinn dieses Individuum mit seiner Handlung verbindet, so ist der Normbegriff eine Kategorie, die zu nächst von außen an das Handeln herangebracht wird. Aber Normen sind gleichwohl nicht nur etwas Äußeres oder Fremdes: Alles, was über die anthropologischen Grundlagen des Handelns und über den Sinnbegriff gesagt wurde, könnte zur Erläuterung des Stellenwerts sozialer Normen wiederholt werden. Der großen Plastizität der menschlichen „Natur" entspricht der Zwang zur Gestaltung, d.h. zur Normierung. Soziale Normen begrenzen die „Willkür" in der Beziehung der Menschen zueinander. **Normierung** heißt hier: Instituionalisierung verbindlicher Regeln und Standards; Ausschluss anderer Möglichkeiten. Mit jeder Normierung ist also eine Selektion verbunden, diese ist wiederum ein Grundprinzip der sozialen Strukturbildung. Dadurch ermöglichen Normen die vorwegnehmende „Konstruktion", z.B. in Gedanken, von Handlungsabläufen. Sie müssen also von der individuellen Besonderheit abstrahieren; sie repräsentieren das Allgemeine, das „Typische" von Handlungen.

Normierung führt zu Institutionalisierung und Strukturbildung

Die wechselseitige Orientierung des Handelns mehrerer Individuen und der Aufbau von sozialen Beziehungen (angefangen bei der Paarbeziehung, der sog. Dyade, bis hin zu komplexen Organisationen) sind also nur möglich, wenn sich die Individuen an gemeinsam gekannte und akzeptierte Standards des Zusammenlebens halten. Diese Standards oder Regeln, die für eine Mehrzahl von Individuen gelten, nennen wir soziale Normen. Soziale Normen werden im Sozialisationsprozess erworben, verinnerlicht („internalisiert") und in Prozessen der Institutionalisierung verbindlich gemacht (vgl. Lektion III).

Internalisierung und Institutionalisierung der Normen

3.2 Sozialwissenschaftliche Differenzierung des Normbegriffs

Unterschiedliche Normverbindlichkeiten

Schon bei oberflächlicher Betrachtung des sozialen Lebens ist offenkundig, dass es Normen mit sehr unterschiedlicher Verbindlichkeit und Bewusstheit gibt. Am wenigsten bewusst sind Normen in Handlungszusammenhängen, die zu den täglichen Gewohnheiten gehören. Den höchsten Grad an Verbindlichkeit haben Normen, die (straf-)rechtlich verankert sind und deren Einhaltung eingeklagt werden kann.

Für die Vielzahl der Normen, die menschliches Handeln leiten und die wechselseitige Orientierung ermöglichen, sei folgende Systematik vorgeschlagen:

- Einteilung der Normen nach dem Grad des Bewusstseins, des „Eingelebtseins" (Weber), mit dem sie in der einzelnen Handlung präsent sind;
- Einteilung nach dem Grad der Verbindlichkeit und damit nach der Art (Strenge) der Sanktionen. Grob lassen sich unterscheiden:
  Muss-Normen (z. B. Gesetze)
  Soll-Normen (z. B. Sitten)
  Kann-Normen (z. B. Bräuche, Gewohnheiten);
- Einteilung nach dem/den Adressaten und Handlungszusammenhängen: personenbezogen; gruppenbezogen; gesellschaftsbezogen; sachbezogen usw.;
- Einteilung nach dem subjektiv gemeinten Sinn, der sich mit ihnen verbindet: Norm als Wert, aber auch als leidiges Muss.

Gertrud Nunner-Winkler (1984) unterscheidet folgende Normbegriffe in den Sozialwissenschaften:

Behaviorismus als Verhaltenstheorie

Der „statistische" Normbegriff des Behaviorismus. Der **Behaviorismus** (von engl. *behavior* = Verhalten) ist für alle Sozial- und Humanwissenschaften eine grundlegende Verhaltenstheorie. Verhalten folgt einem Reiz-Reaktionsschema; wissenschaftlich ist nur relevant, was empirisch beobachtbar und überprüfbar ist.

Der statistische Durchschnitt als Verhaltensregel

Von einem „statistischen" Normbegriff des Behaviorismus kann deshalb gesprochen werden, weil die am häufigsten vorkommende Norm – der statistische Durchschnitt also – zur verbindlichen Verhaltensregel, an der man sich orientiert, erklärt wird. Ein bekanntes Beispiel ist „die Moral der Kinsey-Reporte", auf die Helmut Schelsky (1912–1984) in seiner „Soziologie der Sexualität" (1983) hinwies. Die 1948 in den USA veröffentlichten Untersuchungen von Alfred G. Kinsey und seinen Mitarbeitern über das „wirkliche" sexuelle Verhalten von Mann und Frau waren eine Sensation. Bisher normativ-ethisch eher als abnormal angesehenes sexuelles Verhalten wurde nun anhand der veröffentlichten Statistiken des „Durchschnittsverhaltens" als normal angesehen.

Der soziologische Normbegriff in der Handlungstheorie. Der Normbegriff der **Handlungstheorie** nimmt seinen Ausgang bei Max Weber, der in den „Soziologischen Grundbegriffen" ausführte, dass der oder die Handelnden „bestimmte Handlungsmaximen als irgendwie für das Handeln geltend: verbindlich oder vorbildlich" ansehen (Weber 2002: 671).

Systemstabilität durch Normadäquanz

Die Handlungs- und Rollentheorie von Talcott Parsons (1902–1979) versucht, die „normative Übereinstimmung" zwischen dem handlungsbereiten Individuum, das die Norm- und Wertvorgaben eines kulturellen Systems verinnerlicht (internalisiert) hat, und dem auf Stabilität bedachten sozialen System theoretisch (und praktisch) zur Deckung zu bringen.

Die Aufhebung des Normbegriffs in der ethnomethodologischen Kritik. Die Ethnomethodologie (zu diesem Ansatz von Harold Garfinkel vgl. Lektion V in Bd. 3 des „Einführungskurs Soziologie") konzentriert die Aufmerksamkeit auf die „Basisregeln" ganz konkreter Handlungssituationen und auf das, was dort tatsächlich abläuft. In der Sichtweise dieses Ansatzes gibt es keine von der Situation ablösbaren allgemeinen Normen, sondern Verhaltenserwartungen und Durchsetzungsstrategien. Im Handlungsvollzug selbst werden situationsspezifisch Regeln und Normen generiert und selektiv angewandt.

Normgenerierung im Handlungsvollzug

Hauptstadien der Normentwicklung

Der ethische Normbegriff im rekonstruktivistischen Ansatz. Der rekonstruktivistische Ansatz der Normtheorie, der nicht soziologisch i. e. S., sondern entwicklungspsychologisch fundiert ist, versucht, die „Entwicklungslogik" (Nunner-Winkler) der stufenweisen Moralentwicklung zu rekonstruieren.

Vorausgesetzt werden die Theorien der stufenweisen Entwicklung des moralischen Bewusstseins nach Jean Piaget (1896–1980) und Lawrence Kohlberg (1927–1987). Es gibt drei Hauptstadien: Auf einer ersten Stufe der präkonventionellen Moral entwickelt das Kind seine Handlungen an äußeren Handlungsabfolgen: „gut ist, was belohnt, schlecht, was bestraft wird". Auf einer nächsten Stufe werden die Erwartungen der Bezugsgruppen (Familie usw.) absolut gesetzt: „gut ist, was diese Gruppen als gut definieren" (konventionelle Moral). Auf der Stufe der postkonventionellen Moral überwiegt die Orientierung an abstrakten Prinzipien, die selbst wiederum die Begründung und Rechtfertigung von Normen ermöglichen.

3.3 Verstärkung von Normen durch Sanktionen

Dass Normen übertreten werden, ist eine Alltagserfahrung; dass dies nicht zu oft – bis zur völligen Missachtung – geschieht, wird durch Sanktionen erreicht (vgl. hierzu Lektion VI).

Bei **Sanktionen** handelt es sich also um Reaktionen auf Verhalten (Handeln) mit dem Ziel, Konformität zu erzeugen. Wie bei den Normen muss auch bei den Sanktionen neben der regulierenden Funktion die handlungsorientierende gesehen werden, also nicht nur das Konformitätserzeugende der Normstruktur des Handelns, sondern auch dessen Orientierungsfunktion und Ordnungsstruktur.

Regulierung und Orientierung durch Sanktionen

Konformität kann durch Belobigung eines als positiv angesehenen Verhaltens erreicht werden. in diesem Fall spricht man von **positiven Sanktionen.** Bei Abweichungen von einem als wünschenswert angesehenen Verhalten wird das breite Spektrum von der Missbilligung bis hin zur Gefängnisstrafe als **negative Sanktion** bezeichnet.

Positive und negative Sanktionen

Entsprechend der Vielfalt der Normen und der Differenzierung der Erwartungen an die Träger sozialer Rollen lassen sich auch die Sanktionen vielfach untergliedern, z. B. nach ihrer Erwartbarkeit, ihrer Verbindlichkeit, ihrer Äußerungsform (mündlich; schriftlich; nur in Gesten, Mimik etc.).

Sanktionen gehören zum alltäglichen Handeln wie Normen, Werte und Sinn. Sie werden täglich von jedem Individuum sowohl empfangen – z. B. dadurch, dass der Nachbar einem den Gruß verweigert – als auch angewandt.

Allgegenwärtigkeit der Sanktionen

3.4 Verfestigung von Normbündeln zu sozialen Rollen

Soziales Handeln eines Individuums ist immer auf das Erwartungshandeln anderer Personen gerichtet. Wir erwarten von unseren Handlungspartnern, dass sie sich „rollenkonform" als Vater, Studierender oder als Verkehrsteilnehmer verhalten. Einzelne Normen werden nur hervorgehoben, wenn es in der sozialen Handlung Dissens, also fehlende Übereinstimmung in den Austauschprozessen gibt. **Soziale Rollen** sind aus dieser Sicht immer zweierlei:

Handeln als Erwartungshandeln

Doppelpoligkeit des Rollenbegriffs

- die Verfestigung einer Reihe von Normen (und ggf. zugehöriger Gesten und sonstiger Symbole) zu bestimmten Verhaltenskomplexen;
- die Summe der Erwartungen, die *alter* (der Andere) an *ego* (mein Verhalten) richtet.

Soziale Rollen tragen also dazu bei – sowohl für das Individuum, das die Rolle „spielt", als auch für die Mithandelnden –, dass in angehbaren Situationen klar ist, was wie getan werden muss. Verlässlichkeit, Dauerhaftigkeit und Erwartbarkeit sind die Dimensionen, die *soziale* Rollen zu einem grundlegenden Element des Sozialen machen, zu einer Kategorie, die die Verschränkung von Individuum und Kultur (Gesellschaft, Sozialstruktur) besonders anschaulich zum Ausdruck bringt. Wenige andere soziologische Kategorien haben seit der Rezeption des vor allem in der amerikanischen Soziologie entwickelten Rollenkonzepts eine ähnlich breite Diskussion erfahren. Ralf Dahrendorfs *Homo sociologicus* (zuerst 1958) trug nicht nur zur Verbreitung dieses Begriffs bei, sondern steigerte auch das Unbehagen an der Rollenhaftigkeit des menschlichen Daseins: „Am Schnittpunkt des Einzelnen und der Gesellschaft steht homo sociologicus, der Mensch als Träger sozial vorgeformter Rollen. Der Einzelne ist seine sozialen Rollen, aber diese Rollen sind ihrerseits die ärgerliche Tatsache der Gesellschaft" (Dahrendorf 2006: 16). Zu Recht wurde Dahrendorf entgegengehalten, dass sich der Einzelne nur durch die Tatsache der Gesellschaft zu einem besonderen Individuum entwickeln könne.

Der rollenspielende Mensch: *homo sociologicus*

Differenziert gehandhabt ist das Rollenkonzept ein unverzichtbares Analyseinstrument der Soziologie (vgl. Popitz 1975):

- Soziale Rollen stehen im Schnittpunkt von zwei grundlegenden sozialen Phänomenen: der sozialen Differenzierung (wie sie z. B. in der Arbeitsteilung zum Ausdruck kommt) und der sozialen Normierung.
- Der Rollenbegriff muss komplementär gesehen werden zur zugehörigen **sozialen Position,** die ein Individuum in einem sozialen Gebilde (wie Gruppe oder Organisation) einnimmt und mit der mehr oder weniger rigide festgelegt ist, was wann wie zu tun ist. Somit kann die soziale Position als der statische Aspekt, das konkrete Rollenhandeln als der dynamische Aspekt des sozialen Handelns angesehen werden.

Der Rollenbegriff steht ebenso wie der Begriff der sozialen Position im Spannungsverhältnis von Individuum und Gesellschaft, das – im Gegensatz zu Annahmen und Hoffnungen in Sozialutopien und Gesellschaftstheorien – nur gemildert, nicht aber aufgehoben werden kann.

Zwei Ansätze lassen sich in der **Rollentheorie** unterscheiden:

- die eher rigide Rollenauffassung, die von den Anforderungen „der" Gesellschaft bzw. der sozialen Systeme aus die Ansprüche an eine Rolle formuliert;
- die Rollenauffassung aus der Sicht des handelnden Individuums, das aus der angesonnenen Fremdrolle eine Eigenrolle machen will, um so seine personale Identität gegenüber der rollenspezifischen sozialen Identität zu behaupten (vgl. Goffman 2011: 19 ff.).

Zwei Ansätze der Rollentheorie

Die Ambivalenz in der (Sozial-)„Natur" des Menschen, die mit einem Satz aus Kants Anthropologie zum Ausdruck gebracht wurde, lässt sich rollentheoretisch mit Lothar Krappmann (2005) auch wie folgt formulieren: Die personale Identität verlangt, so zu sein wie kein anderer; die soziale Identität verlangt, so zu sein wie alle anderen (in der gleichen Rolle).

Es gibt in den soziologischen Lexika mehr als vierzig Differenzierungen zum Rollenbegriff: von Rollenauffassung bis zur Rollenvorschrift. Nur eine Unterscheidung sei noch angefügt: die von selbstständig **erworbenen** und **zugeschriebenen Rollen,** die Ralph Linton (1893–1953) in die soziologische Begriffssprache einführte (Linton 1979). Die Bedeutung der zugeschriebenen Rollen (Herkunft, Alter, Geschlecht etc.) hat im Prozess der Modernisierung von Gesellschaften gegenüber den selbst erworbenen (z. B. Bildung, Beruf) abgenommen.

Erworbene und zugeschriebene Rollen

3.5 Handlungstypen und Orientierungsalternativen des Handelns

Die Differenzierung der Komplexität des Sozialen in soziale Rollen ist eine mögliche Einteilung; eine andere, ältere, ist die Untergliederung in **Handlungstypen.**

Eine erste Systematik stammt vom Mitbegründer der deutschen Soziologie, Ferdinand Tönnies (1855–1936). In seinem bekanntesten Werk, „Gemeinschaft und Gesellschaft" (zuerst 1887), unterschied Tönnies zwischen den gemeinschaftlichen und den gesellschaftlichen Formen des Handelns. **Gemeinschaftlich Handeln** heißt: Die Interaktionen in Familie, Sippe, Stamm, Nachbarschaft basieren auf genauer Kenntnis des Gegenübers; das Handeln ist nie nur zweckrational (s. u.), weil vom anderen immer mehr gewusst wird und in die Handlung eingeht, als erforderlich ist. Gemeinschaftliches Handeln impliziert eine bestimmte Sozialethik, ein Wir-Gefühl der Handelnden. Typisch für unseren Kulturkreis ist, dass man sich duzt.

Gemeinschaft und Gesellschaft als Handlungstypen

Gesellschaftliches Handeln bzw. die gesellschaftliche Normstruktur hat die Anonymisierung und Funktionalisierung des Handelns zur Basis. Typisch sind die Rollenhaftigkeit und Rollendifferenzierung der Handlungsstrukturen.

Jeder weiß über den anderen i. d. R. nur, was die spezifischen Handlungszwecke erfordern. Nähe und Vertraulichkeit werden als „tölpelhaft" oder plump, bestenfalls als unbeholfen empfunden. Gesellschaftliches Verhalten setzt die radikale Trennung von Haushalt/Familie und Betrieb/Arbeitsstätte bzw. von Privatheit und Öffentlichkeit voraus. Doch damit sind die gemeinschaftlichen Formen des sozialen Handelns nicht einfach verschwunden. Bekommen bisher gemeinschaftlich basierte Institutionen der Kirchen, des Erziehungswesens, des Gesundheitswesens oder der Freizeit (Vereine) großorganisatorische Strukturen, so führt dies dazu, dass sich in ihnen neue Gemeinschaften ausbilden: informelle Gruppen, Cliquen und soziale Netzwerke.

An diese grundlegenden Formen des Handelns konnte Max Weber anknüpfen, als er in einer differenzierten Typologie zwischen Brauch, Sitte, Konvention und Recht unterschied (Weber 2002: 679).

Diese Typologie kann sich vielfach kreuzen mit den spezifischen Orientierungen (Absichten, Zwecken, Motiven, Emotionen), die die Handelnden in die genannten und in andere Handlungssituationen einbringen. Max Weber (2002: 673 ff.) unterschied folgende Orientierungen (bzw. Motivlagen) des Handelns:

Handlungsorientierungen nach M. Weber

- *zweckrational:* „durch Erwartungen des Verhaltens von Gegenständen der Außenwelt und von anderen Menschen und unter Benutzung dieser Erwartungen als ‚Bedingungen' oder als ‚Mittel' für rational, als Erfolg, erstrebte und abgewogene eigne *Zwecke*",
- *wertrational:* „durch bewußten Glauben an den – ethischen, ästhetischen, religiösen oder wie immer sonst zu deutenden – unbedingten *Eigen*wert eines bestimmten Sichverhaltens rein als solchen und unabhängig vom Erfolg",
- *affektuell* (insbesondere emotional): „durch aktuelle Affekte und Gefühlslagen",
- *traditional:* „durch eingelebte Gewohnheit".

Von hier war es nur ein konsequenter Schritt, wenn Talcott Parsons (1902–1979) versuchte, mit seinen ***pattern variables*** alle nur denkbaren **Orientierungsalternativen** eines Handelnden in bestimmten Handlungssituationen erschöpfend zu erfassen (Parsons 1960). Dabei unterschied er zwischen fünf Orientierungsalternativen, die die Individuen im Sozialisationsprozess internalisieren. Während die ersten Orientierungsmuster eher dem informellen Bereich, der Familie, zugeordnet werden, stehen die zweiten primär für formale Gruppen, Organisationen und Institutionen:

Schaubild 2 Orientierungsalternativen des Handelns nach T. Parsons

Affektivität unmittelbare Bedürfnisbefriedigung	vs.	*affektive Neutralität* Aufschieben affektiver Bedürfnisse zugunsten der Befriedigung langfristiger Bedürfnisse
Kollektivbezogenheit Gemeinnutzen	vs.	*Selbstorientierung* Eigennutzen
Partikularismus Akzeptanz spezifischer/konkreter Gruppennormen	vs.	*Universalismus* Akzeptanz allgemeiner Normen
Zuschreibung Zugeschriebene Leistungen	vs.	*Erringen* Erworbene Leistungen
Diffusität Fokus auf die „ganze" Person	vs.	*Spezifität* Fokus auf eine konkrete Rolle einer Person

4 Werte und Wertbezogenheit des sozialen Handelns

4.1 Normen und Werte

Mit der Frage nach der Sinnstruktur des Handelns, der handlungsleitenden und selegierenden Sinnfindung und Sinnaufschließung in einer bestimmten Handlungssituation, wurde ein Problembereich berührt, der für die Erklärung des Handelns unverzichtbar ist: seine Wertbezogenheit.

Werte als Grundprinzipien der Handlungsorientierung

Unter **Werten** verstehen wir die allgemeinsten Grundprinzipien der Handlungsorientierung und der Ausführung bestimmter Handlungen. Werte sind Vorstellungen vom Wünschenswerten, kulturelle und religiöse, ethische und soziale Leitbilder, die die gegebene Handlungssituation sowohl steuern als auch transzendieren. Die in einer Gesellschaft vorherrschenden Wertorientierungen sind das Grundgerüst der Kultur (vgl. Lektion XII). Anthropologisch betrachtet übernehmen Werte als übergeordnete Orientierungsstandards für das „Mängelwesen" Mensch Entlastungsfunktion.

Da Werte aufgrund ihrer Allgemeinheit nicht verhaltenswirksam sind, werden sie situationsspezifisch in sozialen Normen operationalisiert. Normen als „Atome des sozialen Lebens" funktionieren dabei auf Dauer nur, wenn die für das soziale Handeln wichtigsten Normen im Sozialisationsprozess verbindlich gemacht werden und ihre Befolgung als wertvoll (wichtig, wahr, richtig) in einem ethischen Sinn angestrebt wird.

Werte sind die ethischen Imperative, die das Handeln der Menschen leiten; sie sind Ausdruck dafür, welchen Sinn und Zweck Einzelne und Gruppen mit ihrem Handeln verbinden (vgl. zur Entstehung von Werten Joas 2004). Nach der genannten Systematik von Max Weber handelt „wertrational", wer sich „durch bewussten Glauben an den – ethischen, ästhetischen, religiösen oder wie immer sonst zu deutenden – unbedingten Eigenwert eines bestimmten Sichverhaltens rein als solchen und unabhängig vom Erfolg" leiten lässt.

„Wertrationales" Handeln nach Weber

4.2 Wertwandel

Die Wertfrage und die Bedeutung einzelner Werte haben in der Alltagswelt und den Sozial- und Kulturwissenschaften nichts an Brisanz verloren. Die Pluralisierung der Lebensverhältnisse, die Abnahme religiöser Wertbindungen im öffentlichen Leben, die geringe bzw. zurückgehende Bedeutung festgefugter Weltbilder und politischer Ideologien und andere Faktoren haben dazu geführt, dass die Fragen nach der Wertbindung und dem Wertwandel ein Dauerthema des Alltagsgesprächs, der Medien und der wissenschaftlichen Analyse sind. In diesen Diskussionen wie in den wissenschaftlichen Erörterungen der Wertproblematik ist bewusst, dass die Pluralität der Wertorientierung dort ihre Grenzen hat, wo der Gruppenkonsens oder die Integration der Gesellschaft gefährdet sind.

Dimensionen des Wertewandels

In der intensiven Diskussion um den Wandel der grundlegenden Werte seit den 1960er Jahren wurden u. a. folgende Zusammenhänge deutlich:

- Gewisse Grundwerte, wie sie in modernen Verfassungen niedergelegt sind und z. B. auch im Katalog der Grundrechte des Grundgesetzes zum Ausdruck kommen (Art. 1–19), sind für die Integration moderner Gesellschaften unverzichtbar;
- mit dem sozialen und kulturellen Wandel ist immer auch ein Wandel von Werten und Orientierungsalternativen des Handelns *(pattern variables)* verbunden. Hierbei ist davon auszugehen, dass es zwischen dem ökonomisch-technologischen Wandel und dem Wandel im Kultur- und Wertbereich kein simples Abhängigkeitsverhältnis gibt – wie es die marxistische Basis-Überbautheorie postulierte –, sondern ein komplexes Wechselverhältnis. Ökonomisch-technologischer Wandel kann durchaus mit Wertkonstanz einhergehen und sich ändernde Einstellungen können überhaupt erst die Voraussetzungen für die Akzeptanz neuer Techniken und Produktionsmethoden schaffen;
- es sollte weniger von Wertwandel die Rede sein, als vielmehr davon, dass einzelne Werte, z. B. die an Arbeit, Leistung und Gehorsam, Autorität und Pflichterfüllung orientierten, unter veränderten Bedingungen einen anderen Stellenwert in der sozialen und individuellen Werteordnung be-

kommen. So genannte postmaterielle Werte treten hinzu: Werte der Naturerhaltung und der Partizipation, der Selbstverwirklichung, der Gruppensolidarität usw. (vgl. Klages 2001);
- Wertwandel fuhrt nicht nur zur Veränderung von Einstellungen, sozialem Handeln und sozialer Wahrnehmung, sondern zugleich zur Veränderung von Institutionen, Normen und den Formen des Zusammenlebens (z. B. im familiären Bereich, im Wohnbereich oder in der Arbeitswelt);
- das Thema des Wertwandels verknüpfte sich, und das ist in Zeiten beschleunigten sozialen und kulturellen Wandels erwartbar, mit der Frage nach der Sinnsuche, den neuen sozialen und religiösen Bewegungen und mit dem Thema der Selbstfindung.

Durch Wertwandel zum Normkonflikt und sozialen Wandel

Damit schließt sich der Kreis: Änderungen der Wertordnungen führen zu neuen Selektionen von Sinn und können in Konflikt mit dem tradierten und immer umfänglicher kodifizierten Normgefüge geraten. Hier liegen die Gründe für die zahlreichen Konflikte, die das politische, soziale und kulturelle Leben bestimmen; sie sind schließlich die Voraussetzung für den Wandel bestimmter Normen, wie er sich in Gesetzen niederschlägt, aber auch für den Wandel von Institutionen, Organisationen und gesellschaftlichen Strukturen (über den Wertwandel in der bundesrepublikanischen Gesellschaft und seine Voraussetzungen in beiden deutschen Staaten bis 1990 siehe Meulemann 1996).

5 Sinn

5.1 Vielschichtigkeit des Sinnbegriffs

Mit dem Sinnbegriff werden die bisherigen Aussagen über die Besonderheiten des sozialen Handelns in der Hinsicht zusammengefasst, dass das Handeln – im Unterschied zum Verhalten – nach Motiven und Zwecken reflektiert und zielorientiert abläuft.

Sinn als Basis des Verstehens

Max Weber, der den Sinnbegriff – zur Charakterisierung der Besonderheiten menschlichen Handelns – zu einem Grundbegriff seiner „verstehenden Soziologie“ machte, hob hervor, dass der von den oder dem Handelnden gemeinte subjektive Sinn zu analysieren ist, um eine bestimmte Handlung als soziales Handeln zu verstehen.

Sinn (lat. *sensus*) ist zunächst das an körperliche Organe gebundene Vermögen (des Menschen), Reize aus der Außenwelt wahrzunehmen und sie mit spezifischen Empfindungen und schließlich Vorstellungen bewusstseinsmäßiger Art in Verbindung zu bringen. So kann man zwischen den äußeren Sinnen wie dem Geruchs-, Tast- und Hörsinn und den inneren Sinnen der

Äußere und innere Sinne

Wahrnehmung unterscheiden. Es gibt verschiedene philosophische Schulen, die von den Außenweltreizen ausgehen und auch das geistig-sittliche Verhalten der Menschen auf dieser Basis deuten.

Offenheit des Zeithorizonts

Ein interessantes handlungsrelevantes Phänomen ist die mit der Weltoffenheit zugleich gegebene Offenheit des Zeithorizonts. Der Mensch kann bewusstseinsmäßig zwischen Gegenwart, Vergangenheit und Zukunft pendeln, im Extremfall nur aus Erinnerungen leben oder nur für die Zukunft aktiv sein; er kann sich im religiös fundierten Bewusstsein ganz auf ein Jenseits, auf seine Wiedergeburt oder welche Transzendenzen des Diesseits auch immer beziehen. Das Bewusstsein kann, um es paradox auszudrücken, „handlungs- und situationsflüchtig" sein.

Leistungen des Sinnbegriffs

Für die Erklärung des sozialen Handelns ist der Sinnbegriff aus folgenden Gründen unverzichtbar:

- Er hilft, die spezifische Form der Wahrnehmung, die das Verhalten anderer Menschen deutbar und verstehbar macht, zu kanalisieren;
- er macht über die konkrete Handlungssituation hinaus die sie tragende Kultur (den Zusammenhang der Normen und Werte eines Gesellschaftssystems) einsehbar.

Annahmen zum Sinnverstehen

Es ist offenkundig, dass in diese Bestimmungen mehrere Annahmen und Voraussetzungen eingegangen sind:

- dass jedes Individuum zum „Sinnverstehen" in der Lage ist;
- dass von bereits „vergesellschafteten", d. h. mit spezifischen Normen und Werten ausgestatteten Individuen ausgegangen wird;
- dass Kultur ein zusammenhängendes, für den Menschen verstehbares und sie leitendes Normen- und Wertsystem ist;
- dass Menschen nach Sinn und den sie „leitenden" Kulturwerten suchen.

Überschätzung der Sinnhaftigkeit des Handelns?

Allerdings wird im Alltagshandeln wie in der Wissenschaft zu unkritisch davon ausgegangen, dass der Handelnde immer sinnorientiert und reflexiv, also bewusstseinsmäßig, sein Handeln steuert und zu ihm Stellung nimmt: es bewertet, einordnet, legitimiert usw. Vilfredo Pareto (1848–1923) hat in seinem „Trattato di sociologia generale" (1916) als einer der Ersten darauf hingewiesen, dass Handlungen und ihre Deutungen durch das Individuum zwei verschiedene Dinge sind, dass – entgegen den Annahmen Max Webers – sehr viel weniger bewusst gewollt und geplant abläuft, als nach der Behauptung vom vernunftgemäßen, „rationalen" Handeln vorausgesetzt wird. Zu Recht sprach Pareto davon, dass ein Großteil der individuellen Handlungen einer nachträglichen Rationalisierung, Motivation und Sinngebung unterliegt.

5.2 Doppelpoligkeit von Sinn

Zum Verständnis der vorstehenden Aussagen seien einige Differenzierungen zum Sinnbegriff von George Herbert Mead (1863–1931) und Alfred Schütz (1899–1959) angeführt.

Mead (2005: 115 ff.) fragte danach, wie die „gegenseitige Anpassung der Handlungen verschiedener menschlicher Wesen" möglich sei und identifizierte Sinn als zentralen Faktor dieser Anpassung. Hierbei ist die Doppelpoligkeit des Sinnbezuges hervorzuheben: Der Handelnde will, dass seine Handlung – seine Geste, sein Sprechen, sein Lächeln usw. – in bestimmter Weise verstanden wird. Sinn als Selektion aus sehr vielen Möglichkeiten des Verstehens, die Festlegung auf etwas Bestimmtes, erlaubt dem „Empfänger" der Geste oder des Sprechaktes eine eindeutige Decodierung (eine sinnverstehende Entschlüsselung der Zeichen).

Sinn als Selektion

Die andere Seite des Sinnbezuges ist darin zu sehen, dass in der Handlung selbst Sinn produziert und reproduziert wird und dies ein Element, ein Baustein des Kulturprozesses und der Identität einer bestimmten Kultur ist. In den Worten Meads (2005: 121): „Der Begriff ‚Sinn' weist zwei Merkmale auf, Teilnahme und Mitteilbarkeit. Sinn kann nur insoweit entstehen, als irgendeine Phase der vom Individuum im anderen ausgelösten Handlung auch in diesem selbst ausgelöst werden kann". Anders formuliert: Partizipation und Kommunikabilität sind im Sinn sowohl vorausgesetzt als auch durch ihn generiert.

Handlung als Sinnproduktion

Es ist ein faszinierender Tatbestand, dass jeder Mensch in jeder Handlungssituation gleichsam ein Nachschöpfer und ein Schöpfer von Sinn ist. Vieles ist zwar Routine, Alltag, „eingelebt" (Max Weber), eine nur reproduzierte „kulturelle Selbstverständlichkeit" (Peter R. Hofstätter), aber eben nicht alles. Wie signifikante Zeichen und Gesten gebraucht werden und die Sprache ihre „Töne" (die ja bekanntlich die Musik machen) bekommt, das unterliegt dem Vermögen des schöpferischen, aktuell handelnden Individuums.

Die Doppelpoligkeit des Sinnbegriffs wird auch deutlich in der Kritik von Alfred Schütz an der wohl bekanntesten Definition des sozialen Handelns, der von Max Weber. Schütz fragte in seinem 1932 zuerst erschienenen Buch „Der sinnhafte Aufbau der sozialen Welt": Was heißt es, dass der Handelnde mit seinem Handeln einen Sinn verbindet und der andere in diesem Kontext vorgegeben ist? Der Hauptvorwurf von Schütz lautete, dass Weber den Sinnbegriff viel zu undifferenziert verwende; er mache „zwischen dem Sinn des Erzeugens und dem des Erzeugnisses" einer Handlung ebenso wenig einen Unterschied wie „zwischen dem Sinn eigenen und fremden Handelns bzw. eigener und fremder Erlebnisse, zwischen Selbstverstehen und Fremdverstehen". Zudem werde die Intersubjektivität des gemeinten Sinnes von We-

Sinnkonstitution durch Intersubjektivität

ber nicht genügend herausgearbeitet. Nur über diese Intersubjektivität ergebe sich „der sinnhafte Aufbau der sozialen Welt" (vgl. Schütz 2004).

5.3 Die Selektionsleistung von Sinn für die Orientierung

Selektion von Sinn ermöglicht Orientierung

Bei Niklas Luhmann, der „Sinn als Grundbegriff der Soziologie" (1971) vorschlägt, bekommt der Sinnbegriff im Rahmen seiner Systemtheorie eine ganz bestimmte Wendung: Nur die Fähigkeit der Individuen zur Selektion von Sinn, d. h. aus der Vielzahl möglicher Handlungen (Gesten usw.) die für sie „richtigen" zu wählen, ermöglicht Orientierung in einer komplexen Welt. Komplexität bezeichnet den für jedes handelnde Individuum leicht aufweisbaren Tatbestand, dass es stets mehr Möglichkeiten des Erlebens und Handelns gibt, als aktualisiert werden können. Man muss auswählen, sich entscheiden. Ein in der Philosophie und Entscheidungstheorie oft erörtertes Problem taucht hierbei auf: Ist das Bewusstsein von vielen Möglichkeiten eher handlungshemmend oder eher entscheidungsfördernd?

Sinn als Mechanismus zur Reduktion der komplexen Welt

Es gibt andere „Mechanismen" und „Medien" zur Reduktion dieser komplexen Welt, wie die „sozialen Universalien" Geld, Macht, Liebe, Recht, aber immer geht es um spezifische, handlungstypische Formen der Reduktion vielfältiger Sinn-Möglichkeiten und der Identifikation eines bestimmten Sinnes. Eine Definition von Luhmann lautet: „Der Sinnbegriff ist die Ordnungsform menschlichen Erlebens" (1971: 31).

Diese „Funktion" kann Sinn nur haben, wenn sinnkonstituierende Systeme vorausgesetzt werden. Im Sozialisationsprozess lernen die Individuen, diesen Sinn der Traditionen und der Institutionen, letztlich einer bestimmten Kultur, zu erfassen und ihn für sich selbst kommunizierbar zu machen.

Sinn hilft aber nicht nur, die Komplexität der Welt handhabbar zu machen, sondern auch, diese zu erhalten. Damit wird der über-individuelle, kulturell vermittelte und gesellschaftlich manifeste Gehalt von Sinn, seine bereits angesprochene Doppelpoligkeit, deutlich. Alles sinnhafte Handeln gehört zum Kontext vorgegebener Sinn-Systeme mit ihren je eigenen Werten und Normen und den zu Rollen verfestigten Erwartungen der Mithandelnden. Solche Sinn-Systeme sind z. B. die Familie, die Universität, das Wirtschaftsleben, der Straßenverkehr. Die Mehrzahl individueller Handlungen hat also einen vorgegebenen Bezugsrahmen in institutioneller, personeller, kognitiver und sinnhaft-motivierender Hinsicht.

Vorstrukturierung des Handlungsfeldes durch Sinnsysteme

Zusammenfassend kann festgehalten werden:

- Menschen handeln in bestimmten Situationen auf der Basis von „Bedeutungen", die sie selbst (als Sinn) in die Handlungssituation einbringen;
- jeder Mensch geht mit einem vor-strukturierten Alltagswissen in die einzelnen Handlungssituationen; die Welt, in der er handelt, ist bereits eine kulturelle, interpretierte Welt, die für ihn einen individuellen Sinn hat;
- soziales Handeln ist ein interpretativer, mit dem (oder den) Handlungspartner(n) jeweils neu ausgehandelter Prozess, in dem sinngebende Deutungen über Sprechakte, Gesten, Mimik etc. die Erwartungen strukturieren.

Informationsteil

Kommentierte Literatur zur Einführung

Abels, H., Interaktion, Identität, Präsentation. Kleine Einführung in interpretative Theorien der Soziologie, Wiesbaden ^{4}2007
Dieser Band, ursprünglich ein Studientext für die Fernuniversität Hagen, eignet sich vorzüglich zur Einführung in die Begriffe und Theorien, die hier nur angedeutet werden konnten (er ist auch für die Lektionen III und IV zu empfehlen). Auf insgesamt 200 Seiten werden in sechs Kapiteln folgende Theoretiker und Theorien, unter besonderer Berücksichtigung der jeweils relevanten Begriffe, behandelt: George Herbert Mead – eine Einführung; Herbert Blumer – Symbolischer Interaktionismus; Alfred Schütz und die Grundlegung der phänomenologischen Soziologie; Berger und Luckmann – Die gesellschaftliche Konstruktion der Wirklichkeit; Ethnomethodologie – über Methoden des Handelns im Alltag; Erving Goffman – Techniken der Präsentation.

Esser, H., Soziales Handeln, Bd. 3 des sechsbändigen Werkes „Soziologie", Frankfurt/New York 2002
Dieses Werk ist eine der umfassendsten deutschsprachigen Darstellungen der Grundlagen und der Bedeutung des sozialen Handelns.
Hingewiesen sei hier insbes. auf die Kap. 10 und 11, die das für das soziale Leben so wichtige Phänomen des Tausches behandeln, dem nicht nur in archaischen Gesellschaften – wie die Untersuchung von Marcel Mauss (frz. 1923/24) herausfand – eine für das soziale Leben und seine Integration zentrale Rolle zukommt. Esser nennt eine große Anzahl soziologischer Werke, die zeigen, dass „die soziologische Theorie des Tausches nahezu alle zentralen Themen und Probleme der Soziologie" umfasst.

Joas, H., Die Kreativität des Handelns, Frankfurt [2]2002
Joas möchte mit seinem Ansatz herausarbeiten, dass es neben einer mehr rational orientierten Theorie des Handelns und einer, die den Normbegriff ins Zentrum der Betrachtung stellt, einen weiteren Gesichtspunkt gibt, der den offenkundig kreativen Charakter der individuellen Handlungsentwürfe hervorhebt.

Hier ist vor allem das erste, 100 Seiten umfassende Kapitel wichtig, da es die Entstehung der Handlungstheorie bei wichtigen Theoretikern herausarbeitet. Es folgen zwei Kapitel, die an Beispielen – bis hin zur „Konstitution des Körperschemas" – die Kreativität des Handelns verdeutlichen. Das abschließende Kapitel („Kreative Demokratie") stellt die Verbindung von Kreativität und Kollektivität her.

Luckmann, T., Theorie des sozialen Handelns, Berlin/New York 1992
Luckmann definiert Handeln u. a. als „Grundlegung der menschlichen Welt". Er skizziert einleitend die Entwicklung der Handlungstheorie von Aristoteles bis in die Gegenwart. Ausführliche Kapitel sind den Themen gewidmet: Die Zeit- und Sinnstruktur von Handlungen, Handeln und Gesellschaft (insbes. unter dem Aspekt der Institutionalisierung sozialen Handelns). Ein Glossar zu wichtigen Begriffen ergänzt dieses Einführungswerk.

Miebach, B., Soziologische Handlungstheorie. Eine Einführung, 3., aktual. Aufl., Wiesbaden 2010
Der Band eignet sich zum vertiefenden Studium, weil er auf folgende Begriffe und Problemfelder differenzierend und anschaulich eingeht: Unterschied von sozialem Handeln und Verhalten; soziales Handeln in Rollen und im Alltag (mit Rezeption der hier wichtigen Schriften von Goffman); soziales Handeln in den Strukturen der Lebenswelt und in sozialen Systemen.

Weber, M., Soziologische Grundbegriffe, in: *Ders.*, Schriften 1894–1922, hrg. von *D. Kaesler*, Stuttgart 2002, S. 653–716 (zuerst 1922)
Einer der bekanntesten Texte der soziologischen Literatur; er entwickelt in 17 Paragraphen (Weber war ursprünglich Jurist) eine höchst komprimierte Begrifflichkeit, auf die immer wieder zurückgegriffen wird (zu Webers Begriffen „Macht und Herrschaft" vgl. auch Lektion IX).

Im Kap. 1 wurde nur der Anfang von § 1 („Soziales Handeln") zitiert; die Erläuterungen dazu umfassen die „Methodischen Grundlagen" (mit Erklärungen zum Sinnbegriff und der Methode des Verstehens) und eine Explikation zum Begriff des sozialen Handelns. § 2 behandelt die „Bestimmungsgründe des sozialen Handelns" (hier finden sich die im Kap. 3.6 in Kurzform zitierten vier grundlegenden Formen = Bestimmungsgründe des sozialen Handelns). § 4 behandelt die Typen des sozialen Handelns wie Brauch und Sitte. Aber auch die übrigen Paragraphen bzw. Begriffsexplikationen sind zum Verständnis des sozialen Handelns als Grundlage aller nur denkbaren Formen von „Vergemeinschaftung und Vergesellschaftung" (§ 9) wichtig.

Zitierte und empfohlene Literatur

Cassirer, E., Versuch über den Menschen. Einführung in eine Philosophie der Kultur, Frankfurt a. M. [2]2007 (orig. engl. 1944)

Dahrendorf, R., Homo sociologicus. Ein Versuch zur Geschichte, Bedeutung und Kritik der Kategorie der sozialen Rolle, Wiesbaden [16]2006 (zuerst in: KZfSS, Heft 2 u. 3 des 10. Jg. 1958)

Durkheim, E., Die Regeln der soziologischen Methode, Frankfurt a. M. [6]2007 (orig. frz. 1895)

Gehlen, A., Anthropologische und sozialpsychologische Untersuchungen, Reinbek 1993

Ders., Der Mensch, seine Natur und seine Stellung in der Welt, Frankfurt/M. 1993 (textkritische Edition, Bd. 3; zuerst 1940)

Giddens, A., Die Konstitution der Gesellschaft. Grundzüge einer Theorie der Strukturierung, Frankfurt a. M. [3]1997

Goffman, E., Das Individuum im öffentlichen Austausch. Mikrostudien zur öffentlichen Ordnung, Frankfurt a. M. 2005 (orig. amerik. 1971)

Ders., Interaktionsrituale, Frankfurt a. M. [7]2005 (orig. amerik. 1972)

Ders., Wir alle spielen Theater. Die Selbstdarstellung im Alltag, München [9]2011 (orig. amerik. 1959)

Hall, E. T., Die Sprache des Raums, Düsseldorf 1976 (orig. amerik. 1966)

Heuberger, F., Problemlösendes Handeln. Zur Handlungstheorie von G. H. Mead, A. Schütz und Ch. S. Peirce, Frankfurt a. M. 1992

Honneth, A./Joas, H., Soziales Handeln und menschliche Natur. Anthropologische Grundlagen der Sozialwissenschaften, Frankfurt a. M. 1980

Joas, H., Die Entstehung der Werte, Frankfurt a. M. [3]2004

Klages, H., Werte und Wertewandel, in: *Schäfers, B./Zapf, W.*, Hg., Handwörterbuch zur Gesellschaft Deutschlands, Opladen, [2]2001, S. 726–738

Kohlberg, L., Die Psychologie der Moralentwicklung, Frankfurt a. M. [3]2006 (Nachdruck)

Krappmann, L., Soziologische Dimensionen der Identität. Strukturelle Bedingungen für die Teilnahme an Interaktionsprozessen, Stuttgart [10]2005 (zuerst 1971)

Lenk, H., Hg., Handlungstheorien – interdisziplinär, 4 Bde., München 1977–1984

Linton, R., Mensch, Kultur, Gesellschaft, Stuttgart 1979 (orig. amerik. 1936)

Luckmann, T., Theorie des sozialen Handelns, Berlin/New York 1992

Luhmann, N., Sinn als Grundbegriff der Soziologie, in: *Habermas, J./Ders.*, Theorie der Gesellschaft oder Sozialtechnologie, Frankfurt a. M. 1971, S. 25–100

Marx, K., Die Frühschriften, hrg. von *S. Landshut*, Stuttgart [7]2004 (zuerst 1932)

Mauss, M., Die Gabe. Form und Funktion des Austauschs in archaischen Gesellschaften, Frankfurt a. M. [4]1999 (orig. franz. 1923/24)

Mead, G. H., Geist, Identität und Gesellschaft aus der Sicht des Sozialbehaviorismus, Frankfurt a. M. 2005 (orig. amerik. 1934)

Meulemann, H., Werte und Wertewandel. Zur Identität einer geteilten und wiedervereinten Nation, Weinheim/München 1996

Nunner-Winkler, G., Art. „Normen", in: *Kerber, H./Schmieder, A.*, Hg., Handbuch der Soziologie. Zur Theorie und Praxis sozialer Beziehungen, Reinbek 1984

Pareto, V., Allgemeine Soziologie, München 2006 (orig. ital. 1916)

Parsons, T., Pattern Variables Revisited, in: American Sociological Review 25/1960

Plessner, H., Die Frage nach der Conditio humana. Aufsätze zur philosophischen Anthropologie, Frankfurt a. M. [2]1985 (zuerst 1976)

Popitz, H., Der Begriff der sozialen Rolle als Element der soziologischen Theorie, Tübingen [4]1975 (zuerst 1967)

Ders., Die normative Konstruktion von Gesellschaft, Tübingen 1980

Schäfers, B., Architektursoziologie. Grundlagen – Epochen – Themen, Wiesbaden [3]2014

Schelsky, H., Soziologie der Sexualität. Über die Beziehungen zwischen Geschlecht, Moral und Gesellschaft, Reinbek bei Hamburg 1983 (zuerst 1955)

Schütz, A., Der sinnhafte Aufbau der sozialen Welt. Eine Einleitung in die verstehende Soziologie, Bd. 2 der Werkausgabe, Konstanz 2004 (zuerst 1932)

Ders./Luckmann, T., Strukturen der Lebenswelt, Konstanz 2003 (zuerst 1979/1984)

Tönnies, F., Gemeinschaft und Gesellschaft. Grundbegriffe der reinen Soziologie, Darmstadt [4]2005 (reprogr. Nachdruck der 8. Aufl. von 1935; zuerst 1887)

Lektion III
Sozialisation, Person, Individuum

Albert Scherr

Inhalt

1 Einleitung

Menschen sind nur in geringem Maß durch angeborene Eigenschaften und Verhaltensschemata festgelegt. Das konkrete Empfinden, Wahrnehmen, Erleben, Denken und Handeln entwickelt sich vielmehr in Abhängigkeit von jeweiligen sozialen Beziehungen und Kontexten. Der Begriff Sozialisation steht entsprechend für die Annahme, dass individuelle Bedürfnisse, Eigenschaften, Fähigkeiten und Interessen sowie das Selbstverständnis eines Individuums nicht von Natur aus festgelegt und genetisch verankert, sondern in hohem Maß eine Folge sozialer Einwirkungen sind. Um auf die weitreichenden Auswirkungen von Sozialisationsprozessen hinzuweisen, hat Dieter Claessen (1979) Sozialisation als „zweite, soziokulturelle Geburt" des Individuums charakterisiert.

Soziologischen Sozialisationstheorien liegt die Beobachtung eines nicht beliebigen Zusammenhangs zwischen Gesellschaftsstrukturen und Persönlichkeitsentwicklung zu Grunde. Max Weber (1864–1920; 1917: 479) argumentiert diesbezüglich, dass jede „wie immer geartete Ordnung der gesellschaftlichen Beziehungen" einem bestimmten „menschlichen Typus (...) die optimalen Chancen gibt, zum herrschenden zu werden". Peter L. Berger und Thomas Luckmann (2004) fassen diesen Zusammenhang wie folgt: „Die historischen Gesellschaftsstrukturen erzeugen Identitätstypen, die im individuellen Fall erkennbar sind." Klassische empirische Studien, so etwa die Analyse der Situation polnischer Arbeitsmigranten in Europa und Amerika von William I. Thomas und Florian Znaniecki (1918–1921) oder Margaret Meads (1981) publizierte Forschungsergebnisse über Erziehungspraktiken und Geschlechterrollen, stützen solche Überlegungen.

Durkheims Definition von Sozialisation

Der Begriff Sozialisation wurde in der Soziologie zuerst bei Emile Durkheim (1858–1917) verwendet. Durkheim versteht unter **Sozialisation** alle „Einwirkungen der Erwachsenengeneration auf diejenigen, die noch nicht reif sind für das Leben in der Gesellschaft" (Durkheim 1972: 50). Sozialisation umfasst demnach ganz allgemein die gesellschaftliche Einflussnahme auf die individuelle Entwicklung, die Prozesse, in denen gesellschaftliche Gewohnheiten, Handlungsmuster, Werte und Normen zu – mehr oder weniger stabilen – individuellen Gewohnheiten oder Gewissheiten werden. Die Grundfragen der älteren Sozialisationsforschung lauten entsprechend: Wie werden Individuen zu Mitgliedern sozialer Gruppen und einer Gesellschaft? Wie gelingt es Gesellschaften, ihre Regeln, Werte und Normen an die nachwachsenden Generationen weiterzugeben?

Die neuere Sozialisationsforschung betont demgegenüber, dass Sozialisation nicht hinreichend und angemessen als Prägung des Individuums durch die Gesellschaft verstanden werden kann. Sie weist darauf hin, dass Individuen gesellschaftliche Vorgaben nicht einfach passiv übernehmen, sondern sich diese auf der Grundlage ihrer vorgängig entwickelten kognitiven und affektiven Strukturen aktiv aneignen; sie akzentuiert die Genese individueller Sprach- und Handlungskompetenzen im Sozialisationsprozess. Dies verbindet sich mit einer Distanzierung gegenüber einer Orientierung an einem funktionalen Verständnis von Sozialisation als Mittel, Individuen in gegebene gesellschaftliche Strukturen einzufügen.

Aktuelle Bestimmungen des Sozialisationsbegriffs

Sozialisation wird in der Folge in aktuellen Begriffsbestimmungen als in sich widersprüchlicher Zusammenhang von gesellschaftlichen Einwirkungen auf Individuen und individueller Kompetenzentwicklung verstanden (vgl. Grundmann 2006; Hurrelmann/Bauer 2015).

2 Grundlagen soziologischer Sozialisationsforschung

Soziale Handlungsorientierung

Sozialisationsprozesse setzen voraus, dass Individuen dazu befähigt und darauf angewiesen sind, sich in ihrem Erleben, Denken und Handeln an Anderen zu orientieren. Die neuere Forschung geht diesbezüglich von einer „dem Menschen ‚angeborenen' sozialen Handlungsorientierung und Handlungsbefähigung" (Grundmann 2006: 9) aus und verbindet dies mit der Annahme, dass die aktive Teilnahme an sozialen Handlungs- und Kommunikationszusammenhängen sowie dauerhafte und emotional bedeutsame Sozialbeziehungen von zentraler Bedeutung für den Sozialisationsprozess sind (ebd.: 55 ff.).

Sozialisation und Sozialstruktur

Sozialisationsforschung kann sich aber nicht darauf beschränken, das Handeln und Kommunizieren in der Interaktion unter Anwesenden und in relativ dauerhaften sozialen Beziehungen zu untersuchen. Soziologische **Sozialisationsforschung** setzt vielmehr ein Wissen über gesellschaftliche Strukturen und Dynamiken voraus, denn Individuen werden „in eine historische Sozialwelt hineingeboren", in der „ihre biografische Situation von vornherein sozial begrenzt und durch spezifisch ausgeprägte gesellschaftliche Gelegenheiten bestimmt" ist (Schütz/Luckmann 2003). Dies gilt nicht nur in Hinblick auf direkte und indirekte Auswirkungen, die gesellschaftliche Strukturen, etwa Strukturen sozialer Ungleichheit, auf Sozialisationsbedingungen haben. Gesellschaftliche Vorgaben wirken sich auch auf die Struktur alltäglicher Sozialbeziehungen aus, etwa auf Autoritätsverhältnisse und Geschlechterbeziehungen in Familien. Darüber hinaus ist jede sozialisatorische Interaktion ein Geschehen zwischen Personen mit Erfahrungen, Erwartungen und Eigenschaften, die sie in einem bestimmten gesellschaftlichen Kontext erworben haben. Zudem geht in sozialisatorisch bedeutsames Handeln und Kommunizieren ein Wissen darüber ein, was gesellschaftlich einflussreiche Werte, Normen und Normalitätserwartungen sind. Alfred Schütz und Thomas Luckmann (2003) fassen solche Überlegungen zu der Formulierung zusammen, dass „schon den frühesten Erfahrungen des Kindes (…) die historische Sozialstruktur ‚kausal' vorausgesetzt" sei. Soziologische Sozialisationsforschung ist folglich darauf verwiesen in den Blick zu nehmen, was die gesellschaftlichen Bedingungen von und die gesellschaftlichen Einflüsse auf Sozialisationsprozesse(n) sind. Ihr Interesse richtet sich jedoch nicht ausschließlich auf überindividuelle soziale Strukturen und Prozesse, sondern auch auf deren emotionale, kognitive und handlungspraktische Verarbeitung durch Individuen. Folglich kann sich Sozialisationsforschung nicht darauf beschränken, eine ausschließlich soziologische Perspektive einzunehmen, sie muss auch psychologische Theorien und Forschungsergebnisse berücksichtigen.

Aus der Perspektive der Psychologie handelt es sich bei Sozialisationsprozessen um Lern- und Entwicklungsprozesse des Individuums in einer sozialen Umwelt. Psychologische Theorien beschreiben deren innerpsychische Voraussetzungen, Verläufe und Folgen.

Die Aufgabenstellung einer eigenständigen Soziologie der Sozialisation besteht demgegenüber vor allem darin, soziale Interaktionen, Gruppen, Institutionen, Organisationen sowie gesellschaftliche Strukturen und Dynamiken als Kontexte zu untersuchen, in denen sich der Aufbau, die Entwicklung und Veränderungen von Persönlichkeitseigenschaften vollziehen. Soziologische Sozialisationsforschung ist entsprechend darauf ausgerichtet zu analysieren, welche Erfahrungen Individuen in unterschiedlichen sozialen Kontexten ermöglicht oder zugemutet, welche Lernprozesse angeregt oder erzwungen und welche Bildungschancen eröffnet oder verschlossen werden.

2.1 Definitionen und grundlegende Aspekte von Sozialisation

Dimensionen des Sozialisationsprozesses

Sozialisation umfasst drei grundlegende Dimensionen, die als Elemente eines Zusammenhanges zu denken sind:

- **Personalität,** die gesellschaftliche Bestimmtheit der Einzelnen durch Rollen, Werte, Normen, Erwartungen, Gewohnheiten usw.;
- **Individualität,** die Besonderheit und Einzigartigkeit der Individuen, d.h. die Eigenschaften und Fähigkeiten, durch die Einzelne sich von anderen unterscheiden;
- **Subjektivität,** die allen Individuen gemeinsame Sprach-, Handlungs- und Selbstbestimmungsfähigkeit.

Im Prozess der Sozialisation sind diese drei Dimensionen ineinander verschränkt und verwoben. Sie können nur analytisch voneinander unterschieden werden. Dabei ist zu berücksichtigen, dass Individualität und Subjektivität sich immer nur im Rahmen gesellschaftlich vorgegebener Bedingungen und Begrenzungen entwickeln können. Entsprechend weist Wolfgang Edelstein (1999: 35 f.) pointiert darauf hin, dass das „Subjekt (...) auch im Kontext jener Strukturen begriffen werden" muss, „deren Gewalt auch gegen seinen Willen seine Biografie bestimmt". Bedeutsam sind hierfür nicht zuletzt sozial ungleiche Lebensbedingungen: „Das System sozialer Ungleichheit markiert dem handelnden Subjekt auch dann die Spielräume und prägt die Struktur seiner Motive, wenn ihm das Verlassen seiner Herkunftsposition gelingt" (ebd.).

Dieter Claessens unterscheidet in seiner Studie „Familie und Wertsystem" (1979) folgende Aspekte des Sozialisationsprozesses:

- erstens **Soziabilisierung** als „Prozess, in dem dem menschlichen Nachwuchs die Möglichkeit erschlossen wird, menschliche Eigenschaften zu entwickeln und in dem die Vermittlung von allgemeinen Kategorien des Weltvertrauens und des Weltverständnisses erfolgt" (ebd.: 27 f.); Bestandteil der Soziabilisierung ist weiter der Aufbau einer elementaren Ich-Identität, das heißt eines Grundverständnisses der eigenen Persönlichkeit im Unterschied zu anderen Individuen;
- zweitens **Enkulturation** als „Prozess der ‚soziokulturellen Prägung' des Individuums", das heißt die Aneignung kulturspezifischer Regeln, Normen und Werte;
- drittens die „sekundäre **soziale Fixierung**" als Prozess der Vorbereitung des Individuums auf die Übernahme spezialisierter gesellschaftlicher Anforderungen und Positionen.

Im Verlauf des Sozialisationsprozesses werden Kinder jedoch nicht unmittelbar mit gesellschaftlichen Erwartungen, Regeln und Normen konfrontiert. Primäre Erfahrungen erwerben Kinder zunächst in der Interaktion mit konkreten Bezugspersonen, in der Regel den Eltern und Geschwistern. Soziabilisierung und Enkulturation erfolgen also nicht mittels einer direkten gesellschaftlichen Einflussnahme auf die Heranwachsenden, sondern im Rahmen der in der Herkunftsfamilie gegebenen besonderen Bedingungen.

Psychoanalyse und Bindungsforschung

Auf die zentrale Bedeutung familialer Interaktionsstrukturen hat zunächst vor allem die Psychoanalyse Sigmund Freuds (1856–1939) hingewiesen, deren Überlegungen auch in der sozialwissenschaftlichen Sozialisationsforschung weiterentwickelt wurden (Lorenzer 1971). Dabei wird davon ausgegangen, dass frühkindliche Beziehungserfahrungen zum Aufbau psychischer Tiefenstrukturen führen, die das Erleben weiterer sozialer Beziehungen beeinflussen. Die von John Bowlby begründete Bindungsforschung argumentiert, dass Kinder auf der Grundlage ihrer Beziehungserfahrungen mit primären Bezugspersonen ‚innere Arbeitsmodelle" entwickeln, die als Interpretationsschemata für alle späteren sozialen Beziehungen wirksam werden (vgl. Hopf 2005).

Strukturmerkmale familialer Kommunikation und Interaktion

Ausgehend von Talcott Parsons (1902–1979) sozialisationstheoretischen Studien (2005) haben familiensoziologische Untersuchungen Strukturmerkmale familialer Kommunikation und Interaktion nachgewiesen, die für die Soziabilisierung von zentraler Bedeutung sind: In der Familie ist Kommunikation nicht auf spezifische Themen eingeschränkt, sie schließt emotionale und körperliche Bedürfnisse ein und die Interaktionsdichte ist hoch. Die Individuen begegnen sich in Familien der Möglichkeit nach „als ganze Person mit dem Anspruch auf Anerkennung und Bestätigung ihrer Einzigartigkeit" (Allert 1998: 1).

Unterscheidung zwischen primärer und sekundärer Sozialisation

In der Sozialisationsforschung wird zwischen primärer und sekundärer Sozialisation unterschieden. Berger und Luckmann (2004) fassen diese Unterscheidung wie folgt: „Die **primäre Sozialisation** ist die erste Phase, durch die der Mensch in seiner Kindheit zum Mitglied der Gesellschaft wird. **Sekundäre Sozialisation** ist jener spätere Vorgang, der eine bereits sozialisierte Person in neue Ausschnitte der objektiven Welt ihrer Gesellschaft einweist".

Definitionen von Sozialisation

Einleitend wurde bereits darauf hingewiesen, dass Sozialisationsprozesse als soziale Einwirkung auf Individuen zu analysieren sind, was Begrenzungen des Möglichkeitsraumes individuellen Erlebens, Denkens und Handelns sowie die Genese individueller Kompetenzen umfasst. Gängige Definitionen unterscheiden sich in der Art und Weise, wie sie diese Aspekte akzentuieren. Berger und Luckmann (2004) bestimmen Sozialisation als „die grundlegende und allseitige Einführung des Individuums in die objektive Welt einer Gesellschaft oder eines Teils einer Gesellschaft". Hurrelmann (2006) fasst Sozialisation als „den Prozess, in dessen Verlauf sich der mit einer biologischen Ausstattung versehene Organismus zu einer sozial handlungsfähigen Persönlichkeit bildet, die sich über den Lebenslauf hinweg in Auseinandersetzung mit den Lebensbedingungen weiterentwickelt".

Sozialisationsforschung befasst sich insbesondere mit

Schwerpunkte der Sozialisationsforschung

- den *Stadien des Sozialisationsprozesses* (Sozialisation im Kindes-, Jugend- und Erwachsenenalter),
- den vielfältigen *Dimensionen der Sozialisation* (z. B. Spracherwerb, moralische Entwicklung und Identitätsbildung) sowie
- den Auswirkungen unterschiedlicher *Sozialisationsbedingungen* (etwa: schichten- und milieuspezifische Sozialisation; Auswirkungen unterschiedlicher Erziehungsstile)
- und den vielfältigen *Sozialisationsinstanzen* (Familie, Freundschaftsbeziehungen, Schule, Gleichaltrigengruppe, Massenmedien usw.).

2.2 Sozialisation als umfassender Prozess

Sozialisation ist kein zeitlich und räumlich begrenzter, sondern ein lebenslanger Vorgang. Sie geschieht immer dann, wenn Individuen an sozialen Kommunikations- und Handlungszusammenhängen teilnehmen, die bedeutsame Veränderungen im Individuum auslösen bzw. für die Stabilisierung gegebener Persönlichkeitsmerkmale wichtig sind. Insofern können prinzipiell alle sozialen Situationen daraufhin beobachtet werden, welche Sozialisationsprozesse dort ermöglicht bzw. veranlasst werden.

Dabei ist zu beachten, dass Sozialisation in spezifischen und unterschiedlichen Kontexten erfolgt. Es kann nicht davon ausgegangen werden, dass jeweilige Normen, Regeln, Verhaltensmuster usw. (z. B. Interaktionsregeln in der Familie und der Gleichaltrigengruppe) zu kontextunabhängigen und stabilen Persönlichkeitsmerkmalen werden. Es kann auch nicht unterstellt werden, dass in heterogenen sozialen Kontexten prinzipiell übereinstimmende Verhaltensmuster, Denkweisen, Werte und Normen gültig und Bezugspunkt individueller Aneignungsprozesse sind. Sozialisation ist folglich nicht als Einfügung des Individuums in „die Gesellschaft" im Sinne einer einheitlichen Ordnung zu bestimmen, sondern als Persönlichkeitsentwicklung in heterogenen und potenziell widersprüchlichen sozialen Kontexten.

Gegenstand der Sozialisationsforschung ist deshalb nicht eine bestimmte Lebensphase oder ein bestimmter Ausschnitt oder Teilbereich der sozialen Wirklichkeit. Vielmehr beruht Sozialisationsforschung auf einer untersuchungsleitenden Fragestellung, die es ermöglicht und erfordert, prinzipiell alle sozialen Vorgänge, an denen Individuen teilnehmen, als Sozialisationsvorgänge in den Blick zu nehmen.

2.3 Erziehung und Sozialisation

Ungeplantheit von Sozialisation

Sozialisation geschieht überwiegend ungeplant und unbeabsichtigt. Denn jede soziale Situation beinhaltet vielfältige Erfahrungsmöglichkeiten, in denen ein Wissen über die Bedeutung von Wörtern und Dingen, über Eigenschaften von und Beziehungen zwischen Personen, erwünschte und unerwünschte Verhaltensweisen usw. erworben wird. Soziale Situationen stellen so betrachtet ein „strukturiertes Erfahrungsmaterial" (Oevermann u. a. 1976: 372) dar, das den Beteiligten nicht umfassend bewusst ist. Ein grundlegender Aspekt von Sozialisationsprozessen ist die selektive und eigensinnige individuelle Aneignung dieses Erfahrungsmaterials.

Ein Kind erfährt z. B. nicht erst dadurch die bei gemeinsamen Mahlzeiten in der Familie geltenden Verhaltensregeln, dass die Eltern ihm ausdrücklich

Anweisungen über angemessenes Verhalten geben. Schon die ganz gewöhnliche Teilnahme an der Mahlzeit ermöglicht es ihm vielmehr, typische Handlungsmuster und Gewohnheiten wahrzunehmen. Sozialisation vollzieht sich hier also bereits dadurch, dass ein Kind Handlungsmuster Erwachsener beobachtet und ggf. nachahmt, z. B. spielerisch imitiert. Darüber hinaus erlebt das Kind in dieser Situation die Struktur der sozialen Beziehungen zwischen den Familienmitgliedern – unabhängig davon, ob die Eltern dies beabsichtigen. Es erwirbt damit auch Erfahrungen bezüglich seiner Stellung in der Familie und der emotionalen Beziehungen zwischen den Anwesenden.

Erziehung als geplante Sozialisation

Im Verhältnis zur ohnehin geschehenden Sozialisation kann **Erziehung** als bewusste „gesellschaftliche Reaktion auf die Entwicklungstatsache" (Bernfeld 2006) verstanden werden, als Reaktion darauf also, dass Kinder die Fähigkeiten erst erwerben müssen, durch die sie zu kompetenten Gesellschaftsmitgliedern werden. Erziehung lässt sich vor diesem Hintergrund in Anschluss an Durkheim (1972) soziologisch als *„socialisation méthodique"*, als geplante und absichtsvolle Sozialisation, bestimmen. Das heißt: Erziehung ist diejenige Teilmenge der Sozialisationsvorgänge, für die das Ziel grundlegend ist, Veränderungen von Personen, insbesondere von Kindern und Jugendlichen, zu bewirken.

Damit ist zunächst darauf hingewiesen, dass Erziehung in der Perspektive der Soziologie keineswegs der alleinige, zentrale und einflussreichste Weg ist, auf dem gesellschaftliche Einflüsse auf Heranwachsende ausgeübt werden, sondern eben nur ein bestimmter Ausschnitt des Sozialisationsgeschehens. Der Psychoanalytiker und Pädagoge Siegfried Bernfeld (1892–1953) verwies in seiner Kritik an der damaligen Reformpädagogik auf die dadurch bedingte „soziale Grenze der Erziehung" (Bernfeld 2006). Anlass hierfür war die nach wie vor aktuelle Beobachtung, dass Erziehung ihre Zielsetzungen aufgrund der den Heranwachsenden gesellschaftlich zugemuteten Lebensbedingungen vielfach nicht erreicht. Das Wissen um die strukturellen Bedingungen und Grenzen pädagogischer Einwirkungen hat wiederkehrend zu Auseinandersetzungen über Chancen pädagogischer Einflussnahme sowie die Wirksamkeit verschiedener Erziehungsstile und Erziehungsmethoden geführt.

Grenzen der Erziehung

Unabhängig davon hat die Sozialisationsforschung auf weitere grundsätzliche Grenzen der Erziehung aufmerksam gemacht:

- Schon rein quantitativ betrachtet ist erstens offenkundig, dass der Anteil der bewussten und gezielten Erziehungshandlungen gegenüber den übrigen für die Sozialisation bedeutsamen Vorgängen relativ gering ist. Dies gilt selbst in Einrichtungen wie Familien, Kindergärten oder Schulen, in denen die Erziehung von Kindern und Jugendlichen eine zentrale Zielsetzung ist. Denn nur ein kleiner Teil dessen, was etwa in einer Schulklasse geschieht, ist gezieltes erzieherisches Handeln des Lehrers. Es gibt sozialisationstheoretisch wenig Grund zu der Annahme, dass die geplanten Erziehungshandlungen grundsätzlich von größerer Bedeutung für die individuelle Entwicklung sind als die Vielzahl der unbeabsichtigt sich vollziehenden Sozialisationsvorgänge.

- In Frage gestellt wird die Annahme des Einflusses von Erziehung auf Kinder und Jugendliche zweitens durch Beobachtungen, die auf den weitreichenden Einfluss der Selbstsozialisation in Gleichaltrigengruppen hinweisen. Sozialisation „ist der Anpassungsprozess des eigenen Verhaltens an das der Mitglieder der eigenen sozialen Kategorie", so formuliert Judith R. Harris (2002) pointiert, d. h. an die Erwartungen, Regeln und Normen, die in Bezugsgruppen Gleichaltriger gelten. Kinder und Jugendliche orientieren sich demnach nicht zentral an den eigenen Eltern bzw. an Erwachsenen, sondern an denjenigen, mit denen sie sich als Alters- und Geschlechtsgleiche identifizieren können. Harris (2002) formuliert vor diesem Hintergrund einer prinzipielle Kritik der Erziehungshypothese: Nicht Erziehung, sondern Selbstsozialisation in Bezugsgruppen ist demnach von ausschlaggebender Bedeutung für die Persönlichkeitsentwicklung.
- Drittens kann argumentiert werden, dass Erziehung auch daran scheitern kann, dass sie als Versuch absichtsvoller Beeinflussung erkannt und als solcher abgelehnt wird: „Der Adressat kann (…) nicht nur deshalb ablehnen, weil er die Information als unzutreffend oder die Anweisung für unakzeptabel hält; er kann sie auch deshalb ablehnen, weil sie seine Erziehung bezweckt und er sich nicht in die Rolle dessen begeben will, der dies nötig hat" (Luhmann 1987: 178). Das heißt: Kinder, Jugendliche und Erwachsene können die Erwartung, sich erziehen zu lassen, als solche zurückweisen.

Mit diesen Überlegungen ist eine für die auf die Erziehung von Kindern und Jugendlichen spezialisierten Berufe grundlegende Problematik angezeigt, aus der die Pädagogik die Konsequenz zog, Erziehung sei nicht nur durch bewusste Erziehungshandlungen zu bewirken, sondern durch eine den Erziehungszielen angemessene Gestaltung des gesamten Sozialisationskontextes in pädagogischen Einrichtungen und der Lebenswelt von Kindern und Jugendlichen.

2.4 Sozialisation und Erziehung in Familien und öffentlichen Erziehungseinrichtungen

Die Erziehung von Kindern und Jugendlichen vollzieht sich in der Regel zunächst innerhalb der Herkunftsfamilie. Sozialisation und Erziehung bleiben in modernen Gesellschaften jedoch nicht den Familien und Verwandtschaften überlassen. Mit der Einführung der allgemeinen Schulpflicht wurde vielmehr ein auf die Erziehung von Kindern und Jugendlichen spezialisiertes gesellschaftliches Teilsystem geschaffen. Damit reagieren moderne Gesellschaften einerseits darauf, dass Erziehung und Sozialisation in der Familie aufgrund der Trennung von Familie und Erwerbsarbeit nicht mehr zureichend auf berufliche und sonstige gesellschaftliche Anforderungen vorbereiten können. Andererseits soll, wie sozialhistorische Untersuchungen gezeigt haben (de Swaan 1993: 67 ff.), durch allgemeine schulische Erziehung gewährleistet werden, dass alle Bürger des Nationalstaates über eine gemeinsame Sprache und ein gemeinsames Grundwissen verfügen, an überregionaler Kommunikation teilnehmen können sowie eine nationale Identifikation entwickeln.

Ziele schulischer Erziehung

Außerschulische Kinder- und Jugendhilfe

Darüber hinaus etablierte sich seit dem Ende des 19. Jahrhunderts eine staatlich geförderte und reglementierte Kinder- und Jugendpflege, die vielfältige Maßnahmen der außerschulischen Erziehung umfasst, also insbesondere die Einrichtung von Kindergärten, Angebote der Jugendarbeit und Formen der Heimerziehung. Anlass für die Entwicklung der Kinder- und Jugendpflege waren zunächst Formen der Vernachlässigung von Kindern und Jugendlichen aus proletarischen und subproletarischen Familien sowie das Interesse an einer Kontrolle abweichenden Verhaltens von Jugendlichen.

Schulische und außerschulische Erziehung wurden darüber hinaus im Nationalsozialismus zu Mitteln einer umfassenden staatlichen Einflussnahme (Keim 1997). Demgegenüber erklärt Art. 6 (2) des Grundgesetzes: „Pflege und Erziehung der Kinder sind das natürliche Recht der Eltern und die zuvörderst ihnen obliegende Pflicht.“

Die Durchsetzung des Rechtsanspruchs auf einen Kindergartenplatz, die Ausdehnung der Schulbesuchsdauer und die im Sozialgesetzbuch (SGB VIII) verankerten Angebote der Kinder- und Jugendhilfe haben zu einer Bedeutungszunahme außerfamilialer Erziehung und Sozialisation geführt.

3 Gesellschaftlichkeit und Individualität

Sozialisation in der Soziologie

Für die Soziologie als Wissenschaft vom sozialen Handeln und als Gesellschaftswissenschaft ist die Thematik Sozialisation in dreifacher Hinsicht von allgemeiner Bedeutung:

Erstens impliziert sie die Frage nach den Bedingungen einer Sozialisation, die die Individuen zur Erfüllung gesellschaftlicher Erwartungen und Anforderungen befähigt bzw. motiviert; sie hängt insofern eng mit der Thematik ‚Normalität und Abweichung' (vgl. dazu Lektion VI) zusammen.

Zweitens ermöglicht sie die Frage nach einer solchen Gestaltung gesellschaftlicher Lebensbedingungen, die der Entwicklung und Realisierung menschlicher Fähigkeiten zu eigenverantwortlichem, rational begründetem, sozial kooperativem und moralisch rechtfertigbarem Handeln förderlich ist.

Drittens unterscheiden sich soziologische Theorien erheblich in ihrer jeweiligen Einschätzung der Stärke und Schwäche gesellschaftlicher Einflussnahmen auf die individuelle Entwicklung, also darin, ob sie eher die soziale Bestimmtheit oder die individuelle Selbstbestimmungsfähigkeit betonen.

3.1 Sozialisation als komplexer Prozess

Dass Sozialisation ein komplexer Prozess ist, in dem Menschen zugleich zu Mitgliedern ihrer Gesellschaft wie auch zu besonderen Individuen werden, kann durch folgende Überlegungen verdeutlicht werden:

- Menschen sind erstens einzigartige Einzelne, **Individuen,** die sich von allen anderen Individuen nicht nur in ihren körperlichen Merkmalen, sondern auch in ihrem Empfinden, Denken und Handeln unterscheiden. Dies gilt selbst für Individuen, die unter weitestgehend ähnlichen sozialen Bedingungen aufgewachsen sind und leben, also etwa nahezu gleichaltrige Geschwister. In der modernen Gesellschaft sind auch alle gesellschaftlich aufgefordert, sich als besondere Einzelne zu begreifen und darzustellen. Diesbezüglich behauptet bereits Durkheim (1972) „den verpflichteten Charakter der Regel, die uns befiehlt", sich als je einzigartiges Individuum darzustellen.
- Zweitens gibt es offenkundig Situationen, in denen die Besonderheit des Einzelnen hinter sozial festgelegte, z. B. an das berufliche Handeln gebundene Regeln und Verhaltensmodelle zurücktritt, in denen wir anderen also nicht als einzigartige Individuen, sondern als Träger sozialer Erwartungen begegnen. Solche an soziale Positionen gerichtete Bündel von Erwartungen werden in der Soziologie als **soziale Rollen** bezeichnet (vgl.

Lektion II). Die soziologische Rollentheorie hat darauf hingewiesen, dass die individuelle Besonderheit in solchen Situationen aufgrund der jeweiligen Rollen, die ausgeübt bzw. dargestellt werden (z. B. als Lehrer, Schüler, Bankbeamter oder Polizist), nur von zweitrangiger Bedeutung ist. Ein Aspekt des Sozialisationsprozesses stellt das Erlernen sozialer Rollen, aber auch von Rollendistanz, d. h. einem taktischen oder spielerischen Umgang mit Rollenerwartungen dar (vgl. grundlegend Goffman 2006).

- Drittens können Individuen als Mitglieder sozialer Bezugsgruppen und Organisationen betrachtet werden, für die angenommen wird, dass sie mit anderen Mitgliedern einer **Wir-Gruppe** (z. B. Familien, Verwandtschaften, Freundeskreise, Cliquen, Kirchengemeinden) bzw. **Organisation** (z. B. Kirchen, Parteien, Vereine, Verbände, Wirtschaftsbetriebe) gemeinsame Merkmale aufweisen, die sie von den Mitgliedern anderer Gruppen und Organisationen unterscheiden. Sozialwissenschaftliche Theorien, aber auch politische, religiöse und ethnische Ideologien behaupten darüber hinaus, dass solche Gemeinsamkeiten bzw. Unterschiede auch zwischen Menschen bestehen, die sozialen Klassen, Milieus und Schichten bzw. Ethnien und Nationen, also recht abstrakten sozialen Gebilden, zurechenbar sind.
- Viertens ist es unbestreitbar, dass Menschen grundlegende Gemeinsamkeiten aufweisen, die sie nicht von anderen Menschen, aber von anderen Lebewesen unterscheiden. Zu diesen Gemeinsamkeiten zu rechnen ist, dass Menschen sprach- und selbstbewusstseinsfähig sowie in ihrem Erleben und Handeln durch angeborene Merkmale und Dispositionen nur wenig festgelegt sind. Gewohnheiten, Gewissheiten, Überzeugungen, Eigenschaften und Fähigkeiten entwickeln sich erst durch Teilnahme an sozialer Kommunikation und Interaktionen sowie durch die Auseinandersetzung mit vorgefundenen Erwartungen, Gewohnheiten, Überlieferungen usw. (s. Antweiler 2009).

Habitus und Identität

Die selbstverständlichen und den Einzelnen oft nicht bewussten Gewohnheiten und Routinen ihres Handelns werden in der Soziologie als Habitus bezeichnet (vgl. dazu auch Lektion IV). Norbert Elias (1897–1990) bestimmt den **sozialen Habitus** eines Menschen als das „Gepräge, das er mit allen anderen Mitgliedern seiner Gesellschaft teilt" (Elias 2003). Er weist darauf hin, dass in modernen, komplexen Gesellschaften von einer Vielschichtigkeit der sozialen Habitus auszugehen sei, die im Individuum miteinander verwoben sind. In der neueren Sozialisationsforschung gewinnt der Habitusbegriff in einer Fassung an Bedeutung, die Pierre Bourdieu (1930–2002) im Rahmen seiner Sozial- und Gesellschaftstheorie entwickelt hat. Bourdieu bestimmt als Habitus klassen- und milieutypische Dispositionen und er akzentuiert die Körperlichkeit des Habitus: „Die strengsten sozialen Befehle richten sich nicht an den Intellekt, sondern an den Körper (…). Männlichkeit und Weiblichkeit werden wesentlich dadurch erlernt, dass die Geschlechterdifferenz in Form einer bestimmten Weise zu gehen, zu sprechen, zu stehen, zu blicken, sich zu setzen usw. den Körpern (…) eingeprägt wird" (Bourdieu 2004).

Die Praxis der Wahrnehmung und Beschreibung von Individuen als Angehörige einer Personengruppe beschreibt Erving Goffman (1922–1983) als Zuweisung einer **sozialen Identität**, das heißt dem zur „Kategorisierung von Personen" verwendeten „kompletten Satz von Attributen, die man für die Mitglieder" einer sozialen Gruppe „als gewöhnlich und natürlich empfindet" (Goffman 2006; vgl. Lektion IV).

Sozialisation schränkt die Eigenständigkeit und Besonderheit des Einzelnen jedoch nicht nur ein, indem Individuen zur Anpassung an gesellschaftliche Regeln und Normen veranlasst werden. Vielmehr gehen gegenwärtige soziologische Theorien von der Vorstellung eines „Konditionierungs- und Steigerungsverhältnisses" (Luhmann 1989: 150) aus. Individualität und Subjektivität werden gesellschaftlich sowohl ermöglicht als auch begrenzt. Nur in sozialen Zusammenhängen können sich Menschen zu selbstbestimmungsfähigen und besonderen Einzelnen entwickeln. Die Gesellschaft ist so betrachtet also „nicht nur das Gleichmachende und Typisierende, sondern auch das Individualisierende" (Elias 2003).

Begrenzung und Ermöglichung von Individualität und Subjektivität

Diesbezüglich hat sich die Vorstellung, „je primitiver die Gesellschaften sind, desto ähnlicher sind die Individuen, aus denen sie sich zusammensetzen" (Durkheim 1972), als nicht tragfähig erwiesen. Erforderlich ist es vielmehr zu untersuchen, welche spezifischen Bedingungen für die Entfaltung von Individualität und Subjektivität jeweils in konkreten sozialen Zusammenhängen gegeben sind.

3.2 Vorrang des Sozialen, Selbstbild und Identität

Primat des Sozialen

Grundlagentheoretisch ist in Anschluss an George H. Mead (1863–1931) von einem Primat des Sozialen auszugehen: Menschen treten mit ihrer Geburt nicht als sprach- und handlungsfähige Individuen mit bereits ausgeprägten Persönlichkeitsmerkmalen, Bedürfnissen und Interessen in soziale Zusammenhänge ein, sondern als durch ihre biologische Ausstattung nur wenig festgelegte Wesen. Sie können sich vielmehr nur durch die Teilnahme an sozialen Zusammenhängen, durch die Interaktion mit bedeutsamen Anderen *(significant others)* im Prozess der primären Sozialisation zu eigenständig sprach- und handlungsfähigen Subjekten heranbilden und zugleich eine sie von anderen unterscheidende Individualität entwickeln.

Entwicklung der Sprach- und Handlungsfähigkeit

Unverzichtbar für die Entwicklung der Sprach- und Handlungsfähigkeit ist dabei die Teilnahme an sprachlich vermittelten Interaktions- und Handlungsvollzügen. Kinder erfahren die Bedeutung von Gegenständen und Handlungen, und sie erwerben Sprache, indem sie an sozialen Kommunikationsprozessen teilnehmen und dabei als kompetente, sprach- und handlungsfähige Kommunikationsteilnehmer behandelt werden. Die Besonderheit der Einzelnen bildet sich dabei nicht nur dadurch aus, dass jedes Kind je spezifische konkrete Sozialisationsbedingungen vorfindet. Individualität und Subjektivität sind grundlegend in der Anforderung begründet, „ein inneres Zentrum der Selbststeuerung individuell zurechenbaren Verhaltens" (Habermas 1988: 190) auszubilden, das dazu befähigt, vielfältige und zum Teil widersprüchliche Erwartungen und Erlebnisse zu verarbeiten und zu integrieren.

Das Individuum kann also, wie G.H. Mead (2005) formuliert, „nicht als selbständig existierend oder als eine Voraussetzung des gesellschaftlichen Prozesses verstanden werden". Vielmehr „muss man den gesellschaftlichen Prozess voraussetzen, damit Denken und Kommunikation möglich werden". Teilnahme an sozialer Kommunikation ist unabdingbare Voraussetzung der Entwicklung grundlegender menschlicher Fertigkeiten und Voraussetzung **sekundärer Sozialisation,** das heißt der lebensgeschichtlich späteren Einübung in spezialisierte gesellschaftliche Rollen und Funktionen, etwa Berufstätigkeiten und Mitgliedschaftsrollen in Organisationen.

Dieses Angewiesensein auf soziale Kommunikation gilt auch in dem ganz elementaren Sinne, dass ein Minimum an emotionaler Zuwendung für die gesunde Entwicklung des Kleinkindes unverzichtbar ist. Der Psychoanalytiker René Spitz (1887–1974) hat in seiner Studie „Vom Säugling zum Kleinkind" (2005) gezeigt, dass Kinder in Heimen, die nur körperlich versorgt wurden, zu einem hohen Anteil schwere Krankheitssymptome zeigten und einige auch bereits innerhalb der ersten Lebensjahre starben. Weiterentwickelt wurden diese Überlegungen zur frühkindlichen Sozialisation in der Deprivationsforschung (Mühlbauer 1980: 203 ff.).

Entwicklung des Selbstbildes

G.H. Mead hat darüber hinaus analysiert, wie sich das Selbstbild des Individuums lebensgeschichtlich in der Auseinandersetzung mit Erwartungen und Zuschreibungen bedeutsamer Bezugspersonen entwickelt: „Der Einzelne (…) erfährt sich – nicht direkt, sondern indirekt – aus der besonderen Sicht anderer Mitglieder der gleichen Gruppe, (…) der er angehört" (Mead 2005). Dabei handelt es sich jedoch nicht um einen als passive Übernahme der Sicht Anderer beschreibbaren Vorgang, sondern um eine Dynamik, in die von Anfang an spontane Impulse des Ich eingehen und in der es erforderlich ist, unterschiedliche und widersprüchliche Erfahrungen zu integrieren. Dies schließt die bewusste Auseinandersetzung mit sozialen Erwartungen ebenso ein wie eine Selbstreflexion: „Für die Identität ist es notwendig, dass die Person auf sich selbst reagiert" (ebd.). **Identität** steht damit bei Mead für die Leistung, sich selbst als eigenständiges und besonderes Individuum wahrzunehmen, dem es gelingt, vielfältige Erlebnisse und Erfahrungen zu integrieren. Mead weist darauf hin, dass eine „mehrschichtige Persönlichkeit bis zu einem gewissen Grad etwas Normales" (ebd.) ist.

Unterscheidung von Selbstbild und Identität

Das Selbstbild des Einzelnen beruht auf den Prozessen der Selbstwahrnehmung, Selbstbewertung und Selbstreflexion. Im Unterschied akzentuiert der Begriff Identität die Fähigkeit, die verschiedenen Aspekte der Lebensgeschichte und der Lebenssituation in ein einheitliches und konsistentes Verständnis der eigenen Person zusammenzufügen. Gegen ein naives Verständnis von Identität als unveränderlicher und widerspruchsfreier innerer Wesenskern der Person zeigen soziologische Identitätstheorien auf, dass Identität eine bestimmte Form der Auseinandersetzung mit sozialen Erfahrungen und mit sich selbst ist.

Jean-Claude Kaufmann (2005) hat die Problematik von Formen der Identitätsbildung untersucht, bei denen die eigene Identität sich „aus der Ablehnung des anderen" nährt; er unterscheidet ein reflexives Selbstverhältnis von einer identitären Logik, die durch eine Fixierung auf ein starres Selbstverständnis und die Abwehr von Veränderung und kritischer Selbstreflexion gekennzeichnet ist. Georg Simmel (1858–1918; 1997) beschreibt die „Fähigkeit des Menschen, sich selbst in Parteien zu zerlegen und irgendeinen Teil seiner selbst als sein eigentliches Selbst zu empfinden, das mit anderen Teilen kollidiert und um die Bestimmung seines Handelns kämpft". Diese Fähigkeit ist Grundlage der Möglichkeit, sich gesellschaftlichen Anforderungen und Erwartungen entgegen zu setzen. Simmel bestimmt auf dieser Grundlage das Verhältnis der Gesellschaft „zu dem Eigenleben der Individuen" als „das eigentliche praktische Problem der Gesellschaft" (ebd.).

4 Sozialisation: ein Vorgang im Spannungsverhältnis von sozialen Bedingungen und Beeinflussungen sowie individueller Eigenleistung

4.1 Weder Prägung noch primäre Asozialität

Sozialisation ist nicht Prägung

Vor diesem Hintergrund erweist sich ein Denkmodell als unzureichend, das im Alltagsdenken, aber nach wie vor auch in sozialwissenschaftlichen Texten verbreitet ist: Die Vorstellung einer **sozialen Prägung,** also einer einseitigen Beeinflussung des Einzelnen durch Gesellschaft, Kultur und Erziehung, in der Individualität und Subjektivität vernachlässigt werden. Varianten des Prägungsmodells werden insbesondere dann verwendet, wenn auffällige Verhaltensweisen erklärt werden sollen. Dies ist etwa dann der Fall, wenn die Verhaltensweisen von Einwanderern als Folge ihrer Prägung durch ihre Herkunftskultur, oder wenn typisch männliche oder weibliche Eigenschaften als quasi zwangsläufige Folge geschlechtsspezifischer Sozialisation und Erziehung dargestellt werden. Demgegenüber ist es aber auch nicht zureichend zu behaupten, Individuen seien von sozialen Bedingungen und Einflüssen freie, rational und eigenverantwortlich Handelnde. Vielmehr sind Theorien erforderlich, die es ermöglichen, die komplexen Zusammenhänge von sozialen Bedingungen und Festlegungen einerseits und individueller Eigenständigkeit andererseits zu beschreiben und empirisch zu erforschen, in denen sich Personalität, Individualität und Subjektivität entwickeln.

Egoistische und asoziale Natur des Menschen

Hierzu ist auch ein weiteres überliefertes und im Alltagsdenken verbreitetes Denkmodell ungeeignet: die Annahme einer **primären Asozialität** der menschlichen Natur. Grundlage dieses Modells ist die bereits in der frühbürgerlichen Sozialphilosophie bei Thomas Hobbes (1588–1679) einflussreich formulierte Vorstellung, Menschen würden als Wesen geboren, die mit egoistischen, mit den Erfordernissen sozialen Zusammenlebens unverträglichen Bedürfnissen und Dispositionen ausgestattet sind. Aufgegriffen wurde diese im Kern pessimistische Anthropologie in der Soziologie u. a. bei E. Durkheim, und sie wurde auch in der Psychoanalyse bei Sigmund Freud in einflussreicher Weise weiterentwickelt. Aufgrund der egoistischen und asozialen Natur des Menschen sei es demnach gesellschaftlich notwendig, die primäre Asozialität des Individuums durch soziale Normen und Zwänge einzuschränken. Erziehung und Sozialisation ständen so betrachtet vor der Aufgabe, die Aneignung gesellschaftlicher Normen und Werte, ihre Verinnerlichung (Internalisierung), zu gewährleisten, damit soziales Zusammenleben möglich ist.

4.2 Perspektivenübernahme und Kooperation

Demgegenüber hat die Sozialisationsforschung – ausgehend von Jean Piagets (1896–1980) grundlegenden Untersuchungen (Piaget 1990) – gezeigt, dass Regeln, die sozial angemessenes Handeln ermöglichen, in sozialen Beziehungen schon von kleinen Kindern eigenständig hervorgebracht werden. Soziale Kooperation ermöglichende Regeln und Normen sind daher nicht nur als externe Zwänge zu sehen, die „die Gesellschaft" den Einzelnen auferlegt. Sie entstehen vielmehr auch spontan in sozialen Beziehungen auf der Grundlage der Fähigkeit, sich in die Perspektive der Anderen hineinzuversetzen. Die Annahme, dass Menschen angemessener als kooperative denn als egoistische Wesen charakterisiert werden können, wird empirisch durch die neuere evolutionsbiologische Forschung belegt (s. Tomasello 2010).

Grundlegende Kompetenz: Perspektivenübernahme

Diese Fähigkeit zur Perspektivenübernahme, also dazu, sich selbst und die übrige Wirklichkeit mit den Augen eines Anderen zu sehen, bestimmt G.H. Mead (2005) als grundlegende menschliche Kompetenz. Er hat aufgezeigt, dass diese sich im Prozess der Sozialisation stufenweise entfaltet. Am Anfang steht die Übernahme der Perspektive konkreter Bezugspersonen, die sich dann in Richtung auf die Perspektive sozialer Bezugsgruppen und weiter auf ein Denken und Wahrnehmen abstrakter Regeln entwickeln kann.

Die Aneignung von Normen und die Entwicklung moralischer Urteilsfähigkeit wird in der umfangreichen Forschung zur Moralentwicklung untersucht (vgl. Kohlberg 1974 sowie den knappen Überblick bei Brumlik 1999). Dabei ist deutlich geworden, dass bereits in der frühen Kindheit bei fast allen Kindern der „Wunsch, das Rechte zu tun, weil es das Rechte ist" sowie „moralisches Wissen" (Nunner-Winkler 1993) nachzuweisen sind. Dieses „moralische Wissen" wird mit der Sprache erworben. Davon zu unterscheiden ist ein Lernprozess in Richtung auf die Bindung des eigenen Handelns an entsprechende Normen, also die Entwicklung und Festigung der Bereitschaft, das Handeln auch tatsächlich an diesen Normen zu orientieren. Der Verlauf dieses Prozesses variiert erheblich in Abhängigkeit von den Sozialisationsbedingungen (ebd.). Als begünstigende Faktoren für die Entwicklung moralischer Handlungsbereitschaft erweisen sich u.a. Freundschaftserfahrungen. Dagegen ist der Einfluss von Angst vor Strafe oder der Erwartung von Belohnung relativ gering.

4.3 Sozialisation als Aneignung sozial geteilter Wirklichkeit

Sozialisation als „Selbst-Sozialisation"

Die Einsicht, dass Sozialisation nicht als Prägung, sondern als eigensinnige Auseinandersetzung mit vorgefundenen Erwartungen, Regeln, Gewohnheiten usw. zu denken ist, hat Niklas Luhmann (1927–1998) zu der These zugespitzt, Sozialisation sei als **„Selbst-Sozialisation"** (Luhmann 1987: 176; vgl. Scherr 2015) zu charakterisieren. Damit wird akzentuiert, dass es keine kausalen Ursache-Wirkungs-Mechanismen gibt, durch die soziale Interaktion und Kommunikation sich in eindeutiger und bestimmter Weise auf die psychischen Prozesse von Einzelnen auswirken, dass also nicht determiniert ist, wie soziale Erfahrungen kognitiv und emotional verarbeitet werden. Gleichwohl ist offenkundig, dass sich die psychische Binnenstruktur von Individuen nicht in beliebiger Weise durch Teilnahme an je konkreter sozialer Interaktion und Kommunikation aufbaut. Auswirkungen spezifischer Sozialisationsbedingungen und -verläufe auf Individuen sind zwar nicht determiniert und vorhersehbar. Es lässt sich aber durchaus beschreiben, dass und wie unterschiedliche Sozialisationsbedingungen individuelle Entwicklungschancen eröffnen

Bedeutung unterschiedlicher Sozialisationsbedingungen

oder verschließen, jeweilige Entwicklungen wahrscheinlicher oder unwahrscheinlicher werden lassen. Diesbezüglich sind vor allem folgende Aspekte bedeutsam:

- Im Prozess der Sozialisation nehmen Heranwachsende an der „alltäglichen **Lebenswelt**" (Schütz/Luckmann 2003) der sozialen Gruppe teil, in der sie aufwachsen, und damit an der sozialen Wirklichkeit, die der „wache und normale Erwachsene in der Einstellung des gesunden Menschenverstandes als schlicht gegeben vorfindet" (ebd.). Sie eignen sich dabei die subjektiv selbstverständliche und fraglos gültige Weltsicht ihrer sozialen Bezugsgruppen an und erwerben ein Wissen darüber, was im Umgang zwischen Menschen und mit Dingen normal und außergewöhnlich ist, was erwünschte und unerwünschte Verhaltensweisen sind, was als schön oder hässlich, essbar oder ungenießbar, verständlich oder unverständlich usw. gilt.

Übernahme sozial geteilter Muster

- Der Sozialisationsprozess schließt also den Erwerb grundlegender, sozial geteilter *Wahrnehmungs-, Deutungs-, Handlungs- und Bewertungsmuster* ein. Deren Funktion kann nach Pierre Bourdieu (2005) analog zur Grammatik einer Sprache beschrieben werden, die es bekanntlich erlaubt, individuell kreativ eine unendliche Vielzahl von Sätzen hervorzubringen, und zugleich richtige von falschen Sätzen – also entsprechend angepasstes und abweichendes, situativ angemessenes und sozial unangemessenes Verhalten, gewöhnliche und irritierende Äußerungen usw. – zu unterscheiden. Das individuelle Erleben, Denken und Handeln basiert insofern auf einem mit anderen geteilten Wissen. Dieses weitet sich im Verlauf des individuellen Bildungsprozesses der Möglichkeit nach in Abhängigkeit von den gegebenen Sozialisationskontexten und Bildungsmöglichkeiten aus.

Verhaltensgenetische Studien

Verhaltensgenetische Studien (Rowe 1997) argumentieren – im Gegensatz zur Sozialisationsforschung –, dass grundlegende Persönlichkeitsmerkmale (Geselligkeit, Gelassenheit, Selbstvertrauen, Intelligenz usw.) einen relevanten genetischen Anteil haben. Darüber hinaus wird in Bezug auf einige psychische Störungen (insbesondere Autismus und Schizophrenie) behauptet, dass „die Weitergabe disponierender Gene das Risiko" (ebd.: 104) einer Erkrankung erheblich erhöht (vgl. Nunner-Winkler 2004). Auf dieser Grundlage formulieren Verhaltensgenetiker Annahmen, die einen mehr oder weniger hohen Einfluss genetischer Dispositionen in unterschiedlichen Bereichen der psychischen Entwicklung und des sozialen Handelns postulieren (Asendorf 2015).

Aus den einschlägigen, z. T. hoch umstrittenen Forschungsergebnissen können keine generalisierenden Aussagen über den Einfluss genetischer Faktoren und ihre relative Bedeutung im Verhältnis zu sozialen Einwirkungen und Lernprozessen abgeleitet werden. Erforderlich ist vielmehr eine differenzierende und methodenkritische Betrachtung der Untersuchungen sowie eine Kritik unzulässiger „Erklärungen" sozialer Unterschiede durch genetische Merkmale, die in populärwissenschaftlichen Darstellungen verbreitet werden.

Zudem ist – und dies relativiert die Bedeutung der verhaltensgenetischen Forschung erheblich –, mit Aussagen über das genetische Erbe noch nichts über die konkreten gesellschafts- und kulturspezifischen Ausformungen des Erlebens, Denkens und Handelns ausgesagt. Denn dass Menschen genetisch dazu veranlagt sind, eine Sprache zu erwerben, legt etwa in keiner Weise fest, welche Sprache dies ist und wie sie in dieser Sprache eigene Bedürfnisse und vorgefundene Lebensbedingungen interpretieren und artikulieren. Zudem lässt sich nachweisen, dass der relative Einfluss genetischer Merkmale mit jeweiligen sozialen Kontextbedingungen zusammenhängt. Populäre Kausalmodelle, die soziales Verhalten als direkte Folge genetischer Merkmale „erklären", übersehen die komplexen Verschränkungen von genetischen Dispositionen und sozialen Prozessen (vgl. Asendorf 2004).

5 Unterschiedliche und sozial ungleiche Sozialisationsbedingungen

Keine abgeschlossenen Kontexte

Klare und eindeutige Abgrenzungen unterschiedlicher **Sozialisationskontexte,** in denen Individuen in eine besondere Wirklichkeit hineinwachsen, lassen sich unter Bedingungen der modernen Gesellschaften nicht mehr angeben. Regionen, Nationen, Klassen, Schichten oder Ethnien sind keine abgeschlossenen Kontexte mehr, denen Familien und Individuen angehören, die nur zu den jeweiligen Traditionen, Gewohnheiten, Normen usw. Zugang haben. Insbesondere durch die vorschulische und schulische Erziehung sowie massenmediale Kommunikation sind vielmehr solche Abgrenzungen zwar nicht gänzlich aufgehoben, aber eingeebnet worden.

Vor diesem Hintergrund kann zwar davon ausgegangen werden, dass ein erheblicher Teil des individuell verfügbaren Wissens allen Angehörigen einer Sprachgemeinschaft bzw. Kultur gemeinsam ist. Darüber hinaus enthält es auch die jeweiligen Nation, Sprachgemeinschaft und Teilkulturen übergreifende Elemente. Unübersehbar sind jedoch zugleich die an die Strukturen sozialer Ungleichheit gebundenen Unterschiede der sozial typischen Erfahrungen und Erwartungen sowie bezüglich des individuellen Zugangs zum gesellschaftlichen Sprach-, Bildungs- und Wissensvorrat.

Die soziologische Sozialisationsforschung hat diese Unterschiede zwischen den sozialen Klassen bzw. Schichten und Milieus insbesondere mit dem Blick auf die schulischen und beruflichen Karrierechancen untersucht. Dabei zeigt

Beeinflussung individueller Entwicklungschancen

sich, dass individuelle Entwicklungschancen auch gegenwärtig noch erheblich durch sozial ungleiche **Sozialisationsbedingungen** in Familien, Schulen, Hochschulen und im Beruf beeinflusst sind. Bedeutsam sind insbesondere in der familialen Sozialisation von Kindern angelegte Unterschiede der individuellen Fähigkeiten und Fertigkeiten, die an Heranwachsende gerichteten Erwartungen bezüglich ihrer Bildungs- und Berufslaufbahn sowie Lebens- und Zukunftsentwürfe, die sich Kinder und Jugendliche im Sozialisationsprozess zu eigen machen. Im Verlauf der Forschung über den Zusammenhang von sozialer Herkunft, Sozialisation und individuellen Lebenschancen wurde deutlich, dass familiale Sozialisationsbedingungen jedoch nicht eindeutig und umfassend durch die Zugehörigkeit zu sozialen Schichten festgelegt sind, sondern auch innerhalb der Schichten erheblich variieren (vgl. Steinkamp 1991).

Bedeutung geschlechtsspezifischer Sozialisation

Die neuere Forschung hat die Bedeutsamkeit der **geschlechtsspezifischen Sozialisation** aufgezeigt und argumentiert, dass diese mit weitreichenden Differenzen bezüglich der sozial typischen Erfahrungen, Erwartungen und Anforderungen einhergehen. Dabei wurde jedoch deutlich, dass es nicht schlicht eine männliche und eine weibliche Sozialisation gibt, sondern dass Geschlechterunterschiede in der Sozialisation von historisch veränderlichen und gesellschaftlich unterschiedlich ausgeprägten Konzepten sozial erwünschter Männlichkeit und Weiblichkeit abhängen (vgl. Lektion V).

6 Soziale Anerkennung und die Entwicklung von Sprach- und Handlungsfähigkeit

6.1 Grundlegende Bedingungen „gelingender" Sozialisation

Sozialisationsbedingungen und -verläufe können zu Störungen der individuellen Entwicklung führen, die z. B. in problematischem Kommunikationsverhalten, psychischen Erkrankungen oder Suchtkarrieren sichtbar werden. Als Ergebnis der sozialwissenschaftlichen Forschung sind insbesondere folgende, der Entwicklung eines positiven Selbstwertgefühls sowie rationaler und moralisch verantwortlicher Handlungs- und Entscheidungsfähigkeit förderliche bzw. hinderliche Bedingungen deutlich geworden:

Positive und negative Entwicklungsbedingungen

- Individualität und eigenverantwortliche Handlungsfähigkeit bilden sich, so Jürgen Habermas (1988: 190 f.), „in Verhältnissen wechselseitiger Anerkennung", d. h. durch die Teilnahme an Handlungszusammenhängen, in denen Individuen „die Fähigkeit zu individuell zurechenbaren Entscheidungen" zugetraut und zugemutet wird. Der Begriff **Anerkennung** steht dabei für solche sozialen Beziehungen, in denen sich Einzelne wechselseitig als selbstbestimmungsfähige Subjekte betrachten, die die Berücksichtigung ihrer eigenen Bedürfnisse und Interessen erwarten und erfahren können und die auf kommunikative Verständigung über diese ausgerichtet sind.

- Solche wechselseitige Anerkennung wird, wie insbesondere Ulrich Oevermann (1976) betont hat, im Umgang mit Kleinkindern notwendig im Vorgriff auf ihre erst noch zu entwickelnde Fähigkeit erbracht. Sozialisatorische Interaktion führt dann und dadurch zur Entfaltung individueller Fähigkeiten, wenn deren Vorhandensein auch schon dann unterstellt wird, wenn sie noch nicht sichtbar geworden sind.
- Insbesondere für die frühkindliche Sozialisation erweisen sich familiale oder familienähnliche Beziehungen als bedeutsam: Beziehungen, die durch hohe Interaktionsdichte, Konstanz der Bezugspersonen sowie Verlässlichkeit ihres Verhaltens gekennzeichnet sind und in denen emotionale Befindlichkeit und die körperlichen Bedürfnisse des Kindes umfassend berücksichtigt werden. Im Idealfall begegnen sich die Handelnden hier „als ganze Person mit einem Anspruch auf Anerkennung und Bestätigung ihrer Einzigartigkeit" (Allert 1998).

Psychoanalytische Sozialisationsforschung und die neuere Familienforschung untersuchen die Bedeutung familialer Kommunikations- und Interaktionsstrukturen für die Persönlichkeitsentwicklung. Grundlegend sind hier neben der Psychoanalyse Sigmund Freuds die Arbeiten von Gregory Bateson und Paul Watzlawick (Watzlawick u. a. 2007). Dort wird zur Erklärung der sozialen Entstehungsbedingungen psychischer Erkrankungen die Bedeutung der Unterscheidung zwischen dem Inhaltsaspekt und dem Beziehungsaspekt von Kommunikation hervorgehoben. Jede Kommunikation enthält demnach neben manifesten sprachlichen Inhalten zugleich auch eine Mitteilung über die Beziehung zwischen den Personen, die miteinander kommunizieren. Bateson und Watzlawick zeigen auf, dass Widersprüche zwischen diesen beiden Ebenen zu schwerwiegenden Entwicklungsstörungen führen können.

Erving Goffman hat in seiner Studie „Stigma" (2005) Strukturen analysiert, welche Individualität und Subjektivität einschränken und beschädigen. Als **Stigmatisierung** wird die Zuweisung einer mit negativen Bewertungen und sozialer Verachtung einher gehenden sozialen Identität analysiert. Stigmatisierung ist ein Prozess, der die Selbstachtung und das Selbstwertgefühl des Individuums in Frage stellt (vgl. dazu Lektion VI).

6.2 Sprache und Sozialisation

Sprache als Organisationsprinzip

Sozialisation umfasst den Erwerb einer Sprache oder mehrerer Sprachen in der frühen Kindheit. Die Fähigkeit, Sprachen zu erlernen und sich sprachlich zu verständigen, unterscheidet Menschen von Tieren und ist eine elementare Grundlage menschlicher Sozialität. **Sprache** kann mit G. H. Mead (2005) „als ein gesellschaftliches Organisationsprinzip, das die spezifisch menschliche Gesellschaft ermöglicht hat," betrachtet werden. Erst Sprache befähigt zu einer solchen sozialen Kooperation und Interaktion, die nicht auf einfache Reiz-Reaktions-Schemata beschränkt bleibt, sondern auf komplexen kulturellen Grundlagen beruht, die durch Sprache situationsunabhängig aufbewahrt, weiterentwickelt und weitergegeben werden können. Denn Sprache befähigt dazu, „Sinn, Bedeutung, Meinung zu vermitteln, die nicht direkter Ausdruck des Subjekts ‚hier und jetzt' sind" (Berger/Luckmann 2004).

Kinder verfügen über eine natürliche Fähigkeit zum **Spracherwerb.** Spracherwerb und Sprachentwicklung sind gleichwohl nur durch Teilnahme an sprachlicher Interaktion möglich. Grammatik und Vokabular einer Sprache und sprachliche Kommunikationsfähigkeit werden erst im Sozialisationsprozess erworben.

Grundannahmen zur Sprachentwicklung

Um erklären zu können, wie Kleinkinder im Sozialisationsprozess ihre Sprachfähigkeit entwickeln, obwohl sie zunächst Wörter und Sätze nicht verstehen, werden in der sozialwissenschaftlichen Sozialisationsforschung folgende Grundannahmen beansprucht (vgl. dazu Oevermann u. a. 1976; Miller/Weissenborn 2007):

- In der Interaktion werden Kinder von Anfang an, also schon bevor sie die Bedeutung von Wörtern und Sätzen tatsächlich verstehen, von ihren primären Bezugspersonen als Wesen behandelt, die zu sprachlicher Verständigung grundsätzlich in der Lage sind. Gemeinsame Handlungen mit dem Kind werden sprachlich kommentiert und die elementaren Laute und Gesten des Kindes werden als verstehbare Äußerungen behandelt.
- Indem die primären Bezugspersonen in der Interaktion mit dem Kind über ihr eigenes Erleben und Handeln, das Empfinden und Handeln des Kindes sowie Objekte sprechen, werden dem Kind erste sprachliche Deutungen und Beschreibungen seiner elementaren Wahrnehmungen und Erlebnisse angeboten. Dadurch wird das Kind allmählich befähigt, Ereignisse, Personen und Dinge mit sprachlichen Äußerungen zu verbinden.
- Bezugspersonen reagieren auf die Gesten und lautsprachlichen Äußerungen eines Kleinkindes so, als ob es sich bereits um intentionale und verständliche Mitteilungen handele. Damit werden Kindern sprachliche Ausdrucksformen und Interpretationen ihrer eigenen Wahrnehmungen,

Handlungen und Empfindungen angeboten, die sie erlernen und verwenden können. Indem sich Bezugspersonen mit Kindern auf die Bedeutung elementarer Äußerungen einigen, können zunächst recht einfache sprachliche Kommunikationsmuster aufgebaut werden, die im weiteren Verlauf zu komplexeren Sprachäußerungen weiterentwickelt werden.

- Die primären Bezugspersonen wirken, ohne dass dies notwendigerweise absichtsvoll geschieht, auf die Verfestigung und den Ausbau der sprachlichen Fähigkeiten des Kindes hin, indem sie sprachliche Äußerungen aufgreifen, also etwa aus kindlichen Lauten Wörter formen, sprachlich korrekte Äußerungen wiederholen oder unvollständige Sätze vervollständigen.

Spracherwerb als Sozialisation

Die Bedeutung von Sprache für den Sozialisationsprozess und für das soziale Zusammenleben insgesamt lässt sich nicht angemessen begreifen, wenn Sprache als ein bloßes Mittel der Verständigung über vorsprachliche Absichten, Bedürfnisse oder Interessen gedacht wird. Denn Sprachen sind, wie in den grundlegenden sprachphilosophischen Untersuchungen Ludwig Wittgensteins (1889–1951; vgl. Wiggershaus 1975) deutlich wurde, kein neutrales Instrument, über das Individuen zum Zweck der Mitteilung und Verständigung verfügen können. Vielmehr enthalten Sprachen die grundlegenden Muster der Wahrnehmung, Deutung und Bewertung, innerhalb derer Individuen sich selbst sowie ihre soziale und natürliche Umwelt erleben. Unterschiede der Sprachen, die in sozialen Gruppen gesprochen und erlernt werden, bedingen folglich auch Differenzen des jeweiligen Selbst- und Weltverständnisses. Schütz und Luckmann (2003) argumentieren, dass mit der Sprache zugleich die „relativ-natürliche Weltanschauung“ eines sozialen Zusammenhanges erworben wird. Sie charakterisieren Sprache als „ein Bedeutungssystem“, das grundlegende Wahrnehmungs- und Deutungsschemata sowie jeweils als gültig betrachtetes Wissen über die natürliche und soziale Wirklichkeit beinhaltet. Mit dieser Thematik sowie dem Zusammenhang von sprachlicher Sozialisation und sozialer Ungleichheit hat sich insbesondere die Soziolinguistik befasst.

7 Gesellschaftstheorie und Sozialisationsforschung

Die Fragestellung der Sozialisationsforschung nach den sozialen Bedingungen der Entwicklung von Personalität, Individualität und Subjektivität lässt sich nicht zureichend bearbeiten, wenn ausschließlich Interaktions- und Kommunikationsprozesse zwischen Individuen sowie in Erziehungseinrichtungen und anderen Organisationen gegebene Sozialisationsbedingungen untersucht

Bedeutung gesamtgesellschaftlicher Strukturen für Sozialisation

werden. Denn Sozialisationsinstanzen und -prozesse sind in gesamtgesellschaftliche Strukturen und Entwicklungsdynamiken eingebettet. Mit der politischen, technischen, ökonomischen und kulturellen Entwicklung verändern sich nicht nur Rahmenbedingungen der Sozialisation, sondern auch die Erwartungen daran, welche Eigenschaften und Fähigkeiten Heranwachsende im Prozess der Sozialisation erwerben sollen.

Dies gilt etwa hinsichtlich des Wissens sowie der kognitiven und sozialen Fähigkeiten, die Kinder und Jugendliche als künftige Arbeitnehmer erwerben sollen. Durch die enorme Anhebung von materiellem Wohlstand und Konsumniveau seit den fünfziger Jahren hat sich die alltägliche Lebenswirklichkeit von Kindern und Jugendlichen und haben sich darauf bezogene Normen der Lebensführung verändert. Dies betrifft auch die Zielsetzungen, an denen sich die Erziehung in Familien und Schulen orientiert. So ist z. B. die Bedeutung der Werte Gehorsam, Unterordnung und Sparsamkeit in der Erziehung heute deutlich geringer als noch Mitte der 1960er Jahre. Selbst die einfache Tatsache, dass Familien in der Bundesrepublik heute über fast doppelt so viel Wohnraum verfügen als etwa vor 40 Jahren und folglich in der Regel inzwischen jedes Kind ein eigenes Zimmer beanspruchen kann, stellt ohne Zweifel eine bedeutsame Veränderung der Sozialisationsbedingungen dar. Von Bedeutung für den Wandel der familialen Sozialisation sind weiterhin z. B. auch der Rückgang der durchschnittlichen Kinderanzahl in Familien und die steigende Erwerbsbeteiligung von Frauen. Dass z. B. Arbeitslosigkeit der Eltern zu einer umfassenden Veränderung der Beziehungsstrukturen in Familien führen kann, ist seit Beginn der frühen Arbeitslosenforschung vor 70 Jahren immer wieder nachgewiesen worden.

Wandel der Bedingungen familialer Sozialisation

Eine umfassende Sozialisationstheorie kann also nicht ohne Bezug auf Gesellschaftstheorien und Sozialstrukturanalysen formuliert werden. Sozialisationsforschung steht folglich vor der Aufgabe, sich damit auseinander zu setzen, wie sich Struktur und Dynamik der modernen Gesellschaft insgesamt auf die Sozialisationsbedingungen und Entwicklungschancen der Individuen auswirken. Damit ist auch die Frage verknüpft, inwieweit die moderne Gesellschaft ihrem Anspruch gerecht wird, eine Gesellschaft freier und gleicher Individuen zu sein.

Informationsteil

Kommentierte Literatur zur Einführung

Eine Einführung in die Sozialisationsforschung anhand ausgewählter Themen (Sozialisation und Geschlecht, Sozialisation durch die Schule, Sozialisation im Jugendalter), hat *Klaus-Jürgen Tillmann,* Sozialisationstheorien, Reinbek bei Hamburg 2007, verfasst.

Die didaktisch gut aufbereitete Darstellung von *Klaus Hurrelmann/Ulrich Bauer,* Einführung in die Sozialisationstheorie: Das Modell der produktiven Realitätsverarbeitung, Weinheim und Basel [11]2015, orientiert sich dagegen stärker an den soziologischen und psychologischen Grundlagentheorien.

Bei *Klaus Hurrelmann/Ulrich Bauer/Matthias Grundmann/Sabine Walper,* Hg., Handbuch Sozialisationsforschung, Weinheim [8]2015, liegt ein breit angelegter Überblick in der Form zahlreicher Einzelbeiträge vor. Dort finden sich informative Artikel zu relevanten theoretischen Zugängen und den Ergebnissen der empirischen Forschung sowie zu den Sozialisationsinstanzen (etwa: geschlechtsspezifische Sozialisation, Sozialisation in der Familie, berufliche und betriebliche Sozialisation) mit einer Fülle weiterführender Literaturhinweise. Deshalb eignet sich dieses Band auch als Nachschlagewerk.

Einen leicht verständlichen Überblick über ausgewählte Bestimmungen des Zusammenhangs von Gesellschaft und Individuum in soziologischen Gesellschaftstheorien bietet *Jürgen Ritsert,* Soziologie des Individuums, Darmstadt 2001. Allerdings orientiert sich dieser Text stark an den Überlegungen der Kritischen Theorie der Frankfurter Schule und der problematischen These, dass die gesellschaftliche Entwicklung Individualität „immer weniger" möglich mache.

Uwe Schimank, Theorien gesellschaftlicher Differenzierung, Wiesbaden [3]2007 bezieht sich dagegen auf die Grundannahmen der modernen soziologischen Systemtheorie und gibt einen guten Überblick über die Fassung des Verhältnisses Gesellschaft und Individuum in den Theorien von Durkheim, Parsons, Luhmann und Elias.

Als ergänzende und weiterführende Lektüre zu dieser Thematik ist auch *Dieter Geulen,* Das vergesellschaftete Subjekt, Frankfurt a. M. 1977 zu empfehlen. Hierbei werden klassische und neuere soziologische Theorien in Hinblick auf ihre Darstellung des Verhältnisses von Personalität, Individualität und Subjektivität analysiert. Geulens grundlegende Studie ist darauf ausgerichtet, die Entstehung menschlicher Handlungsfähigkeit im Sozialisationsprozess verständlich zu machen. Seine Überlegungen hat *Geulen* in der neueren Veröffentlichung „Subjektorientierte Sozialisationstheorie",

Weinheim und München 2005 weiterentwickelt, deren Ausrichtung der programmatische Untertitel ‚Sozialisation als Epigenese des Subjekts in Interaktion mit der gesellschaftlichen Umwelt' verdeutlicht.

Eine lesenswerte, wenn auch für Anfänger nicht leicht verständliche Darstellung des Zusammenhanges von Vergesellschaftung und Individuierung in Bezug auf die Grundlagentheorie George Herbert Meads liegt bei *Jürgen Habermas,* Individuierung durch Vergesellschaftung (in: *ders.*, Nachmetaphysisches Denken, Frankfurt a. M. 1988, S. 187–241) vor.

Als eine für die Thematik der kulturvergleichenden Betrachtung interessante, informative und leicht verständliche Einführung in die Ethnologie, die sich ausführlich mit dem Aspekt ‚Kultur und Persönlichkeit' befasst, ist *Marvin Harris,* Kulturanthropologie, Frankfurt a. M./New York 1989, zu empfehlen.

Judith Rich Harris, Ist Erziehung sinnlos?, Reinbek bei Hamburg 2002, fasst Forschungsergebnisse zusammen, die auf die hohe Bedeutung von Gleichaltrigengruppen für die Selbstsozialisation bei Kindern und Jugendlichen hinweisen.

Neuere Beiträge zu einer interdisziplinär angelegten Sozialisationsforschung sind in dem von *Dieter Geulen* und *Hermann Veith* herausgegebenen Band Sozialisationstheorie interdisziplinär, Stuttgart 2004 zusammengestellt.

Grundlagentexte soziologischer Klassiker

Die Lektüre klassischer Primärtexte zur Thematik ist – insbesondere für Hauptfachsoziologen – durch zusammenfassende Darstellungen nicht zureichend zu ersetzen. Zu erwähnen sind für die Soziologie der Sozialisation und des Individuums insbesondere die folgenden Texte:

Berger, P. L./Luckmann, Th., Die gesellschaftliche Konstruktion der Wirklichkeit, Frankfurt a. M. [20]2004 (orig. amerik. 1966)
Sozialisation wird hier im Rahmen einer grundlegenden Theorie der Wissenssoziologie als subjektive Aneignung gesellschaftlich vorgefundenen Wissens durch Individuen dargestellt und als ein Prozess analysiert, in dem sich die Weltsicht Heranwachsender aufbaut.

Durkheim, E., Erziehung und Soziologie, Düsseldorf 1972 (orig. frz. 1925)
In dieser, für die Entwicklung der Soziologie der Erziehung sehr bedeutsamen Arbeit, ist eine erste soziologische Definition von Sozialisation enthalten.

Goffman, E., Stigma, Frankfurt a. M. [17]2005 (orig. amerik. 1963)
Diese Studie verdeutlicht die Abhängigkeit von Identität und Selbstachtung von sozialen Bewertungen und untersucht den Umgang von Individuen mit Erfahrungen der sozialen Degradierung und Missachtung. In seiner klassischen Studie Asyle, Über die soziale Situation psychiatrischer Patienten und anderer Insassen, Frankfurt a. M. [15]2006 (orig. amerik. 1961) rückt Goffman die sozialisatorischen Effekte von Institutionen ebenso in den Blick wie Praktiken der Selbstbehauptung von Individuen in Einrichtungen wie Psychiatrien und Gefängnissen, die er als „'Treibhäuser' charakterisiert, in denen unsere Gesellschaft versucht, den Charakter von Menschen zu verändern".

Mead, G. H., Geist, Identität und Gesellschaft, Frankfurt a. M. 2005 (orig. amerik. 1934)
In diesem aus einer Vorlesungsmitschrift entstandenen Buch werden für die moderne Sozialisationstheorie und -forschung auch gegenwärtig noch zentrale Grundannahmen und Begriffe entwickelt.

Mead, M., Kindheit und Jugend in Samoa, München [6]1981 (orig. amerik. 1928)
Relevant ist diese Studie nicht zuletzt als ein früher Versuch empirisch aufzeigen, dass Geschlechterrollen und Geschlechterbeziehungen sozial festgelegt und sozial erworben werden.

Parsons, T., Sozialstruktur und Persönlichkeit, Frankfurt a. M. [8]2005 (orig. amerik. 1964)
In dieser Veröffentlichung sind Arbeiten zusammengestellt, in denen Parsons die Sozialisationsthematik auf der Grundlage seiner strukturfunktionalistischen Gesellschaftstheorie mit dem Ziel einer Integration des Wissen der älteren soziologischen Theorien und der Psychoanalyse Sigmund Freuds bearbeitet.

Piaget, J., Das moralische Urteil beim Kinde, München [2]1990 (orig. frz. 1932)
Hier sind Grundlagen einer psychologischen Theorie der moralischen Sozialisation dargelegt, die die neuere Forschung zu dieser Thematik erst ermöglicht haben und auch von enormen Einfluss auf die Pädagogik waren und sind.

Simmel, G., Grundfragen der Soziologie, Schutterwald Baden 1997 (zuerst 1917)
Simmel setzt sich hier mit grundlegenden Aspekten einer Theorie der Vergesellschaftung sowie den Erscheinungsformen und Bedingungen von Individualisierungstendenzen in modernen Gesellschaften auseinander.

Weiterführende Literatur

Allert, T., Die Familie. Fallstudien über die Unverwüstlichkeit einer Lebensform, Berlin/New York 1998

Antweiler, C., Heimat Mensch: Was uns alle verbindet, Hamburg 2009

Asendorf, J. B., Genom-Umwelt-Wechselwirkungen in der Persönlichkeitsentwicklung, in: *Geulen, D./Veith, H.*, Hg., a. a. O., 2004, S. 35–56

Asendorf, J. B., Methodische Zugänge der Genetik, in: *K. Hurrelmann u. a.*, Hg., Handbuch Sozialisationsforschung, Weinheim und Basel 2015, S. 302–320

Bernfeld, S., Sisyphos oder die Grenzen der Erziehung, Frankfurt a. M. [10]2006 (zuerst 1925)

Brumlik, M., Kriminelle Sozialisation, in: *Müller, S./Peter, H.*, Hg., Kinderkriminalität, Opladen 1999, S. 227–244

Bourdieu, P., Meditationen, Frankfurt a. M. 2004

Ders., Sozialer Sinn, Frankfurt a. M. 2005

Claessens, D., Familie und Wertsystem, Berlin [4]1979 (zuerst 1962)

Edelstein, W., Soziale Selektion, Sozialisation und individuelle Entwicklung, in: *Grundmann, M.*, Hg., Konstruktivistische Sozialisationsforschung, Frankfurt a. M. 1999, S. 35–52

Elias, N., Die Gesellschaft der Individuen, Frankfurt a. M. [5]2003

Geulen, D., Hg., Perspektivenübernahme und soziales Handeln, Frankfurt a. M. 1982

Goffman, E., Wir alle spielen Theater, München [4]2006

Grundmann, M., Sozialisation, Konstanz 2006

Ders./Dravenau, D./Bittlingmayer, U., Handlungsbefähigung und Milieu, Münster 2006

Hoffmann, D./Merkens, H., Hg., Jugendsoziologische Sozialisationstheorie. Impulse für die Jugendforschung, Weinheim/München 2004

Hopf, Ch., Frühe Bindungen und Sozialisation, Weinheim/München 2005

Hradil, S., Sozialisation und Reproduktion in pluralistischen Wohlstandsgesellschaften, in: *Sünker, H. u. a.*, Hg., Bildung, Gesellschaft, soziale Ungleichheit, Frankfurt a. M. 1993, S. 89–120

Kaufmann, J.-C., Die Erfindung des Ich. Eine Theorie der Identität, Konstanz 2005

Keim, W., Erziehung unter der Nazi-Diktatur, Darmstadt 1997

Kohlberg, L., Zur kognitiven Entwicklung des Kindes, Frankfurt a. M. 1974

Lorenzer, A., Psychoanalyse als Sozialwissenschaft, Frankfurt a. M. 1971

Luhmann, N., Sozialisation und Erziehung, in: *Ders.*, Soziologische Aufklärung 4., Opladen 1987, S. 173–181

Ders., Individuum, Individualität, Individualismus, in: *Ders.*, Gesellschaftsstruktur und Semantik, Band 3, Frankfurt a. M. 1989, S. 149–258

Miller, M./Weissenborn, J., Sprachliche Sozialisation, in: *Hurrelmann, K./Ulich, D.*, a. a. O., 2007

Mühlbauer, K. R., Sozialisation, Stuttgart 1980

Nunner-Winkler, G., Die Entwicklung moralischer Motivation, in: *Edelstein, W./Nummer-Winkler, G./Noam, G.*, Hg., Moral und Person, Frankfurt a. M. 1993, S. 278–303

Dies., Sozialisation und Lernprozesse am Beispiel der moralischen Entwicklung, in: *Geulen, D./Veith, H.*, Hg., a. a. O., 2004, S. 131–154

Oevermann, U., Programmatische Überlegungen zu einer Theorie der Bildungsprozesse und zur Strategie der Sozialisationsforschung, in: *Hurrelmann, K.*, Hg., Sozialisation und Lebenslauf, Reinbek bei Hamburg 1976, S. 34–52

Ders., Sozialisation als Prozess der Krisenbewältigung, in: *Geulen, D./Veith, H.*, Hg., a. a. O., 2004, S. 155–182

Ders. u. a., Beobachtungen zur Struktur sozialisatorischer Interaktion, in: *Aufwärter, M./Kirsch, E./Schröter, K.*, Hg., Seminar: Kommunikation, Interaktion, Identität, Frankfurt a. M. 1976, S. 371–400

Rowe, D. C., Genetik und Sozialisation, Weinheim 1997

Scherr, A., Systemtheorie in der Sozialisationsforschung, in: *K. Hurrelmann u. a.*, Hg., Handbuch Sozialisationsforschung, Weinheim und Basel 2015, S. 216–232

Schütz, A./Luckmann, Th., Strukturen der Lebenswelt, Bd. 1., Konstanz 2003

Swaan, A. de, Der sorgende Staat, Frankfurt a. M./New York 1993

Thomas, W. I./Znaniecki, F., The Polish Peasant in Europe and America in Social Behavior and Personality, Boston 1918–1921

Spitz, R., Vom Säugling zum Kleinkind, Stuttgart [12]2005 (orig. amerik. 1965)

Steinkamp, G., Sozialstruktur und Sozialisation, in: *Hurrelmann, K./Ulich, D.*, Hg., a. a. O., 1991, S. 251–278

Sutter, H., Bildungsprozesse des Subjekts, Opladen 1997

Tomasello, M., Warum wir kooperieren, Frankfurt a. M. 2010

Watzlawick, P./Beavin, J. H./Jackson, D. D., Menschliche Kommunikation, Bern/Stuttgart/Wien [11]2007

Weber, M., Der Sinn der Wertfreiheit in den soziologischen und ökonomischen Wissenschaften, in: *Ders.*, Gesammelte Aufsätze zur Wissenschaftslehre, Potsdamer Internet Ausgabe (www.uni-potsdam.de/u/paed/Flitner/Flitner/Weber/index.htm), 1917, S. 489–540

Wiggerhaus, R., Hg., Sprachanalyse und Soziologie, Frankfurt a. M. 1975

Lektion IV
Identität und Habitus

Katharina Liebsch

Inhalt

1 Einführung

Definitionen

Die Begriffe **Identität** und **Habitus** bezeichnen Verhaltensdispositionen, die Menschen im Verlauf ihres Lebens entwickeln. Individuen statten sich selbst mit bestimmten sozialen Merkmalen aus und ordnen sich sozialen Gruppen zu. Auch werden sie von anderen zugeordnet und sozial typisiert; beispielsweise als Männer oder Frauen, Kopfarbeiter oder Handarbeiter, Fußballfans oder Golfspieler. Diese Zuordnungen werden in Verhaltensstilen, Denkweisen, Kleidung, Gestik und Mimik wie auch durch Sprache zum Ausdruck gebracht. Sie werden in Form von z. B. Konkurrenz oder Solidarität, von Geist und Körper, Männlichkeit und Weiblichkeit, Ästhetik und Lebensstilen ausgebildet. Typen und Besonderheiten von Menschen in bestimmten Gesellschaften zu einer bestimmten Zeit werden als Identität und als Habitus sichtbar. Die Begriffe sind einem Wandel der Bewertungen unterworfen, keinesfalls statisch oder gleichbleibend und variieren historisch wie auch kulturell.

Entstehung von Identität und Habitus

Identitäten und Habitus entstehen aufgrund vermittelnder Prozesse zwischen Kultur, Gesellschaft und Individuen. Sie stehen zum einen in Bezug zu den Strukturen und den sozialen Regeln und Normen der Gesellschaft und/oder Gemeinschaft, in der sie sich ausbilden. Zum anderen sind sie an ein handelndes Individuum gebunden, das die sozialen Muster und Typisierungen darstellt und repräsentiert. Die Begriffe Identität und Habitus verbinden die mikrosoziologische Ebene des Handelns von Individuen mit der makrosoziologischen Ebene der gesellschaftlichen Strukturen. Dabei knüpfen sie an jeweils unterschiedliche Theorie-Traditionen an, die die wechselseitige Beeinflussung von gesellschaftlichen Prozessen und individuellem Handeln thematisieren. Es gibt eine Vielzahl unterschiedlicher soziologischer und sozialpsychologischer Theorien, die die Fragen bearbeiten, wie Identitäten und Habitus entstehen, welche Formen und Typen von Identitäten und Habitus vorkommen und wie sie sich in den Prozessen gesellschaftlichen Wandels verändern. Auch ist die Theoriegeschichte des Identitätsbegriffs eine andere als die theoretische Entwicklung des Habitusbegriffs.

Verbindung von Mikro- und Makroebene

Unterschiede und Gemeinsamkeiten der beiden Konzepte sollen im Folgenden verdeutlicht werden.

2 Identität und Habitus: Konzepte und Lesarten

2.1 Die Fähigkeit, mittels Vernunft und Sprache zu sich selbst Stellung zu nehmen

Indem Menschen sich selbst thematisieren, reflektieren sie ihre eigenen Tätigkeiten und ihre Erfahrungen mit Anderen. Zum Zwecke der Orientierung und der gegenseitigen Verständigung stellen sie ein Bild von sich selbst her. Damit wird das eigene Handeln entweder bestätigt und abgesichert oder auch korrigiert bzw. verändert. In diesem Reflexionsprozess wird zwischen Innen- und Außenwelt, Denken und sinnlicher Erfahrung, kognitiven und emotionalen Komponenten des Lebens unterschieden und vermittelt. Die historisch ältere Idee der Identität ist gebunden an die Vorstellung eines „Innen", das als abgetrennt von einem „Außen" gedacht wird. Demgegenüber betont die Idee des Habitus stärker die Vermittlung von „Innen" und „Außen". Beide Konzepte beschreiben die gesellschaftlichen und sozialen Anteile von Individuen und sind nicht als psychologisch zu verstehen. Sie schreiben eine Tradition des Denkens vom ‚Menschen als soziales Wesen' fort, die – um nur einige Namen zu nennen – von Platon (428–348 v. Chr.), Augustinus (354–430 n. Chr.), René Descartes (1596–1659) bis zu Michel de Montaigne (1533–1592) reichte.

Reflexion des Verhältnisses von Innen und Außen

Differenz von Identität und Habitus

Im Verlauf des 17. und des 18. Jahrhunderts verbreiteten sich die Vorstellungen von der Person als ein abgegrenztes, eigenständiges Wesen, das mit einer „Innerlichkeit", „Persönlichkeit" und einer „Identität" ausgestattet ist. Zuvor galten solche Personenkonzepte hauptsächlich für eine herrschende, in der Regel männliche Elite. Befördert durch die Gedanken der Aufklärung und der Französischen Revolution wurden sie im ausgehenden 18. Jahrhundert allmählich zum Allgemeingut. Einen wichtigen Beitrag zur Verbreitung der Idee von Identität leisteten beispielsweise die Schriften von Jean-Jacques Rousseau (1712–1778), die zur Zeit ihrer Veröffentlichung große Resonanz fanden. Rousseau formulierte Appelle, in denen er zur Ausbildung einer tief empfindenden und sittsam lebenden Seele aufrief. In seinem Erziehungsroman „Emile" verbindet er den Gedanken der „tiefen Empfindung" mit der Vorstellung vom „richtigen Leben" zu der Idee einer „tugendhaften Persönlichkeit" (Rousseau 2006).

Rousseaus Idee einer „tugendhaften Persönlichkeit"

Diese Idee der Identität ist durch zweierlei geprägt: Zum einen betont sie die Möglichkeiten und Notwendigkeiten eines von Vernunft geleiteten Lebens. Zum zweiten basiert sie auf einem Vermögen, die eigene Person zum Gegenstand des Nachdenkens zu machen. Erst die allgemeine Durchsetzung der Prinzipien von Vernunft und des Über-Sich-Selbst-Reflektierens ermöglicht die Entstehung von Identität als sozialem Phänomen (Taylor 2005). Damit verbunden war auch die Verbreitung von sozialen Institutionen, die eine

Vernunft und Selbstreflexion als Voraussetzung von Identität

Rückbesinnung auf das eigene Dasein ermöglichen. Erst mit Hilfe einer sozialen Form, einem Modus des Sagens und des Erzählens, können die Selbst-Thematisierungen dargeboten und als Habitus und Stil präsentiert werden. So machen Arnold Gehlen (1904–1976) und später auch Alois Hahn (geb. 1941) darauf aufmerksam, dass Identitäten, damals wie heute, mit Hilfe von „Institutionen" gebildet werden (Gehlen 1963, Hahn 1987). Es gibt diverse gesellschaftlich institutionalisierte Aufforderungen, das eigene Leben, den Gefühls- und Gewissenshaushalt und den körperlichen Zustand zu erkunden, wie z. B. die Beichte, die Erzählung der Krankheitsgeschichte beim Arzt, Ratgeberliteratur, Psychotests in Zeitschriften oder auch schulische Anforderungen, die sowohl in der Form des ‚Besinnungsaufsatzes' als auch als ‚Zensurenbesprechung' die Beteiligten dazu auffordern, über sich selbst nachzudenken.

2.2 Die Entwicklung des soziologischen und sozialpsychologischen Identitätsbegriff

Die Anfänge der soziologischen Identitätskonzeption liegen am Ende des 19. Jahrhunderts in den USA. Das Konzept und die Idee von Identität ist im soziologischen Denken maßgeblich mit dem Werk des US-amerikanischen Philosophen George Herbert Mead (1863–1931) verbunden. Mead entwickelte in seinem postum veröffentlichten Buch „Geist, Identität und Gesellschaft" (2005) eine Theorie der menschlichen Kommunikation und Sozialität und daran anschließend eine Analyse der Entwicklung des *self* beim Kind. Mit *self* will Mead nicht die sich herausbildende Persönlichkeit bezeichnen, sondern eine Struktur der Selbstbeziehung der Person. Damit sind die Bezüge und Beziehungen zu den verschiedenen anderen Personen, Gruppen, Institutionen und Gegenständen bezeichnet, die eine Person im Laufe ihres Lebens kennenlernt und welche sie versucht, zu einer einheitlichen Gesamtheit (von z. B. Erfahrung und Wahrnehmung) zusammenzubringen.

Entwicklung des *self* nach Mead

Der zweite wichtige Strang der frühen Identitätsforschung ist mit dem Namen Erik H. Erikson (1902–1994) verbunden. Erikson hat in kritischer Weiterentwicklung der Psychoanalyse von Sigmund Freud (1856–1939) eine Theorie der Entwicklung einer Ich-Identität konzipiert. Er war auch beeinflusst von der Tradition des *self* bei Mead, benutzte aber im Unterschied den Begriff der „Identität", der sich später auch für die deutsche Übersetzung des von Mead verwendeten Begriffs durchsetzte. Erikson hat in vielen Publikationen veranschaulicht, wie Individuen bewusst und unbewusst eine Kontinuität und Konsistenz ihrer Person in Form einer Ich-Synthese herstellen. In seinem Buch „Identität und Lebenszyklus" (2004) stellt er die **Ich-Identität** als Ergebnis von Fähigkeiten bzw. als Leistung von Einzelpersonen dar, die Schritt

Ich-Identität bei Erikson

Ich-Identität als Leistung

für Schritt im Laufe des Lebens hergestellt wird. Die Bedingungen eines Erwerbs von Ich-Identität wie auch mögliche Variationen oder ein „Misslingen" von Identität stellt Erikson in den Zusammenhang einer Vielfalt der Antriebe und der unterschiedlichen Erwartungen der sozialen Umwelt. Identität ist aus seiner Sicht ein ständiger Prozess des Austarierens und Angleichens unterschiedlicher Einflüsse und Erwartungen. In der deutschsprachigen Soziologie wurden die Ansätze von Mead und Erikson maßgeblich durch Jürgen Habermas (geb. 1929) verbreitet. Habermas versuchte auch, die beiden Ansätze auf einen Begriff zu bringen (Habermas 2001).

Normierender Einfluss der Gesellschaft

In den 1950er, 1960er und 1970er Jahren überwogen in der Identitätsforschung sozialpsychologische Studien, die den normierenden Einfluss der Gesellschaft auf die Individuen beschreiben und analysieren. Zur Erklärung der vereinheitlichenden und konformierenden Wirkung gesellschaftlicher Einflüsse wurden Modelle von Prägung, Normierung und sozialer Konformität entwickelt und zu Typen von Persönlichkeiten zusammengefasst. So war beispielsweise der Begriff des „Sozialcharakters" in den 1960er Jahren stark verbreitet. Äußerst einflussreich, auch in Deutschland, war das Buch „Die einsame Masse" des US-amerikanischen Soziologen David Riesman (1982).

Zusammenhang von Gesellschaftsformation und „Sozialcharakter"

Riesman (1909–2002) geht von der These aus, dass verschiedene Gesellschaftsformationen unterschiedliche Typen von Persönlichkeiten hervorbringen. Für die letzten 100 Jahre unterschied er einen traditionellen, einen innengelenkten und einen außengelenkten „Sozialcharakter". Mir dem Grad der Modernisierung der Gesellschaft verändere sich der zentrale Mechanismus, durch den Konformität und der jeweilige Sozialcharakter hergestellt werde. Der in westlichen Industriegesellschaften typische „außengeleitete Charakter", so Riesmans These, sei bedingt durch normierende Einflüsse von Massenmedien und durch die Abhängigkeit der Einzelnen von der Meinung anderer und von den gesellschaftlichen Normen und Konventionen (Riesman 1982).

In dieser Tradition konstatierte der französische Soziologe Alain Ehrenberg die verbreitete Existenz eines „erschöpften Selbst": Aufgrund der gestiegenen gesellschaftlichen Erwartung an Eigenverantwortung, Selbstverwirklichung, Erfolg und Glück fühlten sich immer mehr Menschen überfordert und reagierten mit innerer Leere, Depression, Antriebslosigkeit und Suchtverhalten (Ehrenberg 2004).

Möglichkeiten der Gestaltung von Identitäten

Im Unterschied zu dieser Vorstellung einer allgemeinen Prägung betont die neuere Identitätsforschung die Gestaltungsmöglichkeiten im Prozess der Identitätsentwicklung. In den Mittelpunkt gerückt sind die Momente der Variation von Identitäten, zum Beispiel Kreativität, Entscheidungsfähigkeiten und Strategien für den Umgang mir Schwierigkeiten und Verunsicherungen. Thematisiert werden auch die „Risiken" und die Möglichkeiten des Scheiterns der anvisierten Identitätsentwürfe. Seit ungefähr 1990 thematisieren Soziologen und Sozialpsychologen die Auswirkungen von Individualisierung, Pluralisierung und Ent-Traditionalisierung auf die Identität (z. B. Keupp/Bilden 1989). **Identitätskonstruktion** wird hier verstanden als Reaktion und Notwendigkeit des Umgangs mit verschiedenen Lebenswelten, unterschiedlichen Rollenanforderungen und ausdifferenzierten sozialen Situationen. Die Idee der Identität als ‚Mit-Sich-Selbst-Identisch-Sein', der Entwurf einer widerspruchsfreien, vereinheitlichenden und kontrollierten Einzelperson wird angesichts der veränderten sozialen Bedingungen als nicht mehr aufrechtzuerhalten verworfen. Die gegenwärtige Sozialstruktur erfordere, so die These, eine Reflexion der „Identität", die sich in Form einer wiederholten Selbstbefragung vollzieht. Das Ergebnis dieser Bemühungen ist nicht länger *eine* Identität, sondern ein aus mehreren Lebenserfahrungen zusammengesetztes Selbstbild: Es ist die Rede von „Bastelexistenzen", die in verschiedenen Lebensbereichen und in ständiger Selbstreflexion erworben werden (Hitzler/Honer 2004), von der „Patchwork-Identität" (Keupp/Höfer 2007) und von „multiplen Selbsten" (Bilden 1997).

Von der Identität zu Identitäten

Kollektive Identität

Selbstbeschreibungen, wie sie im Rahmen von Identitätskonstruktionen erarbeitet und präsentiert werden, können auch an Zugehörigkeiten zu einer Gruppe festgemacht werden. Die Teilhabe an einer bestimmten Gemeinschaft kann eine Basis für das sein, was in der Sozialpsychologie als „partizipative Identität" oder auch „kollektive Identität" bezeichnet wird. Die Rede von der partizipativen oder kollektiven Identität gründet auf einer anderen Theorietradition als die Forschungen über personale Identität (Giesen 1999a, 1999b). Hier wird das Thema der Gemeinschaftlichkeit, des sozialen Bandes, das Gruppen zusammen bindet, verhandelt.

Alltägliche Inszenierung und Präsentation von Identitäten

Empirisch belegt und differenziert wird die These von der Konstruktion der verschiedenen Facetten von Identitäten durch Untersuchungen, die die mikrosoziologischen Prozesse der alltäglichen Inszenierung und Präsentation beleuchten und welche die verschiedenen Ausdrucksformen und die Variationsbreite der Darstellungsmöglichkeiten von „Identitäten" veranschaulichen. Hier werden die selbstverständlich gewordenen, routinisierten Abläufe der Selbstpräsentation beschrieben und charakterisiert, die Erving Goffman (1911–1982) *impression management* genannt hat (Goffman 2005).

Definition Identität

Zusammenfassend lässt sich festhalten: **Identität** ist ein Konzept zum Verständnis von Selbstbildern. Mit Hilfe des Identitätskonzepts werden sich ständig wandelnde Antworten auf die Frage „Wer bin ich?" gegeben. Identitäten werden in einem Wechselspiel von bestehenden sozialen Strukturen und verändernder Aneignung gebildet. Sie transportieren sowohl Reaktionen auf Vorgegebenes wie auch selbstgestaltete Definitionen.

2.3 Die Entwicklung des Habitusbegriff

Zusammenhang von Individuum und Gesellschaft

Mit dem Begriff des **Habitus** wird die grundlegende soziologische Fragestellung nach dem Zusammenhang von Individuum und Gesellschaft, von Person und Struktur bearbeitet. Der Habitus als ein vielschichtiges System von Denk-, Wahrnehmungs- und Handlungsmustern, das die Ausführungen und Gestaltung individueller Handlungen und Verhalten mitbestimmt, hat einen gesellschaftlichen Ursprung. Er ist begründet in der sozialen Lage, dem kulturellen Milieu und der Biografie eines Individuums. Als eine Art sozialer Grammatik ist der Habitus in die Körper und Verhaltensweisen der Einzelnen eingeschrieben.

Habitus als Basis individueller Merkmale

Norbert Elias (1897–1990) argumentierte, dass im Begriff des Habitus die wechselseitige Verquickung von Individuellem und Gesellschaftlichem zum Ausdruck gebracht werden kann. Elias sprach vom Habitus als einem „spezifischen Gepräge" des Individuums, welches er mit anderen Angehörigen seiner Gesellschaft teilt. Dieses Gepräge bilde die Basis, auf der die persönlichen Merkmale entstehen, durch die sich ein einzelner Mensch von anderen Mitgliedern seiner Gesellschaft unterscheidet (Elias 2003). Der Habitus eines Menschen ist bei Elias sowohl etwas Allgemeines-Gesellschaftliches wie auch etwas Individuelles-Persönliches: Der einzelne Mensch trägt die Eigentümlichkeiten einer Gruppe in sich und eignet sie sich im Prozess des Heranwachsens in einer persönlichen Art und Weise an. Die Eigentümlichkeiten lagern sich in Schichten im Individuum an und werden im sozialen Habitus miteinander verwoben. Dabei ging Elias davon aus, dass eine bestimmte Eigentümlichkeit einen herausragenden Platz im Habitus einer Person einnimmt und so für die Zugehörigkeit eines Menschen zu einer bestimmten Gruppe charakteristisch ist. Die Habitus, die Elias beschreibt, sind historisch gewachsene Muster und Reaktionen, die sowohl durch ihren Entstehungskontext bestimmt sind wie sie auch ihrerseits weitere und zukünftige Verhaltensweisen bestimmen. Sie äußern sich beispielsweise in Form von Geschmacksempfindungen, Moralvorstellungen, Formen der Scham und der Peinlichkeit, des Ekels wie auch des Stolzes (Elias 1998).

Habitus im sozialen und kulturellen Kontext

Die Habitus der Individuen sind immer im Zusammenhang mit ihrem sozialen und kulturellen Kontext einer speziellen historischen Zeit zu sehen. In den historisch und kulturell variierenden Habitus kommen sowohl die situationsspezifischen Anpassungserfordernisse der Einzelperson zum Ausdruck wie auch deren jeweilige, von der sozialen Position abhängigen Handlungsmöglichkeiten. Am historischen Beispiel des absolutistischen Königshauses zeigt Elias, dass der Habitus des Höflings einerseits von Ängsten und sozialen Hierarchien am Königshof geprägt war, andererseits aber auch historisch neue Fähigkeiten mit sich brachte. Um sich in einer untergebenen Position am Hofe bewegen und auch halten zu können, brauchte es Fähigkeiten, wie z. B. Menschenkenntnis, die Kunst der Menschenbeobachtung und eine spezielle rhetorische Gewandtheit. Diese Kompetenzen machten den Höfling erfolgreich und stabilisierten seine soziale Position. Sie charakterisieren die Person des Höflings und seine Verhaltensweisen und werden von ihm selbstverständlich und routinisiert zum Einsatz gebracht (Elias 1998). Somit werden im Begriff des Habitus zum einen die habitualisierten Gewohnheiten und Handlungen bezeichnet. Zum anderen stellt der Habitus die Fähigkeit dar, die eigenen sozialen Handlungsfelder den Spielräumen und Grenzen von sozialen Ordnungen zuzuordnen (Schumacher 2013).

Doppelbedeutung des Habitusbegriffs

Auch Arnold Gehlen verfolgte die Überlegung, dass die Kompetenzen und die Handlungen von Individuen häufig in habituell gewordenen, eingeschliffenen Verhaltensfiguren zum Ausdruck gebracht werden. Gehlen zufolge sind die praktischen Handlungen wie auch die Gedanken und Entscheidungs- und Urteilsgänge weitestgehend automatisiert. Sie laufen quasi von selbst ab. Er nennt diesen Prozess **„Institutionalisierung"**. Darin sieht Gehlen zunächst einen Gewinn an Handlungsfähigkeit: Mit der Institutionalisierung und **Habitualisierung** des Verhaltens gehe, so seine These, eine **Entlastung** einher. Die Individuen müssen ihre Aufmerksamkeit und ihr Bewusstsein nicht ständig aktualisieren, sondern sind in der Lage, bestimmte Tätigkeiten und Überlegungen fast automatisch zu vollziehen. Diese Verhaltenssicherheit schätzt Gehlen jedoch nur als relativ und nicht als absolut ein. Die Habitualisierung kann durch äußere Umstände immer wieder erschüttert und ins Wanken gebracht werden. Darüber hinaus verfeinern die Individuen ihre Gewohnheiten und Routinen selbst. Gehlen geht davon aus, dass sich auf der Basis von Habitualisierungen der Sinn für Qualitätsunterschiede und die Denk- und Bewertungsschemata allmählich ausdifferenzieren (2004) und in Form eines Habitus zum Ausdruck gebracht werden. So ist auch bei Gehlen der Habitus eine sowohl erzeugte wie auch selbst erzeugende Struktur. Sie ist zum einen routinisiert und verfestigt und zum anderen selbst produktiv und gestaltend.

Habitualisierung des Verhaltens als Entlastung

Habitus als erzeugte und selbst erzeugende Struktur

Diese doppelte Komponente des Strukturiert-Seins und der strukturierenden Funktion des Habitus findet sich auch bei Peter Berger (geb. 1929) und Thomas Luckmann (geb. 1927), die 1966 ein breit diskutiertes Buch über „Die gesellschaftliche Konstruktion der Wirklichkeit" vorlegten. Die Autoren gehen von einem „Gesetz der Gewöhnung" aus, das dazu beiträgt, dass Handlungen, die häufig wiederholt werden, sich zu einem reproduzierbaren Modell verfestigen und jederzeit aktivierbar sind. Sie werden zu einem Verhaltens-Stil, der den Kontext seiner Entstehungsbedingungen spiegelt. Als ein weitgehend verinnerlichter Habitus verweist dieser Verhaltens-Stil weniger auf das Individuum als vielmehr auf den sozialen Zusammenhang und die soziale

Position, die im Habitus zum Ausdruck kommen. Im Habitus als eine Form sozialen und situativen Verhaltens und Handelns ist die einzelne handelnde Person austauschbar. Der Habitus ist deshalb nicht als Eigenschaft des Individuums zu verstehen, sondern als eine Struktur des Handelns.

Habitus als Struktur des Handelns

Aufgrund der Habitualisierung des Verhaltens müssen die Individuen ihre Aufmerksamkeit und ihr Bewusstsein nicht ständig aktualisieren, sondern sind in der Lage, bestimmte Tätigkeiten und Überlegungen fast automatisch zu vollziehen. Auf diese Weise „konstruieren" die habitualisierten Tätigkeiten einerseits eine als kontinuierlich erfahrene „Wirklichkeit", die Sicherheit und Routine ermöglicht. Andererseits ist erst auf der Basis des Sicherheit gewährenden Habitus die Entstehung von Neuern und die Möglichkeit der Auswahl und der Reflexion gegeben (Berger/Luckmann 2004).

In diesem Sinne argumentierte auch Pierre Bourdieu (1930–2002), wenn er vom Habitus als „System dauerhafter und übertragbarer Dispositionen" spricht (2005). Für Bourdieu ist der Habitus eine Seinsweise, ein habitueller Zustand des Körpers, eine Tendenz, ein Hang oder eine Neigung, sich auf spezifische Art und Weise zu präsentieren und zu handeln. Bourdieu entwickelt mit seinem Habituskonzept einen Begriff vom Individuum als „Akteur". Der Habitusbegriff beinhaltet zum einen eine Vorstellung vom handelnden Individuum. Zum anderen wird das Individuum als sozial strukturiert und nicht als frei oder autonom in seinen Handlungen und seinem Denken begriffen. Um diese doppelte Disposition zu verdeutlichen, spricht Bourdieu vom Habitus als „strukturierte und strukturierende Struktur" (ebd.). Damit will er sagen, dass der Habitus einerseits strukturierend wirkt und Ordnungsgrundlagen für Handlungen und Vorstellungen bereitstellt. Andererseits ist der Habitus selbst strukturiert. Er ist ein Produkt spezifischer Existenzbedingungen und ist seinerseits bereits konditioniert und seiner sozialen Umgebung angepasst. So ist der Habitus nicht zu trennen von seinem sozialen Kontext, den Bourdieu „Feld" nennt.

Habitus als „strukturierte und strukturierende Struktur"

Bourdieu begreift den Habitus auch als eine Fähigkeit zum Unterscheiden und Urteilen. Er ist verbunden mit einem Sinn für Unterschiede, für eine korrekte Beherrschung der Stilmittel und Darstellungsweisen, den Bourdieu „praktischen Sinn" nennt. Dieser „praktische Sinn" hilft dem Individuum, eine Situation einzuschätzen, eine passende Antwort zu finden und mögliche Mehrdeutigkeiten auszuschließen. Er ist von der sozialen Lage der Individuen abhängig und funktioniert quasi automatisch. Der „praktische Sinn" entsteht in sozialen Kontexten und bewährt sich in der Wahl von „Stilen" und Darstellungsmitteln. Wenn diese Stile und Darstellungsmittel verfestigt, routinisiert und habitualisiert werden, konstituiert sich ein weitgehend verinnerlichter Habitus, dem wiederum eine handlungssteuernde und selbst produktive Funktion zukommt.

Definition Habitus

Zusammenfassend lässt sich festhalten: Der **Habitus** bezeichnet zum einen die habitualisierten Gewohnheiten und Handlungen von Personen. Zum anderen wird mit Habitus auch ein sozialisatorisch erworbenes Schema zur Erzeugung immer neuer Handlungen bezeichnet, das Grenzen und Spielräume sozialer Ordnungen reproduziert und verändert. Als dialektischer Begriff bezeichnet der Habitus immer beides: das bereits Strukturiert-Sein und die strukturierende Funktion der Handlungen von Individuen, die gesellschaftliche Prägung und die individuellen Gestaltungsmöglichkeiten.

3 Mechanismen der Herstellung von Identitäten und Habitus

3.1 Identitätsarbeit/Identitätspolitik

Zeitliche und inhaltliche Dimension von Identität

Jede Identität hat eine zeitliche und eine inhaltliche Dimension. So sind Identitäten entlang der Struktur von Vergangenheit, Gegenwart und Zukunft organisiert. Die inhaltliche Struktur der Identität wird in der Interaktion und Kommunikation mit anderen Personen bestimmt. Im Prozess von sozialer Kommunikation und Reflexion werden Sinn und Bedeutungen ausgehandelt und festgelegt und auf die Selbstbilder und Identitäten bezogen. Identitäten werden deshalb durch soziale Vorgaben strukturiert und in kommunikativen Handlungen zum Ausdruck gebracht. Selbst-Bilder und Identitäten basieren auf einer Art innerer Konversation, in die Verbalität, Gefühle, habituelle Tätigkeiten und körpersprachliche Aktivitäten eingebunden sind.

Erarbeitung von Identitäten

Aus der Sicht von George Herbert Mead sind Identitäten folgendermaßen charakterisiert: „Der Einzelne erarbeitet sie sich, indem er die Haltungen bestimmter anderer Individuen im Hinblick auf ihre organisierten gesellschaftlichen Auswirkungen und Implikationen weiter organisiert und dann verallgemeinert" (2005). In Auseinandersetzung mit kulturellen Vorgaben der Bedeutung, die Mead den „generalisierten Anderen" und das „Universum des Diskurses" genannt hat, etabliert die Einzelperson eine Reflexivität, die sie auf die eigene Person anwendet. Diese Reflexivität ermöglicht die Gestaltung von Beziehungen zu Anderen und die Gestaltung des eigenen Verhaltens. Sie trägt dazu bei, dass Sprache und Symbole sinnvoll eingesetzt und angewendet werden. Sie ermöglicht eine Perspektive auf das eigene Denken und Handeln, in der Entscheidungen und Wahlhandlungen legitimiert und begründet werden.

Als ein sich ständig wandelndes Produkt kommunikativer und diskursiver Prozesse sind Identitäten nie fest und statisch. Sie werden aktiv hergestellt, immer wieder verändert und neu geschaffen. Sie sind ein vorläufiges Ergebnis täglicher Definitions- und Abklärungsbemühungen, die umkämpft und erstritten worden sind. Deshalb wird in der Literatur auch von „Identitätsarbeit" und von „Identitätspolitik" gesprochen.

Mit Identitätsarbeit sind alltägliche Verfahren bewusster und unbewusster Art bezeichnet, mit denen Menschen sich ihrer selbst vergewissern und sich selbst definieren. Der britische Soziologe Anthony Giddens (geb. 1939) hat die rhetorischen Strategien und diskursiven Mechanismen herausgearbeitet, die dazu beitragen, dass Identitäten erneuert und erhalten werden:

Mechanismen zur Identitätserneuerung und -erhaltung

1) Man muss die Identität selbst konstruieren. Sie ist nicht unmittelbar gegeben, sondern ein reflexives Projekt.
2) Die Identität wird in Bezug auf den Lebenslauf konstruiert. Ihre Einheit beruht auf dem Wissen, das in verschiedenen Lebensphasen angesammelt wurde.
3) Die Reflexion der Identität vollzieht sich in Form einer ständigen Selbstbefragung, die dabei hilft, eine Einschätzung der umgebenden Situationen zu erlangen.
4) Die Identität vollzieht sich als Erzählung, als Interpretation der eigenen Lebensgeschichte. Sie muss bearbeitet werden und erfordert Kreativität.
5) Die Identität setzt Kontrolle und ein Bewusstsein von Zeit voraus. Man braucht „Zeit für sich" und muss über den Zeitverlauf bewusst reflektieren.
6) Die Identitätskonstruktion bezieht den Körper mit ein: Körperbewusstsein in Form von Wahrnehmung von Gefühlen und bewusster Steuerung des Körpers, z. B. durch Diät, Sport oder Schönheitsoperationen. Das Körperbewusstsein hat die Funktion, die Identität zu vereinheitlichen. Sie gibt der Identität ihren Ort.
7) Risiken und Chancen müssen bei der Identitätskonstruktion abgewogen werden. Die verschiedenen Möglichkeiten und Gelegenheiten der Selbstformierung können zum Teil selbst bestimmt und initiiert werden. Dabei bildet sich ein positiver Begriff von Risiko heraus.
8) Der moralische rote Faden der Identitätsbildung ist die Vorstellung von „Authentizität", die es ermöglichen soll, ein ‚wahres' von einem ‚falschen' Selbst zu unterscheiden.
9) Der Lebenslauf wird als eine Abfolge von Passagen gesehen. Diese Abfolge bringt sowohl Gestaltungsmöglichkeiten wie auch eventuelle Krisen und Schwierigkeiten mit sich.
10) Identität heißt, die Lebenserfahrung mit einer Lebens-Erzählung in Einklang zu bringen. Die zentralen Referenzpunkte werden dabei im Individuum angesiedelt und nicht als eine dem Individuum äußerliche „Geschichte" präsentiert (Giddens 2005).

In dieser theoretischen Perspektive sind Erzählweisen bzw. interaktive, narrative und rhetorische Strategien der Präsentation verschiedener Erfahrungen, Erlebnisse und Vorstellungen in den Mittelpunkt gerückt; es ist auch die Rede von „narrativer Identität" (Straub 2015). Ob, wie und mit welchen inhaltlichen Schwerpunkten Personen auf Vorstellung von Identitäten Bezug nehmen, erscheint als Wahlhandlung, als individuelle Leistung bzw. individuelles Handeln, mit dem Individuen sich in Bezug zur gesellschaftlichen Umwelt setzen.

Strategien der „Identitätspolitik"

Dieses konstruktive und kreative Moment kommt auch in den Strategien der **Identitätspolitik** zum Tragen. Dieser im angelsächsischen Raum verbreitete Terminus bezeichnet eine Form positiver Stellungnahmen für marginalisierte soziale Gruppen und Bewegungen. Als Strategien zur Persönlichkeitsentfaltung und sozialen Gleichstellung zum Beispiel von Frauen, Schwarzen und Homosexuellen ist es das Ziel der Identitätspolitik, ein Bewusstsein für die Merkmale und Besonderheiten der jeweiligen Gruppe zu entwickeln. Die Identitätspolitik soll helfen, die Spezifika der sozialen Gruppen positiv zu besetzen und ein Selbstbewusstsein zu stärken. Damit soll die gesellschaftliche Anerkennung der marginalisierten Gruppe befördert werden (Weeks 1995). Die in dieser Gemeinschaftlichkeit hergestellte Form einer Gruppenidentität ist immer an das Prinzip von Einschluss und Ausschluss als Instrument der Selbstbeschreibung gebunden; eine männliche Identität zu haben, bedeutet, keine Frau zu sein, zur Gruppe der Alten zu gehören, schließt die Jungen aus etc. Die Teilhabe an einer Gemeinschaft bestimmt sich über die Teilnahme an gruppenspezifischen Ritualen. Diese Rituale bringen eine Gleichförmigkeit des Handelns hervor. Auch müssen die Handelnden ein Bewusstsein von der Gleichförmigkeit ihrer Handlungen ausbilden. Dazu verwenden die Gruppenmitglieder Bilder, Symbole und kulturelle Weltbilder als Selbstüberzeugungen. Sie betten ihre Selbstbilder ein in ein kulturelles Feld von Unterscheidungen und Mustererzählungen. Das Ergebnis ist dann eine kulturelle Symbolisierung und Codierung kollektiver Identität. Sie markiert die Grenze des Innenraums der Gemeinschaft und setzt eine Vertrautheit mit den impliziten Regeln der Gemeinschaft voraus (Soeffner 1995).

Aus der theoretischen Sicht der Identitätsarbeit und der Identitätspolitik wird die Persönlichkeit von Individuen vermittels der Idee von Identität organisiert. Die Identität kommt als reflexives Projekt in verschiedenen Lebensbereichen, Lebensaltern und Personengruppen als eine Konstruktion aus Symbolen, Zeichen und Deutungsmustern zur Anwendung. Damit ist ein Verständnis von Identität eingeführt, das Identität nicht hauptsächlich als sozial verankert und durch Normen, Werte und Kontrollinstanzen reglementiert versteht. Vielmehr wird hier Identität als interpretierbare Form von Wissen und als Selbstreflexion begriffen. Sie ist nicht notwendigerweise Ausdruck einer dahinter stehenden Person mit einer entsprechenden „Subjektivität". Identität ist vielmehr ein kommunikatives Prinzip, eine bestimmte Art, Individualität zu entwerfen, die wiederum selbst Wirkungen entfaltet und Bedeutungen hervorbringt.

Identität als kommunikatives Prinzip

3.2 Der inkorporierte Habitus

Auch der Habitus wird im Lebenslauf gebildet. In der Theorie Pierre Bourdieus wird die Entstehung von Habitus jedoch nicht durch kommunikative Prozesse erklärt, sondern als durch „Praxis" hervorgebracht begriffen. Mit „Praxis" bezeichnet Bourdieu das Handeln, Denken und Verhalten der Menschen, das in die Körper eingelassen ist. Diese körperliche Verankerung aller Praxisformen nennt Bourdieu „inkorporiert". Damit will er sagen, dass die soziale Lage, die Biografie und das kulturelle Milieu einer Einzelperson sich der Person in leiblicher Form darstellen und erschließen. Die sozial geprägten Formen von Wahrnehmen, Schweigen, Sprechen, Sehen, Denken, Fühlen, Riechen und Schmecken erfährt und erlebt das Individuum körperlich. Der Körper bewahrt und speichert die Erfahrungen und Praktiken. Als eine Art Erinnerungsspur wirken die „inkorporierten" gesellschaftlichen Strukturen und Deutungsweisen auch dann fort, wenn sie nicht in der aktuellen Praxis zum Ausdruck gebracht werden. Sie werden im Körper aufbewahrt, bleiben unbewusst erhalten und werden jedoch von anderen, neueren Erfahrungen, Erlebnissen und Eindrücken überlagert.

Habitus als Ergebnis von „Inkorporierung"

Der Habitus wird im Alltag im Rahmen von Routinen und sinnstiftenden kulturellen Praktiken erworben und vom Individuum erlernt. Dieses Erlernen vollzieht sich über Beobachten, Nachahmung von Gesten, Zeichen und kulturellen Ausdrucksweisen. Die Sozialisation in der Familie legt dabei den Rahmen des jeweiligen Habitus fest. Dieser Rahmen kann zwar durch biografische Schlüsselerlebnisse abgewandelt werden, bleibt aber als eine Art Grundstruktur ein Leben lang erhalten und strukturiert Formen und Regeln von Handlungen der Individuen. Diese habituellen Handlungsanweisungen werden aufgebaut und körperlich eingelagert, ohne dass sie im reflektierten Bewusstsein thematisiert oder erklärt werden. Der Prozess der „Inkorporierung" vollzieht sich als Verinnerlichung, die zum Teil bewusst und zum Teil unbewusst verläuft. Durch Inkorporierung werden habituelle Praktiken innerhalb vergleichbarer Soziallagen und biografischer Lebenswege einheitlich und dauerhaft. Da der Habitus in die Einzelheiten der Haltung, der Manieren, des leiblichen und verbalen Darstellens und Auftretens hineinreicht, entzieht er sich zum Teil auch der bewussten Reflexion und der rationalen Kontrolle.

Erlernen des Habitus

Habitus als zweite Natur des Menschen

Als „quasi-leibliche Disposition" erscheint der Habitus als zweite Natur des Individuums (Bourdieu 2005). Der Habitus wird als selbstverständlich und schlicht gegeben erlebt. Diese Selbstverständlichkeit ermöglicht eine Erfahrung der sozialen Welt, die das Handeln, Wahrnehmen und Bewerten als voraussetzungslos und sozusagen als ‚natürlich' begreift. Auf diese Weise werden individueller und persönlicher Stil als ‚angeboren' verstanden. Die sozial hergestellten, habituell erfolgten Sinnsetzungen werden nicht mehr in ihren sozialen Voraussetzungen wahrgenommen, sondern als gegebene, ‚natürliche' Einteilungen der sozialen Welt begriffen. Die sozialen Voraussetzungen des Habitus werden durch die Verleiblichung, durch die Inkorporierung, zum Teil der bewussten Reflexion entzogen. Sie sind häufig nicht sichtbar, nicht immer spürbar und können manchmal nicht erinnert und bewusst aufgenommen und variiert werden. Auf diese Art und Weise bestehen sie unverändert fort und können sich ständig reproduzieren.

Entstehung des männlichen Habitus als Beispiel

Am Beispiel des männlichen Habitus verdeutlicht Bourdieu, wie kollektive Deutungsmuster und Handlungspraktiken körperlich eingeschrieben und dem Bewusstsein entzogen als quasi natürliche Erscheinung hergestellt werden. Das, was in unserer Gesellschaft als männlich (bzw. als weiblich) gilt, wird in der Regel am Körper festgemacht und auf diese Weise als unabänderlich und naturgegeben begriffen. Damit gerät aus dem Blick, dass auch der männliche Habitus ein gesellschaftlich konstruierter Habitus ist, der in den sozialisierten Körpern durch rituelle Praktiken und Stereotypisierungen zum Ausdruck gebracht wird. Es entsteht eine Relation zwischen einem Habitus, der entsprechend der Einteilung in männlich und weiblich organisiert ist, und einem sozialen Raum, der derselben Einteilung unterliegt; beispielsweise ordnen wir Familien dem Weiblichen zu und Politik dem Männlichen.

Sobald sich diese Einteilungen in den sozialen Strukturen etablieren, organisiert die Unterteilung in ‚männlich' und ‚weiblich' auch die Wahrnehmungen, die Gedanken und die Handlungen der Gesellschaft und funktioniert wie eine selbsttätige Vorstellung: Weil wir die Einteilung in männlich und weiblich vorgenommen haben, begegnet uns diese Einteilung auch überall und wir verstehen sie als normal und als objektiv gegeben. Die ursprünglich soziale Einteilung in männlich und weiblich wirkt als ein fast natürliches Prinzip des Sehens und Einteilens, als ein dem „Natürlichen" zugeordnetes System von Wahrnehmungs-, Denk- und Handlungskategorien. So entsteht die Institution von zwei unterschiedlichen „Naturen", ein Prozess, den Bourdieu „eine fortschreitende Somatisierung der fundamentalen, für die soziale Ordnung konstitutiven Beziehungen" nennt (1997a).

Bourdieu begreift den Bildungs- und Formungsprozess des Habitus als einen Modus des Festhaltens und des Hervorrufens der Vergangenheit. Der Habitus ermöglicht eine permanente Formierungs- und Bildungsarbeit von

Geschlechterstereotypen. So wird der Körper als vergeschlechtlichte Wirklichkeit und als Speicher von vergeschlechtlichenden Wahrnehmungs- und Bewertungskategorien konstruiert. Unterstützt und verstärkt durch geschlechtlich differenzierte Kleidung werden Menschen aufgrund ihrer Körperlichkeit als Männer oder Frauen wahrgenommen. Umgekehrt sind die Körper von Männern und Frauen auch die Orte, an denen sie Erfahrungen mit einer geschlechtlich differenzierten Wirklichkeit machen.

Der Körper als Produkt von Benennungs- und Einprägungsarbeit

Der Körper und die Biologie werden in Bourdieus Habitustheorie nicht als Ursache von Männlichkeit oder Weiblichkeit begriffen. Vielmehr wird der Körper als Produkt einer beharrlichen sozialen Benennungs- und Einprägungsarbeit verstanden. Als Wirkung einer umfassenden gesellschaftlichen Konstruktionsarbeit entsteht eine biologische Natur, die zum Habitus wird. Bourdieu beschreibt den männlichen Habitus als derartig beharrlich, dass er auch durch Bewusstwerdung nicht aufgehoben werden kann. Die Definition des (männlichen oder weiblichen) Körpers als (natur-)gegeben und unveränderlich gehört zu den erfolgreichsten Produkten der sozialen Kategorisierungsarbeit. Diese Naturalisierung ist deshalb so erfolgreich, weil die Gedanken und Handlungen, die einen Habitus definieren, durch „Inkorporierung“ auf sichtbare und fühlbare Weise eingeschrieben werden. So werden sie zu einer unauslöschbaren Gedächtnisstütze.

4 Kritische Diskussion der Konzepte

4.1 Zur Kritik am Identitätsbegriff

Personenkonzepte und Vorstellungen von Individualität, die Integrität, Einheit und Kohärenz unter dem Stichwort der „Identität“ versammeln, sind seit geraumer Zeit einer wachsenden Kritik ausgesetzt. Identitätstheoretische Konzepte, so lautet beispielsweise ein Vorwurf, seien implizit normativ. Sie gingen von der Annahme aus, dass es sinnvoll und notwendig sei, eine Identität auszubilden und dass ein Scheitern einer „gelungenen Identitätskonstruktion“ tragisch und unglücklich sei. Dabei würden zum einen andere Selbst-Bilder abgewertet, indem sie beispielsweise als Schizophrenie, Wahnsinn und als sozial abweichend charakterisiert werden. Zum zweiten gerate aus dem Blick, dass Identität eine historisch gewachsene Anweisung und Strategie zur Formung und Disziplinierung der eigenen Person darstellt (vgl. Joas 1994; Abels 2006).

Kritik der Normativität

Kritiker der Identitätstheorien verstehen das Konzept der Identität als Zumutung und Zwang. Sie kritisieren die Selbstzwänge und Kontrollmechanismen, die für den Aufbau und Erhalt einer Identität erforderlich sind, als persönlichkeitsbeschränkend und als historisch überholt (Guttandin/Kamper 1991). Beispielsweise werden Identitäten heute selten im Hinblick auf den gesamten Lebenslauf entwickelt. Aufgrund von gesellschaftlichen Veränderungen müssen immer mehr Individuen im Verlauf ihres Lebens ihre berufliche Identität wechseln. Damit kann eine Veränderung ihrer Sozialbeziehungen und familialen Lebensform verbunden sein, die auch eine Neuorganisation der Selbstbilder und Identitäten nötig macht. Sozialstrukturelle Veränderungen, die mit den Prozessen der Globalisierung und der Regionalisierung einhergehen, nehmen Einfluss auf die Identitätsbildung. So verstehen sich Menschen als „Deutsche" und neuerdings als „Europäer" oder begründen ihre Identität völkisch-ethnisch oder politisch. Darüber hinaus begründen verschiedene gesellschaftliche Gruppierungen ihre Identitäten mittels unterschiedlicher Strategien. Die einen finden sich aufgrund kultureller Vorlieben zusammen, die anderen aufgrund politischer oder religiöser Überzeugungen.

Da die sozialen Erfahrungsräume der Individuen sich erweitert haben und nicht mehr einheitlich, sondern stärker von Varianz gekennzeichnet sind, müssen die Individuen Brücken zwischen den Lebenswelten schlagen und Fähigkeiten entwickeln, um sich in verschiedenen sozialen Kontexten bewegen zu können. Diese Veränderung zeigt auch die jüngere Identitätsforschung, in der Befunde zu Fragmentierungen, Vielfältigkeiten und Auflösungen von Identitäten verhandelt und als schizophren, entwurzelt, fragmentiert, fraktal und simuliert charakterisiert werden. Die Inszenierungen des Selbst sind heute sowohl real als auch virtuell, sowohl vereinheitlicht als auch verstreut. Die Selbst-Entwürfe von Einzelpersonen haben einen geringer werdenden Anspruch auf Dauerhaftigkeit und Verbindlichkeit. Zwar wird auch heute noch eine narrative Identität mit Hilfe von Texten und Erzählweisen von den Einzelpersonen präsentiert und auf diese Weise die Etablierung von Kontinuität und von längerfristigen Sinneinheiten versucht. Dies gelingt jedoch häufig nur noch als punktuelle, szenische und primär ästhetische Inszenierung von Persönlichkeit. Die Gemeinschaften und die Gesellschaft, so lautet die These des französischen Soziologen Michel Maffesoli (geb. 1944), stellen nicht länger Strukturen und Einflüsse bereit, die in Form von Identitäten und Habitus in den Individuen auffindbar sind. „Identität" als Vergemeinschaftungsform könne sich zunehmend seltener realisieren (Maffesoli 1988; Straub/Renn 2002; Eickelpasch/Rademacher 2004).

Abnehmende Verbindlichkeit von Selbstentwürfen

4.2 Zur Kritik am Habitusbegriff

Der Habitusbegriff als „strukturierte und strukturierende Struktur" erscheint als Verbindung von Geschlossenheit und Offenheit, von Routine und Innovation. Bourdieu zufolge tendieren die Habitus aber zur Trägheit, die auch andere Autoren als **Habitualisierung** und **Institutionalisierung** beschrieben. Die habituellen Dispositionen bleiben über die Zeit hinweg stabil und leiten das individuelle Handeln und Verhalten auch dann, wenn sie gar nicht mehr passen. Als inkorporierte Wirklichkeit tendieren die Habitus zur Persistenz. Sie werden zwar von neuen Wirklichkeiten und neuen Erfahrungen überlagert, sind aber tendenziell dauerhaft. Dies hat einige Leser und Kritiker zu dem Vorwurf bewogen, dass ein einmal ausgebildeter Habitus eine „weitgehend lern- und entwicklungsunfähige Entität" (Miller 1989: 213), ein deterministisches System sei. Der Habitus sei ein begriffliches Korsett, in dem weder Veränderungen noch Auswege Platz hätten. Dagegen wäre wiederum einzuwenden, dass der Habitus im Bourdieuschen Denken durch Inkorporierung der vorhandenen Strukturen selbst aktiv wird. Er wird, wie Bourdieu sagt, zu einem „generierenden Prinzip", das jedoch von den umgebenden Strukturen geregelt und beeinflusst wird. Diese doppelte Betonung von vorhandenen gesellschaftlichen Strukturen – einmal im Konzept der „Inkorporierung", das zweite Mal in der Idee des durch äußere Bedingungen Kontrolliert-Seins – engt den Gestaltungsspielraum der Einzelperson stark ein. Es sei nicht recht vorstellbar, woher das Element der Innovation und Kreativität kommen soll. Gesellschaftlicher Wandel könne mit der Theorie des Habitus nicht erklärt werden. Vielmehr betone der Begriff die Kontinuität und Nachhaltigkeit der vorhandenen Strukturen (Bohn 1991: 81 ff.).

Vorwurf des Determinismus

Zu diesen Einwänden hat Bourdieu Stellung bezogen (Bourdieu 2006) und betont, dass das theoretische Modell des Habitus sowohl ein Reproduktionsprinzip als auch ein Generierungsprinzip ist. Damit bringt Bourdieu zum Ausdruck, dass der Habitus Ordnungen und Handlungsspielräume produziert, dass er sich zwischen Zwang und Ermöglichung bewegt und gleichermaßen alte Praxisformen verfestigt und neue Praxisformen ausbildet. Der Habitus ist also ein theoretisches Konstrukt, das nicht festgelegt, sondern theoretisch zweigleisig angelegt ist. Es sieht beide Möglichkeiten vor, den Wandel wie auch den Erhalt von Strukturen. Welche der im Habitus angelegten Möglichkeiten zur Anwendung kommt, zeigt sich erst in der gelebten Alltagspraxis und damit in den konkreten Handlungen der Individuen. Je nach Ort und Zeit werden die inkorporierten Strukturen des Habitus variabel angewendet.

Habitus zwischen Zwang und Ermöglichung

So schränkt die Habitustheorie die Handlungs- und Gestaltungsspielräume zwar ein, indem sie dem Habitus fest umrissene innere und äußere Grenzen zuschreibt, innerhalb deren eine geregelte Kreativität und Innovation zum Ausdruck kommt. Gleichzeitig aber werden die Begrenzungen und Einschränkungen für die Entstehung und Entwicklung von Neuern im Habitus selbst angesiedelt. Damit ist eine Möglichkeit für Gestaltung, Veränderung und Wandel gegeben: Indem Individuen handeln, haben sie immer auch die Möglichkeit, zu Veränderung und Wandel beizutragen. Damit lässt sich zwar keine Revolution begründen, aber doch eine realistische Einschätzung aller habituellen Tätigkeiten vornehmen, die das menschliche Handeln und die soziale Gruppenbildung zwischen Zwang und Ermöglichung ansiedelt.

5 Zwischen Individuum und Gesellschaft, Handlung und Struktur, Normierung und Wandel

Mit Hilfe der Begriffe Identität und Habitus werden das Soziale im Individuum wie auch die Möglichkeiten von Veränderung des Sozialen durch Individuen thematisiert.

Leistung des Habituskonzepts

Das Habituskonzept zielt auf die Benennung von wiederkehrenden und charakteristischen Verhaltensweisen, die leiblich gebunden und weiten Teils unbewusst vollzogen werden. Der Habitus samt seiner „habituellen Lebensstile“ ist ein System von Denk-, Wahrnehmungs- und Handlungsmustern, das die Ausführungen und Gestaltung von weiteren Handlungen und Verhalten reguliert. Der Habitus variiert mit der sozialen Lage, dem kulturellen Milieu und der Biografie eines Individuums.

Leistung des Identitätskonzepts

Das Konzept von Identität ist konzentriert auf die Prozesse der Reflexion und Interaktion, mittels derer Individuen Selbstbilder und Gruppenbilder herstellen. Identitäten werden über soziale Benennungs- und Bezeichnungspraktiken gebildet. Sie sind ein kommunikatives Prinzip, das in Abhängigkeit vom zeitlichen und kulturellen Wandel der Gesellschaft und der Individuen wirksam wird.

Als Kategorien, die die wechselseitige Beeinflussung, Formung und Gestaltung von Individuen und ihrer Umwelt zu bezeichnen suchen, sind Identität und Habitus nie eindeutig zuzuordnen. Sie stehen quer zu Begriffspaaren, die zum Zwecke soziologischer Analysen entwickelt wurden. Sie fugen sich nicht in die begrifflichen Gegenüberstellungen von zum Beispiel Individuum/Gesellschaft, Status quo/Wandel oder auch Struktur/Prozess/Handlung, sondern sie wirken in jedem dieser thematischen Bereiche. Das macht den Umgang mit ihnen manchmal schwierig, darin liegt aber auch ihre theoretische Stärke. Die Begriffe Identität und Habitus zeigen, dass die soziale Welt nicht einfach durch das Anlegen eines Analyserasters oder die Einteilung in A oder B zu verstehen ist. Die Begriffe machen deutlich, dass handelnde Menschen und die Bedingungen und Ergebnisse ihres Handelns als soziale Formen und Strukturen und als soziale Prozesse beschrieben werden müssen.

Identität und Habitus als Struktur und Prozess

Identitäten und Habitus sind Ausdruck von sozialen Verhältnissen, Situationen und Beziehungen, die einmal schnell, einmal langsam, einmal vorstrukturiert und ein anderes Mal selbst gestaltet worden sind. Sie machen Aussagen zu zentralen Fragen der Soziologie, indem sie das Verhältnis von Individuum und Gesellschaft als wechselseitig, das Verhältnis von Struktur und Handlung als prozesshaft und das Verhältnis von Normierung und Wandel als dialektisch beschreiben.

Informationsteil

Kommentierte Literatur zur Einführung und zur Vertiefung

Abels, H., Identität, Wiesbaden 2006
In diesem 500-seitigen Überblickswerk zeichnet der Autor die historische Entwicklung des Identitätsbegriffes wie auch die theoretischen Debatten, die um ihn kreisen, nach. Der Gang durch die Individualitätsgeschichte verdeutlicht, dass die Idee, „sich selbst" gegen die Anderen und die Erwartungen der Gesellschaft zum Ausdruck zu bringen, schon immer ein unsicheres und mühsames Ansinnen gewesen ist.

Bourdieu, P., Habitus, Illusio und Rationalität, in: *Ders./Wacquant, L. J. D.*, Reflexive Anthropologie, Frankfurt a. M. 2006, S. 147–175 (orig. frz. 1992)
In diesem in Interviewform gehaltenen Beitrag fasst Bourdieu seine Überlegungen zum Habitus-Begriff zusammen. Er begründet, was ihn veranlasste, den „Habitus" als „generatives und vereinheitlichendes Prinzip", als ein System von Disposition wie auch als „sozialisierte Subjektivität" zu konzipieren. Hier weist er auch den Vorwurf des Deterministischen im Begriff des Habitus zurück.

Elias, N., Die Gesellschaft der Individuen, herausgegeben von Michael Schröter, Frankfurt a. M. ^{5}2003
Dieses Buch bearbeitet die Frage nach dem wechselseitigen Zusammenhang von „Individuum" und „Gesellschaft". Elias kritisiert die begriffliche Trennung von „Individuum" und „Gesellschaft", die suggeriert, es handele sich hier um zwei verschiedene, voneinander trennbare Gegenstände. Mit Hilfe von Begriffen wie „Habitus", „soziale Persönlichkeitsstruktur" und „Ich-Wir-Identität" veranschaulicht Elias seine Vorstellung von der gesellschaftlichen Bindung der individuellen Aktivitäten.

Erikson, E. H., Identität und Lebenszyklus, Frankfurt a. M. ^{2}2004 (orig. amerik. 1959)
In diesem vieldiskutierten Klassiker der Identitätsforschung begründet Erikson seine Vorstellung von der „Ich-Identität" als Synthese- und Integrationsleistung von Einzelpersonen. Die Möglichkeiten von Individuen, unterschiedliche Ansprüche zwischen gesellschaftlich vermittelten Normen und Idealen und leibgebundenen Wünschen und Sinnesregungen zu einer Gestalt zusammenzubringen, stehen im Mittelpunkt der Ausführungen und Problematisierungen. Erikson typisiert die Identitätsentwicklung,

ihre Abläufe und Ausdifferenzierungen als Entwicklungsstufen im Prozess des Lebenslaufs.

Giddens, A., Modernity and Self Identity. Self and Society in Late Modern Age, Cambridge 2005 (zuerst 1991)
Dieses Buch beschreibt den Prozess des Erwerbs von Identitäten am Ende des 20. Jahrhunderts. Nach Giddens muss Identität heute als ein reflexives Projekt begriffen werden. Da die Wissensbestände der herkömmlichen Institutionen, die eine soziale Zugehörigkeit bislang garantierten, einem chronischen Revisionsbedarf unterliegen, muss die Einzelperson ihre Identität nun selbst herstellen. Zur Erweiterung des eigenen Selbstverständnisses und der Biografie werden Lebensstile gewählt, Informationen ausgewertet und soziale Beziehungen herangezogen. Individuen heute, so lautet Giddens' These, sind sich der Aufgabe, eine befriedigende Identität zu konstruieren, bewusst und betreiben dieses „Projekt" deshalb systematisch.

Keupp, H./Höfer, R., Hg., Identitätsarbeit heute. Klassische und aktuelle Perspektiven der Identitätsforschung, Frankfurt a. M. 2007
In diesem Sammelband wird anhand verschiedener Aufsätze die Bandbreite der Identitätsforschung veranschaulicht. Neben philosophischen Grundlagen und dem Bezug auf klassische Theorietraditionen werden anhand ausgewählter Themen die Prozesse der alltäglichen Herstellung von Identitäten verdeutlicht. Die sozio-kulturell veränderten Bedingungen für die Bildung von Identitäten werden kritisch reflektiert und die Frage aufgeworfen, ob angesichts von gesellschaftlichen Veränderungen und Dynamiken nicht vielmehr von „postmodernen Selbsten" gesprochen werden sollte.

Taylor, Ch., Quellen des Selbst. Die Entstehung der neuzeitlichen Identität, Frankfurt a. M. ^{5}2005 (orig. engl. 1989)
Dieses Buch ist ein monumentales Werk über die geschichtliche Entwicklung der Selbst-Bilder und Personen-Vorstellungen. Taylor beschreibt die zentralen Veränderungen des Denkens über die Person und leitet die Entstehung des Identitätsverständnisses im 16. und 17. Jahrhundert her, indem er die Trägergruppen, die wichtigsten gesellschaftlichen Veränderungen und die Veränderungen im Denken und in den Diskursen charakterisiert.

Weiterführende Literatur und Beiträge in Sammelbänden oder Handwörterbüchern

Bourdieu, P., Die männliche Herrschaft, in: *Krais, B./Dölling, I.*, Hg., Ein alltägliches Spiel. Geschlechterkonstruktion in der sozialen Praxis, Frankfurt a. M. 1997a, S. 153–217 (orig. frz. 1990)

Ders., Zur Genese der Begriffe Habitus und Feld, in: *Ders.*, Der Tote packt den Lebenden (Schriften zu Politik und Kultur 2, hg. von Margareta Steinrücke), Hamburg 1997b, S. 59–78

Giesen, B., Identität und Versachlichung. Unterschiedliche Theorieperspektiven auf kollektive Identität, in: *Willems, H./Hahn, A.*, Hg., Identität und Moderne, Frankfurt a. M. 1999a, S. 389–402

Hahn, A., Identität und Selbstthematisierung, in: *Ders./Kapp, V.*, Hg., Selbstthematisierung und Selbstzeugnis. Bekenntnis und Geständnis, Frankfurt a. M. 1987, S. 9–24

Habermas, J., Moralentwicklung und Ich-Identität, in: *Ders.*, Zur Rekonstruktion des Historischen Materialismus, Frankfurt a. M. 2001 (zuerst 1976), S. 63–91

Hitzler, R./Honer, A., Bastelexistenz. Über subjektive Konsequenzen der Individualisierung, in: *Beck, U./Beck-Gernsheim, E.*, Hg., Riskante Freiheiten, Frankfurt a. M. [6]2004 (zuerst 1995), S. 307–315

Joas, H., Kreativität und Autonomie. Die soziologische Identitätskonzeption und ihre postmoderne Herausforderung, in: *Görck, Ch.*, Hg., Gesellschaft im Übergang. Perspektiven kritischer Soziologie, Darmstadt 1994, S. 109–119

Straub, J., Identitätstheorie im Übergang? Über Identitätsforschung, den Begriff der Identität und die zunehmende Beachtung des Nicht-Identischen in subjekttheoretischen Diskursen, in: Sozialwissenschaftliche Literaturrundschau 23, Lahnstein 1991, S. 49–71

Straub, J., Ein Selbstbildnis erzählen. Narrative Identität, Kontingenz und Migration, in: *Walz-Pawlita, S./Unruh, B./Janta, B.*, Hg., Identitäten, Gießen 2015, S. 17–42

Weeks, J., Sexualität, Subversion und Bürgerpartizipation, in: Zeitschrift für Sexualforschung 8, Stuttgart 1995, S. 222–240

Zitierte Literatur (falls nicht bereits genannt)

Berger, P. L./Luckmann, Th., Die gesellschaftliche Konstruktion der Wirklichkeit, Frankfurt a. M. [20]2004 (orig. amerik. 1966)

Bilden, H., Das Individuum – ein dynamisches System vielfältiger Teil-Selbste. Zur Pluralität in Individuum und Gesellschaft, in: *Keupp, H./Höfer, R.*, Hg., Identitätsarbeit heute. Klassische und aktuelle Perspektiven der Identitätsforschung, Frankfurt a. M. 1997, S. 227–250

Bohn, C., Habitus und Kontext. Ein kritischer Beitrag zur Sozialtheorie Bourdieus. Mit einem Vorwort von Alois Hahn, Opladen 1991

Bourdieu, P., Sozialer Sinn. Kritik der theoretischen Vernunft, Frankfurt a. M. 2005 (orig. frz. 1980)

Eickelpasch, R./Rademacher, C., Identität, Bielefeld 2004

Ehrenberg, A., Das erschöpfte Selbst. Depression und Gesellschaft in der Gegenwart, Frankfurter Beiträge zur Soziologie und Sozialphilosophie, Band 6, Frankfurt a. M. 2004

Elias, N., Über den Prozess der Zivilisation. Soziogenetische und psychogenetische Untersuchungen, Bd. 2: Wandlungen der Gesellschaft, Entwurf zu einer Theorie der Zivilisation, Frankfurt a. M. 1998 (zuerst 1976)

Gehlen, A., Studien zur Anthropologie und Soziologie, Neuwied 1963

Ders., Die Seele im technischen Zeitalter. Sozialpsychologische Probleme der industriellen Gesellschaft, Gesamtausgabe Bd. 6, Frankfurt a. M. 2004 (zuerst 1957)

Giesen, B., Kollektive Identität, Frankfurt a. M. 1999b

Goffman, E., Stigma. Über Techniken der Bewältigung beschädigter Identität, Frankfurt a. M. [17]2005 (orig. amerik. 1963)

Guttandin, F./Kamper, D., Selbstkontrolle. Dokumente zur Geschichte einer Obsession, Berlin 1991

Keupp, H./Bilden, H., Verunsicherungen. Das Subjekt im gesellschaftlichen Wandel, Göttingen 1989

Maffesoli, M., Jeux de Masques: Postmodern Tribalism, in: Design Issues, Vol. IV, Numbers 1&2 Special Issue, 1988, S. 141–151

Mead, G. H., Geist, Identität und Gesellschaft, Frankfurt a. M. [14]2005 (orig. amerik. 1950)

Miller, M., Systemisch verzerrte Legitimationsdiskurse. Einige kritische Überlegungen zu Bourdieus Habitustheorie, in: *Eder, K.*, Hg., Klassenlage, Lebensstil und kulturelle Praxis. Theoretische und empirische Beiträge zur Auseinandersetzung mit Pierre Bourdieus Klassentheorie, Frankfurt a. M. 1989, S. 191–219

Riesman, D., Die einsame Masse, Reinbek bei Hamburg 1982 (orig. amerik. 1952)

Rousseau, J.-J., Emile Oder Über die Erziehung, Frankfurt a. M. 2006 (orig. frz. 1762)

Schumacher, F., Norbert Elias' „sozialer Habitus" als Vorläufer des Bourdieu'schen Habitus? Eine vergleichende Analyse, in: *Lenger, A./Schneickert, Ch./Schumacher, F.*, Hg., Pierre Bourdieus Konzeption des Habitus. Grundlagen, Zugänge, Forschungsperspektiven. Wiesbaden 2013, S. 131–145

Soeffner, H.-G., Die Auslegung des Alltags, Frankfurt a. M. [2]1995

Straub, J./Renn, J., Hg., Transitorische Identität. Der Prozesscharakter des modernen Selbst, Frankfurt a. M./New York 2002

Lektion V
Geschlecht

Hannelore Bublitz

Inhalt

1 Geschlecht als Kategorie soziologischer Gesellschaftsanalyse

1.1 Geschlecht: Alltägliche Erfahrung und sozialer Augenschein eines biologischen Unterschieds

Ein **Geschlecht** hat jede(r), es ist, so scheint es, anatomisches Schicksal. Der Geschlechterunterschied begegnet uns im Alltag fortwährend, schließlich erleben wir Menschen zunächst als Frauen und Männer, Mädchen und Jungen. Zweigeschlechtlichkeit gilt daher als Grundtatsache des menschlichen Lebens (vgl. Gildemeister/Wetterer 1992: 201). Die Zuordnung einer Person zu einem Geschlecht, männlich oder weiblich, scheint unvermeidbar:

Geschlecht als binäre Klassifikation

> „Niemand kann sich der strikt binären Klassifikation entziehen, dem rigorosen ‚Entweder-Oder'. (...) Die binäre Klassifikation ist der kategoriale Rahmen alltagsweltlichen Denkens: so werden Geschlechter identifiziert und gedacht" (Gildemeister 1988: 495 f.).

Geschlecht als primäre Orientierung

Diese binäre Zuordnung einer sozialen Erscheinung zu einem biologischen Geschlecht gehört in unserer Kultur zum Alltag. Sie vermittelt die Gewissheit, entweder einem anatomisch weiblichen oder männlichen Geschlechtswesen gegenüberzustehen.

> „Ein männlich oder weiblich aussehender Körper ist Ausgangspunkt unterschiedlicher Etikettierung als Junge oder Mädchen (...). Wenn wir bedenken, wie desorientiert sich jede(r) von uns fühlt, wenn er/sie nicht weiß, ob sein/ihr Gegenüber Mann oder Frau, Knabe oder Mädchen ist, wird deutlich, wie bedeutsam das Geschlecht als Orientierung für jede Beziehung zu einem anderen (und zu uns selbst) ist" (Bilden 1980: 777 f.; vgl. dies. 1991).

Augenscheinlich wird hier ein Geschlechtswissen, das auf der Oberfläche des Körpers abgelesen wird, aktualisiert: Körperliche Erscheinung, Bewegung, Gestik und Mimik bilden die Elemente einer unbewussten ‚Inszenierung' des Geschlechts. Der Körper wird zum Fundament sozialer Gewissheit. Dabei ist es keineswegs unproblematisch, den Körper als zuverlässige Grundlage des Geschlechts vorauszusetzen (Mehlmann 2006) oder, wie Carol Hagemann-White (1988a; 1988b) deutlich gemacht hat, Menschen als Frauen und Männer zu klassifizieren:

> „Ohne jede bewusste Überlegung wird davon ausgegangen, dass jeder Mensch entweder weiblich oder männlich sein müsse, was im Umgang erkennbar zu sein

> hat (Eindeutigkeit), dass die Geschlechtszugehörigkeit körperlich begründet sein müsse (Naturhaftigkeit) und dass sie angeboren ist und sich nicht ändern könne (Unveränderbarkeit). Nicht alle Gesellschaften teilen diese Auffassung. Eine Theorie, die unreflektiert die Alltagsannahmen der sie umgebenden Gesellschaft übernimmt, bleibt den Macht- und Herrschaftsverhältnissen dieser Gesellschaft verhaftet" (Hagemann-White 1988b: 288).

Biologisches und soziales Geschlecht

Unhinterfragt wird dabei ein biologisches (Körper-)Geschlecht, im angloamerikanischen Sprachgebrauch ***sex*** genannt, einem sozialen Geschlecht, ***gender***, vorausgesetzt. Der anatomische Geschlechtsunterschied erscheint so als Konstante des sozialen Geschlechtersystems. Dadurch erhält der natürliche Körper eine zentrale Bedeutung in der sozialen Geschlechterkonstruktion. In der Berufung auf den unmittelbaren Augenschein des Geschlechts wird das soziale Verhalten auf einen als weiblich oder männlich wahrgenommenen und bezeichneten Körper zurückgeführt. Es wird unterstellt, dass die für eine geschlechtliche Zuordnung erforderlichen körperlichen Geschlechtsmerkmale auch wirklich vorhanden sind und gleichsam eindeutige Merkmale eines sozialen Geschlechts(charakters) bilden (vgl. Hagemann-White 1988b).

Dieses Verfahren funktioniert besonders dann, wenn soziale Geschlechtsrollen durchbrachen werden. Die Normalität des Geschlechts zeigt sich in der Abweichung und stellt sich immer wieder über sie her (vgl. Bublitz 1998b; Mehlmann 1998; 2006). Man kommt Konstruktionsweisen des ‚Normalen' daher am ehesten auf die Spur, wenn ‚Normalität' verletzt wird, also dann, wenn eine ‚Frau' sich ‚männlich' oder ein ‚Mann' sich ‚weiblich' verhält. Ein solches Verhalten bewirkt Verunsicherung beim Gegenüber und die Angst, nicht ‚normal' zu sein beim Handelnden.

Transsexualität als Umdefinition der Geschlechterrolle

Deutlich wird der biologische Charakter von Geschlecht, das auf einem biologischen Körpergeschlecht beruht, an der Erforschung transsexueller Phänomene: Hier behaupten physisch völlig ‚normale' Personen, „seelisch eigentlich dem Gegengeschlecht anzugehören und daher im ‚falschen' Körper gefangen zu sein" (Runte 1998: 119). Die meisten Transsexuellen wollen nichts anderes als ‚normal' sein und d. h. für sie, im Einklang mit ihrem Körper zu sein. Dies bedeutet, ihren Körper durch medizinische Geschlechtsumwandlung an das von ihnen empfundene psychosoziale Geschlecht anzupassen: „Ich war drei oder vier Jahre alt, als ich entdeckte, dass ich in den falschen Körper hineingeboren war und in Wirklichkeit ein Mädchen sein wollte" (Runte 1998: 123; vgl. auch Hirschauer 1996). Aufgrund dieser subjektiven Einschätzung erfolgt operativ also eine Rückverwandlung des sozialen Geschlechts in ein natürliches Geschlecht und damit zugleich eine Bestätigung der Annahme, dass es genau zwei Geschlechter gibt, das männliche und das weibliche. Das Beispiel der Transsexualität, „bei der ja die Geschlechtszugehörigkeit bewusst umdefiniert wird“, zeigt, „wie ein der Alltagstheorie vollends widersprechendes Phänomen in sozialer Interaktion eben dieser Alltagstheorie neu unterworfen wird“ (Hagemann-White 1988b: 232).

Am Beispiel der Transsexualität wird aber auch deutlich, „welch hohe Kunst in einer ‚natürlichen‘ Geschlechtszugehörigkeit steckt“ (Hirschauer 1996: 248). Hierzu gehört ein praktisches Wissen, ein Können, das vor allem körperlicher Natur ist und voraussetzt, dass soziale Geschlechtszugehörigkeit bis in die ‚natürlichen‘ Gesten eingeübt ist. Es geht dabei um „einen Habitus, der unsere Verkörperung der Zweigeschlechtlichkeit unterstützt, und (...) einen geschulten Blick, der uns routinemäßige Geschlechtsunterscheidungen ermöglicht“ (Hirschauer 1999).

„Natur“ ist immer zugleich Kultur

Soziologisch betrachtet handelt es sich darum, den Augenschein und die unmittelbaren Einsichten des Alltagsbewusstseins zu hinterfragen und damit das, was uns als ‚Natur‘ erscheint, als sozial produziertes, kulturelles Wissen zu betrachten. Das heißt erkenntnistheoretisch, dass ‚Natur‘ uns immer nur als Kultur zugänglich ist und sowohl die Hervorbringung als auch die Zuschreibung von Geschlecht kulturellen Prozessen folgt. Das heißt aber auch, dass die Beziehung zwischen Natur und Kultur, „zwischen biologischen und kulturellen Prozessen komplexer und vor allem reflexiver ist“ (Gildemeister/Wetter 1992: 211), als in der Trennung und Parallelisierung beider gemeinhin angenommen wird und auch von der Frauenforschung lange Zeit angenommen wurde.

Damit ist nach der Rolle gefragt, die ‚Geschlecht‘ als Kategorie in der Soziologie annimmt.

1.2 Geschlecht als Kategorie der traditionellen Soziologie

Statt Geschlecht: Geschlechterrollen

Geschlecht wird als soziale Tatsache und damit als grundlegende soziologische Kategorie in der traditionellen Soziologie ausgeblendet. Ebenso vernachlässigt sie die geschlechtsspezifische Arbeitsteilung und die hierarchische Organisation des Geschlechterverhältnisses. Was sie thematisiert, sind Geschlechterrollen, die als soziale Skripte einer biologischen Dichotomie der Geschlechter hinzugefugt werden. Die geschlechtsspezifische und geschlechterhierarchische gesellschaftliche Arbeitsteilung erscheint hier als bloße Rollenverteilung der Geschlechter. Damit werden sowohl die Dominanz- und Abhängigkeitsverhältnisse der Geschlechterbeziehungen verschleiert als auch die jeweiligen Arbeitsleistungen der Geschlechter negiert. Geschlechterhierarchien und -differenzen erscheinen in diesem Modell als sich komplementär ergänzende Rollen. Die Zuordnung ‚instrumenteller‘ und ‚expressiver‘ Rollen zu Männern und Frauen verweist demnach auf eine biologische Differenz der

Geschlechter. Deren hierarchische Beziehung wird ausgeblendet; sie erscheint hier lediglich als funktionale, soziale Differenzierung.

Beispiel: Familienrollen

> „Das funktionalistische Rollenmodell der Familiensoziologie suggeriert, in Abstraktion von der geschlechterspezifischen Arbeitsteilung, ein prinzipielles Gleichgewicht der männlichen und der weiblichen Rolle innerhalb der Familie. Es negiert also das prinzipielle Ungleichgewicht, das sich daraus ergibt, dass innerhalb der Familie die Frau ihre Arbeitskraft verausgabt, während der Mann nur aufgrund der weiblichen Arbeit seine Arbeitskraft reproduzieren kann (…)" (Kontos/Walser 1979: 49).

Immerhin wird hier das soziale Geschlecht beider Geschlechter nicht nur aus körperlichen Geschlechtsunterschieden abgeleitet, sondern aus einem allgemeinen soziologischen Gesetz, nämlich der Funktion der Geschlechter in sozialen Gruppen wie der Familie. Da die Geschlechterrolle durch soziale Normen bestimmt wird, erscheint sie prinzipiell als veränderbar. Dennoch: Die geschlechtliche Arbeitsteilung erscheint lediglich als Rollenverteilung geschlechtsspezifischer Funktionen, als Garant für die soziale Stabilität der Gesellschaft, die psychische Stabilität des Individuums und die Aufrechterhaltung seiner sozialen Funktionen (vgl. auch Connell 2015). Die Verknüpfung der Geschlechtsrolle mit dem biologischen Status der Geschlechter vernachlässigt eine Analyse der Machtwirkungen, deren Ergebnis die Geschlechtsrollen erst sind und derjenigen Effekte, die von ihnen ausgehen.

Individualismus und Geschlecht

Auch die Thematisierung der Individualisierung und Pluralisierung von Lebensformen in der gegenwärtigen Soziologie erfolgt „jenseits von Klasse und Geschlecht" (Beck 2006). Individualisierungsprozesse erfolgen demnach als Befreiung von geschlechtlichen Einengungen und Zwängen; diese werden aber eher postuliert, denn theoretisch und empirisch auf differenzierte Weise analysiert.

Das Gleiche gilt übrigens auch für das System der gesellschaftlichen Schichtung und Ungleichheit: Soziologische Schichtungstheorien und Theorien gesellschaftlicher Ungleichheit messen die gesellschaftliche Position von Frauen am sozialen Status des Mannes. Auch hier ergeht es Frauen ähnlich wie in der historischen und der familiensoziologischen Analyse der Frauenarbeit: Systematisch werden die Arbeit und die eigenständige Position von Frauen und das Dominanz-Abhängigkeitsverhältnis innerhalb einer hierarchisch strukturierten Geschlechterbeziehung kategorial-begrifflich vernachlässigt:

> „Indem man der nicht berufstätigen Frau systematisch den Beruf ihres Mannes zuschreibt, lässt man eine wesentliche dichotome Variable – nämlich die ökonomische Abhängigkeit bzw. Unabhängigkeit – im Dunkeln" (Delphy, 1989: 196).

Der soziale Status verheirateter Frauen wird unabhängig davon, ob sie selbst noch in einem anderen als dem ehelich-familiären Produktionsverhältnis stehen, durch Abhängigkeit bestimmt: „Diese Abhängigkeit ist die Grundlage für die Zuordnung der Frauen zur sozialen Klasse des Mannes“ (Delphy 1989: 198).

2 Kritik der Frauenforschung an der Kategorie Geschlecht: Die soziale Konstruktion der Zweigeschlechtlichkeit

Man kann davon ausgehen, dass „die erste Welle feministischer Forschung (…) das Ziel des ‚Hineinschreibens' von Frauen in die Wissenschaft“ (Seifert 1992: 255) verfolgte. Das führte dazu, dass die Geschlechterfrage zunächst als Frauenfrage erschien. Dabei ging es vor allem um die Aufhebung des defizitären Status von Frauen und deren Benachteiligung gegenüber Männern. Damit fand zugleich eine Aufwertung der Differenz von Frauen gegenüber Männern statt (vgl. Chodorow 1994; Gilligan 1999):

> „Im Zuge der kritischen Auseinandersetzung mit den androzentrischen Verkürzungen der ‚main/male stream'-Wissenschaft war das Insistieren auf der Differenz zunächst geradezu unumgänglich, wenn Frauen nicht länger als defizitäre Männer bloß mitgemeint sein sollten“ (Gildemeister/Wetterer 1992: 201 f.).

Kritik der Naturbasis von Geschlechterkonstrukten

Diese Positivierung des Weiblichen geriet im Folgenden in die Kritik, implizierte sie doch die Verkürzung der Geschlechterdifferenz auf ein vorgegebenes binäres Raster „männlich-weiblich“ und ihre biologische Begründung. Darüber hinaus verstellte die Betonung der Naturbasis von Geschlechterkonstrukten, so lautete die Kritik einer kritischen Theorie der Geschlechterverhältnisse, den Blick auf die Vielfalt der Fähigkeiten und Möglichkeiten der Geschlechter. G.-A. Knapp (1988) ging daher davon aus, dass geschlechtliche Subjektivität und Individualität zwar von den gesellschaftlichen Zuschreibungen und Rollenbildern bestimmt werden, weibliche Subjektivität aber, ebenso wie männliche, in der Polarität von weiblich-männlich nicht aufgehen.

> „Die subjektiven Potenziale oder das Arbeitsvermögen von Frauen (– und Männern –) können mit der Bezeichnung ‚weiblich' (‚männlich') nicht vollständig und angemessen erfasst werden“ (Knapp 1988: 20).

Feministische Wissenschaft kritisierte daher nicht nur die Annahme, dass biologische Unterschiede soziale Ungleichheit rechtfertige, sondern sie richtete sich auch gegen die Reduzierung von Frauen und Männern auf gesellschaftliche Zuschreibungen, die sich gesellschaftlichen Machtverhältnissen verdanken. Die bestehende Geschlechterdifferenz bestimmt demnach „das Weibliche“ als Gegensatz zum „Männlichen“ und umgekehrt. Die Festlegung von Frauen und Männern auf vorgegebene Schemata erfolgt durch wissenschaftliche Begriffe und Aussagen wie „Frauen sind“ und „Männer sind“. Solche Aussagen vermitteln aber bestenfalls Halbwahrheiten; sie lassen keine Spielräume für individuelle Entwicklung zu. Dadurch werden persönliche Fähigkeiten von Frauen und Männern, die nicht geschlechtsspezifischen Rollenvorgaben entsprechen, nicht hinreichend berücksichtigt. Sie erscheinen im Lichte gesellschaftlicher Zuschreibungen und Anforderungen vielmehr als ‚unweiblich‘, ‚unmännlich‘ und damit als ‚unnormal‘ und nicht als Geschlechterrollen überschreitendes Handeln. Letztlich wird aber mit der Festlegung der Geschlechter auf bipolare Gegensätze auf der Ebene der Theorie das als gegeben vorausgesetzt, was auch im Alltagshandeln unbemerkt bleibt und problemlos dem biologischen Geschlecht zugeordnet wird: die Prozesse der sozialen Konstruktion von Zweigeschlechtlichkeit. Damit wird der Biologismus der gesamten Konstruktion der Zweigeschlechtlichkeit zum Problem (vgl. Gildemeister/Wetterer 1992: 205 ff.).

Geschlechterdifferenzen als soziale Konstrukte

Es gerät nicht nur die soziale und kulturelle Konstruktion von weiblichem und männlichem Geschlecht, sondern auch die des gesamten Systems der Zweigeschlechtlichkeit in den Blick: Ging es der Frauenforschung zunächst um eine „zureichende (…) Theorie der Weiblichkeit“ (Hagemann-White 1988a), so rückten nun die sozialen Regeln der Herstellung, der Konstruktion der Geschlechterdifferenz und des Systems der Zweigeschlechtlichkeit ins Zentrum der Betrachtung.

In der Folge verwies die Frauen- und Geschlechterforschung darauf, dass es sich bei der Differenz von biologischem und sozialem Geschlecht nicht um eine Beschreibung der sozialen Wirklichkeit, sondern um eine soziale Konstruktion handelt. Gesellschaftlich hervorgebracht, wirkt sie bis in die körperlichen Zeichen der Geschlechtszugehörigkeit hinein. Sie wirkt als Klassifikationssystem der Unterscheidung, Einordnung und Abgrenzung der Geschlechter. Auf diese Weise dient sie der Verfestigung geschlechtlicher und damit zugleich sozialer Unterschiede.

Inzwischen hat sich diese Forschung zu einer breit gefächerten theoretischen Erörterung der Kategorie Geschlecht, der Geschlechterdifferenz und des zweigeschlechtlich strukturierten Deutungsmusters von Geschlecht entwickelt, die die grundsätzliche Frage der sozialen Konstruktion der Zweigeschlechtlichkeit selbst ins Zentrum der Analyse stellt.

2.1 Geschlecht als soziale Strukturkategorie

Geschlecht bildet eine zentrale soziologische Strukturkategorie, insofern das Geschlecht unabhängig von den Handlungen der Individuen über soziale Positionierungen hinausgehend zugleich subjektive Haltungen, moralische Vorstellungen und soziales Handeln strukturiert. Geschlechtsunterschiede sind in dieser Perspektive soziale Unterschiede, die auf biologische Merkmale zurückgeführt werden.

Geschlecht positioniert im sozialen Raum

Das bedeutet: Die Kategorie Geschlecht übernimmt die Funktion der Positionierung von Männern und Frauen im sozialen Raum; sie hat den Status eines sozialen Platzanweisers. Damit erscheint Geschlecht als zentraler Bezugspunkt für die Zuweisung von sozialem Status und damit verbundenen gesellschaftlich vermittelten Lebenschancen und -perspektiven (vgl. Ostner 1987). Es erklärt als soziale Strukturkategorie Machtstrukturen auf der Ebene von Geschlechterbeziehungen und ihnen innewohnende Kräfteverhältnisse, die sowohl Unterdrückungs- und Ausgrenzungsphänomene sowie Benachteiligungen von Frauen und von Männern beinhalten.

Die Analyse von Geschlechterverhältnissen bezieht sich insofern auf das „Insgesamt der institutionalisierten Gegebenheiten und normativen Regulative, die in einer bestimmten Epoche und Kultur darüber entscheiden, welche Privilegien das eine Geschlecht auf Kosten des anderen hat (…), ob es Unterschiede im Zugang zu sozialen Räumen gibt (…)" (Becker-Schmidt 1991: 392).

Damit werden die Geschlechter in einem sozial konstruierten System der Zweigeschlechtlichkeit und in komplexen sozialen Geschlechterverhältnissen und -beziehungen verortet. Im Mittelpunkt der Betrachtung steht hier die Differenz der Geschlechter als hierarchisches System der Über- und Unterordnung.

Von der Differenz der Geschlechter zur Geschlechterhierarchie

Konkreter bedeutet das: Was angeblich „Frauensache" und „Männersache" ist, wird innerhalb der Gesellschaft als natürlicher Unterschied der Geschlechter verstanden, der sich scheinbar aus biologischen und psychischen Merkmalen der Geschlechter ergibt. Diese als natürlich ausgegebene Differenz der Geschlechter begründet also eine soziale Geschlechterhierarchie: Frauen werden aufgrund dieser biologischen Bestimmung des Geschlechts aus vielen sozialen Räumen ausgegrenzt, und was „Frauensache" ist, gilt weniger als jene Belange, die das Etikett „Männersache" tragen.

Vergeschlechtlichung der Berufe

Dabei gingen differenztheoretische Ansätze (im Anschluss an Chodorow) von einem idealtypischen Konzept von Weiblichkeit und einem ihm entsprechenden Konzept des „weiblichen Arbeitsvermögens" (Ostner 1987) aus, dem ein geschlechtsspezifischer Arbeitsmarkt (Beck-Gernsheim 1981; 1993) zu entsprechen schien. Strukturierendes Moment der Definitions- und Zuweisungsmuster von „männlicher" und „weiblicher" Arbeit war hier die Bewertung und Positionierung beruflicher Tätigkeiten in einer sozialen, beruflichen und betrieblichen Hierarchie. Fundament dieser Einordnung bildet auch hier das System einer „natürlichen" Zweigeschlechtlichkeit, das im Ergebnis den Mythos von der besonderen ‚Eignung' von Frauen – und Männern – für bestimmte Bereiche beinhaltet. Damit verbunden ist die Vergeschlechtlichung von Berufen oder auch: die Professionalisierung des Geschlechts (vgl. dazu bes. Gildemeister/Wetterer 1992: 220 ff.).

Wird Geschlecht als soziale Gestalt einer biologischen Konstante, nämlich eines natürlichen Fundaments von Gesellschaft und Geschichte verstanden, dann wird aus dem biologischen Geschlecht eine soziale Rolle abgeleitet, die, insofern sie „durch die Zuschreibung von Tätigkeiten, Eigenschaften und Positionen an Männer und Frauen (…) Handlungsspielräume, Machtressourcen und Verhaltensmöglichkeiten je nach Geschlechtszugehörigkeit" eröffnet oder verstellt, „zu einer (…) folgenreichen sozialen Wirklichkeit wird" (Hirschauer 1999).

2.2 Doppelte Vergesellschaftung

Frauen unterliegen, folgt man dem Ansatz einer „doppelten Vergesellschaftung" (Becker-Schmidt 1985), einer doppelten Bestimmung: Als geschlechtliche Wesen werden sie durch ihre ‚Natur' als Geschlechtswesen und dem entsprechende private Reproduktionsaufgaben definiert. Hier befinden sie sich in einer Geschlechterhierarchie, deren unteres Ende sie repräsentieren. Im Bereich gesellschaftlicher Arbeit und Berufe sind sie eingeordnet in eine soziale Hierarchie. Hier erscheinen sie lediglich als ‚Berufsmensch' und Angehörige einer sozialen Schicht, tatsächlich aber ist auch hier ihre Zugehörigkeit zum Geschlecht entscheidend. Eingebettet in eine Geschlechter- und Klassenhierarchie erfahren Frauen nicht nur eine „doppelte Vergesellschaftung", sondern auch eine „doppelte Unterdrückung" (Becker-Schmidt 1985). In beiden Hierarchien befinden sie sich am unteren Ende, während Männer zumindest in der Geschlechterhierarchie Frauen gegenüber das dominante Geschlecht repräsentieren. Zwar unterwerfen sie sich den Zwängen einer hegemonialen Männlichkeit, keineswegs aber dem weiblichen Geschlecht.

Frauen in der Geschlechter- und sozialen Hierarchie

Das bedeutet: Im Bereich der Erwerbsarbeit haben Frauen aufgrund ihrer Geschlechtszugehörigkeit oft mit Lohndiskriminierung und/oder erschwerten beruflichen Aufstiegsmöglichkeiten zu kämpfen. Durch die hohe Belastung und den großen Zeitaufwand, die mit Lohn- und Hausarbeit verbunden sind, wird Frauen die Teilnahme an anderen gesellschaftlichen Bereichen erschwert. Solange Männer keine Verantwortung für die häusliche Arbeit zu tragen haben, wird über die Aufrechterhaltung der geschlechtsspezifischen

Arbeitsteilung das bestehende Geschlechterverhältnis und die damit verbundene Hierarchie der Geschlechter reproduziert.

Geschlechts-spezifische Ungleichheit

Sozialstrukturelle Ungleichheit verfestigt die geschlechtsspezifische Ungleichheit von Frauen; Lohndiskriminierung, ungleiche Verteilung der Hausarbeit und das Fortbestehen geschlechtlicher Arbeitsteilung in allen gesellschaftlichen Bereichen widersprechen einer gleichberechtigten Teilhabe von Frauen an gesellschaftlicher Öffentlichkeit und kulturellem Fortschritt. Das zeigt sich auch daran, dass Frauen in zentralen gesellschaftlichen Bereichen kaum oder wenig vertreten sind; je randständiger ein Aufgabenbereich, je weniger Aufstiegsmöglichkeiten oder je weniger einflussreich eine gesellschaftliche Gruppe ist, um so größer ist die Wahrscheinlichkeit, dass Frauen in diesen Feldern vertreten sind. Dies betrifft die Bereiche der Politik, der Wirtschaft und Wissenschaft ebenso wie die der Massenmedien und des Bildungswesens. Daran ändert auch die „Rhetorik der Gleichheit" (Beck 2006) nichts, die vor allem Männer sich zu eigen machen. Die gesellschaftliche Ungleichheit der Geschlechter wird dadurch zementiert, dass die reale gesellschaftliche Arbeitsteilung der Geschlechter sich bisher nicht wesentlich verändert hat, wenngleich aufgrund veränderter ökonomischer Konstellationen und Karrieremuster von Frauen und Männern zweifellos Verschiebungen im Geschlechterverhältnis zu verzeichnen sind (vgl. dazu Beck-Gernsheim 1983; Beck/Beck-Gernsheim 1994; Bösenberg 2007; Grulich 2013; Stückler 2013).

Frauen in doppelter Benachteiligung

Hinzu kommt eine Form der Gewalt, die fast ausschließlich das weibliche Geschlecht – und damit auch ‚weibliche' Männer – trifft: männliche Gewalt gegenüber Schwächeren, Abwertung und Herabwürdigung, sexistische Diskriminierung und Benachteiligung des weiblichen Geschlechts, kurz, Sexismus. Frauen sind doppelt benachteiligt und „unterliegen (…) zwei gesellschaftlichen Herrschaftsformen: einer patriarchalischen und einer gesellschaftlichen" (Becker-Schmidt 1985: 18). Sie sind in einen gesellschaftlichen Zusammenhang einbezogen, der die Ebene der Klassenhierarchie und die der Geschlechterhierarchie betrifft. Das bedeutet, dass sie auch in der Klassenstruktur innerhalb einer Geschlechterhierarchie über den Mann (Ehemann, Vater) definiert und einer über ihn definierten Position zugeordnet werden. Sie werden also gesellschaftlich immer über ihr Geschlecht definiert und zwar auch und gerade dann, wenn sie berufstätig sind.

2.3 Die Naturbasis einer binären Geschlechterdichotomie: Biologisches und soziales Geschlecht

Die Geschlechterkategorie hat sich in der sozialwissenschaftlich-feministischen Diskussion lange Zeit in der Spannung zwischen Natur und Kultur, von

Natur und Gesellschaft bewegt. Die Bedeutung von **Geschlecht** als „biologischem Geschlecht" *(sex)* und Geschlecht als „kulturell-sozialem Geschlecht" *(gender)* erschien zentral.

Sex und *gender*

Der Begriff Geschlecht umfasste demnach zwei Dimensionen: die „natürliche", biologische und die historisch-kulturelle, gesellschaftliche Dimension. Der angelsächsische Begriff *gender* bezeichnet die kulturelle und institutionalisierte Form, mit der biologischen Geschlechterunterschieden innerhalb einer Gesellschaft und in einer bestimmten historischen Phase soziale Bedeutung verliehen wird. Kurz: *gender* beschreibt das soziale Geschlecht. Ein zweiter Aspekt erschien in diesem Zusammenhang von Bedeutung: Biologische Unterschiede erschienen als Rechtfertigung der gesellschaftlichen Dominanz oder Abhängigkeit eines Geschlechts. Der zur Bezeichnung kulturell-gesellschaftlicher Geschlechterunterschiede verwendete Begriff *gender* verweist also auf die unterschiedliche soziale Bedeutung, die Geschlechtszugehörigkeit für Männer und Frauen hat: Die biologische Ungleichheit wird demnach sozial festgeschrieben und bestimmt die Aufteilung der Tätigkeitsbereiche und gesellschaftlichen Funktionen von Mann und Frau.

Soziale Geschlechtsrollen als Grundlage

Wenn in der Frauenforschung auch davon ausgegangen wurde, dass Geschlechterdifferenzen überwiegend sozial, nämlich durch geschlechtsspezifische Sozialisation und geschlechtsspezifische Arbeitsteilung hergestellt wird, blieb dennoch mit der Differenzierung von biologischem und sozialem Geschlecht die biologische Differenz weiterhin wirksame Grundlage für die Ausprägung geschlechtlicher Vergesellschaftung. Damit trug Frauenforschung, wenn auch ungewollt, zur Verfestigung geschlechtsspezifischer Unterschiede und alltagstheoretischer Postulate der Geschlechtszugehörigkeit bei.

Dennoch ist davon auszugehen, dass es „bis heute keine zufriedenstellende humanbiologische Definition der Geschlechtszugehörigkeit, die die Postulate der Alltagstheorie einlösen würde" (Hagemann-White 1988b: 228), gibt. Vielmehr bilden soziale Geschlechterrollen den Ausgangspunkt und die Bedingung für Prozeduren, die ein biologisch eindeutiges Geschlecht erst erzeugen.

Die Frage nach den Grundlagen der Geschlechtsunterschiede wird seit dem 19. Jahrhundert über Verfahren der Sichtbarmachung und der Polarisierung des biologischen Geschlechts gelöst: Aus einer endlosen Serie geschlechtlicher Erscheinungsformen, aus diffusen, unendlichen Streuungen und aus Mischungsverhältnissen von Geschlechtsmerkmalen, die jeden ‚normalen' Körper durchziehen, wird die Eindeutigkeit des Geschlechts ‚abgeleitet' und schließlich das ‚wahre' Geschlecht ermittelt. Damit werden die unterschiedlichsten Geschlechtsmerkmale in die eindeutige Ordnung einer Geschlechterdifferenz überfuhrt. Dieses Verfahren bewirkt, dass der Körper eine fundamentale Rolle in der Hervorbringung von Geschlecht erhält (vgl. Bublitz 2001b und c). Mit Hilfe der Anatomie wird auf die „konstituierende

Struktur des Leibes“ (Honegger 1992) gesetzt. Durch eine darauf begründete „Logik des Geschlechts“ werden die Geschlechter polarisiert (vgl. dazu auch Bublitz 1998a).

2.4 Polarisierung der Geschlechter in modernen Gesellschaften

Die Geschlechterdichotomie erscheint als eine zentrale Machtstruktur moderner Gesellschaften, die in die Geschlechterordnung eingeschrieben ist. Seit dem 19. Jahrhundert wird sie als binäre Naturdifferenz begründet, auf der eine hierarchische Geschlechterbeziehung aufruht. Die dichotome Anordnung von ‚Geschlechtscharakteren‘ ist ein Ordnungsprogramm, ein „ideologisches Konstrukt“ (Kühne 1996b: 11), dem andere Dichotomien, nämlich die von Natur und Kultur, Vernunft und Gefühl, Stärke und Schwäche, Aktivität und Passivität entsprechen. Dabei handelt es sich um Dichotomien, die jedes der so festgelegten Geschlechter in sich noch einmal polarisieren: Weiblichkeit in das mütterlich-asketische, fortpflanzungsorientierte und das sinnlich-lustvolle, Männlichkeit in das geistig-zeugende und das kriegerisch-gewalttätige Element. Die Polarisierung der Geschlechter fragmentiert das einzelne Geschlecht in seine geistigen und sinnlichen Elemente und spielt diese ständig gegeneinander aus; gleichzeitig vereinigt sie diese und vereinheitlicht sie zu einem hegemonialen Geschlechtermodell. Dieser Vorgang der Homogenisierung kennzeichnet bei gleichzeitiger Fragmentierung moderne Gesellschaften.

Geschlechterdichotomie als Basis der polaren Gesellschaft

Dabei fungiert das Weibliche als globaler Mythos, inkarniert im Symbol der aufopferungsvollen Mutter, deren Gegenpol die verführerische Frau verkörpert. Das Männliche, inkarniert in historischen Heldengestalten, symbolisiert (Durchsetzungs-)Kraft und Stärke, die sich in männlicher Gewalt äußert. Hierher gehört auch die Geschichte eines männlichen Selbst, das sich als ‚Subjekt der Kultur‘ versteht, sich in der dialogischen Praxis scheinbar selbst hervorbringt und sich durch den Austausch von Worten und von Frauen aneinander bindet (vgl. Wieland 1999). Das Männliche als das Bestimmende in Religion, Geschichte und Gesellschaft, deren ‚dunkle‘ Seite das Weibliche repräsentiert, ist die andere Seite dieser geschlechtlichen, symbolischen Praxis.

Weibliches als globaler Mythos

Damit sind die Geschlechter tief in die Polarität einer Denktradition eingebunden, die sowohl eine Dichotomie als auch eine Hierarchie der Geschlechter hervorbringt und sie untrennbar miteinander verbindet. Diese Polarität bildet gleichsam die symbolische ‚Spur‘ der Geschlechtergeschichte: Die Frau als Inkarnation des Vernunftlosen, das beherrscht werden muss, der Mann als Herrscher und Verstandesmensch verdanken sich einer gesellschaftlichen Polarisierung der Geschlechter, die Tradition hat.

Geschlechterdifferenzierung in der Aufklärung

Im Diskurs der Aufklärung, in dem gleiche Rechte für alle Menschen formuliert wurden, nehmen Frauen den Platz des Fremden, Anderen, des Exotischen und Wilden ein (vgl. Weigel 1987). Das Weibliche erscheint hier als Gegensatz zu Kultur und Fortschritt. Zur gleichen Zeit, da das männliche Subjekt sich als souveränes, vernunftbegabtes Subjekt und als Kulturträger betrachtet und sich damit gegen Natur abgrenzt, werden Frauen auf Natur festgelegt und die Geschlechterdifferenz zu einem anatomischen Sachverhalt. Mit Hilfe der entstehenden Humanwissenschaften werden Frauen auf ihre organische Ausstattung zurückgeführt und damit aus dem gesellschaftlich-kulturellen und historischen Fortschritt und aus dem Bestimmen in Geschichte und Gesellschaft ausgegrenzt. Jede verstandesmäßige Betätigung von Frauen scheint ihrem ‚Gattungszweck' zu widersprechen.

Frauenideal der bürgerlichen Gesellschaft

Das bürgerliche Frauenideal des 19. Jahrhunderts vereinigt Tugenden wie Liebesfähigkeit, Demut, Gehorsam, Empathie, das Schöne und das Reine in einer Figur, ebenso aber gilt die Frau als ‚Wunschterritorium' männlicher Projektionen von erotischer Sinnlichkeit, Leidenschaft und magischen Naturkräften. Ende des 19. Jahrhunderts dient die bürgerliche Frau – wie schon im 17./18. Jahrhundert – als „hochmoralisiertes Ideal" (Wieland 1999: 25), das eine „Kulturmission" zu erfüllen hat: Einerseits verbunden mit dem Gattungskörper und seiner Reproduktion, wird sie zur direkten Zielscheibe einer gesellschaftlichen Macht, die in der Erhaltung der ‚Rasse' die ‚Arterhaltung' auf ihre Fahnen geschrieben hat. Gleichzeitig ist sie Zielscheibe der Hoffnung auf eine ‚weibliche Kultur', die technisch-zivilisatorischen Fortschritt mit Kultur verbinden soll. Interessant ist, dass bereits im wissenschaftlichen Diskurs der entstehenden Humanwissenschaften des 18. und 19. Jahrhunderts das beginnt, was hundert Jahre später, an der Wende vom 19. zum 20. Jahrhundert, in der Krise des männlichen Fortschrittsdenkens wieder aufflammt und im deutschen Faschismus des 20. Jahrhunderts pervertiert wird, um Menschenverachtung, -vernichtung und -züchtungspolitik zu legitimieren: die ‚natürliche' Frau.

3 Geschlechterdifferenz als soziales Konstrukt und Machteffekt

Diese ‚natürliche' Frau wird, im Lichte feministischer Wissenschaft, als Konstrukt einer historischen und gesellschaftlichen Epoche sichtbar.

Aber: Die dekonstruktivistische Frauen- und Geschlechterforschung, die im Spektrum poststrukturalistischer Theorie zu verorten ist, geht darüber hinaus. Sie radikalisiert und zerstört die Auffassung jeglicher Natürlichkeit von Geschlecht und Geschlechterdifferenz. Die biologische Differenz und damit auch die Kategorie *sex* als biologisches Geschlecht erscheinen nun selbst als historisches und soziales Konstrukt. Damit geht dem Körper als organischer Grundlage für Geschlechterkonstrukte seine fundierende Rolle für das soziale Geschlecht verloren. *Sex* wird aus dieser Perspektive zu *gender,* der biologische Geschlechtskörper erscheint in seiner Bedeutung für das soziale Geschlecht bereits selbst als sozial festgelegter Körper (vgl. Butler 1991; 1995). Auf dem Hintergrund dekonstruktivistischer Positionen wird Geschlecht als soziale Kategorie also bereits unterhalb der Ebene sozialer Praktiken als biologisches Geschlecht definiert: Die biologische Geschlechterdifferenz erscheint nun selbst eingebettet in ein soziales Klassifikationssystem, das Biologisches mit Hilfe kulturell veränderlicher Wissensstrukturen hervorbringt und nicht lediglich einer dem Körper von der Natur eingeschriebenen Differenzlogik (der Geschlechter) folgt. Damit ist dann bereits der scheinbar so natürliche Körper konstruiert. **Dekonstruktivismus** bedeutet also die Zerstörung von Annahmen, die davon ausgehen, dass der Mensch als Geschlechts-Wesen auf ein naturhaftes Wesen, eine anthropologische Konstante oder Substanz zurückgeführt werden kann und festgelegt ist; vielmehr wird dies bereits als Wirkung von Macht rekonstruiert. Dekonstruktion hinterlässt aber keine Leerstelle, etwa das Geschlecht oder den Geschlechtskörper als „weiße Leinwand, die es zu bemalen gilt" (Connell 2015: 101), sondern im Zuge der Rekonstruktion betrachtet es diese als Wirkung einer normierenden Macht, deren Wirkung paradoxerweise ein leiblicher Körper ist, der als natürlicher erscheint. Dekonstruktivistische Positionen leugnen also keineswegs den Körper in seiner materiellen Beschaffenheit.

Radikalisierung der Kritik im Dekonstruktivismus

> „Körper (werden) in den sozialen Prozess mit einbezogen und zu einem Bestandteil von Geschichte, ohne damit aber aufzuhören, Körper zu sein. Sie verwandeln sich nicht in Symbole, Zeichen oder Positionen im Diskurs. Ihre Materialität (inklusive der Fähigkeit, zu zeugen, zu gebären, zu säugen, zu menstruieren, zu penetrieren, sich zu öffnen, zu ejakulieren) löst sich dadurch nicht auf, sondern bleibt von Bedeutung" (Connell 2015: 116).

Connell betont hier das Geschlecht als sozialen Prozess, das den biologischen Determinismus der *sex-gender*-Dichotomie überwindet, ohne den Körper als materiale Dimension aufzugeben. Vielmehr erscheint die körperliche Dimension des Geschlechts mit sozialen Bedeutungen ausgestattet, die ihre eigene Realität hat. Geschlechtskörper bilden, so betrachtet, eine verkörper(lich)te soziale Realität. Geschlechterdifferenz erscheint dann, wie die Bestimmung des Körpergeschlechts und des Geschlechtskörpers, als Effekt sozialer Machtpraktiken. Was hier dekonstruiert wird, ist die Naturbasis von Geschlecht, das, was wir als *sex,* als biologisches Geschlecht zu denken gewohnt sind; es wird

Dekonstruktion der Naturbasis von Geschlecht

in seiner Historizität rekonstruiert. Die scheinbar ‚normale' biologische Differenz zwischen den Geschlechtern und damit auch die Kategorie *sex* wird nun selbst als historisches und soziales Konstrukt, also als *gender* verstanden, das eingeschrieben ist in die symbolische Ordnung der Gesellschaft. Das bedeutet, dass das biologische Geschlecht in seiner materiellen Existenzweise leibliche Eigenständigkeit gewinnt, gerade weil es durch soziale Praktiken hervorgebracht und in diese eingebunden ist.

> „Leiblichkeit und Geschlechtlichkeit sind (demnach) Ergebnisse sozialer, kultureller Prozesse auf der Grundlage symbolvermittelter sozialer Interaktion und kultureller und institutioneller Sedimentierung. D. h. auch Zweigeschlechtlichkeit, deren Folgen und Deutungen, sind Ergebnisse sozialer Konstruktionen" (Wetterer/Gildemeister 1992: 225 f.).

Die Grundstruktur der Zweigeschlechtlichkeit wird als gesellschaftlich und historisch konstruiert angenommen, sie erscheint bereits auf biologischer Ebene als Ergebnis normativer, sozialer Regulierungen. Eine binär, als Gegenüber von „männlich" und „weiblich" konzipierte Geschlechterdifferenz wird dann nicht als natürlicher Unterschied der Geschlechter, sondern als historische Besonderheit gedacht, die sich als Hegemonialmodell durchsetzt. Geschlecht stellt insofern keine anthropologische Konstante dar, sondern ein historisch und kulturell codiertes Konzept, das der Art und Weise, wie Frauen und Männer sich und ihr Leben entwerfen und entwickeln, zugrunde liegt.

3.1 Das System der Zweigeschlechtlichkeit und die „heterosexuelle Matrix"

Das Geschlecht bildet eine der grundlegenden Kategorien, „mit deren Hilfe sich Gesellschaften eine Ordnung geben" (Hirschauer 1999). Diese regelt als **Geschlechterordnung** die Geschlechterverhältnisse und -beziehungen. In gegenwärtigen, modernen Gesellschaften stellt sich diese Ordnung über ein System der Zweigeschlechtlichkeit her. Es organisiert die Beziehung der Geschlechter entlang einer „heterosexuellen Matrix" (Butler), einer kulturellen Norm der Heterosexualität mit Ausschlusscharakter. Diese Matrix bestimmt die normativen Regeln, nach denen die Geschlechter sozial entstehen und sich als – heterosexuelle – Männer und Frauen aufeinander beziehen (vgl. Butler 1993: 57 ff.; 2007b: 21 ff.). Damit zugleich werden andere Formen der Geschlechter(beziehung) ausgegrenzt. Als Abweichung von der – heterosexuellen – Norm werden sie zum Gegenstand gesellschaftlicher Praktiken

Wirkung der heterosexuellen Matrix

der Disziplinierung und Normalisierung (vgl. dazu die Einleitung in: Bublitz 1998a, 1998b; Bührmann 1995 und 1998).

> „Die Konstruktion des Geschlechts arbeitet mit den Mitteln des Ausschlusses, und zwar (…) durch eine Reihe von Verwerfungen, radikalen Auslöschungen, denen die Möglichkeit kultureller Artikulation regelrecht verwehrt wird" (Butler 1995: 29).

Diese „Matrix mit Ausschlusscharakter, durch die Subjekte gebildet werden" (Butler 2007b: 23), geht den Subjekten voraus. Judith Butler geht davon aus, dass durch wiederholtes Zitieren von Normen, die in die Geschlechterordnung eingeschrieben sind, aus einem Kind ein Mädchen oder ein Junge wird. Aussagen enthalten, als performative Sprechakte, Handlungsanweisungen. Aus der Aussage: „Es ist ein Mädchen!" folgt daher, so Butler, ein ganzes Geschlechterprogramm, nämlich der kulturelle Imperativ und die Anweisung: „Sei ein Mädchen!" Aus einer sprachlichen Äußerung wird also dadurch, dass sie kategorial in die symbolische Geschlechterordnung eingeschrieben ist, eine normative Aufforderung.

Geschlecht als kultureller Imperativ

Matrix als heterosexuelle Zwangsordnung

Die Matrix ist lediglich auf *zwei* Möglichkeiten beschränkt, nämlich Männlichkeit und Weiblichkeit und, was die Geschlechterbeziehung betrifft, auf *eine* Form, nämlich die einer heterosexuellen Beziehung der Geschlechter. Butler spricht daher auch von einer heterosexuellen Zwangsordnung.

So verweist auch Paula Villa (2006) darauf, dass sich „alle Kategorien, die mit Geschlecht und Körper zu tun haben, um sinnhaft zu sein, auf die diskursive Matrix der Geschlechterdifferenz beziehen" (Villa 2006) müssen. Kategorien wie ‚androgyn', ‚bi'- oder ‚transsexuell' bleiben damit immer auf das bezogen, was sie nicht sagen, nämlich die Differenz von weiblich und männlich und die Unterscheidung von Homo- und Heterosexualität. Damit ist ein dritter Aspekt der Geschlechter- und Sexualitätsmatrix angesprochen: Das Ausgeschlossene wirkt konstitutiv, d.h. bildend auf das in die Geschlechterdifferenz Eingeschlossene. Auch als das die Geschlechterdifferenz Überschreitende verweist es immer zurück auf die Norm der Differenz (des Weiblichen und des Männlichen). So ist etwa die Kategorie ‚androgyn' als die das Weibliche und Männliche Überschreitende und Uneindeutige ohne Bezugnahme auf diese nicht verständlich.

Geschlecht als Ausdruck gesellschaftlicher Macht

Das System der Zweigeschlechtlichkeit und mit ihm das eines biologischen und eines sozialen Geschlechts kann als Artikulation einer gesellschaftlichen Machtstrategie betrachtet werden, dessen organisierendes Prinzip das Geschlecht bildet. Es ist strategisch eingebunden in die Regulierung der Bevölkerung. Geschlecht und Sexualität bilden daher im Rahmen einer gesellschaftlichen Geschlechter- und Bevölkerungspolitik die zentralen Instrumente, die die natürliche Reproduktion und die soziale Ordnung der Gesellschaft gewährleisten sollen. Dem dient das soziosymbolische System der Zweigeschlechtlichkeit:

> „In diesem Zusammenhang wird auch die spezifische Kopplung von Körpergeschlecht und sozialem Geschlecht als Teil eines historisch-kulturellen Produktionsprozesses interpretiert, der die Geschlechterdifferenz erst hervorbringt und zugleich das Verhältnis zwischen den Geschlechtern begründet und legitimiert" (Mehlmann 1998: 96).

3.2 Frauen-, Männer- und Geschlechterforschung: Geschlechterverhältnisse. Geschlechterkonfigurationen

Ziele und Inhalte der Frauenforschung

Frauenforschung zielte zunächst auf die Kritik von Unterdrückung und Benachteiligung von Frauen ab und machte Frauen als das unsichtbare Geschlecht, vor allem aber als bloßes Geschlechts- und Gattungswesen sichtbar, dem der Mann sowohl in den Human-, Geistes- und Sozialwissenschaften als auch in der Gesellschaft als allgemein-menschliches Wesen, als ‚der Mensch' gegenüberstand. Vor allem feministische Wissenschaftskritik hat androzentrische, unbewusst vom Männlichen als dem Allgemeinen ausgehende Wissenschaftspositionen problematisiert.

Ziele und Inhalte der Männerforschung

Frauenforschung ging vor allem von patriarchalen Strukturen der Gesellschaft aus, die, so die Diagnose, Männern Macht- und Herrschaftspositionen und aus ihnen hervorgehendes, oft gewaltförmiges Handeln besonders gegenüber Frauen sicherte. Die sich in den letzten Jahren entwickelnde **Männerforschung** reklamiert nun die ‚Innenansicht' dieser „hegemonialen Männlichkeit":

> „Anstöße für einen genaueren Blick auf das männliche Geschlecht vermittelte die Einsicht, dass nicht nur Frauen, sondern auch Männer durch das System des ‚Patriarchats' unterdrückt wurden, und ebenso, dass die bloße Untersuchung der Erfahrung der Unterdrückten immer nur unzulängliche Erkenntnisse über Herrschaftsstrukturen zeitigt, wenn sie nicht gleichzeitig auch die Perspektive der Herrschenden und damit das Beziehungssystem zwischen diesen und jenen ausleuchtet" (Kühne 1996b: 10).

Eine Leerstelle blieb jedoch das Wissen über Männlichkeit sowohl als Geschlechterwissen über Männer als geschlechtliche Wesen als auch über männliche, institutionelle Machtstrukturen der Gesellschaft. Während das Konzept patriarchaler Machtstrukturen sich vor allem auf die hierarchische Geschlechterbeziehung von Männern gegenüber Frauen bezog, nimmt das Konzept der „hegemonialen Männlichkeit" (Connell) auch die hierarchischen Beziehungen unter Männern und deren Einbindung in gesellschaftliche Strukturen in den Blick. Dessen zentrale Strukturen Macht, Arbeitsteilung, entsprechende Gefühlsstrukturen sowie die symbolisch-kulturelle Repräsentation des Geschlechts gelten als Elemente von „Geschlechterregimes", die jeweils gesellschaftlich und historisch spezifische Ausprägungen haben. Konstruktionsweisen von Männlichkeit sind nun, ebenso wie die von Weiblichkeit, zentrale Elemente einer sozial- und kulturwissenschaftlichen Rekonstruktion von Geschlecht, gesellschaftlicher Differenzierung und Machtstrukturen in der Geschlechterforschung. Damit überwindet die Geschlechterforschung Vereinseitigungen der Frauen- und Männerforschung durch Rekonstruktion der jeweiligen Konzepte aus dem Geschlechterverhältnis.

Dabei bezeichnet das Konzept „hegemonialer Männlichkeit" keineswegs einen monolithischen Block, sondern vereinigt in sich durchaus heterogene und widersprüchliche Normierungen und Subjektpositionen, die sich durch gesellschaftliche Auseinandersetzungen hindurch immer wieder verschieben, transformieren und umstrukturieren; es geht hierbei sowohl um Praktiken der Geschlechter als auch um institutionalisierte Strukturen im Sinne einer Konfiguration von Geschlechterverhältnissen unter bestimmten historischen und gesellschaftlichen Bedingungen (vgl. dazu Bublitz 1998a; Connell 2015).

Ziele und Inhalte der Geschlechterforschung

Geschlechterforschung bezieht sich auf das Geschlechterverhältnis, in dem beide, Männlichkeit und Weiblichkeit, als relationale Konzepte aufeinander bezogen sind und erst im Verhältnis zueinander Bedeutung gewinnen.

Das bedeutet aber, dass Geschlechterwissen über Männlichkeit und Weiblichkeit sowie deren normativ-institutionelle Verankerungen und interaktive Praktiken nur aus einem Wissen über die symbolische Konstruktion von Geschlecht im Rahmen einer sozialen Geschlechterordnung und einem strukturell verstandenen Geschlechterverhältnis hervorgehen können. Erst durch Einbettung in ein Geschlechterverhältnis werden die begrenzten Perspektiven der Frauen- und Männerforschung überwunden.

Geschlechterforschung bezieht sich nun auf die Verschränkung beider Perspektiven, die des weiblichen und des männlichen Geschlechts. Hier geht es also sowohl um die Perspektive einer hegemonialen und marginalen Männlichkeit als auch die eines Konzepts von Weiblichkeit, die beide in einer Beziehung zueinander verortet. Geschlechterforschung stellt also das Verhältnis der Geschlechter ins Zentrum von Gesellschaftsanalyse. Ihr Gegenstand ist die historische und gesellschaftliche Organisation von Geschlechterverhältnissen, deren institutionelle Dimensionen ebenso wie deren Konstruktionsweisen in sozialen Praktiken. Während Männlichkeit und Weiblichkeit im Alltag, ebenso wie Mann- und Frau-Sein, unter Berufung auf soziobiologische Vorgänge, als „Naturereignisse“ erscheinen, bilden sie als Gegenstand der Soziologie und der Sozialwissenschaften kulturelle und soziale Kategorien:

> „Kulturelle Vielfalt und sozialer Wandel zeigen, dass Männlichkeit und Weiblichkeit nicht ein für allemal feststehen, sondern ‚gemacht‘ werden. Geschlecht, Weiblichkeit und Männlichkeit sind gesellschaftliche Konstrukte, die unterschiedliche Gesellschaften unterschiedlich gestalten und ausfüllen“ (Kühne 1996b: 8).

Gegenstand der kritischen Geschlechterforschung ist also der soziale „Produktionsprozess“ von Geschlecht und Geschlechterdifferenzen; seine Regeln, seine historische Herkunft ebenso wie seine Machteffekte.

Im Vordergrund geschlechtertheoretischer Überlegungen steht die Macht vorgegebener Geschlechternormen. Sie erscheinen als machtvoller „Apparat, durch den die Produktion und Normalisierung des Männlichen und Weiblichen vonstatten geht“ (Butler 2009: 74); aber auch der Ausschluss und die Verwerfung derer erfolgt, die sich diesem Apparat nicht einfügen. *Undoing Gender* erscheint als mögliche Strategie der Problematisierung und Entgrenzung einer binär strukturierten Geschlechterdifferenz, die Gender als Machtapparat außer Kraft setzt (Butler 2009: 97 ff., 123 ff. und 281 ff.).

Informationsteil

Annotierte Bibliographie

Bublitz, H., Judith Butler zur Einführung, Hamburg 2001a

Die Einführung kennzeichnet Butlers Position im Spektrum poststrukturalistischer Theorie. Sie behandelt insbesondere das bei Butler aufgespannte Dreieck zwischen Macht, Körper und Subjekt, in das geschlechtliche Identität eingeschlossen ist.

Butler, J., Das Unbehagen der Geschlechter, Frankfurt a. M. 1991 (orig. amerik. 1990)
Dies., Körper von Gewicht. Über die diskursiven Grenzen des Geschlechts, Berlin 1995

Judith Butler geht, sprachtheoretisch begründet, vom kulturell konstruierten Geschlecht aus. Sie nimmt an, dass auch das biologische Geschlecht des Körpers einer Norm folgt, die aufgrund wissenschaftlicher Definitionen und Klassifikationen entsteht. Wie Michel Foucault vertritt Butler einen diskurs-theoretischen Ansatz. Dieser geht davon aus, dass ‚hinter dem Vorhang‘ kultureller Prozesse keine biologische Grundlage von Geschlecht vorausgesetzt werden kann. Vielmehr erscheinen der Geschlechtskörper und die geschlechtliche Identität bereits als Wirkung von Macht. Durch – performatives, wiederholtes – Zitieren der heterosexuellen Geschlechtermatrix wird diese immer wieder Realität, stabilisiert, gleichzeitig aber entstehen durch den Vorgang des Zitierens Bedeutungsverschiebungen, mit denen die kulturell geltende Geschlechtermatrix unterminiert wird.

Dies., Psyche der Macht, Frankfurt a. M. 2005
Unterwerfung und Subjektwerdung werden von Butler im Anschluss an die Macht- und Subjekttheorie von Michel Foucault als *ein* Vorgang dargestellt.

Connell, R. W., Der gemachte Mann. Konstruktion und Krise von Männlichkeiten, 4., erw. Aufl., Wiesbaden 2015
Connell unterscheidet spezifische Beziehungen von kultureller Dominanz und Unterordnung verschiedener Formen von Männlichkeit, die als soziale Muster einer historischen Dynamik unterliegen und die in ethnischen und klassenspezifischen Varianten vorliegen. Das Konzept einer „hegemonialen Männlichkeit" wird als Strukturkategorie einer kritischen Wissenschaft der Geschlechterverhältnisse verstanden. Männlichkeit wird von Connell definiert als durch das Geschlechterverhältnis strukturierte Konfiguration sozialer Praxis. Connell schlägt das Konzept körperreflexiver Praktiken als Einheit körperlicher, symbolischer und sozialer Prozesse vor.

Gildemeister, R./Wetterer, A., Wie Geschlechter gemacht werden. Die soziale Konstruktion der Zweigeschlechtlichkeit und ihre Reifizierung in der Frauenforschung, in: *Knapp, G.-A./Wetterer, A.*, Hg., Traditionen. Brüche. Entwicklungen feministischer Theorienbildung, Freiburg 1992, S. 201–253
Hier geht es um die soziale Konstruktion von Geschlecht als soziale Kategorie und die Dekonstruktion des Systems der Zweigeschlechtlichkeit. Auch hier erscheint das biologische Geschlecht, im Anschluss an Butler, als Ergebnis sozialer Zuordnungen. Der Artikel referiert zahlreiche Ergebnisse der Geschlechterforschung wie auch historische Beispiele zur Veränderung des Geschlechts von Professionen zur Verdeutlichung der These, dass Geschlechter ‚gemacht' und nicht von Natur aus hervorgebracht werden.

Hagemann-White, C., Sozialisation weiblich – männlich?, Opladen ^{2}1988a
Es handelt sich um einen Ansatz, der aus einer soziologisch-feministischen Perspektive den alltäglichen Augenschein von Geschlecht als Ergebnis kultureller Zuschreibungen problematisiert. Hagemann-White geht davon aus, dass männliche und weibliche Geschlechtsrollen und Sozialisation Ergebnis von Ein- und Zuordnungen sind, die im Sozialisationsprozess ständig wiederholt werden und dadurch den Charakter von Naturtatsachen annehmen.

Hirschauer, S., Wie sind Frauen, wie sind Männer? Zweigeschlechtlichkeit des Wissenssystems, in: *Eifert, Ch. u. a.*, Hg., Was sind Männer? Was sind Frauen? Geschlechterkonstruktionen im historischen Wandel, Frankfurt a. M. 1996, S. 240–256
Geschlecht erscheint als zentrales Element, mit der Gesellschaften sich eine Ordnung geben. Damit wird Geschlecht zum Gegenstand eines wissenschaftlich und sozial hervorgebrachten Geschlechterwissens. Die Problematik von biologischem und sozialem Geschlecht wird anschaulich gemacht u. a. am Beispiel der Transsexualität.

Mehlmann, S., Unzuverlässige Körper. Zur Diskursgeschichte des Konzepts geschlechtlicher Identität, Königstein 2006
Die Arbeit erfüllt ein Desiderat der Geschlechterforschung, indem sie die Kategorie Geschlecht einer historischen Analyse unterzieht. Zentrales Anliegen ist die Historisierung des Geschlechts und der Geschlechterdifferenz. Am Beispiel der Diskursfigur des Hermaphroditen und der Homosexualität wird die in den unterschiedlichsten Diskursen zugrunde gelegte anatomisch-physiologische Begründung der Geschlechterdifferenz rekonstruiert und auf die These der „Unzuverlässigkeit des Körpers" zugespitzt.

Zur Weiterarbeit an der Thematik „Geschlecht" empfohlen

Beer, U., Hg., Klasse Geschlecht, Bielefeld ^{2}1989
Müller, U./Schmidt-Waldherr, H., Hg., FrauenSozialkunde, Bielefeld ^{2}1993
Knapp, G.-A./Wetterer, A., Hg., Traditionen.Brüche, Freiburg ^{2}1995
Hagemann-White, C./Rerrich, M. S., Hg., Frauen-Männer-Bilder. Männer und Männlichkeit in der feministischen Diskussion, Bielefeld 1988
Die Bände enthalten wesentliche Grundpositionen zur feministischen Wissenschaftskritik, Gesellschaftstheorie und Geschlechterverhältnissen.

Bublitz, H., Die Geschichte von Frauen ist die Geschichte von „Frauen-Bewegungen", in: Soziologische Revue Jg. 10, SH 2, München/Oldenburg 1987, S. 47–59
Der Artikel gibt einen Überblick über die feministische Forschung zur Geschichte der Frauen und die für diese wesentliche Polarisierung des Weiblichen.

Dies., Hg., Das Geschlecht der Moderne, Frankfurt a. M. 1998a
Es geht um Beiträge zur Rekonstruktion der Geschlechterdifferenz in der Moderne, deren Machtwirkung und Abweichungen. In der diskursanalytischen Betrachtung der Kulturkrisensemantik um 1900 wird insbesondere die zentrale These von der „Feminisierung der Kultur" thematisiert.

Honegger, C., Die Ordnung der Geschlechter, Frankfurt a. M. ^{2}1992
Die Habilitationsschrift von Claudia Honegger zeigt: Zur gleichen Zeit, als sich das männliche Individuum als souveränes, autonomes Ich bildet, nämlich im 18. und

19. Jahrhundert, und sich damit gegen Natur und Sinnlichkeit abgrenzt, werden Frauen auf Natur (zurück)geworfen und mit Hilfe der – männlichen – (Natur-)Wissenschaft vom Menschen (Medizin, Anthropologie, Psychologie) auf ihre Körperlichkeit festgelegt. Das Buch ist empfehlenswert, um einen Einblick in den historischen Entstehungszusammenhang der Festlegung von Frauen auf – ihre – Natur zu bekommen.

Maihofer, A., Geschlecht als Existenzweise, Frankfurt a. M. 1997
Das Buch behandelt im ersten Teil die Trennung zwischen biologischem und sozialem Geschlecht sowie Geschlecht als soziale Konstruktion. Das Kapitel Geschlecht als hegemonialer Diskurs und als Existenzweise setzt sich mit der materiell-praktischen Wirkung hegemonialer Geschlechterkonzepte auseinander.

Generell sei auf die Zeitschriften: Feministische Studien (bes. Nr. 2, 1993); Die Philosophin (Jg. 1993/94) und Neue Rundschau (Jg. 104, Heft 4, 1993) hingewiesen.

Weitere zitierte Literatur

Beck, U., Risikogesellschaft. Auf dem Weg in eine andere Moderne, Frankfurt a. M. [18]2006 (zuerst 1983)

Beck, U./Beck-Gernsheim, E., Riskante Freiheiten, Frankfurt a. M. 1994

Beck-Gernsheim, E., Der geschlechtsspezifische Arbeitsmarkt. Zur Ideologie und Realität von Frauenberufen, Frankfurt a. M. [2]1981

Dies., Vom Dasein für andere zum Anspruch auf ein Stück eigenes Leben. Individualisierungsprozesse im weiblichen Lebenszusammenhang, in: Soziale Welt 1983, Heft 3, S. 307–340

Dies., Das halbierte Leben. Männerwelt Beruf. Frauenwelt Familie, Frankfurt a. M. 1993

Becker-Schmidt, R., Die doppelte Vergesellschaftung – die doppelte Unterdrückung, in: *Unterkirchner, L./Wagner, I.*, Österreichischer Soziologentag, Wien 1985, S. 10–25

Dies., Frauen und Deklassierung. Geschlecht und Klasse, in: *Beer, U.*, Hg., KlasseGeschlecht. Feministische Gesellschaftsanalyse und Wissenschaftskritik, Bielefeld 1987, s. 187–235

Dies., Individuum, Klasse und Geschlecht aus der Perspektive der Kritischen Theorie, in:*Zapf, W.*, Hg., Die Modernisierung moderner Gesellschaften. Verhandlungen des 25. Deutschen Soziologentages, Frankfurt a. M. 1991, S. 383–394

Bilden, H., Geschlechtsspezifische Sozialisation, in: *Hurrelmann, K./Ulich, D.*, Hg., Handbuch der Sozialisationsforschung, Weinheim/Basel 1980, S. 777–812

Dies., Geschlechtsspezifische Sozialisation, in: *Hurrelmann, K./Ulich, D., Hg.*, Neues Handbuch für Sozialisationsforschung, Weinheim/Basel 1991, S. 279–301

Bock, G./Duden, B., Arbeit aus Liebe – Liebe als Arbeit. Zur Entstehung der Hausarbeit im Kapitalismus, in: Frauen in Wissenschaft, Berlin 1977, S. 118–199

Bösenberg, E., Ökonomien der Männlichkeit im späten 20. Jahrhundert, in: *Martschukat, J./Stieglitz, O.*, Hg., Väter, Soldaten, Liebhaber. Männer und Männlichkeiten in der Geschichte Nordamerikas. Ein Reader, Bielefeld 2007, S. 371–388

Bublitz, H., Das Geschlecht der Moderne – Zur Genealogie und Archäologie der Geschlechterdifferenz, in: *Dies.*, Hg., a. a. O., 1998b, S. 26–48

Dies., Judith Butler zur Einführung, Hamburg 2001a

Dies., Geschlecht als historisch singuläres Ereignis. Foucaults poststrukturalistischer Beitrag zu einer Gesellschafts-Theorie der Geschlechterverhältnisse, in: *Knapp, G.-A./Wetterer, A.*, Hg., Soziale Verortung der Geschlechter. Gesellschaftstheorie und feministische Kritik, Münster 2001b, S. 256–287

Dies., Wahr-Zeichen des Geschlechts. Das Geschlecht als Ort diskursiver Technologien, in: *Lösch, A./Schrage, D./Spreen, D./Stauff, M.*, Hg., Technologien als Diskurse, Heidelberg 2001c, S. 169–186

Dies., Diskurs, Bielefeld 2002

Bührmann, A. D., Das authentische Geschlecht. Die Sexualitätsdebatte in der Neuen Frauenbewegung und die Foucaultsche Machtanalyse, Münster 1995

Dies., Die Normalisierung der Geschlechter in Geschlechterdispositiven, in: *Bublitz, H.*, Hg., a. a. O., 1998a, S. 71–94

Butler, J., Das Unbehagen der Geschlechter, Frankfurt a. M. 1991 (orig. amerik. 1990)

Dies., Körper von Gewicht. Über die diskursiven Grenzen des „Körpergeschlechts“, in: Neue Rundschau, 4, 1993, S. 57–70

Dies., Körper von Gewicht. Die diskursiven Grenzen des Geschlechts, Berlin 1995

Dies., Psyche der Macht. Frankfurt a. M. 2005

Dies., Die Macht der Geschlechternormen und die Grenzen des Menschlichen, Frankfurt a. M. 2009

Chodorow, N., Das Erbe der Mütter. Psychoanalyse und Soziologie der Geschlechter, München [4]1994 (orig. amerik. 1978)

Delphy, Ch., Frauen in Untersuchungen zur Sozialen Schichtung, in: *Schaeffer-Hegel, B./Watson-Franke, B.*, Hg., MännerMythosWissenschaft, Pfaffenweiler 1989, S. 189–200

Duden, B./Hausen, K., Gesellschaftliche Arbeit – geschlechtsspezifische Arbeitsteilung, in: *Kuhn, A./Schneider, G.*, Hg., Frauen in der Geschichte, Düsseldorf 1979, S. 11–33

Foucault, M., Der Wille zum Wissen. Sexualität und Wahrheit, Bd. I, Frankfurt a. M. 2006 (orig. frz. 1976)

Garfinkel, H., Studies in Ethnomethodology, Cambridge 2004 (zuerst 1967)

Gildemeister, R., Geschlechtsspezifische Sozialisation, in: Soziale Welt, Jg. 39, 1988, S. 486–501

Gilligan, C., Die andere Stimme. Lebenskonflikte und Moral der Frau, München [5]1999

Grulich, J., Weibliche Topführungskräfte in der Wirtschaft. Stellen diese die hegemoniale Geschlechterordnung in Frage?, in: Gender. Eine Zeitschrift für Geschlecht,

Kultur und Gesellschaft, 5. Jg. 2013: Feministische Perspektiven auf Ökonomie und Geschlechterordnung, H. 2, S. 63–77

Hagemann-White, C., „Wir werden nicht zweigeschlechtlich geboren…", in: *Dies./Rerrich, M. S.*, Hg., Frauen-Männer-Bilder, Forum Frauenforschung Bd. 2, Bielefeld 1988b, S. 224–235

Hirschauer, S., Die soziale Konstruktion der Transsexualität, Frankfurt a. M. [2]1999

Knapp, G.-A., Die vergessene Differenz, in: Feministische Studien, 6. Jg., 1, 1988, S. 12–31

Kessler, S./McKenna, W., Gender. An Ethnomethodological Approach, New York 2001

Kontos, S./Walser, K., Weil nur zählt, was Geld einbringt. Probleme der Hausfrauenarbeit, Gelnhausen 1979

Kühne, Th., Hg., Männergeschichte – Geschlechtergeschichte. Männlichkeit im Wandel der Moderne, Frankfurt a. M. 1996a

Ders., Männergeschichte als Geschlechtergeschichte, in: *Ders.*, Hg., a. a. O., 1996b, S. 7–30

Mehlmann, S., Das vergeschlechtlichte Individuum – Thesen zur historischen Genese des Konzepts männlicher Geschlechtsidentität, in: *Bublitz, H.*, Hg., a. a. O., 1998a, S. 95–118

Dies., Unzuverlässige Körper. Zur Diskursgeschichte des Konzepts geschlechtlicher Identität, Königstein 2006

Meuser, M., Geschlecht, Macht und Männlichkeit – Strukturwandel von Erwerbsarbeit und hegemonialer Männlichkeit, in: Erwägen, Wissen, Ethik, Jg. 21/2010, H. 3, S. 325–336

Dies., Humankapital Gender. Geschlechterpolitik zwischen Ungleichheitssemantik und ökonomischer Logik, in: *Andresen, S./Korenber, M./Lüdge, D.*, Hg., Gender und Diversity: Albtraum oder Traumpaar? Interdisziplinärer Dialog zur „Modernisierung" von Geschlechter- und Gleichstellungspolitik, Wiesbaden 2009, S. 95–110

Ostner, I., Hg., Frauen. Soziologie der Geschlechterverhältnisse. SH 2 der Soziologischen Revue, Jg. 10, München 1987

Rommelspacher, B., Mitmenschlichkeit und Unterwerfung. Zur Ambivalenz der weiblichen Moral, Frankfurt a. M. 1992

Runte, A., Im Dienste des Geschlechts – Zur Identitätskonstruktion Transsexueller, in: *Bublitz, H.*, Hg., a. a. O., 1998a, S. 119–142

Seifert, R., Entwicklungslinien und Probleme der feministischen Theoriebildung, in: *Knapp, G.-A./Wetterer, A.*, Hg., TraditionenBrüche. Entwicklungen feministischer Theorienbildung, Freiburg 1992, S. 255–285

Stückler, A., Auf dem Weg zu einer hegemonialen Weiblichkeit? Geschlecht, Wettbewerb und die Dialektik der Gleichstellung, in: Gender. Zeitschrift für Geschlecht, Kultur und Gesellschaft, 5. Jg., 2013, H. 3, S. 114–130

Villa, P., Sexy Bodies. Eine soziologische Reise durch den Geschlechtskörper, Wiesbaden [3]2006

Weigel, S., Die nahe Fremde – das Territorium des ‚Weiblichen'. Zum Verhältnis von ‚Wilden' und ‚Frauen' im Diskurs der Aufklärung, in: *Koebner, T./Pickerodt, G.,* Hg., Die andere Welt. Studien zum Exotismus, Frankfurt a. M. 1987, S. 171–199

Wieland K., Worte und Blut, Frankfurt a. M. 1999

Lektion VI Abweichendes Verhalten und soziale Kontrolle

Rüdiger Peuckert

Inhalt

1 Einführung

1.1 Definition zentraler Begriffe

Abweichendes Verhalten als Normverstoß

Mit **abweichendem Verhalten** (auch: **Devianz**) werden Verhaltensweisen bezeichnet, die gegen die in einer Gesellschaft oder einer ihrer Teilstrukturen geltenden sozialen Normen verstoßen und im Falle der Entdeckung soziale Reaktionen hervorrufen, die darauf abzielen, die betreffende Person, die dieses Verhalten zeigt, zu bestrafen, zu isolieren, zu behandeln oder zu bessern. Abweichendes Verhalten in der einen oder anderen Form findet man überall, denn wo es Regeln gibt, da gibt es auch Abweichungen von diesen Regeln, sei es ein Betrug bei der Einkommensteuererklärung, eine Missachtung der Verkehrsordnung oder auch nur das Versäumnis, seinen Nachbarn zu grüßen. Was im Kontext einer einzelnen sozialen Gruppe als abweichend gilt, kann für die Gesamtgesellschaft oder andere Gruppen durchaus akzeptabel sein, während umgekehrt ein von der Mehrheit der Gesellschaft missbilligtes Verhalten in spezifischen Gruppen gebilligt oder sogar gefordert werden kann.

Um zu gewährleisten, dass sich Menschen konform verhalten, bedarf es der **sozialen Kontrolle,** worunter man alle Strukturen, Prozesse und Mechanismen versteht, mit deren Hilfe eine Gesellschaft oder soziale Gruppe versucht, ihre Mitglieder dazu zu bringen, ihren Normen Folge zu leisten. Soziale Kontrolle ist ein zentraler Bestandteil aller Prozesse der **sozialen Integration.** Sie bezeichnet nicht nur den sozialen Druck, der von der Umwelt in Form negativer Sanktionierung von Normverletzungen ausgeht (externe soziale Kontrolle), sondern auch die im Verlauf des Sozialisationsprozesses erfolgte Verlagerung der sozialen Kontrolle in das Persönlichkeitssystem oder Gewissen des Einzelnen (interne soziale Kontrolle). Soziale Kontrolle erstreckt sich über das offene Verhalten hinaus auf Gedanken und Gefühle und reicht von Korrektur- und Beeinflussungsversuchen in alltäglichen sozialen Beziehungen bis hin zu formalisierten Sanktionen bei Nichteinhaltung institutionalisierter Normen. Dem **Recht** als Instrument der Sozialkontrolle und Quelle normativer Steuerung kommt gegenüber anderen normativen Lenkungssystemen, wie Sitte, Brauch und Konvention, eine besondere Bedeutung zu, da es am stärksten formalisiert ist, einen eigenen Erzwingungsstab unterhält und über die einschneidendsten Mittel und Möglichkeiten sozialer Sanktionierung verfügt.

Externe und interne soziale Kontrolle

Erscheinungsformen abweichenden Verhaltens

Die Soziologie hat sich besonders mit Abweichungen von den gesamtgesellschaftlichen Normen und Werten befasst. Als abweichendes Verhalten in diesem Sinne gilt in erster Linie Kriminalität, aber auch Alkoholismus und illegaler Drogenkonsum, psychische Krankheit, Suizid, Homosexualität, Prostitution u. a. Phänomenologisch betrachtet handelt es sich um einen disparaten Katalog von Verhaltensweisen. So verstößt Kriminalität mit all ihren Erscheinungsformen (wie Diebstahl, Erpressung, Vergewaltigung) gegen strafrechtliche Normen. Suchtverhalten kann, muss aber nicht strafbar sein, und psychische Krankheiten, Suizid, Homosexualität und Prostitution stellen in der Bundesrepublik nicht per se einen Gesetzesbruch dar. Die genannten Formen abweichenden Verhaltens unterscheiden sich auch danach, wer geschädigt wird, im Grad der Öffentlichkeit, in welchem zeitlichen Rahmen das Verhalten stattfindet und inwieweit der Einzelne für sein Verhalten verantwortlich gemacht wird. Einige Abweichler haben Mitleid zu erwarten, andere verbreiten Angst oder werden verachtet.

Abweichung von gesamtgesellschaftlich dominanten Normen

Gemeinsam ist allen Arten abweichenden Verhaltens, dass es sich um Abweichungen von gesamtgesellschaftlich dominanten Normen handelt, die jeden Menschen als Mitglied der Gesellschaft betreffen und der Stabilisierung des gesellschaftlichen Status quo – nicht nur in Form gesetzlicher Regelungen, sondern auch in Form bestimmter Leitbilder von „geordneten" Verhältnissen in den zentralen gesellschaftlichen Bereichen Arbeit, Konsum und Familie – dienen (Schellhoss 1993a). Abweichendes Verhalten gilt deshalb nicht nur als gesellschaftliche Störung, sondern der Verstoß gegen zentrale Normen (z. B. Drogenkonsum, Gewalt), die die gesellschaftliche Produktion und Reproduktion regeln, ist auch ein Anzeichen dafür, dass die Übernahme zentraler Rollen (z. B. im beruflichen oder familialen Bereich) nicht mehr gewährleistet ist.

1.2 Der besondere Stellenwert kriminellen Verhaltens

Im Mittelpunkt des öffentlichen und wissenschaftlichen Interesses steht die Entwicklung der **Kriminalität**. Nach Angaben der Polizeilichen Kriminalstatistik (PKS) ist die Kriminalität, gemessen an der Zahl der der Polizei bekannt gewordenen Straftaten, seit Beginn der 1990er Jahre überraschenderweise rückläufig. Im Jahr 2014 wurden in Deutschland 6,1 Millionen Straftaten registriert (BMI 2015). Wie in den vergangenen Jahren dominierten wieder Diebstahlsdelikte mit einem Anteil von 40 % an der Gesamtkriminalität, gefolgt von Betrugs- (16 %), Sachbeschädigungs- (10 %) und Körperverletzungsdelikten (8 %). Deutlich zugenommen hat die Gewaltkriminalität – bei über zwei Drittel handelt es sich um gefährliche und schwere Körperverletzungen –, die aber nur einen sehr geringen Anteil von rund 3 % an der gesamten von der Polizei registrierten Kriminalität ausmacht.

2014 wurden 2,1 Millionen Tatverdächtige ermittelt. 26 % der registierten Tatverdächtigen waren weiblichen Geschlechts. Bei der „Verletzung der Fürsorge- und Erziehungspflicht" lag ihr Anteil bei 69 %. Tatverdächtige männlichen Geschlechts stellen mit 74 % den Hauptanteil aller Tatverdächtigen. Insbesondere bei Raubdelikten (90,5 %), Diebstahl unter erschwerenden Umständen (87 %) und bei Körperverletzung (81 %) lag der Anteil der männlichen Tatverdächtigen weit über dem Durchschnitt. Die Tatverdächtigenbelastungszahl der Deutschen betrug im Jahr 2014 2 230, d. h. von jeweils 100 000 Personen der Wohnbevölkerung Deutschlands wurden in diesem Jahr 2 230 als tatverdächtig registriert. Am höchsten war die Kriminalitätsbelastung bei jungen Menschen, insbesondere bei Heranwachsenden (6 239) und Jugendlichen (5 010). Die Aufklärungsquote variiert deliktspezifisch und lag 2014 im Durchschnitt bei 55 % (Gewaltkriminalität: 75 %; vorsätzliche einfache Körperverletzung: 91 %; Betrug: 77 %; Diebstahlskriminalität: 27 %; Sachbeschädigung: 25 %).

Der Tatverdächtigenanteil Nichtdeutscher betrug 2014 ohne Berücksichtigung ausländerspezifischer Delikte (wie Straftaten gegen das Aufenthalts- und Asylverfahrensgesetz) 24 %. Eine Einschätzung der tatsächlichen Kriminalitätsbelastung der Deutschen im Vergleich zu den „Nichtdeutschen" ist aufgrund der unterschiedlichen strukturellen Zusammensetzung aber nur eingeschränkt möglich. Denn die sich in Deutschland aufhaltenden Personen ohne deutsche Staatsangehörigkeit sind im Vergleich zu den Deutschen überproportional häufig männlichen Geschlechts, unter 30 Jahre alt und Großstadtbewohner. Sie weisen somit häufiger Eigenschaften auf bzw. leben in Situationen, die auch bei Deutschen zu einem höheren Kriminalitätsrisiko führen.

Unter denjenigen, die von der Polizei einer kriminellen Handlung verdächtigt werden und besonders unter denen, die deswegen gerichtlich bestraft werden, befinden sich überproportional häufig Angehörige unterer Sozialschichten, wobei nach Deliktarten zu differenzieren ist. Aggressionstaten (wie Bedrohung, Körperverletzung, Mord und Totschlag) sowie Einbruchs- und Kfz-Diebstahl sind typische Unterschichtdelikte. Bei Unterschlagungen und schweren Formen des Betrugs sind hingegen die mittleren und höheren Sozialschichten (besonders die Selbstständigen) deutlich überrepräsentiert. Ladendiebstähle und Verkehrsstraftaten werden von allen Schichten etwa gleich häufig begangen. Dabei verteilt sich das tatsächliche Ausmaß kriminellen Verhaltens (d. h. die entdeckte und die unentdeckt gebliebene Kriminalität), wie Dunkelfeldstudien unterstreichen, gleichmäßiger über die sozialen Schichten, als es die Zahlen über Verdächtige und Verurteilte vermuten lassen.

In den vergangenen 30 bis 40 Jahren hat sich die Relation von weiblichen zu männlichen Tatverdächtigen von etwa 1 : 5 auf 1 : 3 erhöht. Am Beispiel der Beteiligung von Männern und Frauen an der Gewaltkriminalität lässt sich besonders eindrucksvoll illustrieren, wie im Verlauf des Strafverfahrens der Anteil weiblicher Personen stetig abnimmt (Heiliger u. a. 2005). Während im Jahr 2002 bei den Tatverdächtigen auf eine weibliche Person noch sieben männliche kamen, waren dies bei den Abgeurteilten schon zehn, bei den Verurteilten zwölf und bei den zu stationären Sanktionen Verurteilten 22 männliche Personen. Bei den im Strafvollzug einsitzenden Personen kamen auf eine weibliche Gefangene sogar 33 männliche. Der Ausfilterungsprozess ist also bei Frauen wesentlich stärker ausgeprägt als bei Männern, was auf eine geringere Tatschwere – und damit eine häufigere Einstellung des Verfahrens – und/oder auf eine mildere Behandlung der Frauen schließen lässt (Opp/Peuckert 1971).

2 Abweichendes Verhalten als integraler Bestandteil gesellschaftlicher Organisation

2.1 Die These von der Normalität des Verbrechens

„Normalität" des Verbrechens

Emile Durkheim (1858–1917) war der erste Soziologe, der sich systematisch mit der Normalität des Verbrechens befasst hat. In den „Regeln der soziologischen Methode" (1895/2007) legte Durkheim dar, dass ein Phänomen dann als normal anzusehen ist, wenn es sich in jeder bekannten Gesellschaft findet und mit den Existenzbedingungen der Gesellschaft selbst untrennbar verbunden ist.

Allgegenwart und Unvermeidbarkeit abweichenden Verhaltens

Die Allgegenwart des Verbrechens ist für Durkheim empirisch unbestreitbar und wird mit der Beziehung zwischen den individuellen Bewusstseinsinhalten der einzelnen Gesellschaftsmitglieder und den kollektiven Einstellungen, wie sie im Strafrecht verkörpert sind, erklärt. Damit irgendeine Kategorie kriminellen Verhaltens vollständig aus einer Gesellschaft verschwindet, müsste zwischen allen Mitgliedern der Gesellschaft Einigkeit im Hinblick auf die Schädlichkeit dieses Verhaltens bestehen. Würde man versuchen, eine bestehende Nichtübereinstimmung durch Einstellungsänderung – durch Steigerung des „Niveaus kollektiver Sittlichkeit" – zu beseitigen, so würde die Kriminalität allerdings nicht verschwinden, sondern bloß ihre Form verändern. Jene Verhaltensweisen, die vorher als „nur moralische Vergehen" angesehen wurden, würden aufgrund des gesteigerten allgemeinen Rechtsgefühls nun den Status von Verbrechen annehmen. In Durkheims Worten: „Man stelle sich eine Gesellschaft von Heiligen vor, ein vollkommenes Kloster von beispielhaften Individuen. Verbrechen, im eigentlichen Sinne, werden dort unbekannt sein; aber Vergehen, welche dem Laien verzeihlich erscheinen mögen, werden dort das gleiche Aufsehen erregen, wie die gewöhnliche Straftat im gewöhnlichen Bewusstsein" (Durkheim 2007). Die Beseitigung der Nichtübereinstimmung – und damit die Beseitigung von Devianz – würde aber die absolute Gleichförmigkeit des Bewusstseins aller Individuen in einer Gesellschaft erfordern, was wegen der Einzigartigkeit individueller Erfahrungen nicht möglich ist. Abweichendes Verhalten ergibt sich demnach aus den Existenzbedingungen der Gesellschaft und ist letztendlich das Ergebnis der Einzigartigkeit des individuellen Bewusstseins.

2.2 Funktionen und Dysfunktionen abweichenden Verhaltens

System-schädlichkeit abweichenden Verhaltens

Besonders die strukturell-funktionale Theorie hat sich ausführlich mit der Frage befasst, in welcher Weise abweichendes Verhalten – oder eine bestimmte Rate abweichenden Verhaltens – systemerhaltend/-fördernd (d. h. **funktional**) und in welcher Weise es systemzersetzend/-schädlich (**dysfunktional**) wirkt. Dabei knüpft die moderne Diskussion insbesondere an Georg Simmel (1858–1918) und Emile Durkheim an, die gezeigt haben, dass soziale Konflikte und Abweichungen einen Beitrag dazu leisten, die Lebensfähigkeit eines sozialen Systems aufrechtzuerhalten, eventuell sogar zu stärken.

Die dysfunktionalen, das gesellschaftliche Gleichgewicht störenden Wirkungen abweichenden Verhaltens sind offensichtlich. Abweichendes Verhalten generell wie Kriminalität im Besonderen beschädigen die physische, psychische und soziale Identität von Opfer und Täter, mindern die Lebensqualität und verursachen einen Schaden – inklusive der Kosten für die Aufdeckung, Sanktionierung, Behandlung und Verhinderung von Devianz – in Milliardenhöhe. Wird ein bestimmtes Ausmaß an Devianz überschritten, so wird das Gerechtigkeitsempfinden verletzt und die Motivation der übrigen Gesellschaftsmitglieder untergraben, sich selbst an die Regeln zu halten. Das Vertrauen sinkt, die Loyalität dem System gegenüber nimmt Schaden, und Investitionen in die Zukunft unterbleiben.

Devianz als integratives gesellschaftliches Element

Abweichendes Verhalten kann aber auch einen wichtigen funktionalen Beitrag zur Lebensfähigkeit eines sozialen Systems leisten. Kriminalität ist nicht nur „normal"; sie ist auch „notwendig" und „nützlich", „ein integratives Element in jeder gesunden Gesellschaft" (Durkheim 2007). Denn Positives erhält erst durch die Existenz und Kenntnis des Negativen Sinn. Der Inhalt der Moral wird häufig durch ihr Gegenteil, nämlich durch das, was nicht erlaubt ist, definiert. Die Stabilität der gesellschaftlichen Ordnung hängt davon ab, dass die Grenzen, die jedem Individuum gezogen sind, damit Gesellschaft überhaupt möglich ist, verdeutlich werden. Die zentralen Verhaltensregeln müssen immer wieder von neuem aufgrund von Regelverletzungen und der Bestrafung des Normbrechers ins öffentliche Bewusstsein gerufen und bekräftigt werden *(Funktion der Normverdeutlichung)*.

Funktion der Norm-verdeutlichung

Soziale Normen sind zwangsläufig vieldeutig. Erst die Sanktion trägt dazu bei, den genauen Inhalt der Norm und die Grenzen ihres Geltungsbereichs deutlich zu machen. Bleiben die Sanktionen aus, so wird die Grenze des Erlaubten ausgedehnt, die soziale Norm erodiert. Im Falle der restlosen Aufdeckung aller Straftaten würde allerdings, wie die Ergebnisse der Dunkelfeldforschung zeigen, das System sozialer Kontrolle zusammenbrechen und das Vertrauen in die Verlässlichkeit der gesellschaftlichen Ordnung zwangsläufig erschüttert. „Die Strafe kann ihre soziale Wirksamkeit nur bewahren, solange die Mehrheit nicht bekommt, was sie verdient" (Popitz 2003). So schaffen die „strafrechtliche Fixierung und die staatliche Verfolgung zentralster Normbrüche, die gewichtige Symbolik dieses Aktes und sein in der Strafe messbarer Erfolg (…) stellvertretend ein allgemeines Bewusstsein der Sicherheit und der Verlässlichkeit" (Schellhoss 1993b: 154). George Herbert Mead (1863–1931) spricht in diesem Sinne von der „Majestät des Gesetzes", von der symbolischen Bedeutung des Strafrechts und der Strafjustiz für die Mitglieder einer Gesellschaft (1928). Im Mittelpunkt stehen das öffentliche Ritual und Drama des Strafprozesses, das er als Ausdruck der „theoretisch unparteiischen Durchsetzung des allgemeinen Willens" ansieht, durch das Gerechtigkeit verwirklicht werden muss. Die Paradoxie der sozialen Kontrolle resultiert daraus, dass die Bestrafung des Täters in den gesetzestreuen Mitgliedern der Gesellschaft die Hemmungen erzeugt, die ihnen eine Rebellion unmöglich machen, und gleichzeitig der Straftäter zum Feind der Gesellschaft abgestempelt wird, was nicht ohne Folgen bleibt für seine Identität und weitere moralische Entwicklung. „Die Ziele der Bestrafung einerseits und die Ausrottung der Ursachen von Verbrechen andererseits scheinen sich gegenseitig auszuschließen" (Phillipson 1975: 135).

Paradoxie sozialer Kontrolle

Innovations-, Solidarisierungs- und Ventilfunktion abweichenden Verhaltens

Abweichungen können, indem sie die Veränderungsbedürftigkeit gesellschaftlicher Zustände in das öffentliche Bewusstsein heben, weiterhin der Erstarrung vorbeugen und wichtige Schrittmacherfunktionen für den sozialen Wandel leisten *(Innovationsfunktion)*. Wie die Geschichte der Arbeiterbewegung (z. B. Gesetz gegen die gemeingefährlichen Bestrebungen der Sozialdemokratie, Streikverbot) und die Geschichte sexueller Emanzipationsbewegungen (z. B. Homosexualität, Schwangerschaftsabbruch) zeigen, sind grundlegende gesellschaftliche Veränderungen nahezu zwangsläufig mit Verstößen gegen strafrechtliche Normen verbunden. Das Verbrechen ist oft „bloß eine Antizipation der zukünftigen Moral, der erste Schritt zu dem, was sein wird" (Durkheim 2007). Abweichendes Verhalten einer Person kann aufgrund der moralischen Entrüstung über den Normbrecher auch das Gemeinschaftsgefühl, die Integration einer Gruppe oder Gesellschaft fördern *(Solidarisierungsfunktion)*. „Abweichendes Verhalten vereinigt die aufrechten Gemüter und lässt sie zusammenrücken" (Durkheim 2007). Schließlich kann abweichendes Verhalten, das zwar geächtet, aber nicht rigoros unterdrückt wird – wie z. B. Prostitution, definiert als streng kommerzielle Transaktion – wie eine Art Ventil wirken, indem eine starke Aufstauung von Unzufriedenheit verhindert wird und Personen, die bestimmte Normen nicht befolgen können oder wollen, nicht als Außenseiter stigmatisiert werden *(Ventilfunktion)*.

Fast jedes soziale System kann abweichendes Verhalten in beträchtlichem Ausmaß ertragen. Obwohl Devianz meist als Ausdruck sozialer Pathologie und Desorganisation aufgefasst wird, ist sie (insbes. Kriminalität) ein integraler Bestandteil gesellschaftlicher Organisation und leistet wichtige Beiträge zur Lebensfähigkeit und Effektivität des sozialen Systems. Eine einfache Aufzählung möglicher Funktionen und Dysfunktionen abweichenden Verhaltens reicht aber nicht aus. Empirisch weitgehend ungeklärt ist die zentrale Frage, unter welchen Bedingungen welche Art abweichenden Verhaltens in welcher Ausprägung diese oder jene funktionale und/oder dysfunktionale Wirkung hat und an welchem Punkt die Zerstörerischen Kräfte überhandnehmen, wo also das funktionale Optimum an Verhaltenssanktionierung bzw. Sanktionsverzicht liegt.

Funktionales Optimum an Verhaltenssanktionierung

3 Erklärungsversuche abweichenden Verhaltens I: der traditionelle Ansatz

3.1 Das ätiologische Paradigma

Merkmale von Ursachentheorien abweichenden Verhaltens

Zur Erklärung abweichenden Verhaltens wurden eine Vielfalt alternativer und sich teilweise ergänzender Erklärungsansätze konzipiert, von denen die beiden wichtigsten – die Ursachentheorien und die interaktionistische Devianzperspektive – ausführlich dargestellt werden. Das grundlegende Interesse des älteren ätiologischen (griech.: Lehre von den Ursachen), am Struktur-Funktionalismus orientierten Ansatzes in der Devianzforschung lässt sich in der Frage zusammenfassen, welche Bedingungen einem vorfindbaren Sachverhalt, nämlich abweichendem Verhalten, ursächlich zuzurechnen sind. Kennzeichnend für diesen Ansatz sind nach Keupp (1976):

- seine absolutistische Perspektive: Es gibt allgemeingültige, situationsübergreifende soziale Normen, die Urteilssicherheit verbürgen. Für einen Außenstehenden ist eindeutig und objektiv feststellbar, ob im konkreten Fall abweichendes Verhalten vorliegt oder nicht. Die Annahme eines objektiv vorgegebenen Normensystems wird „ergänzt durch eine weitere, die besagt, dass normkonformes und normwidriges Verhalten (bzw. Akteure) distinkte Klassen von Verhalten (bzw. Akteuren) bilden, die gerade durch die ihnen eigentümliche Form der Abweichung, durch dem Verhalten inhärente Merkmale schlüssig unterschieden und bestimmt sind" (Keckeisen 1976). Zwischen abweichendem und konformem Verhalten bzw. dem

Abweichler und dem Konformen besteht ein fundamentaler Unterschied. Gesellschaftliche Voraussetzungen der Norm, ihre Entstehung, Anwendung und Durchsetzung werden nicht thematisiert.

- seine Täterzentriertheit: Da die Differenzierung in abweichend und nichtabweichend und die Zurechnung des jeweiligen Verhaltens unproblematisch sind, besteht die Hauptaufgabe der Wissenschaft – neben der Untersuchung der Formen und der raum-zeitlichen Verteilung von Devianz – in erster Linie darin, die Ursachen, den Bedingungskomplex aufzudecken, die den Normbrecher zum Normbruch veranlasst haben und ihn vom Konformen unterscheiden.
- sein Korrekturinteresse: Forscher, die im Rahmen des ätiologischen Ansatzes arbeiten, sind an Prävention, Behandlung, Korrektur oder sozialer Kontrolle abweichenden Verhaltens interessiert. Der Abweichler wird als behandlungsbedürftig angesehen. Durch entsprechende Manipulation der als ätiologisch bedeutsam erachteten Bedingungen sollen unerwünschte Verhaltensweisen vermieden oder abgebaut werden. Nach Keckeisen (1976) wird das „ätiologische Paradigma praktisch von einer Verwissenschaftlichung der sozialen Kontrolle her begründet".

Das Erklärungsideal des ätiologischen Ansatzes ist bei allen beteiligten Wissenschaften (Biologie, Psychologie, Soziologie) das gleiche: Man geht von der Grundannahme aus, dass zwischen Abweichlern und Konformen ein fundamentaler Unterschied besteht und versucht die Faktoren aufzudecken, die abweichende Personen physisch, psychisch oder sozial von konformen unterscheiden, und sieht in diesen Faktoren dann die Ursachen der Abweichung. So werden die Ursachen dafür, dass Frauen sich prostituieren, je nach wissenschaftlicher Orientierung des Forschers in abnormen Anlagen (z. B. übersteigerter Sexualtrieb, Frigidität), in Sozialisationsmängeln (z. B. zerrüttete Familie, unvollständige Familie) oder in Bedingungen der sozialen Lage (z. B. Arbeitslosigkeit, wirtschaftliche Not) gesucht, wobei das Prinzip der Argumentation bei allen beteiligten Wissenschaften das gleiche ist (vgl. Hess 1978).

Unterschied zwischen Abweichlern und Konformen

3.2 Die Anomietheorie von Robert K. Merton

Der ätiologische Ansatz wird am Beispiel sozialstruktureller Kriminalitätstheorien erörtert. Die von Robert K. Merton (1910–2003) zuerst 1938 formulierte und 1957 überarbeitete und erweiterte **Anomietheorie** war jahrzehntelang die forschungsleitende Theorie für den Bereich abweichenden Verhaltens und trat in der Bundesrepublik erst in den 1960er Jahren in Konkurrenz zu dem ähnlich erfolgreichen Labeling-Ansatz (Becker 2014).

Devianz als Reaktion auf gesellschaftliche Zwänge

Merton knüpft an Überlegungen von Durkheim an, der das Auftreten von Devianz als Ausdruck von Anomie (Norm- oder Regellosigkeit) als Folge übersteigerter Aspirationen und Erwartungshaltungen der Bevölkerung deutet. Mertons modifizierte Version der Anomietheorie stellt den Versuch einer Sozialstrukturellen Erklärung der durch die offizielle Kriminalstatistik scheinbar unzweifelhaft belegten besonders hohen Kriminalitätsbelastung der unteren Sozialschichten dar. In Absetzung von Sigmund Freud (1856–1939) und anderen Psychoanalytikern, bei denen Kriminalität als Ausdruck gesellschaftlich unterdrückter menschlicher Triebe erscheint, will Merton in seinem Beitrag „Sozialstruktur und Anomie" (1979: 285 f.) die Frage beantworten, „auf welche Weise einige sozialstrukturelle Gegebenheiten bestimmte Personen in der Gesellschaft einem Druck aussetzen, sich eher abweichend als konform zu verhalten". Zu diesem Zweck führt Merton zwei handlungsorientierende gesellschaftliche Momente in die Analyse ein: die kulturelle und die soziale Struktur. Die kulturelle Struktur setzt sich wiederum aus zwei Elementen zusammen. „Das erste Element besteht aus kulturell festgelegten Zielen, Absichten und Interessen, die allen oder unterschiedlich platzierten Mitgliedern der Gesellschaft als legitime Zielsetzungen dienen" (Merton 1979: 286). Sie stellen die „erstrebenswerten" Dinge dar. Materieller Erfolg ist in der amerikanischen Gesellschaft ein derartiges kulturelles Ziel, das die meisten Gesellschaftsmitglieder teilen. Das zweite Element der kulturellen Struktur – die „regulativen Normen" oder „institutionalisierten Mittel" – bestimmt, reguliert und kontrolliert die erlaubten Wege zum Erreichen dieser Ziele. Als **Anomie** bezeichnet Merton den Zusammenbruch der kulturellen Struktur, worunter er eine gesellschaftliche Situation versteht, in der sich der Zusammenhang beider kulturellen Elemente lockert, in der also Ziele und regulative Normen unterschiedlich stark betont werden.

Unterscheidung von kultureller und sozialer Struktur

Zu einem Beitrag zur Analyse von Devianz wird Mertons Arbeit durch die Einführung des zweiten handlungsorientierenden gesellschaftlichen Moments: die soziale Struktur. Hierunter versteht er die Stellung des Einzelnen im sozialen Ungleichheitsgefüge. Seine zentrale Hypothese besagt, „dass abweichendes Verhalten als Symptom für das Auseinanderklaffen von kulturell vorgegebenen Zielen und von sozial strukturierten Wegen, auf denen diese Ziele zu erreichen sind, betrachtet werden kann" (Merton 1979: 289). Der stärkste Druck zum Abweichen – die stärkste anomische Spannung – liegt auf den unteren Sozialschichten. Unterschichtkriminalität ist eine ganz „normale" Reaktion objektiv benachteiligter Individuen in einer Gesellschaft, in der Reichtum und Erfolg verinnerlichte Erfolgsziele sind und der Zugang zu den legitimen Mitteln der Zielerreichung für große Gruppen der Bevölkerung beschränkt ist. Gerade unsere Gesellschaft nähert sich hier gegenwärtig einem kritischen Punkt. Aufgrund der immer aggressiveren Wer-

Sozialschicht und Devianz

bung, der man sich nur schwer entziehen kann, steigt der Anomiedruck permanent an.

Devianz ist nur eine mögliche Reaktionsweise auf Anomie. Merton nennt in seiner Typologie der Arten individueller Anpassung fünf mögliche Reaktionsweisen auf Anomie:

Reaktionsweisen auf Anomie

Tabelle Typologie der Arten individueller Anpassung

Arten der Anpassung	Kulturelle Ziele	Institutionalisierte Mittel
Konformität	+	+
Innovation	+	–
Ritualismus	–	+
Rückzug	–	–
Rebellion	±	±

+ Bejahung: – Ablehnung: ± Ablehnung und Substitution

Quelle: Merton 1979: 293

In einer integrierten und relativ stabilen Gesellschaft ist **Konformität** mit den kulturellen Zielen und institutionellen Normen weit verbreitet. Es bleibt einem nichts anderes übrig, als ggf. mit der anomischen Spannung zu leben, weil man sowohl die herrschenden Ziele als auch die institutionellen Normen stark verinnerlicht hat. Unter den Verhaltenstyp **Innovation** lassen sich sämtliche Formen von Kriminalität subsumieren. Die internalisierten Erfolgsziele werden mit rechtswidrigen Mitteln verfolgt. Im Falle des **Ritualismus** wird das eigene Anspruchsniveau gesenkt; man hält aber zwanghaft an den institutionellen Normen fest. Unter **Rückzug** (Desinteresse, Apathie) fallen u. a. Stadtstreicher, Alkoholiker und Süchtige. Sie haben die kulturell gesteckten Ziele aufgegeben, und ihr Verhalten stimmt nicht mit den institutionellen Normen überein. **Rebellion** setzt eine Entfremdung von den herrschenden Zielen und Normen voraus und zielt auf die Einführung einer neuen Sozialstruktur ab, in der die kulturellen Erfolgsmaßstäbe stark umgeformt und eine engere Beziehung zwischen Leistung und Belohnung hergestellt werden soll.

3.3 Subkulturtheorien abweichenden Verhaltens

Subkulturtheorien gehen davon aus, dass in komplexen Gesellschaften die Normen, Werte und Symbole nicht für alle Gesellschaftsmitglieder gleiche

Geltung und Bedeutung haben, sondern dass in verschiedenen Subsystemen (z. B. in der Subkultur der Drogensüchtigen oder der Subkultur jugendlicher Banden) auch Normen und Werte gelten, die in Widerspruch zu den Normen und Werten der dominanten Kultur stehen. Das Befolgen der Werte und Normen der Subkultur ist in der Subkultur selbst zwar konform, gemessen an gesamtgesellschaftlichen Normen aber abweichend. Subkulturen entstehen, wenn Personen häufig miteinander interagieren, die gleiche oder ähnliche Schwierigkeiten haben, sich mit dem geltenden Norm- und Wertsystem zu identifizieren und es deshalb belohnender finden, nach abweichenden Normen zu handeln (vgl. Wiswede 1979). Die von Albert K. Cohen (1961) in seiner Theorie der Bandendelinquenz untersuchten Banden werden von ihm als bösartig und zerstörerisch beschrieben. Ihre Handlungen sind negativistisch, gekennzeichnet durch Zerstörungswut und blinde Aggression. Nach Cohen durchdringen die Erfolgsziele der Mittelschicht auch die Unterschicht und werden von den Jugendlichen, wenn auch in abgeschwächter Form, verinnerlicht. Da die Jugendlichen aufgrund ihrer sozialen Herkunft den Leistungserwartungen nicht gewachsen sind, sind sie erheblichen Frustrationen und Statusproblemen ausgesetzt. Finden sich mehrere Jugendliche in ähnlicher Situation, so besteht eine Lösung des Anpassungsproblems darin, neue Statuskriterien zu schaffen, die solche Eigenschaften positiv bewerten, die diese Jugendlichen tatsächlich besitzen. Damit liegen die Voraussetzungen für das Entstehen einer jugendlichen Subkultur vor. Subkulturen verleihen ihren Mitgliedern Status, den sie anderweitig nicht erreichen können. Sie rechtfertigen Feindschaft und Aggression gegen jene, derentwegen die Selbstachtung ihrer Mitglieder leidet, und vermindern Angst- und Schuldgefühle.

Subkulturen und Bandendelinquenz

Unterschicht als kriminogenes Milieu?

Während Cohen auch für die Unterschicht zumindest partiell die Abhängigkeit von Mittelschichtnormen behauptet, betrachtet die Subkulturtheorie von Walter B. Miller (1979: 341) Teile der Unterschicht als eine relativ eigenständige abweichende Subkultur mit eigenen Wertmaßstäben bzw. „Themen, die weit verbreitete und anhaltende Aufmerksamkeit und ein hohes Maß emotionaler Besetzung auf sich ziehen". Zu solchen Themen, die den männlichen Jugendlichen insbesondere in delinquenten Banden nahegebracht werden, zählt Miller u. a. „Härte" (Tapferkeit und Symbole der „Männlichkeit" sind wichtige Themen) und „Erregung" (Suche nach spannungsvollen Ereignissen). Die Betonung von Härte und die Demonstration körperlicher Geschicklichkeit, die nach Miller charakteristisch für die unteren Sozialschichten sind, erhöhen die Wahrscheinlichkeit, mit dem Gesetz in Konflikt zu geraten. Bei Bandendelinquenz handelt es sich demnach nicht um eine Reaktion auf aktuelle, sozialstrukturell induzierte Frustrationen, sondern um mehr oder weniger zufällige Begleiterscheinungen von Handlungen, die der kulturellen Tradition der Unterschicht oder von Teilen der Unterschicht entsprechen.

Die beschriebenen Theorien unterliegen alle der Kritik, die am ätiologischen Ansatz grundsätzlich geübt wird. Sie werden in Form von Variablen formuliert, die auf der einen Seite Ausgangszustände und auf der anderen Seite Ergebnisse beschreiben, statt in Form von Prozessen, in denen Handlungen und komplexe Handlungsstrukturen aufgebaut, entwickelt und umgewandelt werden. Der Übergang von Konformität zu Kriminalität wird nicht als Prozess, sondern als Sprung gesehen. Auch können diese Theorien nicht mit dem eventuellen Übergang von abweichendem Verhalten zu dauerhafter Konformität einer Person fertig werden. Vor allen Dingen bleibt unbeachtet, dass abweichendes Verhalten Resultat eines Prozesses ist, der sich als Interaktion zwischen einem (oder mehreren) Handelnden und dessen sozialer Umwelt vollzieht und dass durch die Vorgabe abstrakter Normen und Regeln übersehen wird, dass Normen und Regeln erst im Prozess ihrer Anwendung deutlich und wirklich werden, soziales Geschehen ordnen und interpretieren. Auch gelingt es nie, Faktoren zu finden, die tatsächlich eindeutig zwischen abweichenden und konformen Personen differenzieren. So stammen zwar relativ mehr kriminell auffällig gewordene Jugendliche aus zerrütteten Familien als offiziell nicht registrierte Jugendliche, doch nicht alle Merkmalsträger verhalten sich abweichend; d. h. diese Theorien erklären mehr Abweichung, als in Wirklichkeit zu registrieren ist.

Kritik am ätiologischen Ansatz

4 Erklärungsversuche abweichenden Verhaltens II: die interaktionistische Devianzperspektive

4.1 Regelverletzungen, Devianzzuschreibungen und soziale Kontrolle

Die Vorrangstellung der ätiologischen Analyse abweichenden Verhaltens ist in der Bundesrepublik seit den Darstellungen von Fritz Sack (z. B. 1979) vorüber. Die Devianzforschung ist nach Grundbegriffen, Ansätzen und empirischer Forschung dynamischer und interaktionistischer geworden. Die Labeling-Perspektive (auch: ***labeling approach,*** von *to label* = etikettieren, Definitionsansatz oder Etikettierungsansatz genannt) zeichnet sich gegenüber der traditionellen Devianzforschung dadurch aus, dass zahlreiche Dimensionen problematisiert werden, die früher den Status von Selbstverständlichkeiten hatten und dass sie die Aufmerksamkeit auf bisher vernachlässigte Aspekte lenkt. **Devianz (Abweichung)** wird als ein sich fortlaufend entwickelndes Ergebnis dynamischer Interaktionsprozesse aufgefasst. Abweichung und soziale Kontrolle schließen auf allen Ebenen Prozesse des Definierens, Interagierens und Reagierens ein. Abweichendes Verhalten konstituiert sich in formellen

Merkmale des *labeling approach*

und informellen Definitionen und Reaktionen auf bestimmte Verhaltensweisen und in deren Rückwirkungen, also in der Interaktion.

Die Darstellung und Analyse interaktiver Prozesse ist vor allem mit der Theorie des Symbolischen Interaktionismus geleistet worden, die auf Arbeiten von George Herbert Mead und Herbert Blumer (1900–1987) zurückgeht. Das Grundmuster der Labeling-Perspektive wurde erstmals systematisch von E. M. Lemert (1951) formuliert. Lemert versteht unter Abweichung nicht mehr eine Eigenschaft des Verhaltens oder der Person und auch nicht die zwangsläufige Folge der Verletzung einer gesellschaftlichen Regel oder Norm, denn nicht alle Verhaltensweisen aus einer bestimmten Klasse und nicht alle Personen einer bestimmten Kategorie werden unabhängig vom jeweiligen Kontext in gleicher Weise als abweichend definiert, und nicht jede Regelverletzung fuhrt automatisch zur Zuschreibung des Abweichlerstatus. Abweichendes Verhalten ist weder durch Merkmale des Handelns noch durch die Normen, gegen die es verstößt, eindeutig charakterisierbar, sondern von entscheidender Bedeutung sind soziale Zuschreibungsprozesse. Statt sich auf die Tat und die Täterpersönlichkeit zu konzentrieren, treten die Definitionen und Reaktionen der sozialen Umwelt auf ein konkretes Verhalten in den Vordergrund. In den vielzitierten Worten von Howard S. Becker (2014: 31), dem bedeutendsten modernen Klassiker des labeling approach: „Ich meine vielmehr, dass gesellschaftliche Gruppen abweichendes Verhalten dadurch schaffen, dass sie Regeln aufstellen, deren Verletzung abweichendes Verhalten konstituiert, und dass sie diese Regeln auf bestimmte Menschen anwenden, die sie als Außenseiter etikettieren. Von diesem Standpunkt aus ist abweichendes Verhalten *keine* Qualität der Handlung, die eine Person begeht, sondern vielmehr eine Konsequenz der Anwendung von Regeln durch andere und der Sanktionen gegenüber einem ‚Missetäter'. Der Mensch mit abweichendem Verhalten ist ein Mensch, auf den diese Bezeichnung erfolgreich angewandt worden ist; abweichendes Verhalten ist Verhalten, das Menschen als solches bezeichnen". Während sich in der ätiologischen Forschung das Interesse auf den Abweichler konzentriert, verlagert es sich durch die Problematisierung der Definitionsaspekte auf jene Personen, die mit diesen Definitionen vorwiegend beschäftigt sind. Dies sind einmal alle jene, die allgemeinverbindliche Verhaltensnormen aufstellen (Normsetzung und Normwandel) und zum anderen jene, die diese allgemein fixierten Regeln auf Alltagssituationen anwenden (Normanwendung/-durchsetzung) und bestimmte Personen zu Abweichlern machen (kriminelle Karriere).

Definition abweichenden Verhaltens als Zuschreibungsprozess

Der Labeling-Ansatz berücksichtigt Akteur, soziales Publikum und den sozialen Kontext, in dem Verhalten stattfindet. Da allgemeine Normen immer auf bestimmte Situationen bezogen werden müssen und somit interpretationsbedürftig sind, entscheidet das soziale Publikum darüber, ob einer be-

Interpretationsbedürftigkeit sozialer Normen

stimmten Handlung oder Person das Etikett abweichend zugeschrieben wird oder nicht. Devianzzuschreibungen können an (vermeintliche) Regelverletzungen anknüpfen, aber sie müssen es nicht, wie umgekehrt Regelverletzungen auch ohne Devianzzuschreibungen auftreten können. Dabei interessiert die Labeling-Theoretiker nicht so sehr „die Bewältigung der klassischen ätiologischen Frage, sondern die Explikation des Prozesses, durch den Personen das werden, als was sie bezeichnet werden" (Keupp 1976: 32). Durch die Konzentration des Forschungsinteresses auf Reaktionsprozesse wird also das alte soziologische Thema der sozialen Kontrolle unter einer neuen Perspektive diskutiert. Es wird nicht mehr danach gefragt, inwieweit das Eingreifen von Kontrollorganen abweichendes Verhalten verhindern oder einschränken kann, sondern der Grundgedanke lautet genau umgekehrt, dass Prozesse der Normsetzung und insbesondere der Normanwendung und sozialen Kontrolle abweichendes Verhalten unter Umständen erst erzeugen oder stabilisieren.

4.2 Primäre und sekundäre Devianz

Grundlegend ist die auf Lemert zurückgehende begriffliche Unterscheidung zwischen primärer und sekundärer Devianz. Lemert (1975) führt den Begriff der **sekundären Abweichung** ein, um auf die Bedeutung der gesellschaftlichen Reaktionen für die Erforschung der Ursachen und Formen des abweichenden Verhaltens und seine Stabilisierungen zu abweichenden sozialen Rollen und Verhaltenssystemen aufmerksam zu machen. Diese sekundäre Abweichung, die als Folge gesellschaftlicher Reaktionen und Rollenzuschreibungen gesehen wird, trennt er von der **primären Abweichung**, die durch bestimmte Normen vordefiniert in der Gesellschaft weit verbreitet ist und die sehr unterschiedliche Ursachen haben kann (Anomiedruck, zerrüttete Familie u. a.). Selbst wenn die primäre Devianz gesellschaftlich vielleicht als unerwünscht erkannt und definiert ist, wirkt sie sich nur am Rande auf den Status und die psychische Struktur der betreffenden Person aus. Die sich ergebenden Probleme werden üblicherweise wechselseitig im Rahmen der eingespielten Statusbeziehungen gelöst, sei es durch Verharmlosung und Entschuldigungen oder durch Steuerung und Kontrollen, die so geringfügig sind, dass sie die grundlegenden Kompromisse des gesellschaftlichen Zusammenlebens nicht ernstlich stören.

Unterscheidung zwischen primärer und sekundärer Abweichung

Aufgrund der einsetzenden sozialen Reaktionen kann ein kritischer Punkt erreicht werden, an dem eine Neutralisierung nicht mehr möglich ist und die Person auf die sozialen Reaktionen durch Begehen weiterer Regelverletzungen reagiert. Wann dieser Punkt erreicht ist bzw. ob er überhaupt erreicht wird, hängt u. a. von der Art der Regelverletzung, dem Machtgefälle zwischen

Etikettierer und Etikettiertem, vom Öffentlichkeitscharakter der sozialen Etikettierung, von dem Ausmaß, in dem „signifikante Andere" die Etikettierung unterstützen, von der Häufigkeit und Zeitdauer der Etikettierung sowie von diversen Bedingungen auf Seiten des Adressaten (seine psychische Stabilität, seine Bereitschaft, die angetragenen Kategorisierungen als legitim zu akzeptieren usw.) ab. Die Person gerät unter Umständen aufgrund der Stigmatisierungen, der sozialen Isolation und der sozialen Kontrollen allmählich in eine Abweichlerrolle. Die Reaktionen der Umwelt treten „in den Mittelpunkt des Lebens dieser Menschen, denn sie verändern deren psychische Strukturen und gestalten die sozialen Rollen und Einstellungen gegenüber dem Ich in spezifischer Weise. Die Handlungen, deren Bezugspunkte diese Rollen und Selbsteinschätzungen sind, machen die sekundäre Devianz aus. Gemessen an seinen Handlungen ist der sekundär Abweichende ein Mensch, dessen Leben und Identität von der Realität der Devianz bestimmt sind" (Lemert 1975: 434). Da gegenüber der traditionellen Devianzforschung eine Verschiebung des Interesses erfolgt, lässt sich der Labeling-Ansatz eher als eine Theorie abweichender Rollen als eine Theorie abweichenden Verhaltens charakterisieren. Entsprechend heißt es bei Fritz Sack (1978: 338), dem prominentesten Vertreter der Labeling-Perspektive in Deutschland: „Es findet ein Transformationsprozess statt, der darauf abstellt, dass ein ‚gegebener Sachverhalt', eine ‚Primärabweichung', sozial, symbolisch in einer Weise ‚verarbeitet' und verändert wird, dass gleichsam eine neue soziale Wirklichkeit daraus entsteht, nämlich die ‚Rolle' des Kriminellen etc. Dabei ist die Rolle als strukturiertes Bündel von Erwartungen, Eigenschaften, Rechten, Pflichten usw. ein Mehr und ein Anderes als die schlichte Verletzung einer Norm."

Labeling-Ansatz als Theorie abweichender Rollen

4.3 Abweichendes Verhalten als Prozess

Wie Howard S. Becker (2014) betont, sind nicht – wie die traditionelle Ursachenforschung annimmt – alle bei der Entstehung des untersuchten Phänomens beteiligten Faktoren gleichzeitig wirksam. Man benötigt vielmehr ein Modell, das das Faktum berücksichtigt, dass sich Verhaltensmuster in regelmäßiger Abfolge entwickeln („prozessualer Ansatz"). Jede Stufe erfordert eine eigene Erklärung, und was in der einen Phase eine wichtige Ursache sein mag, kann in einer anderen Phase ohne Bedeutung sein. So braucht man z. B. im Falle des fortwährenden Marihuanakonsums eine Erklärung dafür, wie jemand in eine Situation gerät, in der Marihuana leicht beschaffbar ist, und eine andere Erklärung dafür, warum die Person unter der Voraussetzung leichter Beschaffbarkelt von Marihuana bereit ist, zum erstenmal damit zu experimentieren. Und wir benötigen eine weitere Erklärung dafür, warum jemand

Prozessualer Ansatz abweichenden Verhaltens

nach dem ersten Versuch mit Marihuana fortfährt, es zu benutzen. Die Erklärung für jede Stufe ist Teil der Erklärung für das endgültige Verhalten. Fasst man Abweichung als Prozess auf, so benötigt man nicht nur ein anderes Erklärungsmodell, sondern auch andere Techniken der Datensammlung, insbesondere Methoden teilnehmender Beobachtung.

Stufenmodell einer Abweichlerkarriere

Um die regelhafte Abfolge verschiedener Arten abweichenden Verhaltens zu charakterisieren, führt Becker den Begriff der abweichenden Laufbahn oder abweichenden Karriere ein. Seine Ausführungen zu den charakteristischen Stufen einer Abweichlerkarriere lassen sich folgendermaßen rekonstruieren:

Abbildung 1 Stufen einer Abweichlerkarriere

1. Begehen einer Regelverletzung
2. Öffentliche Zuschreibung des Etiketts „abweichend"
3. Generalisierung *(master status)*
4. Stigmatisierung
5. Abweichende Identität
6. Eintritt in Abweichlergruppe

Regelverletzungen als Ausgangspunkt einer Abweichlerkarriere

Die meisten abweichenden Laufbahnen beginnen mit einer Regelverletzung. Diese kann absichtlich (z. B. aufgrund sozialer Mängellagen) oder unbeabsichtigt (z. B. aufgrund der Unkenntnis der Regel) erfolgen. Da laut Becker die meisten Menschen irgendwann abweichende Impulse verspüren, sollte man nicht nur die Entstehung abweichender Motivationen untersuchen, sondern auch verstärkt danach forschen, warum konventionelle Menschen ihren abweichenden Impulsen nicht nachgeben. Und umgekehrt sollte danach gefragt werden, auf welche Art und Weise Abweichler, die die herrschenden Werte und Normen stark internalisiert haben, mit Hilfe von Neutralisierungstechniken Schuldgefühle erst gar nicht aufkommen lassen oder nachträglich rationalisieren (vgl. Sykes/Matza 1979).

Der wesentliche zweite Schritt im Prozess der Ausbildung eines festen Musters abweichenden Verhaltens ist die Erfahrung, öffentlich als Mensch mit abweichendem Verhalten abgestempelt worden zu sein (öffentliche Zuschreibung des Etiketts „abweichend"). Die Zuschreibungsprozesse umfassen nicht nur das formelle Aktivwerden der sozialen Kontrollinstanzen (Polizei, Justiz, Behörden u. a.), sondern auch das informelle Interaktionsgeschehen in alltäglichen Interaktionen. Ob eine Zuschreibung erfolgt oder nicht, hängt nicht allein von der Art der verletzten Norm ab (wie schwerwiegend, aber auch wie labil, diffus und inkonsistent und damit auslegungsfähig und -bedürftig die Norm ist), sondern auch davon, ob andere Menschen die Regel durchsetzen oder nicht. Die Zuschreibung erfolge dabei gruppen-, situations- und personenspezifisch, also höchst selektiv. So wird das Handeln der Instanzen sozialer Kontrolle von (oft vorurteilsbehafteten) Alltagstheorien über Tat und Täter beeinflusst, die häufig an äußeren Merkmalen ansetzen. Zerrüttete Familienverhältnisse, Unvollständigkeit der Familie sowie Schichtzugehörigkeit stellen wichtige Auslesefaktoren dar. Die Tatsache, dass die Kriminalitätsrate in den Unterschichten höher ist als in der Mittelschicht, könnte daher (auch bzw. zusätzlich) damit erklärt werden, dass Personen aus der Unterschicht in erhöhter Weise Gefahr laufen, von der Polizei einer Straftat verdächtigt und vom Gericht abgeurteilt zu werden, da Personen höherer Sozialschichten sich wirksamer gegen soziale Kontrollen (über Anwälte, einleuchtende Rechtfertigungen etc.) wehren können und häufiger an solchen Formen von Devianz beteiligt sind, die schwer durchschaubar sind (z. B. Unterschlagung), als Personen der Unterschicht.

Selektivität des Zuschreibungsprozesses

Erfolgt eine Zuschreibung, so findet drittens ein drastischer Wandel in der öffentlichen Beurteilung des Normbrechers statt. Das Merkmal „abweichend/auffällig“ wird zum zentralen Kriterium (nach Becker *master status*), an dem sich die Wahrnehmung und das Verhalten der Umwelt orientieren. Der Besitz eines abweichenden Merkmals kann von allgemeinem symbolischen Wert sein, so dass seinem Träger automatisch andere unerwünschte, angeblich mit diesem Merkmal verbundene Merkmale zugeschrieben werden. Verschärfend wirkt sich dabei aus, dass über den Mechanismus der retrospektiven Interpretation (Garfinkel 1979) bzw. über den Prozess der biographischen Rekonstruktion (Lofland 1969) vergangene Beobachtungen und Erfahrungen einen neuen Sinn gewinnen. Durch die rückblickende Neuinterpretation des Abweichlers versucht der Interaktionspartner eine Kontinuität herzustellen zwischen der aktuellen Normverletzung und dessen biographischer Vorgeschichte. Der Betreffende war eigentlich schon immer so; es lagen schon immer Anzeichen für seine Abweichung vor, die man aber übersah oder bagatellisierte. Der Eindruck, dass es sich um einen Abweichler handelt, stabilisiert sich.

Prozess der Generalisierung

Der vierte Schritt in der Abweichlerkarriere besteht in der **Stigmatisierung** des Abweichlers. Die Betroffenen erfahren eine andere Behandlung. Besonders verhängnisvoll im Hinblick auf die Verfestigung abweichenden Verhaltens wirkt sich aus, wenn die Behandlung über eine primärgruppeninterne Bestrafung hinausgeht und zur Aussonderung führt (z. B. Meldung beim Jugendamt, Vorladung bei der Polizei). Die Reaktionen der Instanzen sozialer Kontrolle (Polizei, Sozialarbeit, Strafgericht, Psychiatrie usw.) können schon früh einsetzen und weitreichende Konsequenzen haben. Der Mensch, der als

Stigmatisierung als Ausschluss von konformen Aktivitäten

abweichend identifiziert wurde, läuft Gefahr, von der Partizipation an konventionellen Gruppen abgeschnitten zu werden. So kann die Tatsache, dass ein Individuum vorbestraft ist, eine Etikettierung wirksam werden lassen, die die Handlungsspielräume dieses Individuums einengt (indem es z. B. keine Arbeit findet). Der springende Punkt ist, dass die Behandlung von Menschen mit abweichendem Verhalten ihnen die normalen, den meisten Menschen zugebilligten Mittel und Wege vorenthält, die nötig sind, um Gewohnheitshandlungen des alltäglichen Lebens verrichten zu können (Becker 2014). Entsprechend muss der Mensch mit abweichendem Verhalten notgedrungen illegitime Gewohnheitshandlungen entwickeln.

Übernahme/ Abwehr der Abweichlerrolle

Stigmatisierungen können fünftens über den Mechanismus der sich-selbst-erfüllenden Prophezeiung zur Entwicklung einer abweichenden Identität fuhren, womit die Wahrscheinlichkeit einer weiteren Beteiligung an abweichendem Handeln steigt. Ein letzter Schritt in der Abweichlerkarriere ist der Eintritt in eine abweichende Gruppe oder Subkultur, wo der Abweichler eventuell die Befriedigung und Unterstützung findet, die ihm die konforme Umwelt verweigert. In der Abweichlergruppe lernt das Individuum Rationalisierungen für sein abweichendes Verhalten (Abbau bzw. Verhinderung von Schuldgefühlen) und damit vernünftig erscheinende Gründe, seine Laufbahn weiter zu verfolgen. Es lernt Techniken zur Vermeidung von Verfolgung und zur Ausführung abweichender Verhaltensweisen, also insgesamt Verhaltensweisen, die sein abweichendes Verhalten stabilisieren. Der Prozess der Verstrickung des Individuums im devianten Prozess ist abgeschlossen, wenn das Individuum sich schließlich mit dem devianten Status identifiziert und eine deviante Lebensweise praktiziert.

Kritik an Karrieremodellen abweichenden Verhaltens

Entsprechende Karrieremodelle wurden u. a. für die Analyse von Kriminalität (Dolde 1978), Alkoholismus (Stimmer 1980), psychischen Störungen (Scheff 1980), Heroinabhängigkeit (Berger u. a. 1980), Prostitution (Hess 1978) und abweichendem Schülerverhalten (Asmus/Peuckert 1979) entwickelt. Die Kritik an derartigen Verlaufsmodellen ist vielfältig. Fraglich ist, ob abweichende Laufbahnen alle Stufen in der genannten Reihenfolge durchlaufen müssen. Auch der deterministische Charakter der meisten Stufenmodelle wird kritisiert. Der Stigmatisierte wird als Opfer gesellschaftlicher Zuschreibungsprozesse, als in ein unausweichliches Netzwerk verstrickt gesehen. Alle Versuche des Individuums, sich gegen Etikettierungen zur Wehr zu setzen und sich aus den Labelingprozessen zu befreien, bleiben weitgehend außer Betracht. Ein zentrales Anliegen der Forschung sollte es deshalb sein, die sozialen Bedingungen zu untersuchen, die die Entwicklung einer devianten Lebensweise forcieren bzw. hemmen. Dabei sollte man das Interesse nicht nur auf Menschen beschränken, die immer stärker in abweichendes Verhalten verstrickt werden und schließlich eine abweichende Identität und Lebensweise annehmen, sondern auch Menschen einbeziehen, die nur einen flüchtigen Kontakt mit abweichendem Verhalten hatten und zu konventionellen Lebensweisen zurückgefunden haben.

Integration ätiologischer und interaktionistischer Theorien

Auf der theoretischen Basis der Labeling-Perspektive haben sich mit diversen Etiketten versehen neuere Ansätze (z. B. Radikale Kriminologie, Kritische Kriminologie) entwickelt, die sich primär mit der kriminalisierenden Wirkung der Instanzen sozialer Kontrolle befassen. Eine angemessene Erklärung von Devianz sollte aber beide Aspekte – Regelverletzungen und Kontrollverhalten – berücksichtigen. Als Bindeglied kann die Sozialstruktur angesehen werden, die auf doppelte Weise Abweichungsphänomene produziert. „Die Position eines Individuums innerhalb der Sozialstruktur fördert das Entstehen bestimmter Verhaltensweisen, die als primäre Abweichung in Erscheinung treten. Der soziale Status entscheidet nun weiterhin darüber, mit welcher Wahrscheinlichkeit Instanzen sozialer Kontrolle auf primäre Abweichung eingehen und sie zu sekundärer Abweichung stabilisieren können. In dieser doppelten und kumulativ wirkenden Weise beeinflusst die Sozialstruktur bzw. die in ihr angelegten Disparitäten Abweichungsphänomene“ (Keupp 1976: 208).

In den 1970er und 1980er Jahren hat sich ein Formwandel sozialer Kontrolle vollzogen. Der Umgang mit Abweichlern hat sich gravierend geändert. Da die resozialisierenden Wirkungen harter Strafmaßnahmen, wie das Beispiel totaler Institutionen (Gefängnisse, psychiatrische Anstalten) gezeigt hat, leicht von den durch Stigmatisierungen eingeleiteten schädlichen Nebenwirkungen übertroffen werden, wurden als Alternativen zur Härte staatlichen Strafens (insbes. des Freiheitsentzugs) die Entwicklung neuer „ambulanter“ Sanktionen (z. B. Strategien des Abolitionismus, d. h. die stärkere Betonung informeller Konfliktregelungen) und die Privatisierung sozialer Kontrolle propagiert (vgl. Sack u. a. 1995). Das Interesse der Kriminalsoziologie richtete sich nun stärker auf die Analyse der latenten Wirkungen dieser angeblich „sanften“ Kontrolle. Zu Beginn der 1990er Jahre ist dann das Pendel wieder zurückgeschlagen. Die soziale Ausschließung ist auch in der Beschäftigung mit abweichendem Verhalten und seiner Kontrolle wieder ein zentrales Leitmotiv geworden (vgl. Steinen 1995). Gleichzeitig wurden die verbesserten technischen Möglichkeiten der Überwachung („Lauschangriff“) und Sanktionierung („elektronisches Halsband“) entdeckt.

Informationsteil

Literatur zur Einführung/Vertiefung

Becker, H. S., Außenseiter. Zur Soziologie abweichenden Verhaltens, Wiesbaden ²2014 (orig. amerik. 1963)

Das Werk von H. S. Becker gilt zu Recht – neben der Anomietheorie von R. K. Merton – als der moderne Klassiker der Soziologie abweichenden Verhaltens. Beckers Satz „Der Mensch mit abweichendem Verhalten ist ein Mensch, auf den diese Bezeichnung erfolgreich angewandt worden ist; abweichendes Verhalten ist Verhalten, das Menschen so bezeichnen" markiert den Übergang von einer im Wesentlichen sozialstrukturellen Beschäftigung mit Devianzphänomenen zur interaktionistischen Devianzperspektive. Becker erläutert sein Stufenmodell abweichenden Verhaltens, demzufolge sich Devianz erst allmählich im sozialen Kontext über eine komplexe Folge von Einstellungsveränderungen entwickelt, an zwei Gruppen von Außenseitern, mit denen er persönlich in Kontakt stand: an Drogensüchtigen/Marihuana-Rauchern und an Jazz- und Tanzmusikern. Im letzten Teil des Bandes wendet sich Becker am Beispiel der Marihuana-Gesetze der anderen Seite der Interaktion zu – den Regelsetzern und dem moralischen Unternehmertum.

Kaiser, G. u. a., Hg., Kleines Kriminologisches Wörterbuch, Heidelberg ³1993 (zuerst 1974)

Das Nachschlagewerk mit 94 Stichwörtern, an denen Verfasser aus den Fachgebieten Psychologie, Rechtswissenschaft und Soziologie beteiligt sind, hat sich die Aufdeckung des gesamten Spektrums wissenschaftlicher Auseinandersetzung mit Kriminalität und Verbrechen zum Ziel gesetzt und wendet sich an alle Fachleute und interessierten Laien, die einen problemorientierten Überblick über Verbrechen und seine Einzelaspekte suchen. Neben Eigentums- und Gewaltstraftaten sind neue Formen der Kriminalität getreten, insbesondere Drogen-, Wirtschafts- und Umweltdelikte sowie organisiertes Verbrechen. Der Band befasst sich nicht nur mit den Ursachen der Straffälligkeit, sondern auch damit, warum bestimmte Verhaltensweisen überhaupt unter Strafe gestellt werden, wie Opfer auf Straftaten reagieren und behandelt werden, mit welchen Mitteln und Verfahren Gesellschaften oder Privatpersonen auf Kriminalität reagieren und wie sich Veränderungen in diesem Bereich auf die Kriminalitätsentwicklung auswirken.

Lamnek, S., Theorien abweichenden Verhaltens I: Klassische Ansätze, Stuttgart ⁹2013

Die 9., unveränderte Auflage stellt nach Klärung einiger begrifflicher Grundkonzepte (wie Abweichung, Norm, Sanktion, soziale Kontrolle) die wichtigsten soziologischen Erklärungsversuche von Devianz vor. Die Anomietheorien, die Theorien der Subkultur und des Kulturkonflikts, die Theorien des differenziellen Lernens und des *labeling approach* werden in ihren zentralen Aussagen differenziert vorgestellt und auf ihr

Erklärungspotenzial, ihre praktische Brauchbarkeit und empirische Bewährung (letzteres allerdings in relativ knapper und dem Stand der Forschung nicht mehr angemessener Form) hin beurteilt. Abgerundet wird der empfehlenswerte Band durch ein Personen- und Sachregister, eine Bibliographie sowie durch ein Glossar, in dem die zentralen Begriffe knapp definiert und mit Literaturverweisen versehen werden. Ein Ergänzungsband, der sich mit modernen Ansätzen (z. B. Diversionstheorien, Abolitionismus) auseinandersetzt, ist unter dem Titel „Theorien abweichenden Verhaltens II: Moderne Ansätze" erschienen.

Merton, R. K., Sozialstruktur und Anomie, in: *Ders.*, Soziologische Theorie und soziale Struktur, Berlin/New York 1995 (orig. amerik. 1938/1957), S. 127–185
Die auf Arbeiten von E. Durkheim aufbauende Anomietheorie des amerik. Soziologen Robert K. Merton, eine der meistzitierten Arbeiten der modernen Soziologie, galt lange – und gilt vielen heute noch – als die bedeutsamste Theorie abweichenden Verhaltens überhaupt und geriet erst im Verlauf der 1970er Jahre in Deutschland in Konkurrenz zu der ähnlich erfolgreichen Labeling-Perspektive. Anomie bezeichnet einen Zustand der Regel- oder Normlosigkeit, in welchem gesellschaftlich hochbewertete Ziele (wie wirtschaftlicher Erfolg) und durch bestehende Normen festgelegte, strukturell ungleichmäßig verteilte Mittel auseinanderklaffen und auf Individuen einen Druck zu abweichendem Verhalten ausüben, der durch unterschiedliche Arten individueller Anpassung bewältigt werden kann. Eine Übertragung der Grundannahmen der Anomietheorie auf die Bundesrepublik der 1990er Jahre findet sich in dem von W. Heitmeyer herausgegebenen Sammelband „Was treibt die Gesellschaft auseinander?" (Frankfurt a. M. ^{4}1999).

Sack, F./König, R., Hg., Kriminalsoziologie, Frankfurt a. M. ^{3}1979 (zuerst 1968)
Ein unverzichtbarer Sammelband mit wichtigen Beiträgen zur Normalität des Verbrechens, den Funktionen/Dysfunktionen abweichenden Verhaltens, zu methodologischen Problemen der Erfassung von Kriminalität und empirischen Einzelbefunden (z. B. Familie und Devianz, Massenmedien, *white-collar* Kriminalität). Das Kernstück bilden Theorien, die auch heute noch unverzichtbar für die sozialstrukturelle Analyse abweichenden Verhaltens sind. Hierzu gehören die Subkulturtheorien von A. K. Cohen und W. B. Miller, die Theorie der Neutralisierung von G. M. Sykes und D. Matza, die Theorie der differenziellen Kontakte von E. H. Sutherland und die Anomietheorien von R. K. Merton und R. A. Cloward. Der Band schließt mit einem Beitrag von Fritz Sack zu den „neuen Perspektiven" in der Soziologie abweichenden Verhaltens, der die Rezeption der interaktionistischen Theorie in Deutschland entscheidend geprägt hat.

Stallberg, F. W., Hg., Abweichung und Kriminalität. Konzeptionen. Kritik. Analysen, Hamburg 1975
Der wichtige Ergänzungsband zu der von Sack und König herausgegebenen Textsammlung vermittelt einen informativen Eindruck vom Gehalt, Entwicklungsstand und von der empirischen Fruchtbarkeit der modernen, prozessorientierten Auffassung von Abweichung. Neben „klassischen" Problembeiträgen, wie Lemerts Unterscheidung von primärer und sekundärer Devianz oder Auszügen aus Beckers „Außenseiter", finden sich auch kritische Beiträge, wie J. P. Gibbs Ausführungen zum Verhältnis von alten und neuen Konzeptionen abweichenden Verhaltens oder M. Mankoffs Kritik am Konzept der abweichenden Karriere. Wie eine interaktionistische Devianzperspektive aussehen könnte, wird exemplarisch anhand empirischer Studien zum Wandel moralischer Bewertungen, zu gesellschaftlichen Stereotypen von Abweichlern, zu Kriminalisierungsprozessen u. a. erörtert.

Wiswede, G., Soziologie abweichenden Verhaltens, Stuttgart u. a. ²1979 (zuerst 1973)
Wiswede geht es in seinem Lehrbuch primär um die kritische und ausgewogene Einschätzung der kontroversen Positionen ätiologischer Forschung und des *labeling approach* und um den Versuch einer Integration beider Forschungsansätze unter verhaltenstheoretisch orientierter Perspektive. Im Mittelpunkt seines sehr verständlich geschriebenen Lehrbuches steht die Erörterung der bedeutsamsten ätiologischen und interaktionistischen Ansätze. Erstere sehen Devianz als Ergebnis gescheiterter Sozialisation, als Resultat schlechten Umgangs, Folge reduzierter Chancen oder als Ausdruck unterschiedlicher Lebensstile. Der Labeling-Ansatz betrachtet dagegen Devianz in erster Linie als Kunstprodukt der Selektion und als Ergebnis einer Abweichlerkarriere. Nach Wiswede lassen sich aufgrund der heutigen Kenntnis von Lernprozessen konformes und abweichendes Verhalten aus der gleichen Erklärungsbasis (Lerntheorien) ableiten und Ergebnisse sozialstruktureller und interaktionistischer Forschung als spezielle Anwendungsfälle dieser Prinzipien begreifen.

Weiterführende Literatur

Albrecht, G./Backes, O., Hg., Gewaltkriminalität zwischen Mythos und Realität, Frankfurt a. M. 2001

Baier, D., Abweichendes Verhalten im Jugendalter, in: ZSE 25, 2005, S. 381–398

Böhnisch, L., Abweichendes Verhalten. Eine pädagogisch-soziologische Einführung, Weinheim/München ⁴2010

Hess, H./Scheerer, S., Was ist Kriminalität? Skizze einer konstruktivistischen Kriminalitätstheorie, in: Kriminologisches Journal 29, 1997, S. 83–155

Keupp, H., Abweichung und Alltagsroutine. Die Labeling-Perspektive in Theorie und Praxis, Hamburg 1976

Ludwig-Mayerhofer, W., Hg., Soziale Ungleichheit, Kriminalität und Kriminalisierung, Opladen 2000

Lüdemann, C./Ohlemacher, T., Soziologie der Kriminalität, Weinheim/München 2002
Matza, D., Abweichendes Verhalten. Untersuchungen zur Genese abweichender Identität, Heidelberg 1973 (orig. amerik. 1969)
Oberwittler, D./Karstedt, S., Hg., Soziologie der Kriminalität, SH 43 der KZfSS, Wiesbaden 2004
Peters, H., Devianz und soziale Kontrolle. Eine Einführung in die Soziologie abweichenden Verhaltens, Weinheim/München ³2009
Pfeiffer, D. K./Scheerer, S., Kriminalsoziologie, Stuttgart u. a. 1979
Schur, E. M., Abweichendes Verhalten und soziale Kontrolle. Etikettierung und gesellschaftliche Reaktionen, Frankfurt a. M./New York 1974 (orig. amerik. 1971)
Willems, H., Geregelte Überschreitung, gepflegte Ungepflegtheit. Eine zivilisationstheoretisch-dramatologische Betrachtung abweichenden Verhaltens, in: ÖZS 23, 1998, S. 43–72

Zitierte Literatur

Asmus, H.-J./Peuckert, R., Hg., Abweichendes Schülerverhalten. Zur Devianzetikettierung in der Schule, Heidelberg 1979
Berger, H. u. a., Wege in die Heroinabhängigkeit, München 1980
BMI (Bundesministerium des Innern), Hg., Polizeiliche Kriminalstatistik 2014, Berlin 2015
Cohen, A. K., Kriminelle Jugend, Reinbek bei Hamburg 1961
Dolde, G., Sozialisation und kriminelle Karrieren, München 1978
Durkheim, E., Die Regeln der soziologischen Methode, Frankfurt a. M. ⁶2007 (orig. frz. 1895)
Frevel, B., Kriminalität, Opladen 1999
Garfinkel, H., Bedingungen für den Erfolg von Degradierungszeremonien, in: *Asmus, H.-J./Peuckert, R.*, Hg., a. a. O., 1979 (orig. amerik. 1956), S. 117–124
Heiliger, A. u. a., Gewalthandlungen und Gewaltbetroffenheit von Frauen und Männern, in: *Cornelißen, W. u. a.*, Hg., Gender – Datenreport, München 2005, S. 580–640
Hess, H., Das Karrieremodell und die Karriere von Modellen. Zur Integration mikroperspektivischer Devianztheorien am Beispiel der Appartement-Prostituierten, in: *ders. u. a.*, Hg., Sexualität und soziale Kontrolle, Heidelberg 1978, S. 1–30
Keckeisen, W., Gesellschaftliche Definition abweichenden Verhaltens, München ²1976
Lamnek, S., Neue Theorien abweichenden Verhaltens, München ²1997
Lemert, E. M., Social Pathology, New York 1951
Ders., Der Begriff der sekundären Devianz, in: *Lüderssen, K./Sack, F.*, Hg., Seminar: Abweichendes Verhalten I, Frankfurt a. M. 1975 (orig. amerik. 1967), S. 433–476
Lofland, J., Deviance and identity, Englewood Cliffs 1969
Mead, G. H., The Psychology of Punitive Justice, in: AJS 23, 1928, S. 577–602

Merton, R. K., Sozialstruktur und Anomie, in: *Sack, F./König, R.*, Hg., a. a. O., 1979 (orig. amerik. 1957), S. 283–313

Miller, W. B., Die Kultur der Unterschicht als ein Entstehungsmilieu für Bandendelinquenz, in: *Sack, F./König, R.*, Hg., a. a. O., 1979 (orig. amerik. 1958), S. 339–359

Opp, K.-D./Peuckert, R., Ideologie und Fakten in der Rechtsprechung, München 1971

Phillipson, M., Die Paradoxie der sozialen Kontrolle und die Normalität des Verbrechens, in: *Lüderssen, K./Sack, F.*, Hg., Seminar: Abweichendes Verhalten I. Die selektiven Normen der Gesellschaft, Frankfurt a. M. 1975 (orig. engl. 1971), S. 126–145

Popitz, H., Über die Präventivwirkung des Nichtwissens, Berlin 2003 (zuerst 1968)

Ross, E. A., Social Control, New York 1901

Sack, F., Neue Perspektiven in der Soziologie, in: *Ders./König, R.*, Hg., a. a. O., 1979, S. 431–475

Ders., Probleme der Kriminalsoziologie, in: *König, R.*, Hg., Handbuch der empirischen Sozialforschung, Bd. 12, Stuttgart [2]1978, S. 192–492

Ders. u. a., Hg., Privatisierung staatlicher Kontrolle, Baden-Baden 1995

Schejf, T. J., Das Etikett „Geisteskrankheit". Soziale Interaktion und psychische Störung, Frankfurt a. M. 1980 (orig. amerik. 1966)

Schellhoss, H., Abweichendes Verhalten, in: *Kaiser, G. u. a.*, Hg., a. a. O., [3]1993a, S. 1–5

Ders., Funktionen der Kriminalität, in: *Kaiser, G. u. a.*, Hg., a. a. O., [3]1993b, S. 152–156

Steinert, H., Soziale Ausschließung – Das richtige Thema zur richtigen Zeit, in: Kriminologisches Journal 27, 1995, S. 82–88

Stimmer, F., Ein Drei-Phasen-Modell zur Soziogenese der Alkoholabhängigkeit männlicher Jugendlicher, in: *Berger, H. u. a.*, Hg., Jugend und Alkohol, Stuttgart u. a. 1980, S. 94–114

Sykes, G. M./Matza, D., Techniken der Neutralisierung, in: *Sack, F./König, R.*, Hg., a. a. O., 1979, S. 360–371

Lektion VII
Die soziale Gruppe

Bernhard Schäfers

Inhalt

1 Sozial- und Begriffsgeschichte der Gruppe

1.1 Die Eigenständigkeit der Gruppe

Sonderstellung der Gruppe unter den sozialen Gebilden

Unter den sozialen Gebilden, die sich im Verlauf der Menschheitsgeschichte entwickelt haben, kommt der **sozialen Gruppe** ein besonderer Stellenwert zu:

- Rein zeitlich betrachtet lebte der Mensch über die mit Abstand längsten Phasen seiner Geschichte in Horden und Klans (Gruppen in einem Stamm, die miteinander verwandt sind), in erweiterten Familiengruppen und überschaubaren Stammesorganisationen;

Der Mensch – ein Gruppenwesen

- die Gruppe ist das verbreitetste soziale Gebilde. Jedes Individuum gehört in der Regel verschiedenen sozialen Gruppen an, z. B. Familie, Freundesgruppe, Arbeitsgruppe, Sportgruppe;
- die Gruppe verbindet in einzigartiger Weise die Individualnatur eines Menschen mit seiner Sozialnatur, das Individuum mit der Gesellschaft. Die Gruppe kann daher als „Paradigma der Vergemeinschaftung und Vergesellschaftung" (Schwanke 1999) angesehen werden: In der Gruppe wird das Soziale – seine Normiertheit und Strukturiertheit, Differenzierung und Hierarchisierung – für die Individuen anschaulich und verstehbar. Auch in größeren sozialen Gebilden – wie einer Institution oder Organisation, einer Assoziation oder einem Verein, einem Stamm oder einer Kaste – lassen sich formelle und informelle Gruppen nachweisen.

Gruppe als Paradigma der Vergemeinschaftung und Vergesellschaftung

1.2 Die Bedeutung der Gruppe im Vergesellschaftungsprozess

Die Eigenständigkeit der Gruppe als soziales Gebilde, das sich in Struktur und Bedeutung von anderen Formen der Vergemeinschaftung und Vergesellschaftung der Individuen abgrenzen lässt, ist für die Sozial- und Humanwissenschaften eine Selbstverständlichkeit. Diese Auffassung entspricht auch der von den Individuen selbst erfahrenen und erkundeten sozialen Wirklichkeit, in der Gruppen einen vorrangigen Platz einnehmen.

Gruppe als Reaktion auf den Vergesellschaftungsprozess

Das Bewusstsein von der Gruppenbezogenheit des sozialen Handelns wurde – sozialgeschichtlich betrachtet – in dem Maße verstärkt, wie die sonstigen Lebens- und Handlungsbedingungen in der industriell-bürokratischen Gesellschaft mehr und mehr den Charakter des Organisierten, des Formalen, schließlich des Gesellschaftlichen und Kollektiven annahmen. Die Selbstverständlichkeit gemeinschaftlicher Handlungs- und Sozialbeziehungen der vorindustriellen Welt wurde durch den Individualismus und die funktionale Ausdifferenzierung gesellschaftlicher Teilsysteme einerseits, die Prozesse der

Industrialisierung, Verstädterung, der Zentralisierung und Bürokratisierung andererseits mehr und mehr aufgehoben. Durch die Mechanisierung und Automatisierung der Produktion entfielen in immer mehr Arbeitsbereichen gruppenhafte, kooperative Formen der Güterherstellung.

An der Sozialgeschichte der bürgerlichen Gesellschaft lässt sich ablesen, inwiefern die Entstehung immer neuer Gruppen als „Reflex auf gesamtgesellschaftliche Entwicklungen" (Schäfers 1983) interpretiert werden kann. Als Beispiele seien genannt:

Beispiele für neuartige Gruppen

- Die Entdeckung der ***gang*** (Frederic M. Thrasher 1973), der „Rotte" der Kinder und Jugendlichen, die ein eindeutiger Ersatz für das „*broken home*" ist;
- die Entdeckung der informellen Gruppe in formalen Organisationen (Elton Mayo 1949) und ihre Bedeutung für Individuum und Organisation;
- die Entdeckung der ***peers***, der Gleichaltrigengruppe der Kinder und Jugendlichen als sozialstrukturell wichtiges „Zwischenglied" zwischen Familie und Gesellschaft (Samuel N. Eisenstadt 1966; David Ausubel 1979);
- die Entdeckung der Gruppe als „Bündel" von Sympathie- und Antipathiebeziehungen und als Basis, die sozialen und psychischen Probleme der Zeit zu heilen (Jacob L. Moreno 1996);
- die seit den 1960er Jahren sich entwickelnden Gruppen im Bereich der Selbsthilfe (Therapie, Resozialisation, Sozialarbeit usw.), der politischen und sozialen Identitätsfindung und Selbstbehauptung (Grüne, Ökologie- und Friedensbewegung, Frauengruppen usw.) und der Alternativgruppen in den verschiedenen Projektbereichen (vgl. Yvonne Bernart 1999).

War noch Ende der 1960er Jahre die Bildung neuer, vor allem politisch aktiver Gruppen – man denke an die hochschulpolitischen Gruppen, die „Republikanischen Clubs" im Zusammenhang der Studentenbewegung, die Gruppen in der Schüler- und Lehrlingsbewegung, die Kommunen – ein Reflex auf gesamtgesellschaftliche Entwicklungen mit der Absicht, diese zu verändern, so zeigte sich seit Anfang der 1970er Jahre ein Wandel: Die Gruppe bzw. immer neue Gruppenbildungen wurden mehr und mehr zu einem Zufluchtsort des Individuums, zu einer Möglichkeit, den gesellschaftlichen Zwängen zu entgehen bzw. ihnen standzuhalten (symptomatisch war der Bucherfolg von Horst E. Richter 1972/1995). Mit dem Internet besteht die Möglichkeit, auf der Basis von Netzwerken Gruppen zu jedem beliebigen Zweck zu generieren.

1.3 Geschichte des Gruppenbegriffs

Überfrachtung des Gruppenbegriffs

Seit man von der Soziologie als selbstständiger Wissenschaft sprechen kann, also seit Ende des 19. Jahrhunderts, ist der Gruppenbegriff bzw. die Reflexion auf Struktur und Bedeutung der Gruppen mit der soziologischen Theoriegeschichte eng verbunden.

Der Gruppenbegriff war jedoch zunächst theoretisch wie ideologisch überfrachtet; er war sowohl gegen die damals vorherrschende individualistische, die organizistische wie gegen die klassentheoretische (marxistische) Theorie über das Soziale gerichtet. Das größte Hemmnis der Verwendung des Gruppenbegriffs als sozialer Kategorie ist wohl darin zu sehen, dass die mit dem Begriff verbundenen Inhalte für die ersten 40 Jahre der Soziologiegeschichte in Deutschland (etwa 1890–1930) durch Ferdinand Tönnies' (1855–1936) Werk „Gemeinschaft und Gesellschaft" (zuerst 1887) bereits behandelt schienen.

Etwas übertreibend könnte man sagen, dass ein Teil der Soziologie nach 1900, seit der erstaunlichen Wirkungsgeschichte von „Gemeinschaft und Gesellschaft", Anmerkungen zu diesem Werk sind: Versuche, die Dichotomie von Gemeinschaft und Gesellschaft um „denknotwendige" soziale Kategorien zu erweitern. Für Herman Schmalenbach (1885–1950) ist das der Bund; für Theodor Geiger (1891–1952) die Gruppe. Geigers Aufsatz über „Die Gruppe und die Kategorien Gemeinschaft und Gesellschaft" von 1927 ist noch an einer Korrektur bzw. Ergänzung der Tönniesschen Kategorien wie an den weiteren, für die 1920er Jahre typischen Dichotomien wie Ich – Du, Individuum und Gesellschaft orientiert.

Für die weitere Entwicklung des Gruppenkonzepts sind bis zur endgültigen Durchsetzung des v.a. in der amerikanischen Soziologie entwickelten Begriffs der **Kleingruppe** *(small group)* die Beiträge von Georg Simmel (1858–1918) und Leopold von Wiese (1876–1969) zu nennen.

Georg Simmel als Vorläufer der Gruppensoziologie

Von den Aussagen und Hypothesen, die Simmel in den Aufsätzen über „Die quantitative Bestimmtheit der Gruppe" und über „Die Selbsterhaltung der sozialen Gruppe" (2006) formulierte, seien nur einige herausgegriffen:

- Die Existenz bestimmter Gruppen ist nach Zahl, Größe und Struktur von der umgebenden Gesellschaft abhängig;
- Formen und Prozesse der Gruppenbildung in Gegenwartsgesellschaften sind beeinflusst von den demokratischen Tendenzen in diesen Gesellschaften;
- Ursprünge der Gruppenbildung sind vor allem zu sehen in den Bedingungen von Kindheit und Sozialisation, der Arbeit und dem gemeinsamen Wohnplatz;

- „die Gruppen, zu denen der Einzelne gehört, bilden gleichsam ein Koordinationssystem, derart, dass jede neu hinzukommende ihn genauer und unzweideutiger bestimmt".

Von Wieses Merkmale der Gruppe

In Leopold von Wieses „Allgemeiner Beziehungslehre" findet sich erstmals in der deutschen Soziologie ein inhaltlich und formal klar definierter Gruppenbegriff als „Merkmale des *Idealtyps der Gruppe*" (1966: 449) nennt von Wiese:

- „relative Dauer und relative Kontinuität;
- Organisiertheit, die auf Verteilung von Funktionen an ihre Mitglieder beruht;
- Vorstellungen von der Gruppe bei ihren Gliedern;
- Entstehung von Traditionen und Gewohnheiten bei längerer Dauer;
- Wechselbeziehungen zu anderen Gebilden;
- das Richtmaß (vor allem bei den sachlicheren, den großen Gruppen)".

Was von Wiese in seiner Abhandlung über diese „Merkmale des Idealtypus Gruppe" ausführt und wie er mit vielen Beispielen, unter stetem Bezug auf die bis dato vorliegenden Beiträge der Gruppentheorie, die drei Gruppenarten (Paar, kleine und große Gruppen) veranschaulicht, ist auch heute noch von Interesse.

Von Wiese hat dazu beigetragen, den Gruppenbegriff aus seinen Überfrachtungen historischer und ideologischer Art herauszulösen. Damit war die heute in der Soziologie übliche, vor allem von der intensiven Kleingruppenforschung in den USA vorbereitete Verwendung des Gruppenbegriffs als analytische Kategorie eingeleitet.

Gruppe als analytische Kategorie

1.4 Definition der Gruppe

Nach diesen sozial- und begriffsgeschichtlichen Exkursen lässt sich die Besonderheit der Gruppe als Sozialgebilde wie folgt definieren:

> „Eine soziale Gruppe umfasst eine bestimmte Zahl von Mitgliedern (Gruppenmitgliedern), die zur Erreichung eines gemeinsamen Zieles (Gruppenziel) über längere Zeit in einem relativ kontinuierlichen Kommunikations- und Interaktionsprozess stehen und ein Gefühl der Zusammengehörigkeit (Wir-Gefühl) entwickeln. Zur Erreichung des Gruppenziels und zur Stabilisierung der Gruppenidentität ist ein System gemeinsamer Normen und eine Verteilung der Aufgaben über ein gruppenspezifisches Rollendifferenzial erforderlich" (Schäfers 1999: 20 f.).

Definitionselemente der Gruppe

Als *Definitionselemente* einer sozialen Gruppe lassen sich demnach hervorheben:

- Eine jeweils bestimmte Zahl von Mitgliedern, die bei Kleingruppen zwischen drei und etwa 25 Personen liegt;
- ein gemeinsames Gruppenziel und ein Verhaltensmotiv für die Gruppe insgesamt wie für jedes einzelne Mitglied;
- ein „Wir-Gefühl" der Gruppenzugehörigkeit und des Gruppenzusammenhalts (dies führe zur Unterscheidung der „Eigengruppe" von der „Fremdgruppe");
- ein System gemeinsamer Normen und Werte als Grundlage der Kommunikations- und Interaktionsprozesse;
- ein Geflecht aufeinander bezogener sozialer Rollen (Rollendifferenzial), das auf das Gruppenziel bezogen ist und unter anderem sowohl die Zielerreichung als auch die Lösung von Konflikten gewährleistet.

2 Die Primärgruppe als Kleingruppe

2.1 Die Konzeptualisierung der Primärgruppe durch Cooley

Die früheste Definition der **Primärgruppe** findet sich bei Charles H. Cooley (1864–1929) in „Social Organization. A Study of the Larger Mind" (1909/1993). Eine spätere Ausarbeitung dieser Kategorie enthält der postum (1933) und gemeinsam mit Robert G. Angell und L. G. Carr veröffentlichte Band „Introductory Sociology". Die wichtigsten Aussagen Cooleys zur Primärgruppe lauten in (eigener) Übersetzung:

Merkmale der Primärgruppe nach Cooley

> „Unter Primärgruppen verstehe ich Gruppen, die durch eine sehr enge unmittelbare persönliche Verbindung (face-to-face association) und Kooperation gekennzeichnet sind. Sie sind primär in verschiedener Hinsicht, aber hauptsächlich in derjenigen, dass sie fundamental an der Herausbildung der Sozialnatur und der sozialen Ideale der Individuen beteiligt sind. Das Ergebnis dieser sehr engen Verbindung ist – psychologisch betrachtet – eine gewisse Verschmelzung (fusion) von Individualitäten in einem gemeinsam en Ganzen, so dass das eigene Selbst zumindest für viele Zwecke identisch ist mit dem gemeinsamen Leben und dem Ziel der Gruppe. Der vielleicht einfachste Weg, diese Gemeinsamkeit zu beschreiben, besteht in der Feststellung, dass sie (die Gruppe; B. S.) zu einem ‚Wir' geworden ist. Sie setzt jene Form der Sympathie und der gegenseitigen Identifikation voraus, für die das ‚Wir' der natürliche Ausdruck ist. Man lebt mit dem Gefühl der Gemeinsamkeit und findet die wichtigsten Ziele seines Strebens in diesem Gefühl."

„Die wichtigsten Sphären dieser sehr engen Verbindung und Kooperation – aber keineswegs die einzigen – sind die Familie, die Spielgruppe der Kinder, die Nachbarschaft oder Dorfgemeinde (community group) der Erwachsenen. Diese sind praktisch universal; sie gehören allen Zeiten und Stadien der Entwicklung an. Daher sind sie die Grundlage dessen, was in der menschlichen Natur und den menschlichen Idealen als universal anzusehen ist."

Universal verbreitete Primärgruppe

„Primärgruppen sind primär in dem Sinn, dass sie dem Individuum die früheste Erfahrung vom sozialen Ganzen vermitteln, aber auch in dem Sinn, dass sie sich nicht im gleichen Maß verändern wie komplexere Beziehungen. Sie bilden hingegen eine vergleichsweise stetige Quelle (source), aus der letztere entspringen. Natürlich sind sie nicht unabhängig von der größeren Gesellschaft, sondern reflektieren bis zu einem gewissen Grade ihren Geist; so wie die deutsche Familie und die deutsche Schule – wenn auch unterschiedlich – ein wenig den Stempel des deutschen Militarismus tragen (...) Diese Gruppen sind daher Quellpunkte des Lebens, nicht nur für das Individuum, sondern für die sozialen Institutionen. Sie werden nur zum Teil durch bestimmte Traditionen geformt: zum größeren Teil bringen sie eine universale Natur zum Ausdruck."

Verbindung zur Gesellschaft

2.2 Definitionsmerkmale der Primärgruppe

Aus den obigen Aussagen Cooleys lassen sich folgende Definitionsmerkmale der Primärgruppe hervorheben:

- Primärgruppen sind primär unter anderem in dem Sinne, dass sie zeitlich und inhaltlich als erste an der Formung der Sozialnatur des Menschen beteiligt sind;
- das soziale Selbst (eine Individualität) entsteht im gemeinsamen Leben der Primärgruppen;
- Basis und Voraussetzung der Selbst-Identifikation ist die Fähigkeit und Bereitschaft zur Übernahme der Rollen (Motive, Zwecke, Verhaltensweisen, Normen etc.) anderer Primärgruppen-Mitglieder in das eigene Selbstbild;
- den Primärgruppen Familie, Spielgruppe und Nachbarschaft kommt zu allen Zeiten und auf allen Stufen der gesellschaftlichen Entwicklung eine herausragende Bedeutung zu bei der Formung der sozialen Persönlichkeit;
- Primärgruppen sind primär auch in dem Sinn, dass sie nicht im gleichen Maße wie komplexere soziale Gebilde (sekundäre Gruppen) dem sozialen Wandel unterliegen;

- Primärgruppen können sich wegen der Unmittelbarkeit und Intimität des Gruppenlebens nicht zu weit und zu abstrakt von der Erfahrungsmöglichkeit des einzelnen Mitglieds entfernen;
- Primärgruppen existieren und entstehen unter allen institutionellen und gesellschaftlichen Bedingungen; ihre freie und unbeschränkte Existenz ist ein Kriterium für die Beurteilung der komplexeren sekundären Gruppen und letztlich der Gesellschaft;
- die Menschen gehören den Primärgruppen als Individuen an, nicht als Funktionsträger (Cooley et al. 1933: 55).

Weitreichende Bedeutung der Primärgruppen

Cooley geht davon aus, dass die Vorstellungen der Menschen von Liebe, Freiheit und Gerechtigkeit weder philosophischen Systemen noch den sozialen Institutionen entstammen, sondern dem Erfahrungshorizont der Primärgruppen. Hier hat Cooley wichtige Bausteine für eine Theorie der Sozialisation, der Identität, der Persönlichkeit und schließlich für die Theorie des Symbolischen Interaktionismus geliefert (zu dieser Theorie vgl. Bd. III des „Einführungskurs Soziologie").

2.3 Weiterentwicklung des Primärgruppenkonzepts

Das Primärgruppenkonzept ist sehr komplex und ein wenig überfrachtet mit theoretischen und praktischen Bedeutungsinhalten. Es soll einen Schlüssel liefern

- zur menschlichen Sozialnatur und ihrer Entwicklung,
- zur Identitätsbildung und
- zu den erforderlichen Konstanten im sozialen Wandel und der gesellschaftlichen Evolution.

Neue Gruppenkonzepte

In den 30er und 40er Jahren des 20. Jahrhunderts wurde die Kategorie der Primärgruppe differenziert und aufgespalten in eine Reihe weiterer Gruppenbegriffe, die entweder spezifische Bedeutungen der Primärgruppe oder zusätzliche Eigenschaften des Gruppenlebens hervorheben. Zu nennen sind:

- die informelle Gruppe (vgl. w. u. und Gukenbiehl 1999a),
- die Bezugsgruppe (vgl. Gukenbiehl 1999b),
- die Orientierungsgruppe,
- die Gruppe der *peers*, der Gleichaltrigen (vgl. Machwirth 1999).

Angesichts der „sozialen Dichte" des Primärgruppenkonzepts verwundert nicht, dass bereits Cooley, Angell und Carr (1933: 55) in drastischer Vereinfachung der zahlreichen Bedeutungsinhalte der Primärgruppe ihre Charakteristika auf fünf Punkte reduzierten:

Definitionselemente der Primärgruppe

1) *Face-to-face* Assoziation,
2) Unspezialisiertheit der Assoziation,
3) relative Dauer,
4) geringe Zahl der beteiligten Personen,
5) relative Intimität unter den Beteiligten.

Diese fünf Charakteristika heben formale Strukturmerkmale hervor, ohne die Bedeutung der Primärgruppen für die Persönlichkeitsbildung, die soziale Integration des Einzelnen, zumal in Zeiten beschleunigten sozialen Wandels, zu erfassen. Zur weiteren Abgrenzung und Klarstellung sollte hinzugefügt werden: Primärgruppen sind eine besondere Form der Kleingruppe, aber nicht alle Kleingruppen sind auch Primärgruppen.

In Dexter G. Dunphys „Handbuch für Analyse und Feld-Untersuchung der Primärgruppe" wird folgende Definition gegeben:

Definition nach Dunphy

> „Wir definieren eine Primärgruppe als kleine Gruppe, die lange genug besteht, um feste emotionale Bindungen zwischen ihren Mitgliedern zu entwickeln; die zumindest ein Set rudimentärer, funktional differenzierter Rollen und eine eigene Subkultur aufweist; die sowohl ein Selbstbild der Gruppe wie ein informelles normatives System enthält, das die gruppenspezifischen Aktivitäten der Gruppenmitglieder kontrolliert" (Dunphy 1972: 5).

Dunphys Definition der Primärgruppe macht nicht deutlich, was diese von der Kleingruppe unterscheidet, obwohl er ausdrücklich hervorhebt, dass die Primärgruppe „eine besondere Art der kleinen Gruppe" ist (ebd.).

Hier wird folgende Definition der *Primärgruppe* vorgeschlagen:

Definition der Primärgruppe

> „Primärgruppen sind jene Kleingruppen, denen Menschen zur Vermittlung primärer Sozialkontakte und zur Herausbildung ihres (sozialen) Ich angehören. Sie bieten über die Phase der primären Sozialisation und sozialen Integration hinaus eine kontinuierliche Möglichkeit der Identitätsbehauptung, der intimen und spontanen Sozialbeziehungen und der Entlastung von den Anforderungen sekundärer Gruppen" (Schäfers 1999b: 101).

Die Definition geht von Annahmen aus, die man als „anthropologische Axiome der Sozialisation und Personalisation" bezeichnen kann:

„Axiome" der Sozialisation

- Zur Herausbildung der menschlichen Sozialnatur bedarf es relativ kleiner Gruppen, in denen Intimität und Intensität des Erlebens und der Wert- und Normvermittlung gewährleistet sind;
- das sozialisierte Individuum ist darüber hinaus auf kleine, überschaubare Intimgruppen angewiesen, in denen es sein Selbstbild überprüfen kann und „Schutz" vor bestimmten gesellschaftlichen Phänomenen findet wie Anonymität, Entfremdung, Rollen-Spezialisierung und Vereinzelung.

Gesamtgesellschaftliche Bedeutung der Primärgruppen

Eine bestimmte Kultur und Gesellschaft wird von den Individuen auch danach beurteilt, inwiefern sie die Ausbildung primär-gruppenhafter Beziehungen „erlaubt" und ob diese freigehalten werden können von Stress, Ideologie, Politisierung oder sonstiger einseitiger, gesellschaftlich vorgegebener Belastung und Funktionalisierung. Historische Beispiele für die „Aushöhlung" der Primärgruppen in ihrer beschriebenen Bedeutung und die totale Vergesellschaftung der Menschen lassen sich zumal im 20. Jahrhundert reichlich finden. Bei Cooley heißt es hierzu sehr einprägsam:

> „Es ist nachdrücklich daran zu erinnern, dass kein Versuch, Gesellschaft auf einer nicht-primären Basis zu begründen, jemals auf Dauer erfolgreich gewesen ist. (Auch) unser eigenes Zivilisations-Experiment entgeht nicht den Schwierigkeiten, die unausweichlich jene Anstrengungen begleiten, große Sekundärgruppen (large secondary groups) wie Kooperationen, Städte, Nationen diejenigen Bedürfnisse der menschlichen Natur erfüllen zu lassen, die aus der Erfahrung von Primärgruppen stammen" (Cooley 1933: 56).

3 Familie als Gruppe

Familie als Urform des Gruppenlebens

Die Familie bzw. eine verwandtschaftliche Konstellation, in der sich Ältere um die Erziehung des Nachwuchses über einen längeren Zeitraum kümmern, kann mit einigem Recht als Urform des Gruppenlebens angesehen werden.

3.1 Familie als Sonderform der Kleingruppe

Familie als „eigener Zweck"

Als Unterschied zwischen **Familie** und den anderen sozialen Gruppen ist hervorzuheben: Die Familie ist in ihren Zwecken weitgehend vorstrukturiert. Alle anderen sozialen Gruppen sind in gewisser Weise flexibel und können sich ihre Zwecke setzen, ggf. ihre Mitglieder wählen etc.

An weiteren Besonderheiten der Familie gegenüber anderen sozialen Gruppen sind zu nennen (Schäfers 1999c: 181 f.):

- Die Familie als Gruppe ist i. d. R. zwei-geschlechtlich und – zumal im Falle der modernen Kleinfamilie – zwei-generativ. Alter, Geschlecht und Generationsabstand sind für sie konstitutive Merkmale;
- die Familie ist aufgrund des Familienzyklus in einem dauernden Prozess der Veränderung, der das familiale Normen- und Wertgefüge und das gruppenspezifische Rollendifferenzial wie alle damit verbundenen Strukturen und Prozesse berührt, einschließlich der Zielsetzungen des familialen Gruppenlebens.

Während andere Gruppen sich häufig aus alters- und/oder geschlechtsgleichen Personen zusammensetzen und in der Verfolgung eines bestimmten Ziels ihren Zusammenhalt finden, ist die Familie als Gruppe dadurch gekennzeichnet, dass ihre Zielsetzung breit und variabel ist und sich ihre Mitglieder – außer in der ersten Phase der frühkindlichen Sozialisation – von der „Familienbasis" aus anderen Gruppen anschließen. Das gilt für die Spielgruppen der Kinder wie für die Gleichaltrigengruppen *(peers)* der Jugendlichen. Die Familie, als i. d. R. räumlich lokalisierte Gruppe, ist gleichsam der Pol, von dem aus die Gruppenaktivitäten der Familienmitglieder gestartet werden.

Strukturmerkmale der Familie als Gruppe

Neben den bereits erwähnten Besonderheiten zeigt sich die Einzigartigkeit der Familie unter den sozialen Gruppen also im Folgenden:

- Ihre Struktur ist vorgegeben (zumal für die Kinder) und wandelt sich mit dem Familienzyklus – was erhebliche Auswirkungen auf die jeweils vorherrschenden Ziele und familialen Gruppenprozesse hat;
- mit der Struktur ist ein familiales Normen- und Wertsystem vorgegeben, das häufig über viele Generationen tradiert ist;
- die Mitglieder und die Mitgliedschaftsrollen sind im Hinblick auf Ein- und Austritt und die Diffusität (Nichtfestgelegtsein) der Rollen anders „geregelt" als in sonstigen sozialen Gruppen;
- bestimmte Strukturen – wie die der Autorität, der Kompetenz- und Anordnungsbefugnisse – sind vorgegeben und entstehen nicht erst im Prozess der Herausbildung einer spezifischen Gruppenstruktur und Gruppenidentität.

3.2 Zur Binnendifferenzierung der Familie

Dieter Claessens (1979: 57 ff.) hat am Beispiel Familie dargestellt, wie differenziert kleine soziale Gruppen sind bzw. sein können.

Lässt man die in der Regel gegebenen Außenkontakte des „familialen Netzwerkes" beiseite und berücksichtigt nur die Binnenprozesse der Fami-

Familiale Gruppenbildungen

liengruppe, so zeigt sich bereits hier eine erstaunliche Variabilität und Komplexität der möglichen Untergruppen und Interaktionen. Gehen wir davon aus, dass eine Familie nur aus drei Personen, Vater (V), Mutter (M) und Kind (K) besteht, so sind bereits folgende Konstellationen und Paarbildungen möglich:

1. K – M – V	3. K – V – (M)
2. K – M – (V)	4. M – V – (K)

In der Dreiergruppe sind also bereits drei verschiedene Zweier-Beziehungen möglich; die Klammern sollen verdeutlichen, dass auch im Falle der Zweierbeziehung der Bezug auf das dritte Familienmitglied manifest oder latent vorhanden ist.

Diese Aufstellungen verdeutlichen auch den Tatbestand, dass selbst relativ kleine Gruppen wie die Kernfamilie weder eine volle „Ausnutzung" aller möglichen Beziehungsmuster aufweisen noch eine „gleichmäßige Verteilung der Beziehung in diesen Familien-,Klein'-Gruppen möglich ist" (Claessens 1979: 62).

Gruppenharmonie als Basis gesellschaftlicher Harmonie

Jacob L. Moreno (1892–1974), der in der harmonischen Zusammensetzung sozialer Gruppen die wichtigste Voraussetzung für gesellschaftliche Harmonie sah (1996), glaubte in diesem Zusammenhang ein „Gesetz des soziadynamischen Effekts" als „Grenze des emotionalen Ausdehnungsvermögens von Gruppenstrukturen" formulieren zu können. Wenn auch diese Grenze in den einzelnen Gruppen – z. B. einer Familie – wie bei den Individuen sehr unterschiedlich sein kann und daher die „Gesetzmäßigkeit" eher als „vermutbare Regelmäßigkeit" zu interpretieren ist, so bleibt gleichwohl festzuhalten: Die „emotionalen Ressourcen" des Einzelnen wie der Gruppe sind begrenzt; sie verteilen sich ungleichmäßig auf die Gruppenmitglieder bzw. die einzelnen Untergruppen.

4 Formelle und informelle Gruppe

Strukturprinzipien des Sozialen: formell und informell

Wurde einleitend die Gruppe als Paradigma von Vergemeinschaftung und Vergesellschaftung bezeichnet, so ist die Unterscheidung von **formellen** und **informellen Gruppen** geeignet, zwei Strukturprinzipien des Sozialen zu verdeutlichen.

Wie erwähnt steht auch die Entdeckung der informellen Gruppe in formalen Organisationen der Arbeit im Zusammenhang der Strukturentwicklung industriell-bürokratischer Gesellschaften; sie sind der in Kap. 1.2 genannte „Reflex" auf diese Entwicklung (zur Entdeckung und Bedeutung des Konzepts der informellen Gruppe vgl. Gukenbiehl 1999a; Kern 1999).

Hier soll nur der mit dem Konzept formelle/informelle Gruppe verbundene, über die Gruppen aber weit hinausreichende Strukturaspekt des Sozialen dargestellt werden. Die Besonderheiten der formellen bzw. informellen Gruppe werden also zum Anlass genommen, auf soziale Grundstrukturen zu verweisen. „Informell“ ist in dieser Perspektive ein Kürzel für jene Aspekte der sozialen Wirklichkeit, in denen das Menschliche im humanen Sinn, das Persönliche und Spontane, das Freundschaftliche und Gefühlsmäßige zum Ausdruck gebracht werden können. Die Nähe zum Konzept der Primärgruppe sei ausdrücklich hervorgehoben.

Entwicklungslogik informeller Gruppen

Informelle Gruppen entstehen nach einer letztlich anthropologisch fundierten Entwicklungslogik des Sozialen:

- aus Grundbedürfnissen der Sozialnatur des Menschen (u. a. Bedürfnisse der Kommunikation und Interaktion, die nicht formalisiert sind);
- als Gegenstruktur zu hochgradig formalisierten Formen der Interaktion (also z. B. in formalisierten Arbeitsprozessen; in Kompetenzhierarchien wie beim Militär; in allen geschlossenen Anstalten).

5 Weitere Besonderheiten des Gruppenlebens

In allen vorstehenden Kapiteln, insbesondere in den Ausführungen über die Primärgruppe und die Familie, wurden Besonderheiten des Gruppenlebens und eine Anzahl von spezifischen Gruppenqualitäten genannt. Diese Eigentümlichkeiten der „inneren Gruppenprozesse“ sind abschließend durch einige weitere Aussagen, u. a. aus der Kleingruppenforschung, zu ergänzen.

5.1 Innere Gruppenprozesse

Friedhelm Neidhardt (1999) hat dargelegt, wie die inneren Gruppenprozesse neben der Gruppengröße

- von Außenweltbedingungen der jeweiligen Gruppe abhängen;
- von dem abhängen, was die einzelnen Gruppenmitglieder in das Gruppenleben einbringen (z. B. an Wissen und Bildung, Interessen und Engagement) und
- ob es für sie Alternativen gibt, um gleiche soziale, emotionale und sonstige Qualitäten des Gruppenlebens zu erreichen.

Gefühle als Steuerungsmedium in Gruppenprozessen

Gruppen sind in dieser Perspektive das unmittelbare Anschauungsfeld für Interaktionen: auf Handlungen, Mimik, Gestik, Sprache wird unmittelbar reagiert, wobei von der Gruppe gezogene (zum Teil latente) normative Grenzen der Selbstdarstellung zu beachten sind.

Das ist nicht immer einfach, denn „Gefühle als Steuerungsmedium" (Neidhardt 1999: 146 ff.) sind zwar in Primärgruppen und informellen Gruppen im größeren Umfang zugelassen als in formalisierten Sozialbeziehungen, dies aber nicht grenzenlos. Auch sogenannte Selbsterfahrungsgruppen oder Wohngemeinschaften müssen Grenzen ziehen, wenn sie nicht scheitern oder ihren Zweck verfehlen wollen.

Wie schwierig das ist, zeigt Neidhardts Hinweis auf Georg Simmel, der „die Funktionen von Geheimnis und Diskretion selbst für die intimsten Gruppierungen von Freundschaft und Ehe" herausgearbeitet habe. Neidhardt verdeutlicht diese Problematik der „Abgrenzungsmechanismen gegenüber inneren Umwelten" an der Moralisierung von Scham- und Taktgefühl: „Schamgefühl wäre die Verinnerlichung von Schranken der Selbstdarstellung, Taktgefühl die Stilisierung der Technik, fehlerhafte indiskrete Selbstdarstellung als ungeschehen zu behandeln" (Neidhardt 1999: 142).

Grenzen der Selbstdarstellung

Diese Hinweise müssen genügen, um die in Gruppen möglichen, aber auch erforderlichen Lernprozesse anzudeuten. Wenn die soziale Gruppe eine gewisse Kontinuität haben und ihre für das Individuum wichtigen Qualitäten entfalten soll, sind Lernprozesse unabdingbar.

5.2 Ebenen des Gruppenprozesses nach Homans. Ergebnisse der Kleingruppenforschung

In einer der bis heute wichtigsten Darstellungen zu den Ergebnissen der Kleingruppenforschung unterschied George Caspar Homans (1910 1989) als „Ebenen des Gruppenprozesses" (1978): Interaktion, Gefühl, Aktivität und Normen.

Für Homans lautet die entscheidende Frage an jede soziale Gruppe: Wie hängen diese Elemente (Ebenen) zusammen und wie beeinflusst ein Element das bzw. auch mehrere andere. Um diese Frage zu klären, ist es erforderlich, zwischen dem „äußeren System" und dem „inneren System" mit den jeweils eigenen Verhaltenselementen zu unterscheiden und die Frage dahingehend zu erweitern, wie das „äußere System" (alles, was außerhalb des Interaktionssystems der Gruppe liegt) und das „innere System" (das eigentliche Interaktionssystem der Gruppe) wechselseitig aufeinander wirken.

Von den zahlreichen Wechselwirkungen zwischen innerem und äußerem System wie zwischen den einzelnen Verhaltenselementen seien die folgenden hervorgehoben:

- Aktivitäten und Interaktionen verstärken Prozesse der Normbildung;
- Aktivität und Interaktion sind über ein gruppenspezifisches Schema der Arbeitsteilung bzw. ein Rollendifferenzial verbunden;
- standardisierte Gefühle und Tätigkeiten werden zu Normen (Erwartungshaltungen), aus denen sich wiederum Rangstufungen ergeben können;
- „mit der Abnahme der sozialen Interaktion werden die Normen immer unbestimmter und immer weniger konsequent vertreten, und auch der soziale Rang der ja durch das Ausmaß bestimmt ist, in welchem ein Mensch die Gruppennorm erfüllt etabliert sich immer weniger fest" (Homans 1978);
- mit einer Zunahme an Interaktionen zeigen Gefühle die Tendenz, sich anzugleichen.

Wechselwirkungen zwischen Aktivitäten, Interaktionen, Gefühlen und Normen

Einige weitere Ergebnisse der Kleingruppenforschung können wie folgt zusammengefasst werden (Girgensohn-Marchand 1999; Schneider 1985; Wössner 1986):

Ergebnisse der Kleingruppenforschung

- Der Rang des Individuums in der Gruppe ist umso höher, je vollständiger es sich die gruppenspezifischen Normen und Ziele zu eigen macht;
- Gruppen beeinflussen die Urteilsfindung und die Konformität der Urteile (Experimente von S. E. Asch und M. Sherif, die bei Wössner anschaulich dargestellt werden);
- in Gruppen gibt es in der Regel zwei Führungstypen: einen organisatorisch-zielorientierten Führer und einen „sozialen", emotional-ausgleichenden Führer;
- die von Kurt Lewin (1890–1947) u. a. untersuchten Auswirkungen unterschiedlicher Führungsstile in Gruppen zeigten: Beim autoritären Führungsstil gibt es eine hohe Gruppen-Leistung nur in Anwesenheit des Führers (bei allgemein geringer Gruppen-Harmonie); beim demokratischen Führungsstil gibt es eine mittlere Leistung, aber dies auch bei Abwesenheit des Leiters und bei einem allgemein großen Interesse an der Arbeit; beim Laissez-faire Stil zeigten sich die niedrigsten Arbeitsleistungen, aber auch viel Entmutigung und Lustlosigkeit (Lewin et al. 1939);
- die Bedeutung der Gruppen für Sozialisation, Therapie und all gemein für die soziale Harmonie wächst in dem Maße, wie die Gruppe Spielraum hat, sich auf der Basis von Sympathiebeziehungen ihrer Mitglieder zu organisieren (Jacob L. Moreno 1996). Um dafür alle Voraussetzungen zu schaffen, entwickelte Moreno die **Soziometrie** als ein auf die Sympathiebeziehungen in Gruppen bezogenes Messverfahren;
- in allen kleinen Gruppen sind Gleichgewichtsprobleme zu lösen, die sich nach den Untersuchungen von Robert F. Bales (1967) in Probleme der

Führungsstile in Gruppen

Soziometrie als gruppenspezifisches Messverfahren

Orientierung, der Bewertung und Kontrolle, der Entscheidung und der Integration aufteilen lassen.

6 Schlussbemerkungen. Abgrenzung zu sozialen Netzwerken

Die soziale Gruppe ist ein besonders geeigneter sozialer Tatbestand (Émile Durkheim), um Grundphänomene des Sozialen zu verdeutlichen.

Die vorstehenden Ausführungen sind hierbei nur eine Auswahl. So fehlt bei der Darstellung differenzierender Gruppenkonzepte die interessante Diskussion, wann Zweiergruppen als Gruppe im beschriebenen Sinn gelten können – wozu in der Regel ja auch Mitgliedschaftsalternativen, aus Sicht der Gruppe und des Einzelnen, gehören – und wann und warum sie als **Paar** oder **Dyade** eine Sonderstellung im Leben der Menschen wie auch als analytische Kategorie beanspruchen können (vgl. hierzu immer noch an erster Stelle: von Wiese 1966; auf S. 466 heißt es: „das Paar ist das persönlichste unter allen Gebilden; in ihm wirkt Individuelles auf Individuelles". Als „typische Paare" nennt von Wiese: Liebespaar; Ehepaar; Freundespaar. „Atypische Paare" sind: Lehrer – Schüler; Vorgesetzter – Untergebener).

Zweierbeziehung (Dyade) als Sonderform

Weiterhin fehlt eine Darstellung der für die Handlungsorientierung so wichtigen Bezugsgruppe *(reference group)*, der man nicht angehört, die aber das eigene Verhalten beeinflusst (vgl. Gukenbiehl 1999b).

Bedeutungszunahme sozialer Netzwerke

In den letzten Jahren haben **soziale Netzwerke** an Zahl und Bedeutung deutlich zugenommen, was nicht zuletzt mit dem „Aufstieg der Netzwerkgesellschaft" (Castells 2004) und der Metapher des „Netzes" als Signatur des digitalen Zeitalters seit der globalen Durchsetzung des Internet zusammenhängt.

Der Netzwerkbegriff hat eine vergleichbar lange Geschichte wie der Gruppenbegriff; er wurde zuerst in der Kulturanthropologie verwandt, so von Alfred R. Radcliffe-Brown (1881–1955) für seine Untersuchungen von Stammesgesellschaften und Verwandtschaftsbeziehungen.

Entstehung und Struktur sozialer Netzwerke

Ein Ergebnis der Bemühungen um die theoretische Fundierung des Netzwerkbegriffs (Fuhse 2006) ist, dass sich soziale Beziehungen nicht auf gegebene soziale Gebilde begrenzen lassen. Nerzwerke können auf der Basis vorhandener oder gedachter Verbindungslinien entstehen und zeichnen sich dadurch aus, dass ihre Grenzen fließend sind. Anders als bei der Gruppe ist Mitgliedschaft i. e. S. nicht erforderlich und sind normative Bindungen sekundär. Die sozialen Einheiten, aus denen sich Netzwerke bilden, sind nicht auf einzelne Personen beschränkt, sondern können auch Gruppen oder Organisationen umfassen.

Weil das soziale Netzwerk als „ein Geflecht von sozialen Beziehungen" definiert wird, „in das der Einzelne, Gruppen, kollektive oder korporative Akteure eingebettet sind" (Jansen 2010: 209), wurde vorgeschlagen, die soziale Gruppe als einen Spezialfall von Netzwerkstrukturen zu betrachten (Fuhse 2006: 245). Diese Argumentation kann nicht überzeugen, weil, wie Fuhse zu Recht hervorhebt, soziale Gruppen ihre eigene Struktur und Dynamik haben, „die nicht aus individuellen Handlungsmotiven oder aus Makrostrukturen abgeleitet werden können" (ebd.). Wenn aus Netzwerken Gruppen entstehen, ist es unabdingbar, dass es in überschaubaren zeitlichen Intervallen zu *face-to-face* Beziehungen kommt.

Die Gruppe – kein Spezialfall sozialer Netzwerke

Weil durch „das Netz" die Virtualität von Netzwerkstrukturen und die Möglichkeit der Entstehung neuer Gruppen deutlich zugenommen hat, sind die Verbindungen zwischen Gruppen und Netzwerken aktueller geworden. Das Internet ist eine materielle Basis, auf der Netzwerke für immer mehr Zwecke entstehen können. Die Bedeutung für die Entstehung neuer sozialer Gruppen bedarf noch weiterer Analyse. Die Netzwerkanalyse ist inzwischen ein stark formalisierter und mathematisierter Forschungszweig (vgl. Jansen 2010), der die gruppenspezifischen Ansätze der Soziometrie (Jacob L. Moreno) auf völlig veränderter Grundlage fortsetzt.

Von der Soziometrie zur Netzwerkanalyse

Informationsteil

Empfohlene Literatur zur Einführung

Vorbemerkung: Obwohl das Phänomen der sozialen Gruppe so etwas ist wie eine kulturelle, für jeden erfahrbare Selbstverständlichkeit, ist die deutschsprachige soziologische Literatur ausgesprochen dünn gesät. Darum wird hier auch auf einige ältere Werke zurückgegriffen.

Neidhardt, F., Hg., Gruppensoziologie. Perspektiven und Materialien, Sonderheft 25 der KZfSS, Opladen 1983
Die ausführliche Einleitung des Herausgebers erfasst die soziale Gruppe in ihrer Bedeutung für Individuum und Gesellschaft. Die sechs anschließenden Kapitel haben (auf ca. 550 Seiten) die folgenden Themen: Klassische Ansätze und neue Programme (u. a. von M. Schenk über das soziale Netzwerk); Bedingungen und Wirkungen von Gruppen und Gruppenbewegungen (u. a. von E. Nau ein Beitrag über die Entwicklung der Gruppendynamik in Deutschland); Grundprozesse und Strukturbildungen in Gruppen (u. a. ein Beitrag von B. Nedelmann über Emotion und Wechselwirkung in intimen Gruppen bei Georg Simmel); historische Beispiele sozialer Gruppen (u. a. von J. Gerhards über die Widerstandsgruppe „Weiße Rose"); Primärgruppenkonstellationen (u. a. von J. A. Schülein über Wohngemeinschaften als „offene" Primärgrup-

pen); Mischformen von Gruppe und Organisation (u. a. von D. Claessens über die Gruppe unter innerem und äußerem Organisationsdruck).

Schäfers, B., Hg., Einführung in die Gruppensoziologie. Geschichte – Theorien – Analysen, Wiesbaden ³1999
Die vorstehende Lektion besteht in großen Teilen in der Darstellung des in diesem Band versammelten Wissens (zu den einzelnen Beiträgen vgl. die zitierte und weiterführende Literatur weiter unten). In den vier Teilen des Buches werden auf über 300 Seiten die folgenden Themen behandelt: Entwicklung und Grundlegung der Gruppensoziologie; differenzierte Gruppentheorien; das „Innere System" sozialer Gruppen; Gruppen in Handlungsfeldern (wie Kernfamilie, Arbeitsgruppen, Sportgruppen, Selbsthilfegruppen). Ein Gesamtliteraturverzeichnis informiert über fast 600 Titel und erfasst damit einen Großteil relevanter Schriften zum Thema.

Schneider, H. D., Kleingruppenforschung, Stuttgart ²1985
Die ersten Kapitel beschäftigen sich mit Bestimmungskriterien der Gruppe und mit Klassifikationsversuchen der Gruppenarten. Es folgt der eigentliche Hauptteil, in dem auf ca. 250 Seiten die Ergebnisse der internationalen, von den 1930er bis in die 1950er Jahre hinein höchst intensiven (v. a. US-amerikanischen) Kleingruppenforschung zusammengetragen und übersichtlich dargestellt werden. Geordnet werden diese Ergebnisse nach folgenden Gesichtspunkten: Die Entwicklung von Gruppen; Kommunikation in der Gruppe; Bedingungen konformen Verhaltens in der Gruppe; Gruppenstrukturen (inkl. Rollendifferenzierung, Führung, Machtverhältnisse); Gruppenleistung; Lösung von Konflikten in Gruppen; die planmäßige Veränderung von Gruppennormen und -Strukturen; Beziehungen zwischen Gruppen. Eine Bibliographie von 40 Seiten, ein Namen- und ein Sachregister machen den Band zum informativen Nachschlagewerk über die zum großen Teil experimentelle Gruppenforschung.

Zitierte und weiterführende Literatur (sofern nicht bereits genannt)

Ausubel, D. P., Das Jugendalter, München ⁶1979 (orig. amerik. 1954)

Bales, R. F., Das Problem des Gleichgewichts in kleinen Gruppen, in: *Hartmann, H.*, Hg., Moderne amerikanische Soziologie, Stuttgart 1967, S. 311–330 (orig. amerik. 1953)

Bernart, Y., Selbsthilfegruppen als Paradigma des Vergesellschaftungsprozesses, in: *B. Schäfers*, Hg., a. a. O., ³1999, S. 287–310

Castells, M., Der Aufstieg der Netzwerkgesellschaft, Opladen 2004 (orig. amerik. 1996)

Claessens, D., Familie und Wertsystem. Eine Studie zur „zweiten soziokulturellen Geburt" des Menschen und der Belastbarkeit der „Kernfamilie", Berlin ⁴1979 (1962)

Ders., Gruppe und Gruppenverbände. Systematische Einführung in die Folgen von Vergesellschaftung, Darmstadt 1977 (Nachdruck Hamburg 1995)

Cooley, C. H., Social Organization. A Study of the Larger Mind, New York et al. ²1993 (1909)

Ders./Angell, R. C./Carr, L. J., Introductory Sociology, New York et al. 1933

Dunphy, D. C., The Primary Group: A Handbook for Analysis and Research, New York 1972

Eisenstadt, S., Von Generation zu Generation. Altersgruppen und Sozialstruktur, München 1966 (orig. amerik. 1956)

Fuhse, J., Gruppe und Netzwerk. Eine begriffsgeschichtliche Rekonstruktion, in: Berliner Journal für Soziologie, H. 2/Bd. 16, 2006, S. 245–263

Geiger, Th., Die Gruppe und die Kategorien Gemeinschaft und Gesellschaft, in: Archiv für Sozialwissenschaft und Sozialpolitik. Bd. 58, 1927, S. 338–372

Giddens, A., Gruppen und Organisationen, in: *ders.*, Soziologie, Graz/Wien ²1999

Girgensohn-Marchand, B., Ergebnisse der empirischen Kleingruppenforschung, in: *Schäfers, B.*, Hg., a. a. O., ³1999, S. 54–80

Gukenbiehl, H. L., Formelle und informelle Gruppe als Grundformen sozialer Strukturbildung, in: *Schäfers, B.*, Hg., a. a. O., ³1999a, S. 80–97

Ders., Bezugsgruppen, in: *Schäfers, B.*, Hg., a. a. O., ³1999b, S. 113–134

Homans, G. C., Theorie der sozialen Gruppe, Köln/Opladen ⁷1978: (orig. amerik. 1950)

Jansen, D., Netzwerk, soziales, in: *Schäfers, B./Kopp, J.*, Hg., unter Mitarbeit von *Lehmann, B.*, Grundbegriffe der Soziologie, Wiesbaden ¹⁰2010, S. 209–214

Kern, B., Gruppen am Arbeitsplatz, in: *Schäfers, B.*, Hg., a. a. O., ³1999, S. 194–226

Lewin, K./Lippitt, R./White, R. K., Patterns of aggressive behavior in experimentally created social climates, in: Journal of Social Psychology 10, S. 271–299

Machwirth, E., Die Gleichaltrigengruppe der Kinder und Jugendlichen, in: *Schäfers, B.*, Hg., a. a. O., ³1999, S. 248–268

Mayo, E., Probleme industrieller Arbeitsbedingungen, Frankfurt a. M. 1949 (orig. amerik. 1933)

Moreno, J. L., Die Grundlagen der Soziometrie. Wege zur Neuordnung der Gesellschaft, Opladen ³1996 (orig. amerik. 1934)

Neidhardt, F., Innere Prozesse und Außenweltbedingungen sozialer Gruppen, in: *Schäfers, B.*, Hg., a. a. O., ³1999, S. 135–156

Pappi, F. U., Soziale Netzwerke, in: *Schäfers, B./Zapf, W.*, Hg., Handwörterbuch zur Gesellschaft Deutschlands, Opladen ²2001, S. 605–617

Richter, H. E., Die Gruppe. Hoffnung auf einen neuen Weg, sich selbst und andere zu befreien, Gießen 1995 (zuerst 1972)

Sader, M., Psychologie der Gruppe, München ⁸2001

Schäfers, B., Gruppenbildung als Reflex auf gesamtgesellschaftliche Entwicklungen am Beispiel der deutschen Jugendbewegung, in: *Neidhardt, F.*, Hg., Gruppensoziologie. Perspektiven und Materialien, Sonderheft 25/1983 der KZfSS, S. 106–125

Ders., Hg., Einführung in die Gruppensoziologie. Geschichte – Theorien – Analysen, Heidelberg/Wiesbaden ³1999

Ders., Entwicklung der Gruppensoziologie und Eigenständigkeit der Gruppe als Sozialgebilde, in: *ders.*, Hg., a. a. O., [3]1999a, S. 19–36

Ders., Primärgruppen, in: *ders.*, Hg., a. a. O., [3]1999b, S. 97–112

Ders., Die Kernfamilie als kleine Gruppe, in: *ders.*, Hg., a. a. O., 1999c, S. 177–193

Schneider, H.-D., Kleingruppenforschung, Stuttgart [2]1985

Schwonke, M., Die Gruppe als Paradigma der Vergesellschaftung, in: *Schäfers, B.*, Hg., a. a. O., [3]1999, S. 37–53

Simmel, G., Soziologie. Untersuchungen über die Formen der Vergesellschaftung, Bd. 11 der Gesamtausgabe, Frankfurt a. M. 2006 (zuerst 1908)

Thrasher, F. M., The Gang. A Study of 1 313 Gangs in Chicago, Chicago [4]1973 (zuerst 1927)

Wiese, L. von, Kap. 3. Die Gruppe, in: *ders.*, System der Allgemeinen Soziologie als Lehre von den sozialen Prozessen und den sozialen Gebilden der Menschen, Berlin [4]1966 (zuerst 1933), S. 446–507

Wössner, J., Soziologie. Einführung und Grundlegung, Wien/Köln/Graz [9]1986

Lektion VIII
Institution und Organisation

Hermann L. Gukenbiehl

Inhalt

1 Einführung

Institution und Organisation sind Begriffe, die sowohl in der Alltagssprache als auch in sozialwissenschaftlichen Fachsprachen verwendet werden. Alltagssprachlich bezeichnet man oft öffentliche Einrichtungen wie Schulen, Krankenhäuser oder Behörden als **Institutionen,** während man für Produktions- oder Dienstleistungsbetriebe wie Fabriken oder Kaufhäuser eher den Begriff **Organisation** benutzt. Doch ist ein solcher Sprachgebrauch weder einheitlich noch eindeutig. Auch in den Sozialwissenschaften sind diese beiden Begriffe nicht trennscharf in ihrer Formulierung und eindeutig in ihrer Verwendung. Dies liegt zum einen wohl daran, dass beide Begriffe zur Analyse ganz ähnlicher Erscheinungen in der sozialen Wirklichkeit dienen. Dabei ist der gemeinsame Kern all dieser Phänomene die geregelte Kooperation von Menschen, ein Zusammenwirken und Miteinanderumgehen, das weder zufällig noch beliebig so geschieht. Zum anderen sind diese Gebilde nicht Organisationen oder Institutionen, sondern sie zeigen – analytisch gesehen – mehr oder weniger viele und deutlich ausgeprägte Merkmale des einen oder anderen Begriffstyps, d. h. sie haben mehr oder weniger Organisations- oder Institutionencharakter. Das mag zum Teil auch daher rühren, dass manche dieser Formen der Kooperation zunächst auf dem Wege der Gewohnheitsbildung entstanden sind und später eine zweckrationale Durch- oder Umformung (z. B. Universitäten) oder eine nachträgliche zweckrationale Rechtfertigung (z. B. informelle Betriebsstrukturen) erfahren haben. Doch trotz dieser Gemeinsamkeiten im Gegenstand der Analyse heben diese beiden Begriffe unterschiedliche Aspekte an diesen Phänomenen hervor, und sie sind von verschiedenen Wissenschaften mit unterschiedlichen Brauchbarkeitsansprüchen in die Fachsprachen eingeführt und zu ganzen Gedankensystemen oder analytischen Theorien entfaltet worden. Deshalb ist es auch sinnvoll, sich diesen beiden Begriffssystemen getrennt zuzuwenden.

Erscheinungen geregelter Kooperation von Menschen

2 Institution

Einen umfassenden Anspruch, bei der Erfassung und Erklärung von Phänomenen geregelter Kooperation systematisch wissenschaftliche Anleitung zu bieten, erhebt die Theorie der Institution. In einer ersten Annäherung meint „**Institution**" eine Sinneinheit von habitualisierten Formen des Handelns und der sozialen Interaktion, deren Sinn und Rechtfertigung der jeweiligen Kultur entstammen und deren dauerhafte Beachtung die umgebende Gesellschaft sichert. Zur Entfaltung der Institutionentheorie haben vor allem Philosophen, Anthropologen, Völkerkundler, Historiker, Rechtswissenschaftler, Psycholo-

Definition

gen und Soziologen beigetragen. Für Émile Durkheim (1858–1917), den Mitbegründer der Soziologie in Frankreich, sollte sogar die Soziologie insgesamt die Wissenschaft von den Institutionen sein (2007), da diese „sozialen Tatbestände“ die soziale Wirklichkeit im Kern ausmachten. Ganz ähnlich dachten auch Albion W. Small (1854–1926) und William G. Sumner (1840–1910), amerikanische „Gründerväter“ der Soziologie. Nach ihrer Auffassung sollten Sitten und Bräuche, die die Bedürfnisbefriedigung und das soziale Miteinander regulieren, Forschungsgegenstände dieser Wissenschaft sein.

2.1 Beispiele von Institutionen

Allgegenwärtigkeit der Institutionen

Eine solche Auffassung und auch das breite Interesse verschiedener Wissenschaften vom Menschen an Institutionen ist kaum verwunderlich, wenn man sich vor Augen führt, dass Phänomene geregelter Kooperation allgegenwärtig, d. h. zu allen Zeiten und in allen Völkern und Kulturen zu finden sind.

Man denke etwa an die vielfältigen Formen geregelten Zusammenwirkens bei der Kommunikation (z. B. Begrüßung, Diskussion, Unterricht), bei der Arbeit und im Handel (z. B. Betrieb, Tausch, Kauf), bei der Nutzung und Verwaltung (z. B. Wohngemeinschaft, Gemeinde), bei der Pflege und Erziehung (z. B. Altenheim, Kindergarten, Schule), bei Spiel, Festen und Feiern (z. B. Fußballspiel, Kirchweih, Gottesdienst), aber auch bei geregelten Auseinandersetzungen (z. B. Gericht, Zweikampf) und schließlich an die umfassenden Formen gemeinsamen Lebens wie in Familie, Kloster oder Staat.

Wandel der Institutionen bzw. ihrer Grundidee

Diese Vielfalt erweitert sich noch beträchtlich, wenn man einen Rundblick in verschiedene Gesellschaften und Kulturen oder einen Rückblick in vergangene Zeiten unternimmt. Denn selbst in der eigenen Gesellschaft und Kultur verschwinden immer wieder frühere Formen des Zusammenwirkens (z. B. Zünfte), treten neue Formen auf (z. B. Handwerkskammern, Gewerkschaften), oder die sichtbaren Formen bleiben zwar erhalten, aber der damit verbundene Sinn des Zusammenwirkens ändert sich (z. B. Polterabend, Kirchweihfest). Für die Menschen in ganz bestimmten Epochen, Gesellschaften, Regionen und gesellschaftlichen Gruppierungen sind allerdings nur ganz bestimmte Institutionen Bestandteile ihrer Lebenswirklichkeit, Elemente ihrer gelebten Kultur. Dort haben sie für diese Menschen den Charakter von erfahrbarer Realität, die gewissermaßen „objektiv“ und außerhalb des Einzelnen existiert, also den Charakter von „Dingen“ hat, ohne eigentlich materieller Natur zu sein (Durkheim 2007). Meist haben diese Formen sogar den Stellenwert des Selbstverständlichen: „So ist das“, „so geht das“. So empfinden, denken, reden und handeln diese Menschen selbst, und so tun es auch ihre Mitmenschen.

Objekthaftigkeit der Institutionen

Das ändert sich jedoch, wenn man bei geschichtlichen Studien oder bei Reisen in andere Länder mit anderen Menschen, Gesellschaften und Kulturen in Berührung kommt, in denen eben andere Formen geregelten Umgangs miteinander „selbstverständliche" Bestandteile von deren Lebenswirklichkeit sind. Solche Erfahrungen waren und sind auch für interessierte Wissenschaftler Anlass und Ausgangspunkt von Fragen und Forschungsarbeiten zum Thema „Institution". Empirische Arbeiten über spezifische Institutionen und über Gebräuche, Sitten, Konventionen und Recht, die in ihnen konkret zum Ausdruck kommen, sind vor allem in der Ethnologie und Kulturanthropologie sowie in der nationalen Sozial- und Kulturgeschichte sehr zahlreich.

2.2 Strukturen von Institutionen

Angesichts der Fülle verschiedener konkreter Institutionen liegt es nahe zu fragen: Was macht denn nun eigentlich eine Institution aus? Was gehört ganz allgemein zu einer Institution dazu? Nach Auffassung des Kulturanthropologen Bronislaw Malinowski (1884–1942) ist eine Institution eine Einheit aus vier Arten von Elementen, wie sich am Beispiel der kirchlichen Trauungszeremonie illustrieren lässt (vgl. Malinowski 2006):

Institution = Einheit aus vier Elementen

- Die *Idee der Institution*, ihre Verfassung (engl.: *charter*), *„idée diréctrice"* (M. Hauriou) oder auch Leitidee genannt, wie sie von den Mitgliedern der jeweiligen Gesellschaft oder Gruppe anerkannt und festgelegt ist. In unserem Beispiel ist es der Gedanke des Ehesakramentes, der durch die Kirche zu vollziehenden göttlichen Stiftung einer umfassenden Lebensgemeinschaft;
- der *Personalbestand* der Institution, d.h. die Gruppe von Menschen, die die vorgesehenen Rollen spielen. Hier sind es also zumindest Braut und Bräutigam sowie der Priester oder Pfarrer;
- die *Regeln oder Normen* des Umgangs miteinander, denen sich die Mitglieder unterwerfen oder die ihnen auferlegt werden. Im Beispiel: die rituell festgelegten Reden, Fragen, Antworten und Gesten einschließlich Segen und Ringtausch. Diese Handlungsnormen, die Rollen und die Idee der Institution stehen natürlich in engem inneren Zusammenhang;
- und schließlich der sogenannte *„materielle Apparat"* der Institution, d.h. die Gegenstände und Räume, die in die Institution einbezogen sind. Hierher gehören die Trauringe ebenso wie das Hochzeitskleid oder das Kirchengebäude samt rituellem Gerät. Sie haben meist auch Symbolcharakter und machen zusammen mit den Gesten die Institution sinnlich fassbar.

Der innere Zusammenhang dieser Elemente ist die *Struktur* der Institution „kirchliche Trauung". Leben gewinnt diese Struktur jedoch erst dadurch, dass Menschen sie in ihr Empfinden, Denken, Sprechen und Tun einbeziehen und sie so zur Grundlage eines geregelten Kooperationsprozesses machen. Diesen Prozess kann man dann als die innere Dynamik, als die Verlebendigung und Umsetzung der Struktur im Handeln ansehen. Beides, die Struktur und die innere Dynamik zu erfassen und zu beschreiben, ist Aufgabe der **Institutionsanalyse.**

2.3 Heuristisches Modell zur Analyse von Institutionen

An einem Strukturmodell (siehe Abbildung 1) kann man sich den Gesamtzusammenhang deutlich machen, in den Wissenschaftler bei ihren Theoriebeiträgen die Institution gestellt sehen.

Gesellschafts- und Personenaspekt der Institution

Unter dem *Gesellschaftsaspekt* erscheint eine Institution sowohl in der geistigen als auch in der physischen Welt einer Gesellschaft oder Gruppe (hier: Religionsgemeinschaft) verankert, gilt sie als Bestandteil ihrer geistigen und ihrer materiellen Kultur. Unter *Personenaspekt* ist zu verstehen, dass die Institution verankert ist im Bewusstsein und im Organismus von Personen, in deren Vorstellungen, Gedanken, Motiven, Empfindungen, Bedürfnissen und Reaktionen. Nimmt man noch den zeitlichen Aspekt hinzu, dann erscheint Institution in Verbindung mit bestimmten Stationen und Phasen der Biographie eines Menschen und im Zusammenhang mit bestimmten Ereignissen und Epochen der Sozialgeschichte.

Abbildung 1 Strukturmodell der Institutionen

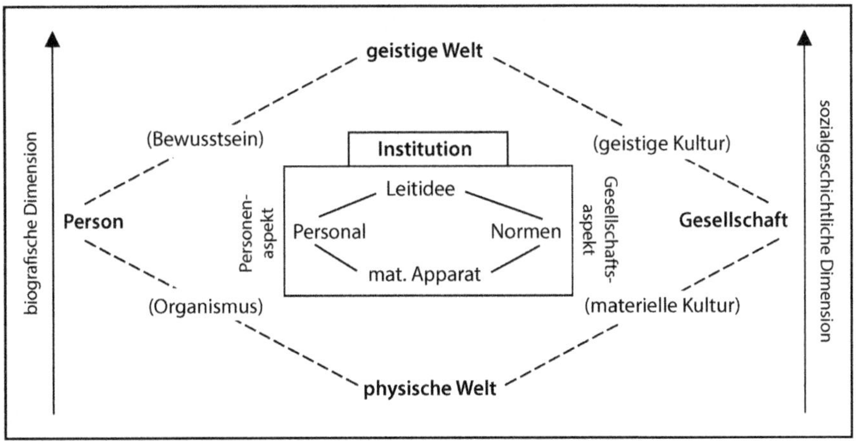

Inhalte der Institutionentheorie

Von einem solchen Denkmodell (auch heuristisches Modell genannt) aus kann man vielleicht eher die allgemeinen Fragen zu Strukturen und Prozessen verstehen, die in der **Institutionentheorie** aufgeworfen und die in theoretischen und empirischen Forschungen zu beantworten versucht wurden. Fragen dieser Art sind zum Beispiel: Wie entstehen Institutionen? Wie werden sie in den Personen und wie in einer Gesellschaft, in ihrer geistigen und materiellen Welt verankert? Welche Bedeutung, Wirkung oder Funktion haben Institutionen für eine Gesellschaft insgesamt und für die einzelnen Personen in dieser Gesellschaft? Warum entstehen sie überhaupt und warum gerade dort und in dieser Form? Warum verlieren sie an Bedeutung und verschwinden schließlich in den Archiven der Kultur- und Sozialgeschichte? Was geschieht, wenn sich die Ankerpunkte von Institutionen im Laufe der Zeit verändern? Einigen dieser Fragen, nämlich denen nach den Funktionen, nach der Entstehung und nach dem Wandel von Institutionen, wollen wir uns noch kurz zuwenden.

2.4 Funktionen von Institutionen

Institution in funktionaler Analyse

Als funktionale Analyse bezeichnet man es, wenn man sich der Frage nach der Bedeutung, besser: nach der Leistung oder eben der Funktion zuwendet, die Institutionen für eine Gesellschaft oder Gruppe und für den Einzelnen, das Gesellschaftsmitglied, haben.

Aus der Perspektive der Gesellschaft (hier: der Religionsgemeinschaft) verknüpft die Institution „Trauung“ Personen, Gegenstände und Handlungen derart, dass durch das gemeinsame Handeln Aufgaben oder Probleme, die immer wieder vorkommen (hier: die Eheschließung), in gleichartiger und damit in vorhersehbarer Weise angegangen werden können.

Meist sind jedoch nur für solche Aufgaben Institutionen vorhanden, die in der jeweiligen Gesellschaft als wichtig oder zentral angesehen werden oder doch zumindest früher einmal so bewertet wurden. Dazu gehört auch die Befriedigung sogenannter existenzieller (biologischer) und abgeleiteter (kultureller) Bedürfnisse oder Interessen. Eine solche Integration, wie sie die Institution leistet, und der Anspruch auf Dauergeltung und Beachtung, der damit verbunden wird, schaffen Sicherheit, Ordnung und Stabilität. Und allein dies macht schon Institutionen für eine Gesellschaft „wertvoll“, auch wenn Art und Umfang der Aufgabenbewältigung oder die Verteilung der Rollen dabei nicht oder nicht mehr zur vollen Zufriedenheit mancher Gesellschaftsmitglieder ausfallen. Außerdem bilden so vertraute Institutionen wie die Trauung Bezugspunkte für die gemeinsame (christliche) Sicht der Welt und der Wirklichkeit und für die Zusammengehörigkeit von Menschen, für ihre kulturel-

Sicherheit, Ordnung und Stabilität durch Institutionen

le und soziale Identität. All das führt auch dazu, dass man solche verbindlichen Ordnungen zu erhalten und zu tradieren trachtet und sie deshalb durch Lernprozesse (Sozialisation) sowie durch Formen der äußeren Kontrolle zu sichern sucht.

Bedeutung für die soziale und kulturelle Identität

Trotzdem kann man nicht übersehen, dass eine solche Festlegung des Handelns, wie dies durch Institu tionen geschieht, auf Kosten anderer Möglichkeiten geht. Denn Institutionen – und das ist eben ihre Kehrseite – schränken Freiräume ein und begrenzen die Lebens- und Handlungsmöglichkeiten in ganz bestimmter Weise. Das wird dann besonders deutlich, wenn sich die Bedingungen, unter denen bestimmte Institutionen einmal adäquate Problemlösungen waren (z. B. christliche Gesellschaft), entscheidend verändern.

Institutionen begrenzen andere Handlungsmöglichkeiten

Für Personen, die solche Institutionen wie die Trauung kennen, stellt sie einen sinnvollen Wirklichkeits- und Handlungszusammenhang dar. Dieses Wissen macht es dem Einzelnen möglich, die bestimmte Situation und die vorgesehenen Abläufe zu verstehen, die Erwartungen und das Handeln der anderen vorherzusehen, sich selbst darauf einzustellen und schließlich das eigene Handeln dadurch in diesen Zusammenhang sinnvoll einzufügen, dass er es an den gegebenen Handlungs- und Ordnungsmustern ausrichtet. Natürlich sind diese institutionellen Vorgaben auch Beurteilungsmaßstab für fremdes und eigenes Verhalten. Kurz: Institutionen bieten dem Einzelnen die Möglichkeit, in bestimmten Situationen mit bestimmten Problemen sinnvoll, sicher und in üblicher Weise umzugehen und dabei mit anderen zusammenzuwirken.

Institutionen fördern die soziale Integration

Hierbei wird allerdings vorausgesetzt, dass sich alle Beteiligten an diese Vorgaben halten, unabhängig von den individuellen Interessen, die sie dabei verfolgen mögen. Dann kann eine solche Institution in vielerlei Hinsicht Entlastung bringen: von Improvisationen und Experimenten und vom Risiko, das damit verbunden ist, von Überlegungen, Entscheidungen, Erklärungen, Rechtfertigungen und manch anderen Reflexionsleistungen und schließlich auch von der Schwierigkeit und Mühe, sich immer wieder mit anderen abzustimmen. Und die so freigewordene Zeit und Energie sind dann für andere und neue Aktivitäten verfügbar, auch für die vielen Probleme, für deren Bewältigung es keine Institutionen gibt.

Entlastung durch Institutionen

Darüber hinaus kann man durch eine solche Institution etwas darüber erfahren, wer man selbst ist und wer die anderen sind (z. B. Braut, Bräutigam) oder wo man im Lebenslauf gerade steht (z. B. am Übergang zwischen Junggeselle und Ehemann). Institutionen können zur Bestimmung und Entfaltung von personaler Identität und zur Strukturierung von Lebensläufen beitragen. Doch haben diese Routinen und vorgegebenen Ordnungen für den Einzelnen auch ihre Schattenseiten. Denn Spontanität und Kreativität haben in Institutionen eigentlich ebenso wenig Platz wie höchst individualistische Einstellun-

Institutionen als Fixpunkte für Identitätsbildung

gen und Verhaltensweisen. Deshalb vermitteln Institutionen oft auch den Eindruck von Enge und Zwang für Denken und Handeln.

2.5 Entstehung und Wandel von Institutionen

Wie und warum entstehen nun solche Institutionen als Formen geregelter Kooperation?

2.5.1 Arten der Entstehung von Institutionen

Entstehung durch Handlungsgewohnheiten und Routine

Auf die Frage nach dem „Wie" werden in der Soziologie zumindest zwei verschiedene Antworten angeboten. Peter L. Berger und Thomas Luckmann (2004) leiten die Entstehung von Institutionen, die **Institutionalisierung**, aus Handlungsgewohnheiten und Routinen ab. Sie weisen darauf hin, dass Menschen aus einer Art innerer Ökonomie dazu neigen, für den immer wieder notwendigen Umgang mit Personen, Dingen oder Situationen Gewohnheiten oder Routinen auszubilden, sie also zu habitualisieren. Künftige Handlungen können dann zeit- und energiesparender und meist auch risikoloser nach diesem Muster ablaufen. Diese Handlungen erscheinen dann jedoch nicht mehr als einmaliges und einzigartiges Tun, sondern als Ausdruck eines solchen Handlungstypus oder als konkreter Fall einer bestimmten Handlungsweise wie etwa die Begrüßung.

Im gleichen Zusammenhang können auch die beteiligten Personen, Dinge oder Situationen „typisiert" werden, das heißt, aus Herrn X wird der „Gastgeber", aus Frau Y der „Gast", aus dem Mitgebrachten das „Gastgeschenk" und so weiter. Den Personen, die die Ausbildung solcher Gewohnheiten, Muster und Typen nicht unmittelbar miterlebt haben, erscheinen sie dann als etwas „objektiv" Vorhandenes, als Gegebenheit, nach der „man" sich richtet. Wenn Personen nun im Umgang mit einander solche Typisierungen verwenden, ist – so die beiden Wissenschaftler – die Institutionalisierung zu einem gewissen Abschluss gekommen. In diesem Prozess ist dann ein von Menschen selbst geschaffener Sinn- und Handlungszusammenhang zu einem Teil der Welt geworden, die ihnen als „objektive Wirklichkeit" („soziale Tatsache" nach Durkheim) gegenübersteht und die sie in ihrem Denken und Handeln beeinflusst.

Institution als Sinn- und Handlungszusammenhang

Damit solche Formen der Kooperation aber dauerhaft bleiben und allgemeine Geltung behalten, müssen sie in der Gesellschaft oder Gruppe und in den Personen fest verankert, eben institutionalisiert werden. Das geschieht in der Gesellschaft unter anderem dadurch, dass man Begründungen und Rechtfertigungen für ihre Existenz liefert, sie in größere Sinn- und Hand-

Sicherung der Institutionalisierung durch Sanktionen

lungszusammenhänge einfugt und ihre Beachtung durch positive oder negative Sanktionen sichert. Bei den Personen erfolgt dies durch ständigen Gebrauch, durch miterlebendes Lernen (Sozialisation) oder durch bewusste Übernahme, so dass diese Institutionen gewissermaßen zur „zweiten Natur“ des Menschen werden.

Diese sicher informative und einleuchtende Antwort lässt allerdings die Frage offen, warum sich diese und nicht jene Institutionalisierungsversuche durchsetzen. Außerdem scheint sie eher auf die Entstehung von Konventionen und Bräuchen zu passen als auf die von rechtlich verfassten Einrichtungen.

In diese Richtung zielt die Antwort des französischen Rechtswissenschaftlers Maurice Hauriou (1859–1929). Für ihn ist Institutionalisierung der Prozess der Gründung oder Stiftung. Ausgangspunkt ist dabei die *„idee de l'œuvre“* oder die *„idée diréctrice*", die Idee der Stiftung oder die Leitidee der Gründung. Wilhelm v. Humboldts Idee der Gelehrtenuniversität Berlin oder Henri Dunants Vorstellung vom Roten Kreuz sind Beispiele dafür. Zur Umsetzung dieser Idee, die in der geistigen Schöpferkraft von Gründern oder Stiftern ihre Wurzel hat, „bildet sich eine Macht“ aus, von der sie mit Organen und Personal ausgestattet und im sozialen Milieu verwirklicht und rechtlich verankert wird (vgl. Hauriou 1965).

Idée diréctrice als Ausgangspunkt der Institutionen

Eine Idee vom Werk, eine organisierte Anhängerschaft und das Zusammenstehen und Einstehen dieser Anhängerschaft für die Verwirklichung der gemeinsamen Idee sind die Grundelemente für die Entstehung einer Institution, genauer: für die Institutionalisierung einer Leitidee. Diese Idee selbst gilt als bereits irgendwo in der geistigen Welt vorhanden. Für ihre Anhänger ist sie objektiv existent und faszinierend zugleich. Sie ist für Hauriou die eigentliche Wirkkraft, die sich gewissermaßen der Gründer und Anhänger zu ihrer Umsetzung und Verankerung im sozialen Milieu bedient. Auf dieser Grundlage hat Helmut Schelsky (1912–1984) die Gründung der Berliner Universität analysiert (Schelsky 1963).

So idealistisch und elitär überzeichnet diese Antwort auch klingen mag, so wichtig erscheint jedoch der Hinweis auf Gründungs- und Stiftungsvorgänge als eine andere Form der Institutionalisierung. Denn nicht nur die geschriebenen Biographien von Firmen und öffentlichen Einrichtungen, sondern auch die Mythen und Religionen heben oft auf diese Institutionalisierungsform ab. Dabei ist nicht immer geklärt, inwieweit es sich dabei um die Beschreibung realer Vorgänge oder um Teile der nachträglich gefertigten Rechtfertigungen handelt.

2.5.2 Ursachen der Entstehung von Institutionen

Doch warum schaffen Menschen überhaupt Institutionen? Diese Frage beschäftigt z. B. die philosophische Anthropologie.

Funktionen, Motive und Entstehungsgründe

Vorab wird bei der Suche nach Antworten nachdrücklich die Unterscheidung gefordert zwischen den Funktionen, die eine Institution hat, den Motiven, die zu ihrem Gebrauch und zu ihrer Erhaltung fuhren, und schließlich den allgemeinen und speziellen Gründen, die zu ihrer Entstehung beigetragen haben. Die philosophische Anthropologie interessiert sich für die allgemeinen Gründe, weil nach ihrer Auffassung diese Gründe in der „Natur" oder im „Wesen" des Menschen allgemein zu suchen sind. Denn Menschen schaffen ja zu allen Zeiten und überall Institutionen.

Ersetzen mangelnder Instinktausstattung

Die biologische Anthropologie weist darauf hin, dass Menschen – im Unterschied zur Instinktausstattung der Tiere – kaum über zweckmäßige Verhaltens- und Kooperationsformen verfügen, die angeboren oder erblich festgelegt sind. Im Vergleich zu Tieren sind es unspezialisierte „Mängelwesen", wie Johann Gottfried Herder (1744–1805) erstmals formulierte. Andererseits sind aber ihre Antriebe unspezifisch und formbar, ihre Bewegungen flexibel und wandelbar, ihre Sinne und ihre Intelligenz umweltoffen und sie sind sprachfähig, kurz: Menschen sind nicht nur in hohem Maße lernbedürftig, sondern auch lernfähig. Und die Institutionen geben nun als Teil einer scheinbar stabilen und äußeren Ordnung vor, was, wann, mit wem und wie zu tun ist. Institutionen stabilisieren, steuern und kanalisieren also das Verhalten von Menschen. Ein entsprechendes Lernen führt schließlich dazu, „dass ein solches praktisches Gewohnheitsverhalten beim Menschen an der Stelle steht, wo wir beim Tier die Instinktreaktionen finden", d. h. „ein präzises, eindeutiges, vorausschaubares, auf Dauer gestelltes Tun, über das sich der soziale Kontakt abwickelt, das sich also im Gegeneinander stabilisiert" (Gehlen 2004b).

Entstehung aus Grund- und Kulturbedürfnissen

Neben dieser Begründung für die Notwendigkeit und für die fundamentale Bedeutung von Institutionen für den Menschen als Einzelwesen und als Gattung gibt es Versuche, die Entstehung spezieller Arten von Institutionen aus universellen „Grundbedürfnissen" des menschlichen Organismus (z. B. Nahrungsaufnahme, Sexualität) oder aus spezifischen „Kulturbedürfnissen" (z. B. nach Reflexion) abzuleiten (vgl. hierzu Malinowski 2006). Doch führt dies höchstens zu der Einsicht, dass solche „Bedürfnisse" sehr häufig oder in bestimmten Gesellschaften oder Gruppen als „Grundproblem" definiert werden, zu deren Bewältigung man Institutionen geschaffen hat oder erhält. Interessanter sind jedoch meist die historischen oder kulturellen Unterschiede, unter denen dies geschieht.

2.5.3 Wandel von Institutionen

Offen bleibt die Frage, warum es immer wieder Institutionen gibt, die an Bedeutung oder Geltung verlieren (z. B. die kirchliche Trauung) oder gänzlich aus dem Gebrauch, d. h. aus dem Denken und Handeln verschwinden (z. B. Zünfte und ihre vielfaltigen Regelungen), andere zwar in ihrer äußeren Form erhalten bleiben, aber den Sinn ändern (z. B. Kirchweihfest), und wieder andere neu entstehen (z. B. Formen demokratischer Willensbildung). Ein solcher **Institutionenwandel** ist generell wohl nur so zu erklären, dass sich die sozialen und kulturellen und damit auch die personalen Ankerpunkte von Institutionen verändern. Das heißt, dass etwa im Zuge von allgemeinen Säkularisierungs-, Rationalisierungs- oder Demokratisierungs- und Individualisierungsvorgängen alte Leitideen an Anziehungs- und Integrationskraft verlieren, so dass Bedeutungsverluste von Institutionen oder Entinstitutionalisierung die Folgen sind. Es heißt aber auch, dass andererseits neue Ideen zur Definition neuer „Grundprobleme" und so zur Bildung neuer Formen der Kooperation führen. Doch nicht nur Änderungen der ideellen, sondern auch solche in den materiellen Grundlagen von Institutionen (z. B. Industriearbeit und Dienstleistungstätigkeit statt landwirtschaftlicher Tätigkeit als Erwerbsgrundlage) berühren deren Geltung und Existenz.

Totale und situierte Institutionen

Hinzuweisen ist abschließend auf weitere Verwendungen des Institutionenbegriffs. So bezeichnete Erving Goffman (1922–1982) Gefängnisse als „totale Institutionen" oder Familien mit ihrer Wohnung als „situierte Institutionen"; Anthony Giddens (1984) benutzt den Institutionen-Begriff, um relativ weit verbreitete, umfassende und dauerhafte Praktiken zu bezeichnen. Allerdings geschieht dies nicht immer mit einem klaren und ausdrücklichen Bezug auf die große Theorietradition, die hinter diesem Begriff steht. Ob das ein Zeichen dafür ist, dass manche Sozialwissenschaftler als Menschen ihrer Zeit das Interesse an Institutionen verloren haben, mag offen bleiben. Sicher ist, dass der allgemeinere und abstraktere Begriff des „sozialen Systems" heute vieles, aber eben oft nicht alles auszusagen vermag, was der Begriff der „Institution" an Gedachtem und Gewusstem beinhaltet (vgl. Schelsky 1970).

Soziales System statt Institution?

3 Organisation

Vieles von dem, was über Institutionen gesagt wurde – so etwa zu ihrer Objekthaftigkeit –, könnte oder müsste man hier wiederholen, denn viele Gedanken wurden aus der älteren Institutionentheorie in die neuere Organisationstheorie übernommen (vgl. Senge/Hellmann 2006). Hier soll es jedoch darum gehen, Unterschiede deutlich zu machen, die zwischen diesen beiden

Begriffen für Formen geregelter Kooperation vorhanden sind. Mancher dieser Unterschiede entstammt der Industrie- und Betriebs- oder Berufsforschung und hat deshalb eine ganz andere Denktradition.

Organisationen – rationale Zweckgebilde der Moderne

Während Institutionen wohl am besten auf dem Boden traditionaler Gesellschaften und Lebensweisen gedeihen, sind **Organisationen** Formen geregelter Kooperation, die sich eher in der Moderne und vor allem auf dem Boden der Rationalität entwickeln. Denn der sachlich gliedernde und planende Verstand, der bewusst bestimmte Mittel für bestimmte Zwecke ordnet, ist charakteristisch für das gedankliche und soziale Umfeld, in dem Organisationen entstehen und existieren (vgl. Weick 2002). Es ist also das Organisieren als Form des Denkens und Handelns, das „Organisation" als Typus sozialer Gebilde hervorbringt.

Organisieren: eine Form des Denkens und Handelns

3.1 Beispiele von Organisationen

Zu den Organisationen gehören so verschiedene Einrichtungen wie Automobilkonzerne, Banken, Kaufhäuser, Gemeindeverwaltungen, Finanzämter, Gewerkschaften, Parteien, Armeen, Kirchen, Schulen, Forschungsinstitute, Verkehrsbetriebe, Rundfunk- und Fernsehanstalten, Krankenhäuser, Altersheime, Gesangvereine, Sportclubs, Jugendverbände oder Studentenverbindungen. All diese Arten von Unternehmen, Behörden, Verbänden oder Vereinen, die den Alltag und das Leben in unserer Gegenwartsgesellschaft entscheidend mitbestimmen, zeigen Spuren des zweckrationalen Denkens und Handelns und werden deshalb als Organisationen bezeichnet. Es sind ihnen nämlich, trotz aller Unterschiede, zumindest folgende Definitionsmerkmale gemeinsam:

Definitionsmerkmale

- Sie sind bewusst und meist auch planvoll zur dauerhaften Erreichung eines bestimmten Ziels oder eines bestimmten Zwecks gebildet worden;
- sie besitzen eine gedanklich geschaffene und allgemeinverbindlich festgelegte Ordnung oder Struktur;
- mit ihrer Hilfe sollen die Aktivitäten der Mitglieder und die verfügbaren Mittel so koordiniert werden, dass die Erreichung eines Ziels auf Dauer gewährleistet wird.

Instrumentalität von Organisationen

Aus diesem Blickwinkel zeigen Organisationen den Charakter von Instrumenten, von konstruierten und nicht von ungeplant gewachsenen Formen geregelter Kooperation, wie man das von vielen Institutionen annimmt. Ein solches Konstruieren setzt einen geschichtlichen Wandel im Denken voraus, bei dem Personen, ihr Handeln und die vorhandenen Mittel aus einer religiös oder traditional vorgegebenen Bindung entlassen und gewissermaßen zur Disposition des planenden Versrandes gestellt wurden. Im Zuge der Aufklärung, wie man in Europa diesen Wandel im Denken seit dem 17. Jahrhundert nenne, setzte sich auch der Glaube oder die Überzeugung durch, dass der menschliche Verstand die Daseinsbewältigung besser sichern könne als Religionen und Traditionen. Da nun die heutigen Formen der Wissenschaft, der Technik, der Wirtschaft oder des Rechts dem gleichen aufgeklärten Denken unserer Neuzeit entstammen, verbinden sie sich auch recht gut mit der konstruierten Kooperationsform Organisation.

Rationalitätsglaube als Voraussetzung

Doch wenden wir uns nun einigen Überlegungen und Einsichten zu, die die breite und intensive Organisationsforschung vor allem in den Wirtschafts- und Sozialwissenschaften hervorgebracht hat.

3.2 Organisationsforschung

Organisationsforschung ist ein Arbeitsgebiet verschiedener Wissenschaftsdisziplinen, in das die Organisationssoziologie ihre spezifischen Beiträge einbringt. So sind am Auf- und Ausbau der Organisationstheorie und der Methoden der Organisationsforschung neben der Soziologie auch die Wirtschaftswissenschaften und die (Sozial-)Psychologie, aber auch die Politik- und Rechtswissenschaft beteiligt. Mir ihren unterschiedlichen Perspektiven und Paradigmen heben sie in ihren Analysen verschiedene und oft komplementäre Aspekte von Organisationen hervor (vgl. Walter-Busch 1996). Dementsprechend reiche die Anwendung des Wissens aus der theoretischen und empirischen Organisationsforschung in der Praxis über die Grenzen einzelner Wissenschaftsdisziplinen oft deutlich hinaus, wie das in einer „Organisationsgesellschaft" eigentlich auch zu erwarten ist.

In der **Organisationssoziologie** (vgl. Abraham/Büschges 2004) sind bisher vor allem folgende Aspekte von Organisationen untersucht worden: die Ziele und Strukturen von Organisationen sowie deren wechselseitiger Zusammenhang, die Personen und die Akteure in den Organisationen und schließlich die Einbindung und Verankerung von Organisationen in ihrer sozialen und materiellen Umwelt.

3.3 Ziele und Strukturen von Organisationen

Definition der Organisation

Organisationen sind, so die gemeinsame Grundauffassung, Instrumente zur Erreichung spezifischer Ziele oder Zwecke, d. h. von bestimmten Zuständen oder Ergebnissen, die durch das bewusst geregelte Zusammenwirken von

Menschen und die Nutzung von Mitteln erreicht werden sollen. Dabei sind diese Zustände und Ergebnisse meist nicht etwas Einmaliges und durch kurzfristige Absprachen Erreichbares, sondern etwas, das immer wieder notwendig wird und daher dauerhafte, längerfristige Kooperationen erfordert. So erziehen und unterrichten Schulen immer wieder andere Schüler, versorgen Krankenhäuser immer wieder andere Patienten, produzieren Firmen immer wieder neue Autos oder stellen Finanzämter immer wieder neue Steuerbescheide aus.

Formelle und informelle Ziele der Organisationen

Diese dauerhaften Ziele sind meist auch offiziell als Organisationsziele bekannt und in Gesetzen, Satzungen oder Handelsregistern festgelegt. Auf sie kann sich die jeweilige Organisation berufen, wenn sie die Notwendigkeit ihrer Existenz in der Öffentlichkeit begründen will, aber auch wenn sie um neue Mitarbeiter und Kunden oder um Förderung und Unterstützung wirbt. Daneben gibt es aber auch Ziele, die innerhalb der Organisation unter Umständen genau so wichtig sind: den Betrieb und die Arbeitsplätze zu erhalten, Gewinne zu steigern, die Arbeitsbedingungen und das Betriebsklima zu verbessern oder die Kunden, Patienten oder Klienten zufrieden zu stellen. Damit ergibt sich ein Bündel von Zielen, die einander ergänzen, zuweilen aber auch konkurrieren und so Zielkonflikte auslösen können. Welche davon die Organisation selbst als die wichtigsten ansieht, kann man am ehesten daran erkennen, wofür sie die knappen Mittel wie Geld oder Arbeitszeit einsetzt. Von diesen formellen und informellen Zielen sind jedoch die persönlichen Motive derjenigen zu unterscheiden, die in der Organisation tätig sind oder die mit ihr in Beziehung treten, sowie die geplanten und die ungeplanten Effekte, die dann tatsächlich zustande kommen, von der Umsatzsteigerung bis zur Massenarbeitslosigkeit.

Regelwerk als wichtigstes Instrumentarium

Als wichtiges Instrumentarium, das die Erreichung der Ziele durch dauerhafte Kooperation garantieren soll, gilt das Regelwerk der Organisation. Darin wird z. B. festgelegt, mit welchen Stellen welche Aufgaben, Befugnisse und Tätigkeiten verbunden sind, wer wem was zu sagen hat oder wie man in bestimmten Fällen vorgehen soll. Dabei hat man inzwischen gelernt, dass sich für gleichförmige Aufgaben (z. B. Massengüterproduktion oder Massenverwaltung) eher gefügeartige, aus funktionsverschiedenen Rollen zusammengesetzte Strukturen eignen, während teamartige, aus gleichartigen Rollen bestehende Gebilde eher bei Aufgaben Erfolg haben, die sehr unterschiedlich und schwer vorauszuplanen sind.

Optimierung der Organisationsziele

Auf jeden Fall wird so einerseits eine bestimmte Arbeitsteilung, auf der anderen Seite aber gleichzeitig auch die notwendige Kooperation zu sichern versucht. Die frühe, als *scientific management* bezeichnete Industrie- und Organisationsforschung von Frederick W. Taylor (1856–1915) oder die Bürokratietheorie Max Webers (1864–1920) beschäftigen sich eingehend mit der Form und mit der Optimierung solcher Regelwerke. Sie entwerfen damit insgesamt die Vorstellung eines geordneten Gefüges von Stellen, Mitteln und Handlungsweisen, das Bild der formellen oder Soll-Struktur einer Organisation, das vielfach in „Organigrammen" festgehalten wird. Diese Struktur gilt als das feste Gerippe der Organisation. Sie wird getrennt gedacht von den konkreten Personen, die dann durch ihr strukturgerechtes oder -konformes Denken und Handeln das derart vorkonstruierte Gebilde beleben sollen. Denn eigens dafür werden sie ausgewählt, ausgebildet und auch bezahlt.

Bedeutung informeller Beziehungen für den Organisationszweck

Dass all diese Strukturierungs- und Steuerungsmaßnahmen ausreichen, um die gewünschte Effizienz zu erzielen und die angestrebten Ziele zu erreichen, ist eher unwahrscheinlich. Denn der Organisationsforschung ist schon bald aufgefallen, dass es neben den geplanten und festgelegten formellen auch informelle Strukturen gibt, die für das tatsächliche Funktionieren einer Organisation fast ebenso große Bedeutung haben. Was wäre etwa die Zusammenarbeit von Abteilungsleitern und Chefs ohne die vielfaltigen Kontakte ihrer Vorzimmerdamen, und welch große Rolle spielen persönliche Sympathien und Freundschaften oder auch Animositäten und Gegnerschaften für die Zusammenarbeit? Auch hier gibt es bestimmte ‚Spielregeln', Beziehungen und Abhängigkeiten, die der „Insider" kennt und als Bestandteil der tatsächlichen oder Ist-Struktur der Organisation bei seinem Handeln in Rechnung stellt.

3.4 Person und Organisation

Basis der Identifikation mit der Organisation

Gerade dieser informelle Aspekt macht deutlich, dass die Mitglieder von Organisationen nicht nur als ‚Arbeitskräfte' tätig sind, die während der Arbeitszeit in vorgesehener Weise ihre Leistung gegen Entgelt abliefern, sondern dass sie als Personen in die Organisation kommen, die für einen Großteil ihres Tages, der Woche, des Jahres und ihrer Lebensarbeitszeit einen wichtigen Teil ihrer Lebenswelt darstellt. So gesehen ist verständlich, dass Kollegialität und ein gutes Betriebsklima für manchen Betriebsangehörigen genau so wichtig sein können wie eine gerechte Bezahlung. Die *human-relations*-Forschung (Mayo 2003; Roethlisberger/Dickson 1976) hat daher die Zufriedenheit mit der Arbeit und die Identifikation mit dem Betrieb als Aufgaben herausgestellt, denen sich die Unternehmensführung auf allen Ebenen ebenso widmen muss wie der Effizienz eines zweckmäßigen und ökonomischen Einsatzes von Mitteln aller Art.

Formell gesehen gehen die Personen zwar mit der Organisation einen Vertrag ein, der ihre Mitgliedschaft allgemein und ihren Tätigkeitsbereich speziell umschreibt und ihre „private Seite" (Luhmann 1999a) weitgehend ausklammert oder in die arbeitsfreie Zeit verlagert sehen möchte. Aber auch vertraglich lässt sich die Person nicht teilen oder gar zur Umwelt der Organisation erklären. Es kann höchstens gefordert werden, dass bestimmte Aufgaben, Einstellungen und Verhaltensweisen situationsspezifisch, hier also: während der Arbeit, Vorrang haben sollen gegenüber anderen. Aber wie schwierig selbst diese vereinbarte Prioritätensetzung sein kann, weiß jeder, der schon einmal ein schwer erkranktes Familienmitglied zuhause wusste oder große private Probleme vor der Tür der Organisation lassen sollte.

Personen sind für Organisationen auch im digitalen Zeitalter die Basis, weil sie es sind, die planen, entscheiden, leiten und schließlich die verfügbaren Mittel und das gegebene Regelwerk zu effizienter Arbeit verbinden. Deshalb ist die Beschaffung, die berufliche Aus- und Weiterbildung oder die Motivation von Mitarbeitern für Organisationen ein ebenso wichtiges Anliegen wie die Erschließung und Sicherung von technischen oder finanziellen Ressourcen. Umgekehrt sind es Organisationen, in denen die Menschen ihren Lebensunterhalt verdienen, ihren Arbeitstag und vielfach auch ihre Freizeit verbringen, die also ihr Erleben, Denken und Handeln vielfältig mitbestimmen und beeinflussen, sei es als Mitglieder oder als Mitbetroffene.

Handlungstheoretische Analyse

Dieser Personenaspekt von Organisationen (und Institutionen) bietet auch einen weiteren und durchaus fruchtbaren Ansatz zur Analyse (Coleman 1992). Denn im Unterschied zu der oben dargelegten (strukturell-funktional geprägten) Betrachtungsweise, bei der die normativen Vorgaben in einer Organisation (Ziele, Rollen, Strukturen etc.) im Vordergrund stehen, geht die hier gemeinte Analyse vom Handeln und Verhalten der Organisationsmitglieder aus. Dabei werden die normativen Strukturen meist nur als Bezugs- und Orientierungsrahmen für das primär interessengeleitete Handeln von Personen und Organisationen gesehen (vgl. White 1992; Voss 1985). Diese hier nicht weiter auszuführende handlungs- bzw. verhaltenstheoretische Perspektive zur Analyse von Organisationen kann sehr detailreiche und realitätsnahe Informationen liefern, die die Ergebnisse der normanalytischen Betrachtungsweise sinnvoll differenzieren und komplettieren.

3.5 Organisation in physischer und sozialer Umwelt

Verankerung in physischer Umwelt

Organisationen sind in unserer Gesellschaft keine isolierten Einzelgebilde. Sie sind zum einen in der physischen Umwelt verankert. Denn sie brauchen Boden, Luft, Wasser, Rohstoffe und Energie, um ihre Gebäude zu errichten, ihre Produkte herzustellen oder ihre Leistungen zu erbringen. Auch sind sie ohne die oft umfangreiche technische Infrastruktur aus Straßen, Schienen, Rohrleitungen, Kabeln und dergleichen kaum funktionsfähig und denkbar. Sie brauchen und verbrauchen, gestalten und verändern also durch ihr Wirken diese physische Umwelt – bewusst oder unbewusst – in erheblichem Umfang. Das gilt auch für das „materielle Substrat" (Durkheim), die Infrastruktur der digitalen Welt.

Organisation als Element komplexer sozialer Strukturen

Organisationen sind zum anderen auch in ihre soziale Umwelt eingebunden. So ist z. B. ein mittelständisches Unternehmen mit seiner Hausbank, seinen Zulieferern und seinen Abnehmern im Groß- und Einzelhandel, aber auch mit dem Wasser- und Elektrizitätswerk oder der Krankenkasse und der Berufsschule zu einem *organizational set,* einem Organisationsverbund, verknüpft. Zugleich gehört aber der Handwerksbetrieb der Innung und der Handwerkskammer an, ist das Einzelhandelsgeschäft an der Ecke Filiale einer Kette, das Bauamt Teil der städtischen Kommunalverwaltung, die örtliche Parteiorganisation ein Glied der Landes- und Bundespartei. Diese Organisationen gelten demnach als Teile der Verwaltung, der Wirtschaft oder des politischen Systems eines Landes. Aber auch diese Systeme sind wieder eingebunden in größere nationale und internationale Zusammenhänge.

Strukturen der Organisationsgesellschaft

Aus dieser Perspektive entsteht dann das Bild einer **Organisationsgesellschaft,** in der der Einzelne unter einem dichten Netz rationaler Strukturen und Verflechtungen fast verschwindet. Dieses Bild mag bedrücken, aber es weist zugleich auf einen wichtigen Aspekt unserer Lebenswirklichkeit hin und auf Bedingungen, in denen viele Probleme und Vorzüge unserer Lebensumstände ihre Wurzel haben. Es macht aber auch bewusst, dass in Gesellschaften und Kulturen, in denen unsere westliche Rationalität und der Glaube an ihre Kraft zur Daseinsbewältigung nicht diesen hohen Stellenwert besitzen, Organisationen in unserem Sinne nicht so leicht Verbreitung finden. Dort sind es dann unter Umständen gewachsene und tradierte Institutionen, die die Kooperation und das Zusammenleben der Menschen in erster Linie regeln.

Informationsteil

Institution

Empfohlene Literatur zur Einführung

Gehlen, A., Urmensch und Spätkultur. Philosophische Ergebnisse und Aussagen, Frankfurt a. M. [6]2004a (zuerst 1956)

Besonders in Teil I gibt dieser prominente Vertreter der Institutionentheorie eine grundlegende und gut lesbare Einführung in die „Philosophie" der Institutionen, d. h. in die kultur- und handlungstheoretische Begründung von Institutionen und ihren Funktionen für den Einzelnen und für das Zusammenleben der Menschen.

Malinowski, B., Eine wissenschaftliche Theorie der Kultur und andere Aufsätze, Frankfurt a. M. ²2006 (orig. engl. 1944)
Besonders die beiden Teilbeiträge „Die Struktur einer Institution“ und „Theorie des organisierten Verhaltens“ bieten knapp und gut verständlich grundlegende Vorstellungen und Konzepte zu einer Theorie der Institution.

Schelsky, H., Zur soziologischen Theorie der Institution, in: *ders.*, Hg., Zur Theorie der Institution, Düsseldorf 1970, S. 9–26
Eine knappe, aber gut lesbare Einführung eines weiteren prominenten Vertreters der Institutionentheorie. Schelsky unternimmt aber zugleich den interessanten Versuch, Ähnlichkeiten und Unterschiede zwischen dem Institutionenkonzept und dem des sozialen Systems aufzuzeigen.

Weiterführende Literatur

Berger, P. L./Luckmann, Th., Die gesellschaftliche Konstruktion der Wirklichkeit, Frankfurt a. M. ²⁰2004 (orig. engl. 1966)
Durkheim, E., Die Regeln der soziologischen Methode, Frankfurt a. M. ⁶2007 (orig. frz. 1895)
Esser, H., Soziologie. Spezielle Grundlagen, Bd. 5: Institutionen, Frankfurt a. M. 2000
Gehlen, A., Der Mensch. Seine Natur und seine Stellung in der Welt, Wiesbaden ¹⁴2004b (zuerst 1940)
Giddens, A., Die Konstitution der Gesellschaft, Frankfurt a. M. 1988 (orig. engl. 1984)
Göhler, G., Hg., Die Eigenart der Institution. Zum Profil politischer Institutionentheorie, Baden-Baden 1994
Hasse, R./Krücken, G., Neo-Institutionalismus, Bielefeld ²2005
Hauriou, M., Die Theorie der Institution und andere Aufsätze. Herausgegeben von R. Schnur, Berlin 1965 (orig. frz. 1925)
Pankoke, E., Hg., Institution und technische Zivilisation, Berlin 1990
Schelsky, H., Einsamkeit und Freiheit. Idee und Gestalt der deutschen Universität und ihrer Reformen, Reinbek 1963
Schmalz-Bruns, R., Hg., Ansätze und Perspektiven der Institutionentheorie. Eine biografische und konzeptionelle Einführung, Wiesbaden 1989
Schülein, J. A., Theorie der Institution, Opladen 1987
Senge, K./Hellmann, K.-U., Hg., Einführung in den Neo-Institutionalismus, Wiesbaden 2006

Organisation

Empfohlene Literatur zur Einführung

Abraham, M./Büschges, G., Einführung in die Organisationssoziologie, Wiesbaden ^{3}2004
Diese deutlich veränderte Fassung des erprobten Fernstudientextes der FU Hagen hat eine klare Gliederung, eine gut verständliche Fachinformation und eine strukturell-individualtheoretische Grundorientierung.

Endruweit, G., Organisationssoziologie, Stuttgart ^{2}2004
Dieser als Einführung in die Organisationssoziologie konzipierte Text informiert stringent und kenntnisreich über wichtige Theorieansätze, Aspekte und Variablen zur Analyse von Organisationen.

Kieser, A./Ebers, M., Hg., Organisationstheorien, Stuttgart ^{6}2006
Ein Sammelwerk, das in einheitlicher Grundstruktur gut lesbare Beiträge verschiedener Autoren zu den wichtigsten Theorieansätzen bietet und das mit umfangreicher Bibliographie und Register ausgestattet ist.

Mayntz, R., Soziologie der Organisation, Reinbek ^{9}1977
Dieses inzwischen wohl zum „Klassiker" gewordene Taschenbuch eignet sich wegen seines systematischen (strukturfunktionalistischen) Aufbaus nach wie vor als Einführung in die Organisationssoziologie.

Preisendörfer, P., Organisationssoziologie, Wiesbaden ^{2}2008
In diesem Buch behandelt der Autor die Fragen, warum es überhaupt Organisationen gibt, wie sich Organisationen angemessen beschreiben lassen, wie interne Strukturen und Abläufe in Organisationen verstanden und erklärt werden können und schließlich welche gesellschaftlichen Konsequenzen Organisationen haben.

Sanders, K./Kianty, A., Organisationstheorien, Wiesbaden 2006
Die Verfasser behandeln in ihrem Lehrbuch die wichtigsten organisationstheoretischen Konzepte, wie z. B. die „Wissenschaftliche Betriebsführung" Taylors, oder die verhaltenswissenschaftliche Entscheidungstheorie. Neben Informationen zu den Urhebern der Ansätze runden Frage- und Aufgabenstellungen am Ende jedes Kapitels das Buch ab.

Scott, W. R., Grundlagen der Organisationstheorie, Frankfurt a. M. 1986 (orig. engl. 1981)
Eine sehr gut lesbare Einführung in die soziologische Organisationsforschung. Ihr Vorteil liegt in dem Versuch, die zahlreichen Varianten der Organisationstheorie un-

ter drei sinnvollen Perspektiven zusammenzufassen. Mit umfangreicher Bibliographie und Register.

Türk, K., Hg., Hauptwerke der Organisationstheorie, Wiesbaden 2000
Dieses Buch versucht anhand von 139 ausgewählten Hauptwerken der Organisationstheorie einen Überblick dieses Faches zu geben. Neben einer dichten Beschreibung der Entstehung und des Gehalts werden auch die Bedeutung und die Rezeptionsgeschichte der jeweiligen Werke aufgeführt.

Weick, K. E., Der Prozess des Organisierens, Frankfurt a. M. [3]2002
Im Mittelpunkt dieses Buches steht die Frage, wie Organisationen ihre Umwelt und sich selbst verstehen und welche Bilder, Vorstellungen und Phantasien für das organisatorische Handeln bedeutsam sind. Am Ende soll eine Epistomologie des Organisierens stehen.

Weiterführende Literatur

Bonazzi, G./Tacke, V., Hg., Geschichte der Organisationstheorie, Wiesbaden 2007
Büschges, G., Hg., Organisation und Herrschaft. Klassische und moderne Studientexte zur sozialwissenschaftlichen Organisationstheorie, Reinbek bei Hamburg 1976
Coleman, J. S., Grundlagen der Sozialtheorie. Bd. 2. Körperschaften und die moderne Gesellschaft, München/Oldenburg 1992
Etzioni, A., Soziologie der Organisation, München [5]1978 (orig. engl. 1967)
Frese, E., Organisationstheorie. Historische Entwicklung, Ansätze, Perspektiven, Wiesbaden [2]1992
Girschner, W., Theorie sozialer Organisationen: eine Einführung in Funktion und Perspektiven von Arbeit und Organisationen in der gesellschaftlich-ökologischen Krise, Weinheim 1990
Heidenreich, M./Schmidt, G., Hg., International vergleichende Organisationsforschung, Opladen 1991
Jäger, W./Schimank, U., Hg., Organisationsgesellschaft, Wiesbaden 2005
Kieser, A./Walgenbach, P., Organisation, Stuttgart [5]2007 (zuerst 1977)
Klatetzki, T./Tacke, V., Hg., Organisation und Profession, Wiesbaden 2005
Knoblauch, H., Die kommunikative Konstruktion postmoderner Organisationen, Institutionen, Aktivitätssysteme und kontextuelles Handeln, in: ÖZS, 22, 1997, S. 6–23
Luhmann, N., Funktion und Folgen formaler Organisation, Berlin [5]1999a (zuerst 1964)
Ders., Zweckbegriff und Systemrationalität. Über die Funktion von Zwecken in sozialen Systemen, Frankfurt a. M. [6]1999b (zuerst 1968)
March, J. G./Simon, H. A., Organizations, Cambridge [2]1995 (zuerst 1966; dt. 1977)
Mayntz, R., Hg., Bürokratische Organisation, Köln/Berlin [2]1971
Dies./Ziegler, R., Soziologie der Organisation, in: *König, R.*, Handbuch der empirischen Sozialforschung, Bd. 9, Stuttgart 1977, S. 1–141

Mayo, E., The Human Problems of an Industrial Civilization, London 2003 (zuerst 1933)

Miebach, B., Organisationstheorie, Wiesbaden 2007

Ortmann, G./Sydaw, J./Türk, K., Theorien der Organisation, Wiesbaden ²2000

Pugh, D. S./Hickson, D. J., Hg., Organizational Structure in its Context. The Aston Program I, Westmead 1976

Roethlisberger, F. J./Dickson, W. J., Management and the Worker, Cambridge, Mass. 1976 (1939)

Seltz, R./Mill, U./Hildebrandt, E., Hg., Organisation als soziales System, Berlin 1986

Silverman, D., Theorie der Organisation, London 1976 (orig. engl. 1970)

Taylor, F. W., Die Grundsätze wissenschaftlicher Betriebsführung, Düsseldorf 2004 (orig. amerik. 1911)

Türk, K., Die Organisation der Welt: Herrschaft durch Organisation in der modernen Gesellschaft, Opladen 1995

Türk, K./Lemke, T./Bruch, M., Organisation in der modernen Gesellschaft, Wiesbaden ²2006

Voss, T., Rationale Akteure und soziale Institutionen, Oldenburg 1985

Walter-Busch, E., Organisationstheorien von Weber bis Weick, Amsterdam 1996

Weber, M., Wirtschaft und Gesellschaft. Studienausgabe, Paderborn 2006 (zuerst 1922)

White, H. C., Identity and Control. A structural Theory of Social Action, Princeton, NJ 1992

Lektion IX
Macht und Herrschaft

Peter Imbusch

Inhalt

1 Kontroverse Deutungen von Macht und Herrschaft

In Bezug auf **Macht** und **Herrschaft** scheint nur in einer Hinsicht Übereinstimmung zu bestehen, dass man nämlich äußerst unterschiedlicher Meinung sein kann, was diese Phänomene bedeuten, wie sie zu charakterisieren sind und wie man sie überhaupt messen oder generell feststellen kann. Nicht nur gibt es eine unendliche Vieldeutigkeit der mit dem Begriff Macht belegten Phänomene, sondern es existiert auch ein unscharfer Wortgebrauch, der Macht nur ungenügend von ähnlichen oder verwandten Phänomenen (etwa Autorität, Einfluss, Zwang, Gewalt etc.) abgrenzt. Entsprechend verwundert es nicht, dass Macht höchst unterschiedlich eingeschätzt und teils sogar konträr bewertet wird: Im Alltagsverständnis erscheint Macht als etwas weithin Negatives, sie wird beizeiten sogar dämonisiert – „Machtmenschen", „Machthunger", „Machtbesessenheit" –; wissenschaftliches Verstehen dieses Phänomens bemüht sich zunächst einmal um mehr Neutralität. Das Alltagsverständnis neigt zur Verdinglichung der Macht (Macht erscheint als dieses oder jenes im Besitz einer Person), im wissenschaftlichen Sinne bezeichnet sie zunächst ein spezifisches Vermögen bzw. Können. Der *common sense* stellt sich Macht als ein attributionales Phänomen im Sinne einer Eigenschaft bzw. des Besitzes (im Sinne von Macht haben) vor, für den aufgeklärten Beobachter ist Macht dagegen nichts Gegenständliches, unmittelbar Sichtbares mehr, sondern eine im relationalen Sinne weitgehend unsichtbare Eigenschaft sozialer Beziehungen. Macht hat niemand für sich allein, sie existiert nur in Verbindung mit und zu anderen Menschen, weil Macht stets ein soziales Verhältnis bezeichnet. Und während die einen Macht auf bestimmte Sphären der Gesellschaft begrenzen (etwa die politische Sphäre), weisen die anderen darauf hin, dass Macht überall anzutreffen ist und jeder Mensch entsprechend seinen Chancen und Möglichkeiten Macht entfalten kann. Es sind also nicht allein die vermeintlich oder real ‚Mächtigen', die Macht haben: Mächtig ist potentiell jeder, weil Macht eine allgemeine menschliche Möglichkeit darstellt.

Macht: ein soziales Verhältnis

Nicht zuletzt aufgrund dieses Begriffs- und Verständniswirrwarrs hat Max Weber seinerzeit den Begriff der **Macht** als „soziologisch amorph" bezeichnet, weil „alle denkbaren Qualitäten eines Menschen und alle denkbaren Konstellationen … jemand in die Lage versetzen (können), seinen Willen in einer gegebenen Situation durchzusetzen". Zuvor hatte er sein Machtverständnis mit großer Wirkung auf den soziologischen und politologischen Machtbegriff wie folgt definiert: „Macht bedeutet jede Chance, innerhalb einer sozialen Beziehung den eigenen Willen auch gegen Widerstreben durchzusetzen, gleichviel worauf diese Chance beruht" (Weber 1976: 28 f.).

Max Weber: Macht ist soziologisch amorph

Webers Definition von Macht

Nicht weniger schwierig und umstritten ist der Herrschaftsbegriff. **Herrschaft** wird von einigen als soziales Verhältnis, welches sich durch zwar wechselseitige, aber ansonsten stark asymmetrische Beziehungen zwischen gesellschaftlichen Akteuren auszeichnet, gefasst, von anderen als institutionalisierte Macht verstanden. Die einen benutzen Macht und Herrschaft als synonyme Begriffe, die anderen scheiden sie aufgrund ihrer unterschiedlichen Qualitäten scharf voneinander. Während einige mit Herrschaft umfassende soziale Zwänge und eigene Machtlosigkeit assoziieren, weist für andere Herrschaft positive, für das Zusammenleben der Menschen sogar notwendige Aspekte auf. Und während Sozialtheoretiker wie Karl Marx und in der Folgezeit auch andere kritische Sozialwissenschaftler Herrschaft abschaffen zu können glaubten und Utopien der herrschaftsfreien Gesellschaft entwarfen, sehen andere in den historisch zwar unterschiedlichen, sich stark wandelnden Formen der Herrschaft eine nicht aufhebbare Konstante menschlicher Gesellschaften. So wie Macht eine zentrale Form der Vergesellschaftung darstellt, so scheint ihnen Herrschaft eine Grundkategorie des Sozialen zu sein.

Herrschaft: eine Grundkategorie des Sozialen

Auch diesbezüglich ist es nützlich, sich mit Max Weber einer grundlegenden Begriffsbestimmung zu nähern. Er hatte Herrschaft an Legitimität zurückgebunden und von Macht als soziologisch amorpher Kategorie geschieden. Den Herrschaftsbegriff präzisierte er wie folgt: „Herrschaft soll heißen die Chance, für einen Befehl bestimmten Inhalts bei angebbaren Personen Gehorsam zu finden" (Weber 1976: 28). „Nicht also jede Chance, ‚Macht' und ‚Einfluss' auf andere Menschen auszuüben. Herrschaft (‚Autorität') in diesem Sinne kann im Einzelfall auf den verschiedensten Motiven der Fügsamkeit: von dumpfer Gewöhnung angefangen bis zu rein zweckrationalen Erwägungen, beruhen. Ein bestimmtes Minimum an Gehorchenwollen, also: Interesse (äußerem oder innerem) am Gehorchen, gehört zu jedem echten Herrschaftsverhältnis" (Weber 1976: 122).

Webers Definition von Herrschaft

Neben den Weberschen Begriffsdefinitionen gibt es natürlich noch eine ganze Reihe weiterer begrifflicher Theoretisierungen von Macht und Herrschaft, die teils an ihn anknüpfen, teils aber auch im Gegensatz zu seinen Definitionen stehen (vgl. Imbusch 2012).

Das verweist nicht nur auf die anhaltende Aktualität der mit den Begriffen bezeichneten Phänomene, sondern zugleich darauf, dass die Begriffe und ihre jeweilige Interpretation immer Teil größerer soziologischer Debatten um das richtige Verständnis von Macht und Herrschaft waren, die beizeiten den Charakter ideologischer Auseinandersetzungen annahmen. In gesellschaftspolitischen Debatten spielen Macht und Herrschaft deshalb eine große Rolle, weil Machtausbildung immer mit sozialer Hierarchisierung, der Ausbildung sozialer Ränge und damit dem grundlegenden sozialen Phänomen der sozialen Ungleichheit zu tun hat. Macht und Herrschaft sind nämlich in jeder gesellschaftlichen Formation (ob Kasten- oder Klassen-, Stände- oder Schichtungsgesellschaften) und jeder sozialen Figuration (Norbert Elias) mit der unglei-

Macht und Herrschaft sind grundsätzlich kontrovers

chen Verteilung von gesellschaftlich relevanten Ressourcen verknüpft (vgl. zu diesen Phänomenen die Lektionen X und XI).

2 Macht als soziale Figuration

Will man Macht als eine soziale Figuration beschreiben, so wird man zunächst daran erinnern müssen, dass Macht kein Ding oder primär eine Eigenschaft bestimmter Akteure ist, sondern es bei Macht immer um Beziehungen und soziale Prozesse geht. Der Gegenstandsbereich Macht kann dabei in verschiedene Dimensionen untergliedert werden. Wolfgang Sofsky und Rainer Paris haben – unter Rückgriff auf Georg Simmels formale Soziologie und in Anlehnung an Norbert Elias' Einsichten in Machtfelder als interdependenten Beziehungsgeflechten von Gruppen – Machtfigurationen wie folgt definiert: „Eine Machtfiguration ist ein komplexes Geflecht asymmetrischer und wechselseitiger Beziehungen, in dem mehrere Personen, Gruppen oder Parteien miteinander verknüpft sind und in dem Veränderungen einer Relation auch die anderen Relationen ändern" (Sofsky/Paris 1994: 14).

Definition von Machtfigurationen

Versteht man Macht in diesem Sinne als Machtfiguration, dann lassen sich ausgehend von den sozialanthropologischen Grundlagen der Macht die Dimensionen des Machtbegriffs und seine wichtigsten Differenzierungen herausarbeiten und schließlich auch die Effekte der Macht beschreiben (Schaubild 1).

2.1 Sozialanthropologische Grundlagen der Macht

Die Frage, warum und aufgrund welcher Fähigkeiten die Menschen Macht ausüben können und warum andere Menschen diese Macht erdulden, ertragen oder erleiden, ist zum einen die Frage danach, wie Macht überhaupt wirkt, zum anderen eine nach den sozialanthropologischen Grundlagen der Macht. Fasst man Macht ganz kategorial als etwas auf, was der Mensch ‚vermag' (das Vermögen nämlich, sich gegen fremde Kräfte durchzusetzen), so wird man zunächst einmal dieses menschliche Vermögen in vier spezifische Handlungstypen differenzieren können, denen wiederum vier vitale Abhängigkeiten gegenüberstehen. Heinrich Popitz hat vier anthropologisch nicht weiter reduzierbare Bedingungen herausgestellt, die zugleich vier Grundtypen der Macht bilden, von denen sich wiederum andere Typologisierungsmöglichkeiten ableiten lassen (Popitz 2004):

Vier Grundtypen der Macht

1) **Aktionsmacht** (als Verletzungsmacht) meint nicht nur jene kreatürliche Verletzbarkeit des menschlichen Körpers, dem der Mensch in vielfältiger

Schaubild 1 Grundlagen und Wirkung von Macht

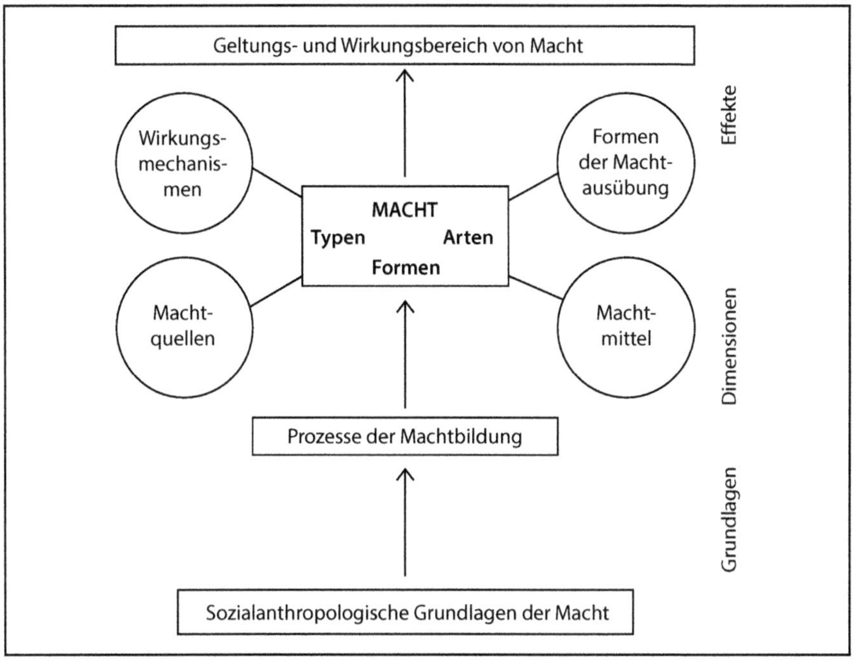

Weise ausgesetzt ist, sondern auch ökonomische Verletzbarkeit durch den Entzug von Subsistenzmitteln, von Raub und Zerstörung, von Zugangsbeschränkungen zu Ressourcen und nicht zuletzt auch Verletzbarkeit durch den Entzug sozialer Teilhabechancen. Das typische daraus resultierende Machtverhältnis wäre pure Gewalt.

2) **Instrumentelle Macht** (als Unterwerfungsmacht) ist die konventionelle und geläufigste Form der Durchsetzung gegen fremde Kräfte. Sie basiert auf dem Geben- und Nehmen-Können, der Verfügung über Belohnungen und Strafen, dem Gewähren oder dem Entzug von Gratifikationen. Sie ist die Macht des Entweder-Oder. Instrumentelle Macht wirkt durch das glaubhafte Verfügen-Können über diese Mittel und die Bewahrung dieser Glaubwürdigkeit. Das typische hieraus resultierende Machtverhältnis wäre soziale Erpressung oder Konformität erzeugende Angst und Hoffnung.
3) **Autoritative Macht** (als das Verhalten und die Einstellungen steuernde Macht) ist eine Macht, die einwilligende Folgebereitschaft erzeugt. Sie wirkt (verinnerlicht) über den jeweiligen Kontrollbereich hinaus, also auch dort, wo Handlungen nicht direkt kontrolliert werden können. Das typische hieraus resultierende Machtverhältnis wäre fraglose Autorität.

4) **Datensetzende Macht** (als objektvermittelte Macht technischen Handelns) ergibt sich etwa aus jenen technischen Artefakten, mittels deren Hersteller Macht über andere Menschen ausüben können, weil in die Dinge latente, jederzeit manifest werden könnende Macht eingebaut ist. Sie ist aber auch Rückwirkung der technischen Beherrschung der Natur durch den Menschen. Das sich hieraus ergebende typische Machtverhältnis ließe sich als technische Dominanz fassen.

Natürlich können diese Machttypen zusammen auftreten und sich in ihrer Wirkung akkumulieren. Diesen konstitutiven Handlungsfähigkeiten der Menschen entsprechen vitale Abhängigkeiten des Menschen, die zugleich verdeutlichen, warum sich diese anderen fügen und unterwerfen, nämlich a) aufgrund ihrer Verletzbarkeit, b) ihrer Sorge um die Zukunft, c) ihrer Anerkennungs- und Maßstabsbedürftigkeit sowie d) ihrem Angewiesensein auf hochkomplexe technische Apparaturen.

Differenzierungen zum Machtbegriff

Betrachtet man zusätzlich die Arten der Macht, dann wird man v. a. potentielle von aktueller Macht unterscheiden müssen, die sich wiederum zu einem vierstufigen Machtbegriff verbinden lassen: Die reine Möglichkeit zur Machtausübung wächst sich zur Fähigkeit der Machtausübung aus (potentielle Stufen), wird sodann zur latent wirkenden Macht und schließlich zu manifest wirksamer Macht (aktuelle Stufen) (vgl. Hradil 1980: 34–40).

Geläufig ist des weiteren auch die Unterscheidung zwischen direkter und indirekter Macht sowie die zwischen legitimer und illegitimer Macht. Die Formen der Macht sind ebenfalls vielfältig: Diesbezügliche Unterscheidungen wären etwa politische, ökonomische, ideologische, symbolische Macht etc.

2.2 Prozesse der Machtbildung

Die sozialanthropologischen Grundlagen der Macht bilden gewissermaßen die Basis, auf der sich Macht herausbilden kann. Heinrich Popitz (2004) hat die Prozesse der Machtbildung eindrucksvoll an Beispielen beschrieben. Fasst man seine Ergebnisse zusammen, dann kann als Ausgangspunkt von Machtbildungsprozessen gelten, dass jemand ein Privileg definiert und wahrnimmt oder sich gesellschaftliche Ressourcen aneignen kann, die eine gewisse Überlegenheit verbürgen. Privilegien betreffen immer knappe Güter, so dass die Durchsetzung von Privilegien stets zu Lasten und auf Kosten anderer, zu kurz gekommener Individuen geht.

Solidarität ist ein wichtiger Schritt in der Verfestigung von Macht, denn um Widerstände möglichst zu minimieren, solidarisieren sich die Privilegierten und bestätigen sich gegenseitig, legitime Rechte wahrzunehmen. Spätestens zu diesem Zeitpunkt ist vergessen, dass hier ursprünglich Macht gegen den Willen anderer durchgesetzt wurde.

Macht bekommt sodann durch Institutionen und Organisationen Struktur, indem Mächtige zwischen sich und anderen differenzieren. Da sie die Verfügungsmacht über knappe Güter haben, von denen die Macht nun selbst das Wichtigste ist, können sie bestimmen, wer wie nah oder fern zur Macht steht. Macht stabilisiert sich also über soziale Schließungsprozesse und über die gestufte Partizipation an ihr. Da die Reproduktion von Macht auch immer eine beschränkte Umverteilung voraussetzt, stimmen schließlich auch die weniger oder gar nicht Mächtigen der neu etablierten Machtordnung zu, weil das die geringsten Nachteile bei der Wahrnehmung ihrer verbliebenen Lebenschancen verbürgt (vgl. Abels 2001, I: 249 f.).

2.3 Dimensionen der Macht

Um zu verstehen, was Macht ist und wie sie wirkt, ist es allerdings keineswegs ausreichend, den Machtbegriff typologisch auseinander zu legen und Prozesse der Machtbildung zu reflektieren. Vielmehr müssen wenigstens vier Dimensionen der Macht berücksichtigt werden, um zu gehaltvollen Machtanalysen zu gelangen: Alle Macht beruht auf bestimmten grundlegenden Machtquellen, welche als Ursprünge der und Gründe von Macht betrachtet werden können. Denn die Machtquellen eröffnen eigentlich erst den Zugang zu den Machtmitteln. Diese sind die Trümpfe eines Machtspiels, mit denen Konflikte ausgefochten, Widerstand geleistet oder gebrochen wird. Machtquellen und Machtmittel liegen noch im Bereich der potenziellen Macht, da man beispielsweise über Machtmittel verfügen kann, ohne diese einsetzen zu müssen. Erst mit dem Einsatz der Machtmittel, wenn sich Machtmittel in Formen der Machtausübung niederschlagen, übersetzt sich potenzielle Macht in aktuelle Macht. Den einzelnen Formen der Machtausübung liegen jeweils typische Wirkungsmechanismen von Macht zugrunde.

Vier Dimensionen der Macht

Dass Max Weber mit seiner Charakterisierung des Machtbegriffs als „soziologisch amorph" durchaus Recht hatte, zeigt sich nicht nur an der Vielfalt der Machtquellen, sondern auch daran, dass die Abgrenzungen zwischen den einzelnen Dimensionen nicht immer trennscharf sind. Dies wird im Folgenden bei einem Durchgang durch die Bestandteile der einzelnen Machtdimensionen deutlich.

Die **Machtquellen** stellen die unmittelbaren Gründe für die Macht dar, wie sie sich aus den allgemeineren sozialanthropologischen Grundlagen der Macht ergeben. Eine erste Machtquelle ist zunächst physische Stärke bzw. psychische Überlegenheit. Körperliche Stärke garantiert zumindest in Konflikt-

Physische Stärke als Machtquelle

situationen im Mikro-Bereich eine Form der Überlegenheit, der sich andere fraglos beugen werden. Ist man einem ‚Muskelprotz' körperlich sichtlich unterlegen, wird man es sich gut überlegen, sich auf eine Kraftprobe einzulassen, bei der man offensichtlich ‚den Kürzeren zieht'. Macht als körperliche Überlegenheit schafft ziemlich unhinterfragt Gehorsam, sie wirkt direkt. Auf der Makro-Ebene lassen sich ähnliche Wirkungen durch die Monopolisierung der physischen Gewaltmittel (Polizei, Militär) beim Staat erzielen (Imbusch 2002).

Beruht die Macht einer Person auf psychischen Besonderheiten, etwa auf Ausstrahlung, Geist, Intellekt, dann wird sie eher bestimmten Persönlichkeitsmerkmalen eines Menschen zugeschrieben, deren Überlegenheit man neidvoll oder neidlos anerkennt. Psychische, geistige, rhetorische, moralische oder sonstige Eigenschaften können also ebenfalls Zugang zu verschiedenen Machtmitteln ebnen, weil sie zur Sinngebung eingesetzt werden können oder Situationsdefinitionen erfolgreich durchzusetzen vermögen. In vielen Fällen steht die Macht der Persönlichkeit in engem Zusammenhang mit Formen konditionierter Macht, mit der Fähigkeit also, Überzeugungen oder Motivationen zu schaffen. Von hier aus ist der Weg zur Ausbildung von Charisma und Autorität nicht weit (Sennett 1990). Die Anerkennung der Persönlichkeit anderer bedeutet zugleich immer ein stückweit Verzicht auf Selbstbestimmung.

Persönlichkeit und Charisma als Machtquelle

Eigentum und Besitz stellen eine weitere wesentliche Quelle von Macht dar. Macht ergibt sich hier aus der mehr oder weniger exklusiven Verfügung über die Produktionsmittel und die damit verbundenen *property rights*, den mit der Verfügung oder dem Besitz eines Gutes einhergehenden Eigentumsrechten. Sie kann aber auch Resultat der Monopolisierung bestimmter gesellschaftlich bedeutsamer Ressourcen (von Rohstoffen und Böden bis hin zu Patenten) sein. Sie erwächst aus der Reichtums- und Einkommenskonzentration einer Gesellschaft, so dass etwa Pierre Bourdieu (1992) das ökonomische Kapital als die grundlegendste, weil in alle anderen Kapitalarten transformierbare Kapitalie betrachtet. Ökonomisch tritt sie als Marktmacht im Sinne der Ausbildung monopolistischer oder oligopolistischer Positionen in Erscheinung, die anderen Marktteilnehmern bestimmte Tauschbedingungen aufzwingt, ohne die formalen Prinzipien der Marktgesellschaft zu verletzen. Auch können Eigentum und Wohlstand habituell den Eindruck von Autorität und Entschlusskraft vermitteln, die dann wieder zu Formen konditionierter Unterwerfung oder kompensatorischer Macht führen können.

Monopolisierung von Ressourcen als Machtquelle

Organisationen als Machtquelle

Schließlich kann in der Organisation eine der wichtigsten Machtquellen moderner Gesellschaften gesehen werden. Organisationen bilden durch den zielgerichteten Zusammenschluss und die Bündelung von Kräften Handlungspotentiale aus, die individuellen Machtaspirationen durch die Verfügung über größere und andere Ressourcen weit überlegen sind. Macht entsteht dabei aus Kooperation und Zentralisierung und schlägt sich u. a. in bürokratischen Strukturen nieder. Wo Macht erstrebt wird, ist in der Regel auch eine entsprechende Organisation der Macht vorhanden (Cozier/Friedberg 1979).

Die **Machtmittel** stellen dagegen die konkreten Medien der Machtausübung dar. Mittels ihres Einsatzes wird der Ausgang von Machtkämpfen und Herrschaftskonflikten entschieden.

Kapital als Machtmittel

An erster Stelle zu nennen wäre hier Kapital, und zwar Kapital in jenem umfassenden Sinne, wie Bourdieu seine Kapitalarten gefasst hat, nämlich als ökonomisches, soziales und kulturelles Kapital. Ökonomisches Kapital – etwa in Form von Geld – stellt ein universelles Tauschmedium dar, welches den höchsten Konvertierungsgrad in die anderen Kapitalarten aufweist und entsprechend kompensatorisch oder konditionierend eingesetzt werden kann. Soziales Kapital zeigt sich v. a. in einem dauerhaften Netzwerk mehr oder minder institutionalisierter Beziehungen, mit dem nicht nur Kennen und Anerkennen, sondern auch die aus der Zugehörigkeit zu einer bestimmten Gruppe resultierenden Ressourcen verbunden sind. Während die Macht des sozialen Kapitals häufig sehr manifest wirkt, zeigt sich die Wirkung des kulturellen Kapitals eher auf symbolischer Ebene und muss von dort aus seine Macht erst entfalten. In inkorporiertem Zustand (Bildung, Wissen, Begabung) bildet das kulturelle Kapital eine dauerhafte, habituell verfestigte Disposition des Organismus; in objektiviertem Zustand kommt es v. a. in der Produktion kultureller Güter zum Ausdruck; und in institutionalisiertem Zustand hat es sich etwa in Form von schulischen oder akademischen Titeln objektiviert, die für „feine Unterschiede" (Bourdieu 1982) sorgen und Kompetenz und Wissen garantieren, mit denen dann Autorität und Einfluss verbunden sind.

Organisationen als Machtmittel

Körperschaften und Organisationen bilden nicht nur eine bedeutsame Machtquelle, sondern stellen zugleich ein wichtiges Machtmittel dar. Formale Institutionen bilden nämlich das machtrelevante institutionelle Gefüge der Gesellschaft, deren interne Macht über Positionen hierarchisch gegliedert und mit bestimmten Befugnissen versehen ist, deren externe Macht darin zum Ausdruck kommt, dass sie strukturell verfestigte, häufig normsetzende Macht ist, weil in ihnen gesellschaftlich relevante Entscheidungen gefällt und umgesetzt werden. Insofern kann es sich bei der von Organisationen ausgehenden Macht sowohl um kompensatorische wie auch konditionierende Macht handeln.

Sanktionsgewalt als Machtmittel

Ein besonderes Machtmittel stellt auch die Sanktionsgewalt eines Amtes dar, das an öffentliche bürokratische Strukturen gebunden ist. Im Gegensatz zu den übrigen Organisationen und Körperschaften werden hier v. a. konditionierte und repressive Formen der Macht ausgeübt, die sich aus den spezifischen Befugnissen solcher Bürokratien ergeben. Im Sinne legaler Herrschaft begegnet uns die Bürokratie im Alltag v. a. als (mehr oder weniger) rationale

Verwaltung, die Sachlichkeit und Zweckmäßigkeit mit spezifischen Erzwingungsmaßstäben verbindet und so ihren Sanktionscharakter gewinnt. Wenn auch eine Vielzahl von Vorschriften nicht unmittelbar sanktionsfähig ist, so gilt doch die Sanktionsdrohung im Prinzip, weil ihre Umsetzung jederzeit erzwungen werden könnte.

Information als Machtmittel

Schließlich stellt die Verfügung über und der Umgang mit Informationen ein Machtmittel beträchtlichen Ausmaßes dar. ‚Wissen ist Macht' – heißt es nicht umsonst kurz und knapp im Volksmund. Macht kann beispielsweise auf einem Monopol hinsichtlich der Verfügung über Informationen im weitesten Sinne beruhen. Dies betrifft ganz basales Wissen, grundlegende Verfahrensabläufe, bestimmte Techniken (die mittels Patenten höchst exklusiv verfügbar sind), aber auch aktuelle politische Informationen, gilt auf anderen Stufen gesellschaftlicher Entwicklung etwa für Heilswissen und magische Praktiken, die ihren Inhabern seit je Macht verliehen und Expertokratien zu begründen halfen. Informationsmonopole sind zwar flüchtige, aber mitunter sehr effektive Machtmittel. Berücksichtigt man zudem, dass Informationen und Wissen manipuliert, gestreut oder selektiv eingesetzt, bei wichtigen Entscheidungen zurückgehalten oder offenbart werden können, so wird der Stellenwert von Informationen als Machtmittel einsichtig. Die Macht der Medien als Bereitsteller und Bearbeiter von Informationen ergibt sich einerseits aus den berechtigten Informationsbedürfnissen der Menschen, andererseits aus den Manipulationsmöglichkeiten von Nachrichten, mit denen Meinungen ‚gemacht' werden. Informationen und Wissen als Machtmittel zu betrachten, heißt ihre konditionierenden Aspekte (also im Hinblick auf Änderungen des Bewusstseins, der Überzeugungen oder des Glaubens) in den Mittelpunkt zu rücken.

Die meisten **Formen der Machtausübung** lassen sich unter die folgenden Kategorien rubrizieren. Die diskretesten Formen der Machtausübung sind Einfluss, Überzeugung und Motivation. Einfluss übt ein Akteur auf der Grundlage allgemein akzeptierter Regeln aus. Die Fähigkeit, Einfluss geltend zu machen, hängt meistens von einer Machtposition in einem Netzwerk oder einer Organisation ab, welche die Verfügung über bestimmte Ressourcen mit sich bringt und tendenziell um so effektiver wird, je höher eine Position in der Sozialstruktur lokalisiert ist. Überzeugung setzt dagegen eine aus Wissen und Information sich speisende persönliche Autorität und geistige Überlegenheit voraus, die Argumente in Auseinandersetzungen mit anderen vernünftig zu begründen vermag. Einfluss und Überzeugung veranlassen jemanden dazu, etwas zu tun, was er vorher nicht beabsichtigte. Motivation stellt dagegen eine verdeckte Form sozialer Macht dar, der es nicht darum geht, Widerstände überwinden zu müssen, sondern andere dazu zu veranlassen, etwas überhaupt erst zu wollen oder auch nicht zu wollen, ein bestimmtes Verhalten in Gang zu setzen oder zielorientiertes Handeln auszulösen. Einfluss, Überzeugung und Motivation sind damit genuine Formen kommunikativer Macht. Sie rangieren, was die mit Machtausübung verbundenen Zwänge angeht, ganz unten auf der Skala.

Zwei Formen von Autorität

Autorität kann in zwei Formen auftreten. Als Amts- und Befehlsgewalt basiert sie auf der vorgängigen Gewährung von Legitimität seitens der Machtunterworfenen, denn sie ermächtigt einen Akteur, bestimmte Entscheidungen mit Aussicht auf persönliche Anerkennung und Gehorsamsbereitschaft zu fällen. Autorität bezeichnet in diesem Sinne den rechtmäßig anerkannten Einfluss einer sozialen Instanz. Sie gründet v. a. auf legalen Rechten und rationalem Wissen. Mit Autorität kann aber auch persönliche Autorität gemeint sein, die Macht der Persönlichkeit. Sie entsteht durch eine Reihe herausragender persönlicher Eigenschaften, langen Erfahrungen oder besonderen Kenntnissen und steht häufig mit der Existenz von Charisma in Verbindung, die einer Person eine ‚natürliche' Autorität verleiht. Diese Form der Autorität ist unabhängig von der Stellung in einer Hierarchie und kann auch einfach zugeschrieben sein: Jemand hat Autorität, wenn und weil andere ihn anerkennen. Autorität beruht in diesem Fall auf besonderen Wissensvorräten, traditionellem Glauben bzw. entsprechenden Werten oder der sonst wie geschätzten Ausstrahlung einer Person. Verschmelzen Autorität im Sinne von Amts- und Befehlsgewalt und persönliche Autorität miteinander, dann ist in der Regel ein hohes soziales Prestige die Folge.

Kontrolle als Form der Machtausübung

Kontrolle ist eine Form der Machtausübung, die sich bereits sehr verschiedener Methoden bedienen kann und eine unterschiedliche Reichweite besitzt. Sie kann sich lediglich auf bestimmte Handlungen und Interaktionsprozesse beziehen, sie kann aber auch regional oder global angelegt sein – je nachdem von welcher Form der Macht die Rede ist. Sie kann sich auf Entscheidungssituationen und damit auf intentional Handelnde, aber auch sog. Nicht-Entscheidungen beziehen und dadurch bestimmte strategische Weichenstellungen vornehmen. Peter Bachrach und Morton S. Baratz (1962) haben Nicht-Entscheidungen in nahezu allen gesellschaftlichen Bereichen ausgemacht und sie das ‚zweite Gesicht der Macht' genannt.

Zwang als Machtausübung

Zwang liegt dagegen dann vor, wenn auf einen möglichen Adressaten Druck über das Gewähren bzw. Zurückhalten bestimmter Ressourcen ausgeübt bzw. damit gedroht wird oder er von bestimmten Handlungen aufgrund der zwingenden Einflussnahme anderer abgehalten wird. Zwang kann auf recht verschiedene Weise ausgeübt werden: Bei den sanften Formen des Zwangs werden demjenigen, auf den Zwang ausgeübt wird, im Falle wunschgemäßen Verhaltens bestimmte Vorteile gewährt oder in Aussicht gestellt (Nutzenaspekt). Im Fall brachialer Zwangsmittel wird mit Gewalt oder Strafen gedroht, um die eigene Macht gegenüber einem anderen durchzusetzen (Schadensaspekt).

Staatliches Gewaltmonopol als Spezialfall

Einen Spezialfall solcher Zwangsausübung stellt das staatliche Gewaltmonopol dar. Die Monopolisierung der physischen Zwangsmittel beim Staat bei gleichzeitiger Delegitimierung des Gewalteinsatzes aller übrigen Gesellschaftsmitglieder bildet nach Weber die Essenz moderner Staatlichkeit: „Gewaltsamkeit ist natürlich nicht etwa das normale oder einzige Mittel des Staates – davon ist keine Rede –, wohl aber: das ihm spezifische" (Weber 1976: 822). Norbert Elias (1976 II) sah in ihr ein wesentliches Mittel der langfristigen Pazifizierung der Gesellschaft. Als rationaler anstaltsmäßiger Herrschaftsverband stellt der Staat ein auf das Mittel der legitimen Gewaltsamkeit gestütztes Herrschaftsverhältnis von Menschen über Menschen dar, dem sich die beherrschten Menschen kraft seiner Autorität fügen müssen, weil er bestimmte Grundfunktionen für die Durchführung und Aufrechterhaltung einer rationalen Ordnung erfüllt. Verletzungen dieser Ordnung oder Zuwiderhandlungen gegen seine Rechtmäßigkeit kann der Staat mit dem ganzen Arsenal seiner physischen Zwangsmittel ahnden, angefangen von der Verhängung relativ harmloser Strafen bis hin zur Verfügung über Leben und Tod. In modernen Gesellschaften existieren für die Ausübung und Androhung solcher Zwangsmaßnahmen gesatzte und rechtsmäßige Regeln in Form von Rechtsordnungen: In der Bundesrepublik Deutschland ist das Gewaltmonopol des Staates und der von ihm ausgehende Rechtszwang im Grundgesetz verankert.

Staatliche Zwangsmittel

Gewalt als Form der Machtausübung

Entgegen der vielfach anzutreffenden Vorstellung muss schließlich auch die Gewalt als eine Form der Machtausübung – als Machtdemonstration – angesehen werden. Sicherlich lässt sich Gewalt auf einem Kontinuum der Formen möglicher Machtausübung am entgegengesetzten Ende zu den friedlichen Formen der Machtausübung (wie Einfluss, Überzeugung und Motivation) verorten, aber Macht und Gewalt sind keine Gegensätze. Hannah Arendts (1970) Behauptung, dass es zwischen Macht und Gewalt keinerlei Übergänge gibt und dass Gewalt dort auf den Plan tritt, wo Macht in Gefahr ist, kann nur soweit zugestimmt werden, als sich Macht und Gewalt als Phänomene nicht aufeinander reduzieren lassen. Doch gibt es einen Überschneidungsbereich von Macht und Gewalt, der genau darin besteht, dass Gewalt ein sehr effektives Machtmittel sein kann, weil sie unmittelbar Gehorsam erzwingt und Widerstand zu überwinden weiß. In diesem Sinne spricht etwa Popitz von Verletzungsmacht als Gewalt. Dass nicht alle Macht Gewaltcharakter besitzt, dürfte ebenso offensichtlich sein.

Bisher ist schon verschiedentlich auch auf die möglichen **Wirkungsmechanismen der Macht** Bezug genommen worden, ohne diese eigens systematisch auszuführen. Drei solcher Wirkungsmechanismen lassen sich nach ihrer je spezifischen Art unterscheiden: Sanktion, Kompensation, Manipulation.

Macht als Durchsetzung des eigenen Willens kann grundsätzlich deshalb wirken und dadurch ihr Ziel erreichen, dass etwaiges Widerstreben mit Strafen oder Sanktionen belegt ist. Die Aussicht eines Individuums oder einer Gruppe auf schmerzhafte Gegenmaßnahmen für den Fall, dass dem Willen des Anderen nicht entsprochen wird, lässt die Betroffenen ihre ursprünglichen Präferenzen eher aufgeben oder veranlasst sie zu einer Verhaltensänderung im Sinne des Machtausübenden. Der Wirkungsmechanismus der Sanktion erreicht also Unterwerfung durch die Auferlegung oder die (gestaffelte) Drohung mit unangenehmen Konsequenzen.

Sanktion als Wirkungsmechanismus

Macht kann aber auch deshalb wirksam sein, weil positive Sanktionen verhängt worden sind, die Unterwerfung unter fremden Willen also dadurch erreicht wurde, Wohlverhalten zu belohnen – etwa durch Lob, Geld, die Erfüllung bestimmter Versprechen oder die Aussicht auf sonstige materielle und immaterielle Vorteile. In diesem Fall bekommt das sich unterordnende Individuum also etwas für sich selbst Wichtiges zum Ausgleich.

Kompensation als Wirkungsmechanismus

Schließlich existiert als dritter grundlegender Wirkungsmechanismus von Macht die Manipulation. Im Gegensatz zu den beiden zuvor genannten Mechanismen, bei denen sich ein Einzelner oder eine Gruppe ihrer mal erzwungenen, mal entgoltenen Unterordnung durchaus bewusst ist, wird im Falle der Manipulation konditionierend auf andere eingewirkt: Die Unterwerfung entspricht scheinbar dem selbstgewählten Kurs und wird vom Beeinflussten entweder gar nicht oder zumindest nicht vollständig als das erkannt, was sie tatsächlich ist, nämlich Machtausübung. Manipulation erzielt ihre Wirkung im Falle einer Bewusstseinsänderung, der Aufgabe einer Überzeugung oder eines Glaubens und darf nicht nur im negativen Sinne des Wortes als krude Beeinflussung verstanden werden. Sie kann auch durch Unterordnung unter geliebte Menschen, durch Identifikation mit einer charismatischen Persönlichkeit oder Autoritätsperson entstehen.

Manipulation als Wirkungsmechanismus

Diese Wirkungsmechanismen der Macht stehen jeweils in engem Zusammenhang mit bestimmten Machtmitteln. Sanktion, Strafe und Drohungen entfalten ihre Wirkungen häufig auf der Basis von physischen Machtmitteln; Kompensation und Belohnung bedürfen zur Entfaltung ihrer Wirkung in der Regel bestimmter ökonomischer Ressourcen; und Manipulation erzielt ihre Wirkung auf der Basis symbolischer Machtmittel. Diese drei Methoden der Machtausübung hat John Kenneth Galbraith (1987) deshalb auch als repressive Macht, als kompensatorische Macht und als konditionierte Macht bezeichnet.

2.4 Effekte der Macht

Mit jedem Einsatz von Macht verbindet sich die Hoffnung, bestimmte Effekte und gewünschte Wirkungen zu erreichen, die anders nicht oder nur schwerer zu erlangen gewesen wären. Macht erzielt dabei Effekte immer in bestimmten Sozialräumen, die den Geltungs- und Wirkungsbereich von Macht abstecken. Dieser lässt sich wiederum idealtypisch in dreierlei Hinsicht differenzieren, nämlich erstens hinsichtlich der Reichweite, zweitens hinsichtlich des Geltungsgrades und drittens hinsichtlich der Wirkungsintensität.

Reichweite und Geltungsgrad von Macht

Die Reichweite von Macht zeigt sich am ehesten in personeller oder territorialer Weise. Macht wird typischerweise über eine bestimmte Zahl von Personen oder über ein bestimmtes Territorium ausgeübt. Die Reichweite der Macht ließe sich über die Erhöhung der der Macht unterworfenen Menschenzahl oder die Vergrößerung des Einflussbereichs steigern.

Der Geltungsgrad der Macht zielt auf die Zuverlässigkeit der zu erwartenden Konformität und dürfte u. a. abhängig sein von der demokratischen Legalität der Machtausübung oder sonstiger Legitimitätsquellen der Macht. Der Geltungsgrad von Macht würde sich in diesem Fall erhöhen, wenn etwa Gehorsam und Folgebereitschaft zuverlässiger als zuvor erwartet werden können oder Macht unhinterfragter befolgt würde.

Wirkungsintensität von Macht

Für die Wirkungsintensität der Macht sind dagegen v. a. die Durchsetzungskraft bzw. -fähigkeit und die Innovationskraft bzw. ein entsprechendes Potential von Bedeutung. Eine Verstärkung der Wirkungsintensität der Macht kann in der machtvolleren Durchsetzung des eigenen Willens gesehen werden, der nun einen größeren Widerstand zu überwinden vermag als zuvor. Die Innovationskraft von Macht würde sich daran zeigen, dass etwa mit Bestehendem gebrochen werden kann oder Ungewohntes und Neues verbindlich geregelt wird. Die Intensität würde mit der Größe einer Herausforderung steigen müssen (Popitz 2004).

3 Herrschaft als institutionalisierte Macht

Macht ist also ein äußerst komplexes soziales Phänomen. Sie tritt in einer Vielzahl von Formen und Arten auf. Sie kann sporadisch oder relativ dauerhaft sein, sie kann kontinuierlich oder diskontinuierlich, partiell oder umfassend ausgeübt werden, sie kann informell oder ganz offiziell gebraucht werden.

Herrschaft: ein Spezialfall von Macht

Herrschaft ist dagegen Macht, die sich verdichtet, verfestigt, verstetigt und akkumuliert hat. Denn im Gegensatz zu Macht zeichnet sich Herrschaft durch eine gewisse Dauerhaftigkeit aus. Herrschaft kann entsprechend auch als ein institutionalisiertes Dauerverhältnis der Machtausübung einer übergeordneten Person oder Personengruppe gegenüber untergeordneten Gruppen verstanden werden, das ohne ein Mindestmaß an Anerkennung und Gehorsam (Webers eingangs zitiertes, berühmtes Gehorchenwollen) nicht möglich wäre. Herrschaft hat damit stärkere Bezüge zur Legitimität als Macht, müssen doch die Herrschenden in viel größerem Maße danach streben, ihre Herrschaft zu legitimieren, um sie überhaupt dauerhaft ausüben zu können.

3.1 Der Institutionalisierungsprozess von Herrschaft

Betrachtet man Herrschaft mit Max Weber als institutionalisierte Macht, dann wird man auf den Institutionalisierungsprozess der Macht selbst verwiesen. Heinrich Popitz (2004) hat auf drei Elemente aufmerksam gemacht, die den Institutionalisierungsprozess von Macht in Richtung auf Herrschaft kennzeichnen: Zum einen löst sich Macht mehr und mehr von bestimmten Personen und geht an bestimmte Funktionen und Positionen über, so dass es zu einer zunehmenden Entpersonalisierung von Machtverhältnissen kommt. Zum anderen löst sich Machtausübung in zunehmendem Maße von persönlicher Willkür und orientiert sich stattdessen an feststehenden Regeln und Verfahrensweisen, so dass auch eine Formalisierung der Machtausübung eintritt. Schließlich wird Macht in zunehmendem Umfang in übergreifende Ordnungsgefüge integriert und verschmilzt mit den ‚bestehenden Verhältnissen'. Entpersonalisierung, Formalisierung und Integrierung bewirken eine Erhöhung der Stabilität und damit auch eine Absicherung von Macht, die sich im Institutionalisierungsprozess verfestigt und entsprechend schwer rückgängig zu machen ist. Popitz hat diesen Prozess im Sinne eines Stufenmodells dargestellt, das folgende Ebenen aufweist:

Drei Elemente der Institutionalisierung von Macht

Fünf Stufen der Institutionalisierung von Herrschaft

1) Auf der ersten Stufe bleibt Macht immer auf den Einzelfall beschränkt, vollzieht sich bestenfalls als eine lockere und zufällige Aneinanderreihung von Aktionen, so dass sie im Grunde noch eine Vorstufe darstellt, die Popitz mit dem Namen „*sporadische Macht*" belegt. Zur Verfestigung stehen hier weder ausreichende Machtmittel zur Verfügung noch bezieht sich die Machtausübung auf wiederholbare Situationen, noch kann der Machtausübende wiederholbare Leistungen durchsetzen, geschweige denn den Schwächeren irgendwie an sich binden.
2) Auf der zweiten Stufe kann ein Machthaber das Verhalten der Untergebenen nicht nur im Einzelfall lenken, sondern auch normieren. Dadurch kann er Verhaltensregelmäßigkeiten durchsetzen, die teils bereits auf Sanktionen beruhen, und Fügsamkeit mit möglichen Vorteilen für beide Seiten normativ verfestigen. Die zweite Stufe auf dem Weg zur Institutionalisierung ist die der *normierenden Macht.*
3) Auf der dritten Ebene kommt es zur *Positionalisierung von Macht* und zur Herausbildung erster Ansätze von Herrschaftsbastionen, weil sich normierende Macht zu positioneller Macht fortentwickelt und sich als solche zu

Schaubild 2 Von der Macht zur Herrschaft

Herrschaft
als institutionalisierte Macht

idealtypisch gekennzeichnet durch

- zunehmende Entpersonalisierung
- zunehmende Formalisierung
- Integration von Macht in übergreifende Ordnungsgefüge

(verschiedene Typen)

5. Staatliche Herrschaft
(als Veralltäglichung zentrierter Herrschaft)
4. Entstehung von Positionsgefügen der Herrschaft
(Herausbildung von Herrschaftsapparaten)
3. Positionalisierung von Macht in Richtung Herrschaft
(Verdichtung normierender Machtfunktion zu überpersönlichen Machtstellungen)
2. Normierende Macht
(Durchsetzung von Verhaltensregelmäßigkeiten und Fügsamkeit)
1. Sporadische Macht
(Machtausübung im Einzelfall)

einer überpersonalen Machtstellung verdichtet. Dies ist der bedeutendste Einschnitt im Prozess der Institutionalisierung von Macht, weil er den Beginn von Herrschaft markiert und alle weiteren Stufen nur noch als Ausbau dieser grundlegenden positionellen Verfestigungen zu verstehen sind.

4) Auf der vierten Stufe bilden sich *Positionsgefüge der Herrschaft* heraus, die sich um zentrale Machtpositionen herum gruppieren. Als entscheidenden Schritt auf dieser Stufe betrachtet Popitz die Verfestigung einer Arbeitsteilung innerhalb einer Struktur von Positionsgefügen, so dass sich nicht nur übertragbare Machtstellungen dauerhaft etablieren, sondern bei fortbestehenden Herrschaftspositionen auch die Herrschenden austauschbar werden.

5) Mit der *Etablierung staatlicher Herrschaft* – der Veralltäglichung zentrierter Gebietsherrschaft im Allgemeinen –, welche die fünfte und letzte Stufe der Institutionalisierung von Macht bildet, ist zugleich ein qualitativ neues Niveau im Institutionalisierungsprozess erreicht, das sich nicht zuletzt den außerordentlichen Monopolisierungserfolgen einer zentralisierten, territorial ausgerichteten Herrschaftsinstanz wie etwa dem modernen Staat schuldet, der zwar einerseits beträchtliche soziale Zwänge für den Einzel-

nen heraufbeschwört und über gravierende Sanktionsmonopole verfügt, andererseits aber lebenswichtige Ordnungsfunktionen für das Individuum erfüllt.

3.2 Drei Typen legitimer Herrschaft

Max Weber hatte Herrschaft als einen „Sonderfall von Macht" bezeichnet (Weber 1976: 541) und Herrschaft im Gegensatz zur Machtausübung an Legitimation gebunden. Der wesentliche Unterschied zwischen Macht als Chance, seinen Willen auch gegen Widerstreben durchzusetzen, und Herrschaft als Chance, für einen bestimmten Befehl Gehorsam zu finden, wird also durch das Moment des Anerkennens und des Annehmens markiert. Denn Legitimation zur Herrschaft bekommt Macht nur durch die Zustimmung der betroffenen Menschen, wobei sich der Legitimationsanspruch potentiell Herrschender und der Legitimationsglaube möglicher Herrschaftsunterworfener treffen müssen. Da Macht allein brüchig ist, bedarf sie zu ihrer dauerhaften Ausübung und institutionellen Verfestigung der Legitimität. Herrschaft steht damit in modernen Gesellschaften unter einem besonderen Rechtfertigungszwang, der den Unterschied zwischen Herrschenden und Herrschaftsunterworfenen begründet und einsehbar macht. Wenn nur legitime Herrschaft dauerhaft mit Akzeptanz rechnen darf, dann stellt sich sofort die Frage, von welchen Prinzipien die Legitimität einer Herrschaft abhängig sein könnte. In den Paragraphen 6 und 7 seiner ‚soziologischen Grundbegriffe' gibt Weber einige Hinweise auf die Geltungsgründe der Legitimität einer Herrschaftsordnung. Legitimität kann einer Ordnung nach Weber zugeschrieben werden

Geltungsgründe der Legitimität

1) aufgrund Tradition, d. h. der Geltung des immer Gewesenen;
2) aufgrund affektuellen Glaubens, d. h. der Geltung des neu Offenbarten oder des Vorbildlichen;
3) aufgrund wertrationalen Glaubens, d. h. der Geltung des als absolut gültig und richtig Erkannten;
4) aufgrund positiver Satzung, d. h. dem Glauben an deren Rechtmäßigkeit und Legitimität (Weber 1976: 19).

Weber behandelt diese unterschiedlichen Formen der Geltung von als legitim erachteten Herrschaftsordnungen ausführlich in seiner Soziologie der Herrschaft. Nachfolgend sollen nur die drei reinen Typen der legitimen Herrschaft, wie sie sich aus den oben genannten Begründungen ergeben, vorgestellt werden, nämlich erstens die traditionelle Herrschaft, zweitens die charismatische Herrschaft und drittens die rational-legale Herrschaft.

Typus der traditionalen Herrschaft

Traditionelle Herrschaft beruht auf der „Heiligkeit überkommener Ordnungen und Herrengewalten". Sie legitimiert sich v. a. über die dauerhafte Anerkennung ihrer Faktizität, dadurch, dass ‚es immer schon so war'. Zur Begründung reicht der Verweis auf die „Legende" von ihrer natürlichen Überlegenheit aus. Gehorcht wird nicht Satzungen, sondern einer durch Tradition berufenen Person bzw. einem traditionellen Herrscher, der Anordnungen an Traditionen koppeln oder willkürlich aussprechen kann. Der reinste Typus traditioneller Herrschaft ist entsprechend die patriarchalische Herrschaft, die noch ohne Verwaltungsstab auskommen kann. Die patrimoniale und ständische Herrschaft (mit Verwaltungsstab und entsprechender Aneignung ökonomischer Chancen) sind weitere Typen traditionaler Herrschaft.

Typus der charismatischen Herrschaft

Der zweite Typus legitimer Herrschaft, den Weber ausführlich behandelt, ist die **charismatische Herrschaft** (Charisma, aus dem Griechischen: Gabe, Gnadengeschenk, Geistesgabe, d. h. Gabe „von oben"). Sie beruht auf außeralltäglichen Eigenschaften und als außergewöhnlich anerkannten Qualitäten der Persönlichkeit (etwa magischen Fähigkeiten, Heldentum, einer beeindruckenden Ausstrahlung und Aura, der Macht des Geistes etc.), kurz dem Charisma einer Person, die Autorität verleiht und Folgsamkeit verbürgt. Beispiele für solche charismatischen Herrschaftstypen sind Propheten, Kriegshelden, große Demagogen und Führer. Einmal anerkanntes Charisma stabilisiert sich durch die Bildung einer Schar von „Jüngern", die die Machtausübung eines Charismatikers legitimieren und bekräftigen. Charismatische Herrschaftsverhältnisse dauern allerdings nur solange, wie dem Herrscher außerordentliche Fähigkeiten zugeschrieben werden und er den Nachweis seiner Fähigkeiten zum Wohlergehen und Nutzen der Gefolgschaft erbringen kann. Bleiben diese aus oder wird das Charisma verschlissen, wird die Herrschaft brüchig und wankt der Herrscher. Die charismatische Legitimation von Herrschaft ist deshalb zugleich die risikoreichste Art der Legitimation von Herrschaft.

Typus der legalen Herrschaft

Weber betrachtet schließlich die **legale Herrschaft** mit einem modernen bürokratischen Verwaltungsstab als die rationalste Herrschaftsform, weil sie auf einem festgelegten Satz von Regeln und berechenbaren Verhaltensweisen beruht, die für jedermann einsichtig sind und verlässlich funktionieren. Der Herrschaftsausübende (in der typischen Form des Vorgesetzten) ist dabei selbst an die Regeln und Verfahren einer unpersönlichen Ordnung gebunden. Nicht Willkür und Emotion Einzelner kennzeichnen diese Herrschaftsform, die erst mit der Entstehung der modernen bürgerlichen Gesellschaft als Rechtsgesellschaft, des modernen Staates und dem Humanismus der Aufklärung entstand, sondern Rationalität, Rechenhaftigkeit, Handeln nach formal abstrakten Normen, Fachqualifikation (Wissen) sowie Hierarchie und Amtsdisziplin. Weil sie zum einen die sachlichen Betriebsmittel in den Händen eines Herrn konzentriert, zum anderen die Bedeutsamkeit ökonomischer und sozialer Unterschiede im Hinblick auf die Innehabung von Verwaltungsfunktionen wenigstens relativ nivelliert, ist sie rein technisch allen anderen Typen der Herrschaft überlegen. Herrschaft als rational-legale bürokratische Verwaltung ist nach Weber das spezifische Mittel, einverständliches „Gemeinschaftshandeln" in rational geordnetes „Gesellschaftshandeln" zu überführen.

3.3 Typen illegitimer Herrschaft – Gefahren durch Herrschaft

Hans Haferkamp hat in seinem Buch ‚Soziologie der Herrschaft' (1983) eine Macht- und Herrschaftstheorie eingefordert, die auch die Folgen von Macht und Herrschaft „in ihrer Zweideutigkeit" thematisiert. Seit Max Webers intensiver Auseinandersetzung mit den verschiedenen Typen legitimer Herrschaft und seiner starken Kopplung von Herrschaft und Legitimität hat die herrschaftssoziologische Diskussion den Tatbestand aus dem Bewusstsein verloren, dass auch eine ganze Reihe von Typen illegitimer Herrschaft existiert – angefangen von Autokratien über Oligarchien und Diktaturen bis hin zu autoritären und totalitären Regimen (vgl. Beetham 1991).

Über Jahrhunderte hinweg bildeten diese Herrschaftsformen noch bis in die Gegenwart hinein eher die Regel, demokratisch legitimierte Systeme die Ausnahme auf der Welt. Gerade das, worin Weber ein generelles Prinzip von Herrschaft gesehen hatte – Gewährleistung von Überleben oder sogar Wohlergehen gegen Herrschaftsunterwerfung – scheint in diesen Fällen wenn nicht gänzlich außer Kraft, so doch in erheblichem Maße eingeschränkt gewesen zu sein. Der Pflicht der Beherrschten zum Gehorsam und zur Anerkennung der Herrschaft stand jedenfalls keineswegs immer eine entsprechende Pflicht der Bewährung seitens der Herrschenden gegenüber. Diese legitimierten ihre Herrschaft entweder mit Ideologien der Ungleichwertigkeit der Menschen, argumentierten mit Sachzwängen oder griffen zur Herrschaftssicherung lieber gleich auf Gewalt – eines der effektivsten Machtmittel – zurück (Giddens/Held 1982). Die Vorstellung jedenfalls, dass offene oder häufige Gewaltanwendung immer ein Indiz für schwache Herrschaft ist – wie Weber und in der Folgezeit mit anderen Begründungen Hannah Arendt glaubten – lässt sich nach den deutschen Erfahrungen mit der nationalsozialistischen Diktatur und der stalinistischen Terrorherrschaft in der UdSSR nicht mehr aufrechterhalten. Herrschaft ohne Legitimation schließt das Funktionieren eines Systems keineswegs aus. Zwar beruht grundsätzlich jede Herrschaft ein stückweit auf der Androhung von Gewalt bei Nichtbeachtung der Ordnung, aber diese wird in den Fällen demokratischer Herrschaft lediglich in letzter Instanz zur Aufrechterhaltung der legitimen Ordnung eingesetzt, wenn diese in Gefahr ist; sie ist kein generalisiertes Herrschaftsmittel wie im Falle des Nationalsozialismus oder des Stalinismus.

Weber wusste natürlich auch um die Möglichkeit illegitimer Herrschaft und er hat sich den Gefahren von Herrschaft selbst gar nicht verschlossen. Beispielhaft lässt sich dies an seinen Ausführungen zur bürokratischen Herrschaft zeigen. Diese war für ihn einerseits eine der rationalsten und effizientesten Formen der Verwaltung, die ihre technische Überlegenheit der Präzision und Schnelligkeit der Arbeitsvorgänge, der optimalen Arbeitszerlegung und der rein sachlichen Erledigung durch Fachbeamte „ohne Ansehen der Person" und „nach berechenbaren Regeln" verdankte. Zugleich aber beschwor die vollentwickelte bürokratische Herrschaft auch in ihrer rational-legalen Form für Weber die Gefahr der Entmenschlichung herauf, denn die Kehrseite von Sachlichkeit und Zweckmäßigkeit ist ihre überragende Machtstellung, die nur noch schwer wieder abzuschaffen ist. Als das technisch höchstentwickelte Machtmittel ist sie in den Händen der über sie Verfügenden ein Instrument, welches unter Ausschaltung alles Persönlichen, aller Empfindungen und möglicher Vorteilskalküle für unterschiedlichste – positive wie negative – Zwecke eingesetzt werden kann. Auch die Ermordung der europäischen Juden war nach ihrer Ingangsetzung über weite Strecken eine bürokratische Verwaltungsangelegenheit (Bauman 1992).

Ambivalenz bürokratischer Herrschaft

Es sind diese und andere Erfahrungen mit Gewaltherrschaften gewesen, die etwa Vertreter der Frankfurter Schule (Max Horkheimer, Theodor W. Adorno und Herbert Marcuse) in der Folgezeit zu einer generell herrschaftskritischen Position geführt haben (Dubiel 1992). Damit trägt Herrschaft für sie tendenziell immer etwas Furchtbares in sich. Sie begründeten ihre Herrschaftskritik keineswegs nur mit den von ihnen selbst erfahrenen, gewaltsamen und terroristischen Auswüchsen der Herrschaft, sondern bestritten grundsätzlich deren Legitimität, indem sie auf die generellen sozialen Folgen von Herrschaft wie etwa die Verstetigung sozialer Ungleichheiten, die Vergrößerung von Besitz- und Wohlstandsdifferenzen und darauf zurückgehende ungleiche Lebenschancen verwiesen. Die Masse der Beherrschten würde Herrschaft im Sinne eines vertikalen Ordnungsmusters nur als Zwang oder gar als Gewalt empfinden, denen sie sich unterzuordnen habe. Damit hat die Frankfurter Schule nicht nur eine herrschaftsfreie und repressionsarme Gesellschaft als normative Zielvorstellung postuliert, sondern sie befand sich damit durchaus auch in einer Perspektive der neuzeitlichen Aufklärung: Denn seit der Aufklärung im 18. Jahrhundert sieht sich Herrschaft einem prinzipiellen Zweifel an ihrer Berechtigung gegenüber. Herrschaft wurde historisiert und relativiert, als willkürlich oder zumindest menschengemacht verstanden. Die zunehmende Infragestellung der Herrschaft des Menschen über den Menschen hatte zugleich Folgen für die Anerkennung ihrer Geltungsgründe: Herrschaft hatte sich fortan permanent zu legitimieren und war zur ständigen Ablösung disponiert.

4 Abschließende Bemerkungen

Es wurde bereits eingangs darauf hingewiesen, dass es eine Fülle von theoretischen Zugängen zu Macht und Herrschaft gibt (vgl. Imbusch 2012; vgl. auch Bonß/Lau 2009; Clegg/Haugaard 2009; Han 2005; Hindess 2004; Honneth 1989; Kondylis 1992; Luhmann 1988; Maurer 2004; Paris 2015; Rolshausen 1997), die unterschiedliche Aspekte der bezeichneten Phänomene beleuchten, verschiedenartig begründete Machtverständnisse aufweisen und gesellschaftliche Herrschaftsverhältnisse konträr reflektieren. Die abschließenden Bemerkungen sollen nun dazu dienen, die unterschiedlichen Positionen zu sortieren und stärker zu typologisieren.

Diversität von Machttheorien

Theorien der Macht lassen sich zunächst einmal grundlegend danach differenzieren, ob sie Macht im Sinne eines *power to* oder eines *power over* thematisieren. Im ersten Fall würde die Möglichkeit bzw. die Fähigkeit eines Akteurs, etwas zu tun, was er ansonsten nicht getan oder gekonnt hätte, im Vordergrund stehen, im letztgenannten Fall be- oder verhindert ein Akteur Handlungen oder Verhaltensweisen anderer Personen. In einem Fall wird also auf die für soziales Handeln förderliche Fähigkeit abgehoben, allein oder zusammen mit anderen bestimmte Ziele zu erreichen, im anderen Fall steht eine Machtausübung, die wesentlich Kontrolle über andere anstrebt, im Mittelpunkt.

Damit gehen zugleich positive oder negative Bewertungen von Macht und unterschiedliche Legitimationsstandards einher. Während die einen Macht eher neutral als einen allgemeinen menschlichen Handlungsmodus betrachten und Möglichkeitsspielräume betonen, beschäftigen sich die anderen mit den ungleich verteilten Machtressourcen und Machtmitteln und weisen auf daraus resultierende Ungleichgewichte hin, thematisieren also stärker Überwältigungsaspekte von Macht. Es verwundert daher nicht, wenn skeptische Bewertungen von Macht sich typischerweise bei machtschwächeren Gruppen finden; aber auch wirkliche Machthaber thematisieren nicht gerne ihre Macht und verweisen stattdessen lieber auf ihren begrenzten Einfluss.

Sodann lassen sich Machtverständnisse danach unterscheiden, ob ihnen ein weiter oder ein enger Machtbegriff zu Grunde liegt. Manche Autoren gehen davon aus, dass alle menschlichen Beziehungen und alle Bereiche des gesellschaftlichen Lebens quasi kapillarisch von Macht durchdrungen sind, Macht sozusagen ein allgegenwärtiges und ubiquitäres Phänomen ist, wohingegen andere den Machtbegriff auf bestimmte soziale Tatbestände zu begrenzen versuchen und ihn eher dosiert zur Anwendung bringen. Eine Mikrophysik der Macht im Sinne Foucaults hat zwar zur genaueren Thematisierung von verborgenen Machtphänomenen beigetragen, aber auch zu einer semantischen Ausdehnung geführt und einer Inflationierung von Macht Vorschub geleistet. Dem gegenüber stehen auf analytische Genauigkeit abzielende Machtverständnisse, die Macht als konkretes gesellschaftliches Steuerungsmedium verstehen und ihren Geltungsbereich begrenzen.

Machttheorien lassen sich des Weiteren danach differenzieren, ob sie eher einen dezisionistischen Machtbegriff besitzen oder einem kommunikativen Machtbegriff frönen. Auf der einen Seite stünden dann Machtverständnisse, die auf die konkrete Überwindung von Widerstand und die Konfliktivität von Gesellschaften abzielen, also Macht an bestimmte Kräfteverhältnisse und sozialstrukturelle Aspekte rückkoppeln; auf der anderen Seite stünden jene Theorien, die in Macht primär ein Kommunikationsmedium, ein Mittel der Verständigung oder überhaupt die Grundlage für gemeinschaftliches Handeln sehen (z.B. Arendt, Habermas). Im letztgenannten Fall hätte Macht eine normative Komponente, im erstgenannten Fall nicht.

Schließlich lassen sich Theorien der Macht auch nach den dahinter stehenden Gesellschaftsverständnissen differenzieren. So wären etwa handlungstheoretische Machtverständnisse (z.B. Weber, Coleman) von struktur- oder systemtheoretischen (z.B. Luhmann) zu unterscheiden und es ließen sich intermediäre Ansätze erkennen, die in unterschiedlicher Form verschiedene Aspekte der Macht zusammen zu bringen versuchen.

Pluralität von Herrschaftstheorien

In Bezug auf die **Herrschaftsproblematik** lassen sich wesentlich drei unterschiedliche Umgangsweisen festhalten. Individualistisch orientierte Theorien oder rationale Akteursmodelle, die vom Menschen als einem egoistischen Nutzenmaximierer ausgehen, sehen in der Herrschaft mit ihren stabilen Formen der Über- und Unterordnung einen nützlichen und allseits vorteilhaften Ordnungs- und Koordinationsmechanismus, mit dessen Hilfe das Handeln vieler Einzelner koordiniert werden kann. Gehorsam und Anerkennung der Herrschaft werden dabei mit individuellen Vorteilsüberlegungen begründet (vgl. Maurer 2004).

In vielen Gesellschaftstheorien bzw. Sozialtheorien gilt Herrschaft dagegen als eine allgemeine soziale Regelungs- und Beziehungsform, deren Vor- und Nachteile sich in konkreten Analysen unterhalb des abstrakten Herrschaftsbegriffs erweisen müssen. Hier ist das Angebot an Theorien außerordentlich breit und das Spektrum der Untersuchungsgegenstände kaum noch überschaubar – es reicht von Weber über Parsons, Dahrendorf, Elias, Giddens und Bourdieu –, so dass herrschaftskritische und herrschaftsaffirmative Bezugnahmen nebeneinander existieren.

Schließlich gibt es noch eine Reihe von kritischen, teils marxistisch orientierten Theorien, die Herrschaft als einen Macht- oder Konfliktregelungsmechanismus auffassen und darauf hinweisen, dass Herrschaft mehr oder weniger stabile Formen hierarchischer Ordnung hervor bringt, die keinesfalls für alle gleichermaßen vorteilhaft sind (z. B. die Kritische Theorie, der Marxismus). Sie verweisen bei ihrer Kritik an Herrschaft auf Abhängigkeits- und Ausbeutungsverhältnisse, betonen den Zwangscharakter von Herrschaft und die anzutreffende Willkür der Machtausübung und wollen Herrschaft insgesamt möglichst minimieren, weil sie ihrer Meinung nach einer demokratischen Konstitution der Gesellschaft entgegen steht. Der Legitimierbarkeit von Herrschaft stehen sie grundsätzlich skeptisch gegenüber.

Macht und Herrschaft als komplexe gesellschaftliche Phänomene

Die kleine tour d'horizon durch theoretische Annäherungen an Macht und Herrschaft hat noch einmal verdeutlicht, dass diese überaus komplexe gesellschaftliche Phänomene sind, die (vor-)eiligen Bewertungen entzogen sein sollten. Für ein differenziertes Verständnis der beiden Begriffe müssen ihre vielgestaltigen Ursachen und Gründe ebenso wie ihre vielen Dimensionen, ihre positiven, aber auch negativen Aspekte bedacht werden. Macht und Herrschaft müssen dabei von einer Vielzahl diffuser sozialer Zwänge im Alltagsleben ebenso geschieden werden wie definitorisch von Einfluss, Zwang und Gewalt. Sie sollten nicht verteufelt, aber auch nicht umstandslos für harmlos gehalten werden. Kritikwürdig bleiben sie dort, wo sie mit dem demokratisch-egalitären Selbstbild der Moderne kollidieren und natürlich da, wo sie nicht auf Chancengleichheit, freier Wahl oder Legitimität beruhen.

Informationsteil

Literatur zur Einführung

Popitz, H., Phänomene der Macht, Tübingen ²2004

Heinrich Popitz' in zweiter Auflage erschienenes, stark erweitertes Buch über Phänomene der Macht eignet sich vorzüglich zur grundlegenden Einführung in die Thematik. Neben einem allgemeinen Beitrag zum Konzept der Macht behandelt er im ersten Teil als wesentliche ‚Durchsetzungsformen' der Macht die Gewalt, Drohen und Bedrohtsein, Autorität und technisches Handeln; im zweiten Teil über grundlegende ‚Stabilisierungsformen' findet sich seine bekannte Schrift über Prozesse der Machtbildung sowie eine Abhandlung über die Institutionalisierung von Macht als Herrschaft. Durch die kategoriale Anlage des Buches kann es über die Explikation wichtiger Aspekte der Macht hinaus auch als Einführung in grundlegende Formen des sozialen Handelns und der Strukturbildung und somit als generelle Einführung in die Soziologie gelesen werden.

Imbusch, P., Hg., Macht und Herrschaft. Sozialwissenschaftliche Konzeptionen und Theorien, Wiesbaden ²2012
Der Band gibt in der zweiten Auflage einen stark erweiterten und aktualisierten Überblick über die Komplexität der Begriffe Macht und Herrschaft. Dargestellt werden zunächst mit den Klassikern der politischen Philosophie die Wurzeln der neuzeitlichen Diskussion um Macht und Herrschaft. Mit Karl Marx, Max Weber, Gaetano Mosca und Vilfredo Pareto folgen sodann die Klassiker, die wichtige Ausformulierungen des Problems vorgenommen haben. Die weitere Auseinandersetzung mit den Begriffen und Phänomenen erfolgt dann mit Beiträgen über Antonio Gramsci, Max Horkheimer und Theodor W. Adorno, Norbert Elias, Talcott Parsons, Ralf Dahrendorf, Niklas Luhmann, Hannah Arendt und Jürgen Habermas. Aktuelle Theoriediskussionen und Debatten werden behandelt anhand der Machtanalytik von Michel Foucault, der Interaktionstheorie von Erving Goffman, des soziokulturellen Ansatzes von Pierre Bourdieus sowie der theoretischen Entwürfe von Zygmunt Bauman und James Coleman. Abschließend folgen Beiträge zur feministischen Theoriediskussion und zum Platz von Macht und Herrschaft in Sozialstrukturanalysen, zur Körperbezogenheit von Macht sowie zur Verortung von Macht und Herrschaft im internationalen System. Der Band vermittelt einen umfassenden Eindruck der Macht- und Herrschaftsproblematik.

Weber, M., Wirtschaft und Gesellschaft. Grundriss der verstehenden Soziologie, Studienausgabe, Tübingen ⁵1976
Dieses Werk Webers, das zugleich eines der wichtigsten Werke der Soziologie ist, enthält die grundlegenden Ausführungen zum Themenkomplex Macht und Herrschaft. Das erste Kapitel beinhaltet die wichtigsten soziologischen Grundbegriffe, unter anderem im § 16 die entsprechenden Definitionen von Macht und Herrschaft, die nach wie vor Ausgangspunkt für viele sozialwissenschaftliche Erörterungen dieser Phänomene sind. Im dritten Kapitel werden ausführlich die Typen der Herrschaft (u. a. die Legitimitätsgeltung, legale, traditionale und charismatische Herrschaftsformen) dargestellt. Das neunte Kapitel im zweiten Halbband umfasst auf ca. 330 Seiten Webers Ausführungen zur Soziologie der Herrschaft. Es ist angefüllt mit anschaulichen Beispielen aus allen Epochen und Weltgegenden.

Günther, H. u. a., Herrschaft, in: *Brunner, O./Conze, W./Koselleck, R.*, Hg., Geschichtliche Grundbegriffe. Historisches Lexikon zur politisch-sozialen Sprache in Deutschland, Bd. 3, Stuttgart 1982, S. 1–102.
Faber, K.-G. u. a., Macht, Gewalt, in: *Brunner, O./Conze, W./Koselleck, R.*, Hg., a. a. O., Bd. 3, Stuttgart 1982, S. 817–935.
Diese beiden begriffs- und ideengeschichtlich orientierten Aufsätze geben einen hervorragenden Überblick über die großen Linien und feinen Verästelungen der Begriffsgehalte und Verständnisse von Macht und Herrschaft, angefangen bei ihren etymolo-

gischen Wurzeln bis hin zur Gegenwart. Durch ihre vielfältigen Bezüge auf Gelehrte und Denker verschiedener Jahrhunderte und die Berücksichtigung historischer Zäsuren entsteht nicht nur ein lebendiges Panorama des Nachdenkens über diese Phänomene, sondern werden auch epochenspezifische Denkmuster und der qualitative Bedeutungswandel im Zeitverlauf deutlich.

Zitierte und weiterführende Literatur

Abels, H., Einführung in die Soziologie, Bd. I: Der Blick auf die Gesellschaft, Bd. II: Die Individuen in ihrer Gesellschaft, Wiesbaden 2001

Arendt, H., Macht und Gewalt, München 1970 (amerik. Original 1970)

Bachrach, P./Baratz, M. S., Two Faces of Power, in: American Political Science Review, Vol. 56, 1962, S. 947–952.

Bauman, Z., Dialektik der Ordnung. Die Moderne und der Holocaust, Hamburg 1992 (engl. Original 1989)

Beetham, D., The Legitimation of Power, Houndsmill 1991

Bendix, R., Könige oder Volk. Machtausübung und Herrschaftsmandat, Frankfurt/M. 1980

Blau, P., Exchange and Power in Social Life, New Brunswick 1986

Bonß, W./Lau, Ch., Hg., Macht und Herrschaft in der reflexiven Moderne, Weilerswist 2009

Bourdieu, P., Die feinen Unterschiede. Kritik der gesellschaftlichen Urteilskraft, Frankfurt/M. 1982 (frz. Original 1979)

Ders., Die verborgenen Mechanismen der Macht, Hamburg 1992

Breuer, S., Max Webers Herrschaftssoziologie, Frankfurt/M. 1991

Ders., Bürokratie und Charisma. Zur politischen Soziologie Max Webers, Darmstadt 1994

Canetti, E., Masse und Macht, Frankfurt/M. 1980 (Original 1960)

Clegg, St. R./Haugaard, M., Hg., The SAGE Handbook of Power, London 2009

Clegg, St., Power, Rule and Domination. A Critical and Empirical Understanding of Power in Sociological Theory and Organizational Life, Milton Park 2015

Coleman, J. S., Macht und Gesellschaftsstruktur, Tübingen 1979 (amerik. Original 1974)

Crozier, M./Friedberg, E., Die Zwänge kollektiven Handelns. Über Macht und Organisation, Königstein/Ts. 1979 (frz. Original 1977)

Dubiel, H., Kritische Theorie der Gesellschaft. Eine einführende Rekonstruktion von den Anfängen im Horkheimer-Kreis bis Habermas, Weinheim 1992

Elias, N., Der Prozess der Zivilisation. Soziogenetische und psychogenetische Untersuchungen, Bd. I: Wandlungen des Verhaltens in den weltlichen Oberschichten des Abendlandes, Bd. II: Wandlungen der Gesellschaft/Entwurf zu einer Theorie der Zivilisation, Frankfurt/M. 1976

Ders., Studien über die Deutschen. Machtkämpfe und Habitusentwicklung im 19. und 20. Jahrhundert, Frankfurt/M. 1992

Forst, R., Normativität und Macht. Zur Analyse sozialer Rechtfertigungsordnungen, Berlin 2015

Galbraith, J. K., Anatomie der Macht, München 1987 (amerik. Original 1987)

Giddens, A./Held, D., Hg., Classes, Power, and Conflict. Classical and Contemporary Debates, Houndsmill 1982

Habermas, J., Theorie des kommunikativen Handelns, 2 Bde., Frankfurt/M. 1981

Haferkamp, H., Soziologie der Herrschaft. Analyse von Struktur, Entwicklung und Zustand von Herrschaftszusammenhängen, Opladen 1983

Han, B.-C., Was ist Macht? Stuttgart 2005

Hindess, B., Discourses of Power. From Hobbes to Foucault, Oxford 1996

Honneth, A., Kritik der Macht. Reflexionsstufen einer kritischen Gesellschaftstheorie, Frankfurt/M. 1989

Hradil, S., Die Erforschung der Macht. Eine Übersicht über die empirische Ermittlung von Machtverteilungen durch die Sozialwissenschaften, Stuttgart, Berlin, Köln/Mainz 1980

Imbusch, P., Der Gewaltbegriff, in: *Heitmeyer, W./Hagan, J.*, Hg., Internationales Handbuch der Gewaltforschung, Wiesbaden 2002, S. 26–57.

Kondylis, P., Hg., Der Philosoph und die Macht. Eine Anthologie, Hamburg 1992

Luhmann, N., Macht, Stuttgart ^{2}1988 (zuerst 1975)

Lukes, S., Power. A Radical View, London 1974

Mann, M., Geschichte der Macht, 4 Bände, Frankfurt/M. 1991 ff. (engl. Original 1986 ff.)

Maurer, A., Herrschaftssoziologie. Eine Einführung, Frankfurt/M. 2004

Olsen, M. E./Marger, M. N., Hg., Power in Modern Societies, Boulder 1993

Paris, R., Der Wille des Einen ist das Tun des Anderen. Aufsätze zur Machttheorie, Weilerswist 2015

Rolshausen, C., Macht und Herrschaft, Münster 1997

Schlichte, K., Der Staat in der Weltgesellschaft. Politische Herrschaft in Asien, Afrika und Lateinamerika, Frankfurt/M. 2005

Schwingel, M., Analytik der Kämpfe. Macht und Herrschaft in der Soziologie Bourdieus, Berlin 1993

Scott, J., Power, Cambridge 2006

Sennett, R., Autorität, Frankfurt/M. 1990

Simmel, G., Soziologie. Untersuchungen über die Formen der Vergesellschaftung, Frankfurt/M. 1992

Sofsky, W./Paris, R., Figurationen sozialer Macht. Autorität – Stellvertretung – Koalition, Frankfurt/M. 1994

Lektion X
Kaste, Stand, Klasse

Frank Thieme

Inhalt

1 Einführung

Die in diesem Kapitel behandelten Begriffe **Kaste, Stand und Klasse** sind Fachbegriffe der soziologischen Ungleichheitsforschung. Damit wird das Ziel verfolgt, Ungleichheiten unter den Menschen und den sie bildenden Großgruppen darzustellen und zu erklären. Die Begriffe lassen sich nicht behandeln, ohne dass zuvor auf **soziale Ungleichheit** – wenn man so will: der „Oberbegriff" der soziologischen Ungleichheitsforschung – eingegangen wird.

Soziale Ungleichheit als Oberbegriff

Neben Kaste, Stand und Klasse gibt es weitere Fachbegriffe, die in diesem Forschungsfeld verwendet werden. Dazu gehören soziale Schichtung, soziale Lage und soziale Milieus. Darauf wird hier nur kurz, in Lektion XI dann ausführlich eingegangen.

Kaste, Stand und Klasse sind die klassischen Fachbegriffe der soziologischen Ungleichheitsforschung. Der Wandel der Gesellschaft hat aber auch nach anderen Begriffen verlangt.

Wissenschaftliche Begriffe sind an Theorien gebunden, also an logisch und empirisch nachvollziehbare Erklärungen der Wirklichkeit. Deshalb ist auf diese Hintergründe kurz einzugehen. Weiter ist zu klären, ob Kaste, Stand und Klasse geeignet sind, gegenwärtige Ungleichheitsformen angemessen darzustellen.

1.1 „Natürliche" und soziale Ungleichheit

Verschiedenheit der Menschen als Ausgangspunkt

Menschliche Gesellschaften bestehen aus Individuen, die in vielerlei Beziehung verschieden sind: Sie unterscheiden sich nach erkennbaren Merkmalen, wie Geschlecht, Körpergröße, Lebensalter, Haut- und Haarfarbe, ebenso bezüglich ihrer charakterlichen Eigenschaften und den körperlichen und geistigen Fähigkeiten. Diese Merkmale gelten als Zeichen „natürlicher Ungleichheit". Sie sind angeboren, bzw. haben sich im Lebensverlauf entwickelt oder ausgeprägt (z. B. das Lebensalter und damit einhergehend Aussehen und Leistungsfähigkeit). Immer unterliegt die „natürliche Ungleichheit" gesellschaftlichen Einflüssen. Dies gilt z. B. für die Entwicklung individueller Fähigkeiten. Diese würden ohne den Prozess, den wir **Sozialisation** nennen, sich nicht entwickeln. Schließlich kommt es zu Verquickungen angeborener Merkmale mit gesellschaftlich zugeschriebenen und „anerzogenen" Eigenschaften. So werden bestimmte Eigenschaften den Trägern unterschiedlicher Hautfarben zugeschrieben und behauptet, sie seien „natürlich". Ein bekanntes Beispiel sind Geschlechts- und Altersrollen. An Männer und Frauen und an Junge und Alte werden je besondere Erwartungen gerichtet. Sie werden während der Sozialisation erlernt und durch Alltagshandeln immer wieder bestätigt. Solche Zuschreibungen verändern sich und sie differieren zwischen den Kulturen. Es ist also nicht unproblematisch von „natürlicher Ungleichheit" zu sprechen, weshalb dieser Begriff hier in Anführungszeichen gestellt wird.

Definition sozialer Ungleichheit

Von der „natürlichen Ungleichheit" unterschieden wird die **soziale Ungleichheit.** Unter letzterer ist zu verstehen die ungleiche Teilhabe an wichtigen Ressourcen oder „Gütern", einer Gesellschaft, wie Einkommen, Vermögen, Bildung, Macht und Einfluss. Welche Ressourcen wichtig sind, kann im Vergleich zwischen Kulturen voneinander abweichen und sich im Zeitverlauf ändern. In gegenwärtigen Gesellschaften gehören vor allem Bildung, Einkommen und Vermögen und auch Gesundheit dazu. In vormodernen, traditionalen Gesellschaften (z. B. Stammes- oder Agrargesellschaften) war es der Besitz fruchtbaren Landes oder einer Tierherde, oder auch eines speziellen Herrschaft begründenden Wissens (z. B. religiöses Wissen).

1.2 Soziale Ungleichheit als soziales Konstrukt

Soziale Ungleichheit ist nicht von Natur aus gegeben, sondern „gesellschaftlich konstruiert", also eine kulturelle Schöpfung. Sie ist – beabsichtigt oder nicht – Folge und Ergebnis des miteinander Handelns von Menschen. Die Strukturen sozialer Ungleichheiten werden wahrgenommen wie Natur, oder wie ein „Ding", das es zu akzeptieren, dem es sich unterzuordnen gilt. Strukturen konturieren das Handeln und verstetigen es damit. Im Zeitverlauf können sich Strukturen, Formen und Zugangswege zu Ressourcen oder diese selber ändern und/oder der Zugang kann offener oder geschlossener werden. Das ist dann Teil eines komplexen Prozesses sozialen Wandels, der u. a. Folge politischen Handelns (z. B. Reformen, Revolution) und/oder eines Wertewandels oder technisch-wissenschaftlicher Veränderungen sein kann.

1.3 Soziale Mobilität

Die Position eines Individuums oder der Rang innerhalb einer vertikalen Ordnung kann sich verändern. Dann ist von **sozialer Mobilität** die Rede. Zu unterscheiden ist einerseits zwischen **Auf-** und **Abstiegsmobilität,** andererseits zwischen **Intragenerationen-** und **Intergenerationenmobilität.** Von erster ist die Rede, wenn eine Person im Verlauf ihres Lebens auf- oder absteigt; von zweiter, wenn im Vergleich zur Elterngeneration eine entsprechende Veränderung der Position erfolgt. Auch ganze Gruppen können aufsteigen oder absinken.

Da soziale Ungleichheit unterschiedliche Lebenschancen bewirkt, wird sie von Benachteiligten oft als ungerecht wahrgenommen. Traditionen („es ist immer so gewesen"), Religionen oder Ideologien dienen der Rechtfertigung (**Legitimation**) der Ungleichheitsverhältnisse und bewirken Einverständnis.

2 Kaste

2.1 Definition

Kaste als umfassende soziale Regulation

Abstammungsprinzip

Kaste (Wortursprung im Portugiesischen: *casta* = unvermischt, rein) bezeichnet Gruppierungen, deren Angehörige über zugeschriebene Merkmale verfügen, die als angeboren und nicht veränderbar gelten. Die Zugehörigkeit zu einer Kaste ist durch Geburt, also durch Abstammung, festgelegt („Abstammungsprinzip"); ein Verlassen der Kaste ist weitgehend ausgeschlossen. Menschen verbleiben ihr Leben lang in der Kaste, in die sie hinein geboren sind. Heirat ist nur innerhalb der Kaste (Endogamie) möglich. Name, Beruf, Kleidung und Wohnort repräsentieren die Zugehörigkeit. Alle Lebensumstände, Pflichten, Rechte und Ansehen sind fest bestimmt.

2.2 Legitimation

Legitimation durch Religion: Indien als Beispiel

Legitimiert wird das Kastensystem durch eine Religion, den Hinduismus. Die weltliche Ordnung der Kasten gilt als Widerspiegelung eines allumfassenden, nicht veränderbaren kosmischen Kreislaufs des Lebens. Für die Gläubigen gilt die Zugehörigkeit zu einer Kaste als Ausdruck ihrer persönlichen leiblichen Wiedergeburt (Karma), die sich nach den Verdiensten oder den Fehlern eines vorausgegangenen Lebens richtet und entsprechend in einer niederen oder höheren Kaste stattfindet.

Eine nach Kasten gestufte Ordnung sozialer Ungleichheit finden wir heute noch in Indien (Bellwinkel 1980; Racine/Racine 2001). Obwohl es nach offiziellem Sprachgebrauch dort keine **Kastengesellschaft** gibt, bestehen entsprechende Strukturen fort. Kastengesellschaften sind gekennzeichnet durch eine weitgehend statische, hierarchische und stark gestufte vertikale Struktur. Die Handlungsreglementierungen schließen Rechte und Pflichten, auch die Ausübung von Herrschaft ein und sie schreiben den Beruf und das Heiratsverhalten vor. In Indien gibt es – in sozial absteigender Reihenfolge – die Priesterkaste der Brahmanen, die Krieger- und Herrscherkaste der Kschatrija oder Rajanja, die Händler-, Bauern- und Handwerkerkaste der Waischja und die Dienerkaste der Schudra. Diese Hauptkasten sind in unvorstellbare 3 000 Unterkasten aufgeteilt. Unterhalb der Kasten leben die „Unberührbaren" (*Outcasts,* hinduistisch: *Parias*). Sie sind nicht in die Gesellschaft integriert und weitgehend recht- und schutzlos.

Die indische Gesellschaft befindet sich im raschen Wandel. Zum Teil ist die Kastenstruktur durchbrochen. So bestimmt ein Gesetz, dass Parias z. B. zu Volksvertretern wählbar sind. Andererseits hat der Einfluss des heute dort ebenfalls verbreiteten Islam zu veränderten Formen sozialer Ungleichheit geführt. Obwohl Indien heute eine Demokratie ist und in vielen Bereichen als moderne Gesellschaft gilt, erweist sich das Kastensystem als äußerst beharrlich.

Sozialer Wandel auch bei Kasten

2.3 Eignung des Begriffs Kaste für die soziologische Ungleichheitsforschung

Die Eignung des Begriffs Kaste für die soziologische Ungleichheitsforschung in modernen Gesellschaften wird bezweifelt. Mitunter dient Kaste als polemisch benutzte Bezeichnung von Gruppierungen hochprivilegierter Personen – z. B. Politiker oder Manager –, die von Kritikern verdächtigt werden, sich weniger um das Allgemeinwohl als vielmehr um die Absicherung eigener Pfründe zu kümmern. Soziologisch begründbar ist die Verwendung des Begriffs dann, wenn die o. g. Merkmale wie Herkunft, Zugriff auf Privilegien, Legitimation durch religiösen Glauben, starre vertikale Differenzierung und Reglementierung aller Lebensbereiche gegeben sind. Dies ist in modernen Gesellschaften der westlichen Zivilisation schwerlich nachweisbar. Der Begriff kann angemessen sein, wenn historische Gesellschaften untersucht werden.

3 Stand

3.1 Definition

Mit **Stand** bezeichnet man in der Soziologie eine Großgruppe, deren Angehörige hinsichtlich ihres Berufs, ihrer Rechte und Pflichten sowie ihrer gesamten Lebensumstände strengen Regeln unterworfen sind. In einen Stand gelangt man üblicherweise durch Herkunft, wird also hinein geboren. Es gilt also auch hier das „Abstammungsprinzip". Die Stände bilden eine vertikale Rangordnung, der entsprechend Privilegien und Pflichten zugeschrieben werden. Die Mitglieder der Stände, insbesondere die der höheren, teilen ein gemeinsames Selbstbewusstseins, eine **Mentalität,** die sich auch in Äußerlichkeiten widerspiegelt. Was „standesmäßig" ist, wird symbolisch repräsentiert durch Verhaltensweisen, Sprache, Kleidung, Ausstattungen von Wohnungen, Wohn-

Definitionsmerkmale

Standeszugehörigkeit ist erkennbar

bezirken, Festen, Präferenzen für Marken, Reiseziele, u. a. Große Bedeutung hat die Tradition. Standeszugehörigkeit und die gesamte **Ständeordnung** legitimieren sich durch ihre Geschichte und den Glauben an eine göttliche Stiftung.

3.2 Soziale Mobilität

„Abstammungsprinzip" und Legitimitätsglaube schließen soziale Mobilität grundsätzlich aus. Jedoch kann von der Standesnorm abweichendes (unehrenhaftes) Verhalten zum Ausschluss bis zu einem Fall in unterständische Gruppen führen. Derart Verstoßene waren vollständig entrechtet und „vogelfrei". Unterständische wurden sozial verachtet. Zu ihnen gehörten die Ausübenden „unehrenhafter Berufe" (Henker, Abdecker, Geldverleiher), ebenfalls Mitglieder fremder Religionsgemeinschaften.

Durch Berufung (Kooptation) durch ein Mitglied des Standes war jedoch der Aufstieg in einen höheren Stand möglich. Beispiel: Ein König beruft siegreiche Krieger als Belohnung für die geschlagene Schlacht und zur Sicherung ihrer Treue in den Ritterstand. Ein anderes Beispiel: die „Nobilitierung" von Mitgliedern des bürgerlichen Standes, also die Berufung in den Adel, wie sie erfolgreichen Unternehmern, Wissenschaftlern u. a. im deutschen Kaiserreich widerfuhr und heute noch in England Praxis ist. Mobilitätschancen bot im Mittelalter der Stand der Geistlichen, der Klerus. Bedingt durch den seit dem 11. Jahrhundert bestehenden Zölibat (Ehelosigkeitsgebot für Priester – auch eine strenge Standesregel), musste sich der Nachwuchs aus einem anderen Stand rekrutieren. Der niedere Klerus war dabei auf Menschen aus den bäuerlichen Ständen angewiesen; der hohe Klerus entstammte dem Adel.

3.3 Legitimation

Glaube und Tradition als Grundlage

Grundlage für die Legitimation der europäischen Ständeordnung war neben der Tradition das Christentum. Starken Einfluss darauf hatten die „Scholastiker", eine wichtige theologische Gelehrtenschule zwischen dem 9. und dem 15. Jahrhundert; hier insbesondere der Dominikanermönch Thomas von Aquin (1225–1274). Seine Auslegung des Christentums hat wesentlich die Rechtfertigung für die Ständeordnung geliefert. Diese galt noch für das Deutsche Kaiserreich bis 1918. Der letzte deutsche Kaiser, Wilhelm II. (Regierungszeit 1888–1918), verstand sich als von „Gottes Gnaden" eingesetzt. Die europäische Ständeordnung hat sich trotz revolutionärer Gegenbewegungen und

Veränderungen bis in das 20. Jahrhundert hineinhalten können und bis heute haben Elemente davon in nationalen Gesellschaften mit konstitutioneller Monarchie Bestand.

Außerhalb Europas sind ebenfalls Ständeordnungen entstanden. Auch hier spielt die Religion als Legitimationsbasis eine zentrale Rolle. Bis in die Gegenwart berufen sich in einigen arabisch-islamischen Ländern monarchische Herrscherdynastien auf die Abstammung und deren religiöse Begründung.

3.4 Mittelalterliche Ständeordnung in Europa

Ständische Gesellschaft bis zum Beginn des 19. Jahrhunderts

Ständische Strukturen waren typisch für große Teile des mittelalterlichen Europas. Die führenden Stände waren Adel und Klerus. Im frühen Mittelalter gab es rangmäßig darunter die ständischen Gliederungen der Freien und Unfreien. Diese Stände haben sich später in Untergruppierungen differenziert. So war der Adel in mehrere Abstufungen/Ränge gegliedert. Der Klerus teilte sich in hohe und niedrige Geistlichkeit, der aus den Freien hervorgehende Bauernstand in freie und unfreie Bauern. Letztere stellten als Leibeigene gegen Ende der Ständegesellschaft die Mehrheit der Bevölkerung dar.

Bodenordnung als Basis der Gesellschaftsordnung

Ständeordnung auf dem Land. Die mittelalterliche Gesellschaft war eine Agrargesellschaft. Da 80 bis 90 % der Bevölkerung auf dem Land lebten und arbeiteten, kam den Besitzrechten an Boden überragende Bedeutung zu. Bodenbesitzer waren Adel, Klerus und freie Bauern (vgl. Abb. 1). Das Recht auf Boden einschließlich der Verfügungsgewalt über die darauf lebenden Menschen, wurde anfänglich durch Lehen (von: verleihen) vergeben, das sog. *Feudum* (daher der Begriff Feudalordnung). Erst später setzte sich das Geburtsprinzip durch, d. h. das Lehen, einschließlich aller damit verbundenen Rechte und Pflichten, wurde nun vererbt. Da die freien Bauern die Verfügung über den Boden im Verlauf der historischen Entwicklung verloren, vergrößerte sich die Masse der Leibeigenen. Sozialen Wandel gab es auch jenseits der unteren Stände. Einzelne Untergliederungen des Adels büßten ihre Funktionen und Privilegien ein. So wurden in der Folge der Einführung von Söldnerheeren, die sie als „Krieger" überflüssig machten, aus Rittern „Höflinge" (Bedienstete am Königshof) oder „Raubritter" (vgl. Elias 2007).

Sonderrolle der Städte

Ständeordnung in der Stadt. In den Städten war die ständische Struktur eine andere. Die meisten Städte waren im Hochmittelalter, meist von Mitgliedern des hohen Adels oder Klerus, gegründet worden; einige gingen auf römische Siedlungen zurück. In der Stadt entwickelte sich eine andere Ständeordnung (ausführlich zur mittelalterlichen Stadt Schmieder 2005).

Abbildung 1 Ständeordnung im Mittelalter: Ländliche Feudalgesellschaft

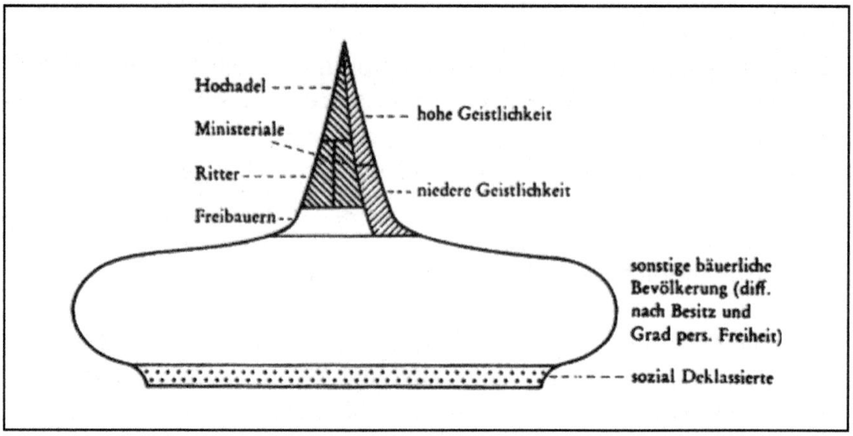

Abbildung 2 Die städtische Gesellschaft

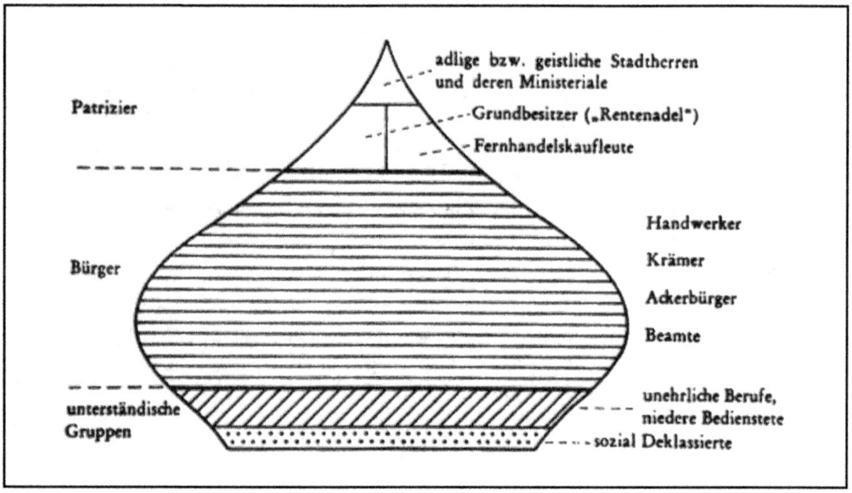

Quelle: Hradil 2005: 111

Da die Bedeutung des Bodens dort einen geringeren Stellenwert hatte, gewann das Kapital an Bedeutung. So kamen die Fernhandelskaufleute (Fernhandelskapitalismus, ab 13. Jahrhundert) zu Reichtum und politischer Macht (vgl. Abb. 2). Entwicklung und Bedeutungszuwachs des Handwerks, u.a. hervorgerufen durch die Nachfrage der feudalen Höfe und des Klerus (Merkantilismus, 16.–18. Jahrhundert) und des hohen Klerus, stärkte das Bürgertum. Der neue Stand des Patriziats, zunächst aus Bediensteten der adligen oder kirchlichen Landesherrn – den Ministerialen – gebildet, wurde im Laufe der Zeit vom aufstrebenden Bürgertum eingenommen. Damit gelang ein erheblicher Zuwachs an Macht, Ansehen und Reichtum – die Basis für den späteren Aufstieg zum herrschenden Stand in der „bürgerlichen Gesellschaft".

Das „Abstammungsprinzip" war in der Stadt zwar nicht ausgesetzt, aber ökonomischer Erfolg als Folge von unternehmerischem Wagemut und Geschick konnten mobilitätsfördernd sein. Den Stand der Leibeigenen gab es nicht in den Städten. Wem es gelang, sich aus der ländlichen ständischen Ordnung zu befreien und in der Stadt Aufnahme zu finden, für den galt: „Stadtluft macht frei" (Schmieder 2005: 98).

Die ständischen Strukturen der Stadt nahmen im Laufe der Zeit an Differenzierung, aber auch Starrheit zu. Die Erblichkeit der sozialen Stellung wurde bei den Patriziern und den Handwerkern nach und nach zum regulären Prinzip. Die übrigen Bürger spalteten sich auf in kleinere Kaufleute (Krämer, Händler) und – als Mehrheit der städtischen Bevölkerung – in Handwerker, darunter sozial Verachtete. Regionale Bedeutsamkeit hatten Ackerbürger, die außerhalb der Stadt über bewirtschaftetes Land verfügten. Typisch für die städtische Sozialordnung waren berufsständische Gruppierungen, nämlich die Gilden der Kaufleute und die Zünfte der Handwerker. Ihnen oblag die Zuteilung von Rechten und Pflichten und die Regulierung des Lebens, eingeschlossen die berufsbezogenen. Ständische Normen schlossen Heiratsgebote und -verbote ebenso ein, wie die Verpflichtung zum angemessenen Begehen von Festtagen, die Verbindlichkeit von Kleiderordnungen, Sitzordnungen in Kirchen und Vorschriften bei den Mahlzeiten.

3.5 Stand nach Max Weber

Max Weber (1864–1920) hat die Fortdauer der Bedeutung von ständischen Prinzipien in modernen Gesellschaften gezeigt. Stände – Weber spricht von **ständischen Lagen** – sind Gemeinschaften, die gekennzeichnet sind „durch eine spezifische, positive oder negative, soziale Einschätzung der Ehre (...), die sich an irgend eine gemeinsame Eigenschaft vieler knüpft" (2006). Diese können sein: Abstammung, Herkunft, Bildung, Beruf u.a. Aus dieser Über-

Definition ständische Lage

einstimmung entsteht ein Gemeinschaftsgefühl derart, dass man sich nicht nur zusammengehörig, sondern zugleich überlegen fühlt.

Interessenlagen ergeben sich aus Klassenlage und ständischer Lage

Ständische Lagen ermöglichen es, Marktchancen zu monopolisieren. Der Kern von Webers These ist, dass die Chance eines Individuums für das Erreichen einer vorteilhaften Position oder für den Zugang zu begehrten Gütern, Titeln usw. mit der Zugehörigkeit zu einer ständischen Lage korreliert. Diese werden gebildet von den Honoratioren, den Gutsituierten, den „besseren Kreisen", die über ein elitäres Selbstbewusstsein, Ansehen und Einfluss verfügen. Das begünstigt sie, ihre ständischen Interessen durchzusetzen. Besondere Mechanismen – Weber spricht von **ständischer Schließung** – sorgen dafür, dass „man unter sich bleibt". Privilegien und der Zugang zu wichtigen Ressourcen (beispielsweise höherer Bildung, politischer Macht) bleiben Außenstehenden dann verwehrt. Besonderes Augenmerk richtet Weber auf die Funktion von Heiratsmärkten („ständisches Konnubium"). Eine „standesgemäße Heirat" ist Ausdruck ständischer Schließung. Der Zugang aus anderen gesellschaftlichen Gruppen ist ausgeschlossen. Bis heute rekrutiert sich der Adel über das „ständische Konnubium".

Ständische Schließung

> „Praktisch betrachtet, geht ständische Gliederung überall mit einer Monopolisierung ideeller und materieller Güter oder Chancen […] zusammen. Neben der spezifischen Standesehre, die stets auf Distanz und Exklusivität ruht, und neben Ehrenvorzügen wie dem Vorrecht auf bestimmte Trachten, durch Tabuierung anderen versagte Speisen […] stehen allerhand materielle Monopole. Selten ausschließlich, aber fast immer zu irgendeinem Teil geben naturgemäß gerade sie die wirksamsten Motive für die ständische Exklusivität" (Weber 2010: 686).

4 Klasse

4.1 Definition

Klasse: ökonomisch bestimmt

Mit dem Begriff **Klasse** wird eine Großgruppe von Menschen bezeichnet, deren Angehörige bestimmte sozioökonomische und bewusstseinsspezifische Merkmale gemeinsam haben. Klassenzugehörigkeit bestimmt sich aus der Stellung im Produktionsprozess: z. B. Arbeiter oder Unternehmer, Landarbeiter oder Grundbesitzer. Daraus resultieren jeweils ähnliche Lagen der Klassenmitglieder in Gestalt von vorteilhaften oder nachteiligen Lebensbedingungen und zugleich ein typisches Bewusstsein und eine spezifische Interessenlage. Die Zugehörigkeiten zu Klassen sind durch Gegensätze gekennzeichnet: z. B. Armut – Reichtum, politische Macht – Machtlosigkeit; hoher Bildungsstand – niedriger Bildungsstand.

4.2 Klassengesellschaft

Klassengesellschaften sind Gesellschaften, die aus zwei oder mehr Großgruppen bestehen, deren jeweilige Mitglieder über stark voneinander abweichende Lebenslagen verfügen und dies ökonomisch bedingt ist. Die Mitglieder der Klassen haben ein **Klassenbewusstsein** und klassenspezifische Interessen. Klassenzugehörigkeit wird meist vererbt. D. h. Arbeiterkinder werden Arbeiter, aus Akademikerkindern werden Akademiker. **Aufstiegsmobilität** ist selten. **Abstiegsmobilität,** auch ganzer Klassen, ist häufiger. Das Verhältnis der Klassen zueinander ist von latenten oder offenen Konflikten geprägt. Benachteiligungen werden aber auch fatalistisch hingenommen.

Geschichte der Klassengesellschaft. Die **Klassengesellschaft** in Europa entstand im Verlauf des 18./19. Jahrhunderts mit der „Industriellen Revolution". Diese setzte durch technischen Fortschritt gewaltige Produktivitätsfortschritte frei. Die „Bürgerliche Revolution" beendete die Privilegien von Adel und Klerus und besiegelte so das Ende der feudalen Ständeordnung in Europa. Nachdem die Stände sich weitgehend aufgelöst hatten und mit ihnen die durch Tradition überlieferten Arbeits- und Lebensstrukturen, kam es zu einem großen Bevölkerungswachstum und zur „Landflucht". Die Beseitigung der Stände und die Auflösung der Zünfte bewirkte eine „dreifache Befreiung" der bis dahin von ihren Grundherren abhängigen „Leibeigenen" („Bauernbefreiung"). Aus dem „Unfreien" wurde der „freie Lohnarbeiter", der (1) frei war vom ständischen Zwang zur Abgabe und Frondiensten, (2) frei vom Boden als Existenzgrundlage und (3) frei von Schutz und Fürsorge durch den Feudalherren. Zur Sicherung seiner Existenz war er fortan gezwungen, seine Arbeitskraft an den Fabrikbesitzer, den Kapitalisten in der Stadt, zu verkaufen. Damit war er von einer Abhängigkeit in eine andere geraten.

Auflösung der Stände führt zu „dreifacher Befreiung"

Mit den rechtlichen Veränderungen war zugleich ein Wandel der ökonomischen Bedingungen eingetreten. Zur rasch wachsenden Klasse der Arbeiter zählten bald auch die der Konkurrenz der kapitalistischen Unternehmer unterlegenen Handwerker kleinen Kaufleute und Krämer in den Städten.

Klasse der Arbeiter

Die Folge war eine „doppelte Entwurzelung". Menschen verließen auf der Suche nach Existenz sichernder Arbeit massenhaft den Ort ihrer lokalen und sozialen Herkunft. Für die Mehrheit bedeutete dies sozialen Abstieg und Armut. Aus der Klasse der Arbeiter wurde nun ein schnell wachsendes städtisch-industrielles Arbeiter- und Industrieproletariat, während auf der anderen Seite Reichtum und Macht der Klasse der Kapitalisten zunahmen.

4.3 Begriffsgeschichte: Klassen bei Karl Marx/Friedrich Engels und Max Weber

Vorläufer. Die Benutzung des Begriffs Klasse hat ältere Ursprünge. Die Physiokraten, eine Schule nationalökonomischer Denker im 18. Jahrhundert (François Quesnay, Anne Robert Jacques Turgot), die in der Tradition des philosophischen Liberalismus standen, hatten die Vorstellung von einer bestimmten Naturgesetzen folgenden sozialen Entwicklung und sich herstellenden Ordnung. Wie Naturwissenschaftler verwendeten die Physiokraten den Begriff Klasse zur funktionalen Klassifikation der einzelnen gesellschaftlichen Großgruppen, also hinsichtlich ihrer Nützlichkeit für die Gesellschaft. Der „produktiven Klasse" wurden Bauern und Pächter, als die Erzeuger der Grundnahrung, zugeordnet. Die Arbeiter wurden zusammen mit den Kapitalisten als „sterile Klasse" bezeichnet; die „disponible Klasse" wurde aus König, Grundeigentümern, Kirche und Leibeigenen gebildet.

Physiokraten: Unterteilung in drei Klassen

Claude-Henri de Rouvroy Saint-Simon (1760–1825), der Lehrmeister des „ersten Soziologen" Auguste Comte (1798–1857), entwickelte dieses Modell weiter und unterschied zwischen „produktiver" und „müßiggehender" Klasse. Produktiv waren nach seiner Vorstellung alle Arbeitenden, auch die geistig Tätigen in Wirtschaft, Verwaltung, Wissenschaft und Kunst. Als müßiggehend sah er die Angehörigen von Adel und Klerus an, aber auch den Beamtenstab. Für die nahe Zukunft erwartete Saint-Simon das Kommen der industriellen Gesellschaft und damit das Verschwinden der müßiggehenden Klasse.

„Produktive" und „müßiggehende" Klasse

4.3.1 Geschichte als Klassenkampf: Klassen bei Karl Marx und Friedrich Engels

Klassengesellschaft bei Marx. Der Begriff **Klassengesellschaft** geht auf Karl Marx (1818–1883) und seinen Freund und Förderer Friedrich Engels (1820–1895) zurück. Folgt man ihrer These, niedergeschrieben 1848 im „Manifest der kommunistischen Partei", so ist „Die Geschichte aller bisherigen Gesellschaft eine Geschichte von Klassenkämpfen" (Marx/Engels MEW Bd. 4: 462).

Marx und Engels, die Begründer des „Wissenschaftlichen Sozialismus" (auch: „Marxismus", „Historischer Materialismus" oder „Dialektischer Materialismus", abgekürzt: „DIAMAT") erklären Wandel und Fortschritt der Gesellschaft dialektisch, d.h. durch eine im Prinzip sich wiederholende Entwicklung und Aufhebung von Widersprüchen (Antagonismen) zwischen produktivem Fortschritt und den Besitzverhältnissen. In der Vergangenheit habe es eine Abfolge von gesellschaftlichen Entwicklungsphasen gegeben (vgl. Abb. 3). Diese unterscheiden sich durch verschiedene „Produktionsweisen". Darunter werden verstanden, die Formen der Aneignung der Natur durch ge-

Klassenantagonismus als Basis des Geschichtsprozesses

Abbildung 3 Klassenmodell nach Marx/Engels

Entwicklungsrichtung zur klassenlosen Gesellschaft →

Gesellschafts-formation	Urgemein-schaft	Sklavenhalter-gesellschaft	Feudalgesell-schaft	Bürgerliche Gesellschaft	Sozialismus Kommunismus
Herrschende Klasse	keine	Sklavenhalter	Adel/Klerus	Bourgeoisie	Keine
Ausgebeutete Klasse	keine	Sklaven	Leibeigene	Proletariat	Keine

Quelle: eigene Darstellung.

sellschaftliche, d. h. geteilte und organisierte Arbeit, mit dem Zweck der Existenzsicherung. Die „Produktionsweisen" widerspiegeln auf der einen Seite den Entwicklungsstand der „Produktivkräfte", das sind vom Menschen genutzte Naturkräfte, Technik, Wissen, menschliche Arbeitskraft, also der Gesamtheit aller Ressourcen zur Existenzsicherung und auf der anderen Seite die „Produktionsverhältnisse", das sind die Eigentumsverhältnisse an den „Produktionsmitteln": Werkzeuge, Maschinen, Fabriken u. a.

Antagonismus von Produktivkräften und Produktionsverhältnissen

Dichotomes Klassenmodell

Stets teilte sich die Menschheit in zwei Klassen: Jene, die die Produktionsmittel besitzen und jene, die sie nicht besitzen und deshalb von den Besitzern abhängig sind. Die Dynamik der gesellschaftlichen Entwicklung resultiert aus dem Widerspruch zwischen der Entwicklung der Produktivkräfte und jener der Produktionsverhältnisse. Es kommt zum Klassenkampf und zum Übergang zu einer neuen Gesellschaftsform. Dort entwickeln sich nun erneut Widersprüche zwischen den Klassen. Auf die „Sklavenhaltergesellschaft" folgen die „Feudalgesellschaft" und schließlich die „Bürgerliche Gesellschaft" als historisch letzte Form der Klassengesellschaft. Als „Hauptklassen" stehen sich „Kapitalisten" („Bourgeoisie") und „Lohnarbeiter" („Proletariat") gegenüber. Da nun die Kapitalisten die Produktionsmittel besitzen, die Lohnarbeiter aber über nichts anderes als ihre Arbeitskraft verfügen, müssen Letztere, um zu überleben, diese an den Kapitalisten verkaufen.

Kern der „kapitalistischen Produktionsweise" sind zum einen der „Warencharakter" der Arbeit – der „Lohnarbeiter" ist gezwungen seine Arbeitskraft zu verkaufen – zum anderen, die ihm vom Kapitalisten abgepresste Erzeugung von „Mehrwert". Zur Erklärung: Wertschaffung ist, so Marx, allein durch Arbeit möglich („Arbeitswerttheorie"). Die Kapitalisten würden, da nur sie allein über die notwendigen „Produktionsmittel" verfügten, die Arbeiter dagegen massenhaft im Elend lebten, diese zwingen, mehr Wert zu schaffen als zur Regeneration ihrer Arbeitskraft notwendig ist. Das Ergebnis der Mehrarbeit, den Mehrwert, eignen sich die Kapitalisten an. Er ist die Grundlage für die „Akkumulation des Kapitals“ und damit für den Reichtum in den Händen der Klasse der Kapitalisten. Schließlich steigern sich die gesellschaftlichen Widersprüche – Reichtum hier, Verelendung dort – derart, dass das „Proletariat“ durch eine Revolution die Herrschaft der Kapitalisten beseitigt. Nach einer Übergangsphase, in der das „Proletariat“ die Herrschaft übernimmt („Diktatur des Proletariats“), kommt es zu einem allmählichen Übergang zur klassenlosen Gesellschaft, dem Kommunismus. Die Geschichte der Klassengesellschaft ist zu ihrem Ende gekommen.

Marx und Engels haben kein Modell vorgelegt, welches eine Zwangsläufigkeit hin zur „klassenlosen Gesellschaft“ prophezeit (obwohl sie häufig so interpretiert werden). Der Kommunismus ist und bleibt eine Utopie, die das politische Denken und Handeln beeinflussen kann und beeinflusst – in der Vergangenheit oft mit fatalen Ergebnissen (Parteiendiktaturen, Verschleppung und Vernichtung politischer Gegner), welche wenig mit den Vorstellungen von Marx und Engels zu tun haben dürften.

Sein und Bewusstsein. Marx wird häufig vorgeworfen, die Ausprägungen des Bewusstseins deterministisch an die materiell/ökonomische Lebenslage zu koppeln. „Es ist nicht das Bewußtsein der Menschen, dass ihr Sein, sondern umgekehrt ihr gesellschaftliches Sein, das ihr Bewußtsein bestimmt.“ (MEW Bd. 13: 9).

Obwohl Marx die Bedeutung der materiellen Produktionsbedingungen hervorhebt, die der Sicherung des Lebens dienen, so will er vor allem auf die gesellschaftliche (!) Einbettung des individuellen Bewusstseins verweisen, womit er den meisten seiner Zeitgenossen voraus ist. „Als Gattungswesen bestätigt der Mensch sein reelles Gesellschaftsleben und wiederholt nur sein wirkliches Dasein im Denken, wie umgekehrt das Gattungswesen sich im Gattungsbewußtsein bestätigt…“ (Marx 2009: 90).

„Geschichtsmächtigkeit“ der Arbeiterklasse. Erwähnt sei noch die besondere Rolle der Arbeiterklasse im Zusammenhang eines revolutionären Umsturzes und der Entmachtung der Kapitalisten. Nur die Arbeiterklasse sei „geschichtsmächtig“. D.h. allein sie sei im Stande, die Klassenverhältnisse zu beenden. Der Grund? In der „Bürgerlichen Gesellschaft“ geraten die gesellschaftlichen Widersprüche auf ihren historischen und zugleich logischen Höhepunkt. Nie zuvor in den vorausgegangenen Klassengesellschaften gab es mehr Reichtum und zugleich mehr Armut. Nie zuvor waren die Kräfte der Zerstörung und der Schöpfung größere. Da allein Arbeit, also der Arbeiter, Wert schaffen würde, den der Kapitalist sich aneigne, komme es in der „Bürgerlichen Gesellschaft“ zu einem Höchstmaß an „Entfremdung“ (den Begriff übernimmt Marx von dem Philosophen Georg Friedrich Wilhelm Hegel, 1770–1831) des Arbeiters vom Produkt, seiner Arbeit und von sich selbst. Das zur Revolution bereite Heer des im Elend lebenden Proletariats habe nichts zu verlieren als seine Fesseln. Aber auch das Kollabieren der kapitalistischen Klassengesellschaft an ihren eigenen Widersprüchen wird von Marx erwartet.

Klasse an sich – Klasse für sich. Zum **Klassenkampf** kommt es nach Marx nicht von selber. Erst müsse aus einer „Klasse an sich" eine „Klasse für sich" werden. Klassenzugehörigkeit erfolgt zwar objektiv aus der Stellung zu den Produktionsmitteln. Aus dieser Zugehörigkeit zur „Klasse an sich" leite sich aber noch keine Handlungsmächtigkeit der Klasse ab. Bis es dazu kommt, müssen die Menschen spüren, in einer gemeinsamen Lage zu sein und ein Klassenbewusstsein entwickeln. Erst dann lernen sie, sich politisch zu organisieren. Aus der „Klasse an sich" ist eine „Klasse für sich" geworden. Bei Marx heißt es hierzu:

Von der „Klasse an sich" zur „Klasse für sich"

> „Die ökonomischen Verhältnisse haben erst die Masse der Bevölkerung in Arbeiter verwandelt. Die Herrschaft des Kapitals hat aus dieser Masse eine gemeinsame Situation, gemeinsame Interessen geschaffen, so ist diese Masse bereits eine Klasse gegenüber dem Kapital, aber noch nicht für sich selbst. In dem Kampf (...) findet sich diese Masse zusammen, konstituiert sich als Klasse für sich selbst" (MEW, Bd. 4: 180 f.).

4.3.2 Klassen bei Max Weber

Max Weber geht von zwei Dimensionen sozialer Ungleichheit aus. Neben der ständischen Lage (vgl. 3.5) bestimmt die Zugehörigkeit zu den Klassen, die Klassenlage die Lebenschancen.

Webers Definition von Klasse

> „Wir wollen von einer Klasse reden, wo 1. einer Mehrzahl von Menschen eine spezifische ursächliche Komponente ihrer Lebenschancen gemeinsam ist, soweit 2. diese Komponente lediglich durch ökonomische Güterbesitz- und Erwerbsinteressen und zwar 3. unter der Bedingung des (...) Markts dargestellt wird" (Weber 2010: 679).

Klassenlage und ständische Lage beeinflussen „Marktchancen"

Menschen leben in **Klassenlagen,** diese entscheiden über die Lebenschancen. Er unterscheidet zwischen zwei Typen von Klassen. Ein Teil der Menschen sei auf Erwerb angewiesen, um leben zu können. Diese Menschen gehören zu den **Erwerbsklassen.** Der andere Teil hat genügend Besitz, um davon zu leben und gehört somit zu den **Besitzklassen.** Der Wechsel – also soziale Mobilität – zwischen den Klassen ist möglich. Einen Determinismus zwischen Klassenlage und Lebenschancen gibt es nach Weber nicht. „Marktchancen" hängen von „Qualifizierungsprozessen" ab.

Mit dem ausgehenden 19. Jahrhundert sah Weber in Deutschland drei Hauptklassen („Soziale Klassen"): erstens die Arbeiterklasse, die in sich nach Qualifikationsabstufungen differenziert ist; zweitens die besitzlose Mittelklasse auf der Grundlage, so Weber „besitzloser Intelligenz- und Fachgeschultheit": Angestellte, Beamte, durch Bildung Privilegierte; und drittens die besitzende Oberklasse.

Die These vom „Klassenkampf" hält Weber für widerlegt. An den für die frühe Soziologie und Sozialphilosophie so typischen Versuchen, Gesetze für die zukünftige gesellschaftliche Entwicklung zu finden, beteiligte er sich nicht. Sein Blick in die Zukunft ist eher düster. Die künftige Herrschaft, so Weber, die der bürokratischen „Fachmenschen", bewirke ein „stahlhartes Gehäuse".

4.4 Weitere Theorieansätze zu Stand und Klasse

In der Fachdiskussion im Anschluss an Marx/Engels und Weber ging es immer wieder um die Angemessenheit der Begriffe Stand und Klasse für die Darstellung jeweils zeitgenössischer Formen sozialer Ungleichheit. Dazu folgt ein Überblick in chronologischer Reihenfolge. Dieser bezieht sich nur auf Westdeutschland, da es bis zur Auflösung der DDR (1990) keinen Zugang zu Ungleichheitsanalysen in Ostdeutschland gab. Zur Entwicklung nach 1990 vgl. Lektion XI.

Der neue Mittelstand. Theodor Geiger (1891–1952) gilt als Urheber der These vom Aufkommen des **Neuen Mittelstands.** In der ersten großen Ungleichheitsstudie in Deutschland mit dem Titel „Die soziale Schichtung des deutschen Volkes" (1932) führte er außerdem die Begriffe „Schichtung" und „soziale Lage" ein (vgl. Lektion XI). Durch die Auswertung von Daten einer Berufszählung des Statistischen Reichsamtes entdeckte er, dass sich neben dem **Alten Mittelstand** auf der Basis von Qualifizierungsprozessen und dem Entstehen neuer Berufsgruppen (technische und Verwaltungsangestellte, Dienstleistungsberufe) ein Neuer Mittelstand gebildet habe. Dieser verfüge über ein ständisches Bewusstsein. Geiger nennt es „Mentalität".

Ende der Klassengesellschaft. Kurz nach dem Ende des Zweiten Weltkriegs hält Geiger Marx' These vom Klassenkampf für obsolet. Die Klassengesellschaft würde sich in einem „Schmelztiegel" in der Folge massenhafter Auf- und Abstiege auflösen. Dabei sinken Teile des Alten Mittelstands zu „Proletaroiden" ab. Ihre soziale Lage (sozioökonomische Verhältnisse) sei proletarisch, die Mentalität dagegen weiterhin ständisch geprägt (Geiger 1949).

Mitte der 1950er Jahre ergänzte Helmut Schelsky (1912–1984) Geigers Thesen. Die Entwicklung führe hin zu einer „nivellierten Mittelstandsgesellschaft". Danach tendierten sowohl Klassen als auch Schichten zur Auflösung. Zwischen zahlenmäßig kleinen Oberschichten an der Spitze der Gesellschaft und ebenfalls begrenzten Unterschichten habe sich die Mehrheit der Gesellschaft auf einem – hinsichtlich Bildung, Einkommen und Lebensgewohnheiten – relativ einheitlichen Niveau einer „unteren Mitte" angeglichen (Schelsky 1965).

Differenzierung sozialer Ungleichheiten und eingeschränkte Mobilität seit den 1960er Jahren. Deutlich anders als die Nivellierungsthese ist die Aussage des „Hausmodells" von Ralf Dahrendorf (1929–2009) (vgl. Abb. 4). Zwar dominiert auch dort die gesellschaftliche Mitte; sie wird von etwa zwei Dritteln der Bevölkerung repräsentiert. Diese ist allerdings kein Block, sondern in sich differenziert. Die Grenzen zwischen den Gruppierungen haben unterschiedliche Charakteristiken, d. h. sie sind in verschiedenem Grade durchlässig. Weitgehend undurchlässig ist die Grenze nach oben. Dort befindet sich als größte Gruppe der Mittelstand (20 %). Weitgehend undurchlässig ist die Grenze zwischen ganz unten – der Unterschicht – (5 %) und der Mitte. Die Mitte besteht aus der Arbeiterschicht (45 %) und dem „falschen Mittelstand" (12 %).

Die im Modell uneinheitliche Verwendung der Gruppenbezeichnungen – Schichten, Stände, Klassen – verweist auf jeweils spezifische Merkmale, z. B. hinsichtlich der Qualifizierung und der Mentalität. So bilden die Arbeiter keine Klasse mehr, sondern eine Schicht. Denn die Arbeiterschicht ist nicht durch Homogenität und Abgeschlossenheit charakterisiert, sondern in sich differenziert und teilweise offen zu anderen gesellschaftlichen Gruppierungen.

Am Rand der unteren Hälfte der Gesellschaft hat der „falsche Mittelstand" neben der Arbeiterschicht Quartier genommen. Die schon von Geiger hervorgehobene Bedeutung der Mentalität übernimmt Dahrendorf. Sowohl falscher als auch echter Mittelstand verfügten über eine gehobene Selbsteinschätzung, welche allerdings allein für den echten Mittelstand objektiv gerechtfertigt sei. Der soziale Rang des **falschen Mittelstands,** das sind Angehörige der unteren Dienstleistungsberufe (z. B. Frisöre), entspreche jenen der Arbeiterschicht. Der echte Mittelstand, ein Fünftel der Bevölkerung, besteht aus Selbstständigen, Freiberuflern und Bauern. Er dominiert mit 20 % das obere Drittel der Gesellschaft. Auf gleicher Höhe hat sich mit einem Zehntel der Bevölkerung die **Dienstklasse** aus den Angehörigen der neuen, meist nicht-technischen Angestelltenberufe, etabliert. Deren Rekrutierungskanäle sind nach allen Seiten offen. In Teilen geöffnet ist der Weg an die Spitze zu den Eliten. Diese sind

Abbildung 4 Dahrendorf (Hausmodell 1965)

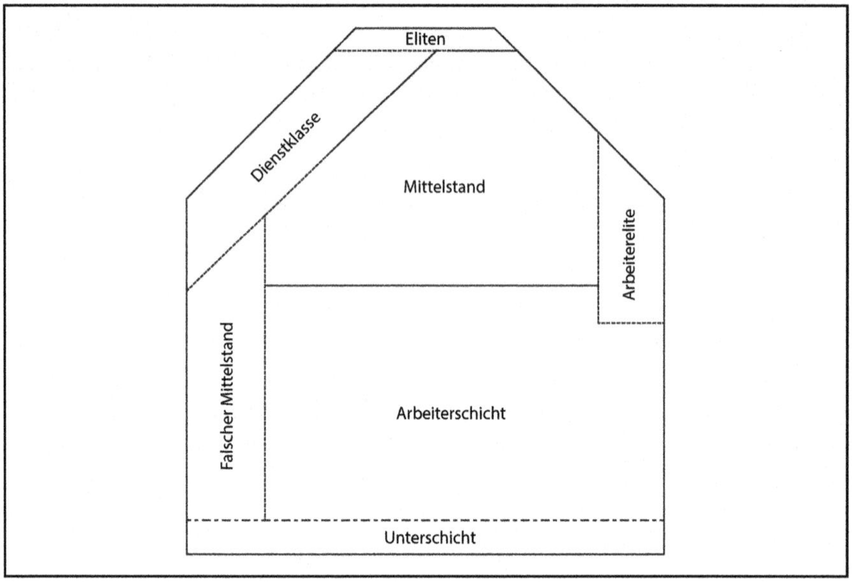

Quelle: Geißler 2014: 100

keine einheitliche „Machtelite", sondern in Teil- oder Funktionseliten differenziert. Zur Hälfte rekrutiert sie sich aus sich selbst.

Das „Hausmodell" hat sich in nachfolgenden Jahrzehnten als ausbaufähig erwiesen. Es dient seit den 1980er Jahren Rainer Geißler (2014) dazu, die sich weiter differenzierenden Formen sozialer Ungleichheit darzustellen (Geißler 2014).

Klassenverhältnisse im Spätkapitalismus. In der Folge der Ereignisse der „68er" Jahre (Studentenrebellion, Massenstreiks, Attentate der RAF) wurde Westdeutschland in den 1970er Jahren von Seiten der politischen und philosophischen Linken sowie Teilen der Nationalökonomie als Gesellschaft im „Spätkapitalismus" wahrgenommen. In dieser Zeit entstanden einige klassentheoretisch orientierte Ungleichheitsstudien. Sie gingen vom Fortbestehen der Klassengesellschaft mit zunehmender Differenzierung aus. Folgt man z.B. dem „Projekt Klassenanalyse" (Leisewitz 1977), so gab es 1970 in Westdeutschland eine „Klasse der Kapitalisten/Bourgeoisie" mit einem Anteil von drei Prozent der Bevölkerung. Die **Mittelklasse**, mit einem knappen Drittel Anteil, bestand per Definition aus der lohnunabhängigen Mittelklasse und der Kleinbourgeoisie. Fast zwei Drittel der Erwerbsbevölkerung wurden der Arbeiterklasse zugeordnet, darunter die „Kleinunternehmer mit geringem Profit" und die lohnabhängige Mittelklasse.

Klassenstrukturen in fortgeschrittenen Gesellschaften. Einen Fortbestand von Klassen sieht Anthony Giddens (geb. 1938) trotz des Rückgangs sozialer Konflikte und der Schrumpfung der Arbeiterklasse (1984). Indizien sind die soziale Immobilität der vermögenden Oberklasse und die (auch gegenwärtig) weiter zunehmende Konzentration der Vermögen sowie relevante Verhaltensunterschiede (Wohnen, Konsummieren) im Vergleich der Großgruppen. Fehlendes „Klassenbewusstsein", seit Marx ein Indiz der Klassengesellschaft, sei durch „Klassenbewusstheit" ersetzt.

Soziale Ungleichheit ohne Klasse und Stand? Die 1980er Jahre. Die „Entstrukturierung" der Klassenverhältnisse (Berger, 1986), „Klassenverhältnisse ohne Klassen" (Kreckel, 1983) und der fortschreitende „Individualisierungsprozess" (Beck, 1983) waren in den 1980er Jahren Hinweise auf einen Wandel der sozialen Ungleichheit, deren Fortbestand allerdings nicht infrage stand. Ulrich Beck (1944–2015) als prominenter Vertreter der Individualisierungsthese geht von einem Freisetzungsprozess aus traditionellen Sozialformen wie Ständen, Klassen und sozialen Rollen aus. Damit fehlten die Solidargemeinschaften. Die Folgen von Risiken sind individuell zu tragen, was eine zunehmende Abhängigkeit von Institutionen (Bildungssystem, Arbeitsmarkt, Sozialversicherung) bewirkt.

Vertikale und horizontale Ungleichheiten. Schon Max Weber hatte auf die Mehrdimensionalität sozialer Ungleichheit hingewiesen. Nicht nur die Zugehörigkeit zu Klassenlagen bestimme die Lebenschancen, sondern auch die ständische Lage. Seit den 1980er Jahren gilt das Forschungsinteresse den – horizontalen – Ungleichheiten innerhalb einer Klasse oder Schicht. In den Blick gerieten damit Ungleichheiten zwischen den Geschlechtern, Migranten und Nichtmigranten. Trotz gleicher Bildungsabschlüsse sind Frauen nach wie vor seltener als Männer in höheren beruflichen Positionen anzutreffen und sie verdienen weniger (Geißler 2014).

Ständische Lagen in der Gegenwart. Auch wenn moderne Gesellschaften keine Ständegesellschaften sind, lassen sich ständische Lagen beobachten. Pierre Bourdieu (1930–2002); hat für Frankreich in den 1970er Jahren **soziale Milieus** nachgewiesen, die ständischen Lagen verwandt sind. Sie unterscheiden sich durch verschiedene **Lebensstile**, die zugleich eine Abgrenzung – **Distinktion** genannt – zwischen sozialen Gruppierungen bewirken. Dabei kommt dem **Geschmack** besondere Bedeutung zu. Er ist Teil des **Habitus**, einem mit der Sozialisation durch das Individuum erworbenen, weitgehend stabilen Muster an Einstellungen und Verhaltensdispositionen.

Der Habitus gibt die soziale Herkunft zu erkennen (**Klassenhabitus**), er strukturiert das Handeln und sorgt in der Regel dafür, dass soziale Aufstiege Ausnahmen bleiben und die Ungleichheitsstrukturen sich verstetigen. In einem hohen Maße werden auch heute in einer grundsätzlich „offenen“ Gesellschaft, die – vom Selbstverständnis her – ihre Positionen nach Leistung vergibt, soziale Positionen vererbt. Für Frankreich zeigt Bourdieu, dass dabei bestimmte Bildungsinstitutionen, die sogen. Eliteschulen, eine wichtige Rolle spielen. Als Instrumente der Schließung dienen dabei die Zulassungsverfahren, deren Kriterien an die Bildungsinhalte der „herrschenden Klasse“ geknüpft sind (Bourdieu 2006, 2000, 1988).

Ständische Lagen beobachtet man in modernen Gesellschaften ebenso bei der politischen Interessenwahrnehmung. Es gibt verbandliche Zusammenschlüsse, die von gemeinsamen Interessen getragen sind. In diese Standesvertretungen oder berufsständischen Vertretungen, z. B. Ärzte-, Anwaltskammern, Unternehmerverbände, gelangt man nicht durch Abstammung, sondern durch Kooptation (Berufung).

Sozialer Raum und Klassen. Große Resonanz hat Bourdieus theoretischer Ansatz des mehrdimensionalen **sozialen Raums** ausgelöst. Kern seiner Aussage ist, dass Chancen und Lebensbedingungen nicht allein von einer materiellen Dimension abhängig sind, sondern von der Verfügung über verschiedene **Kapitalformen** und der Struktur, die diese bilden. Er unterscheidet in „ökonomisches Kapital“ (Geld, Einkommen, Vermögen) und „kulturelles Kapital“. Letzteres wird noch einmal differenziert in institutionelles (Bildungsabschlüsse), inkorporiertes (während der Sozialisation angeeignete Formen der Sprache, des Umgangs, der Haltung u. a.), objektiviertes (Kunstgegenstände, Bücher u. a.) und „soziales Kapital“, das sind wichtige Kontakte und Beziehungen. Die Kapitalien sind konvertierbar (austauschbar). Objektiviertes Kapital – z. B. ein Gemälde – erwirbt man gegen Geld. Die Stellung im sozialen Raum hängt von der Struktur der Kapitalformen ab. So verfügen Unternehmer über viel ökonomisches und weniger kulturelles Kapital; Angehörige der Bildungseliten über wenig ökonomisches, aber viel kulturelles Kapital. Arbeiter haben dagegen von beiden Kapitalsorten wenig. Je nach Volumen und Zusammensetzung des Kapitals werden nun die Individuen und die sie bildenden Gruppen (Unternehmer, Künstler, Wissenschaftler, Beamte, Angestellte, Arbeiter u. a.) im sozialen Raum verortet: mehr oben oder unten – je nach Umfang des ökonomischen Kapitals – oder mehr rechts oder links – je nach Umfang des kulturellen Kapitals. Das soziale Kapital wirkt im Hintergrund: der gute Kontakt, der zu einem hoch dotierten Job führt, der befreundete Banker, der einen

Abbildung 5 Sozialer Raum nach Bourdieu

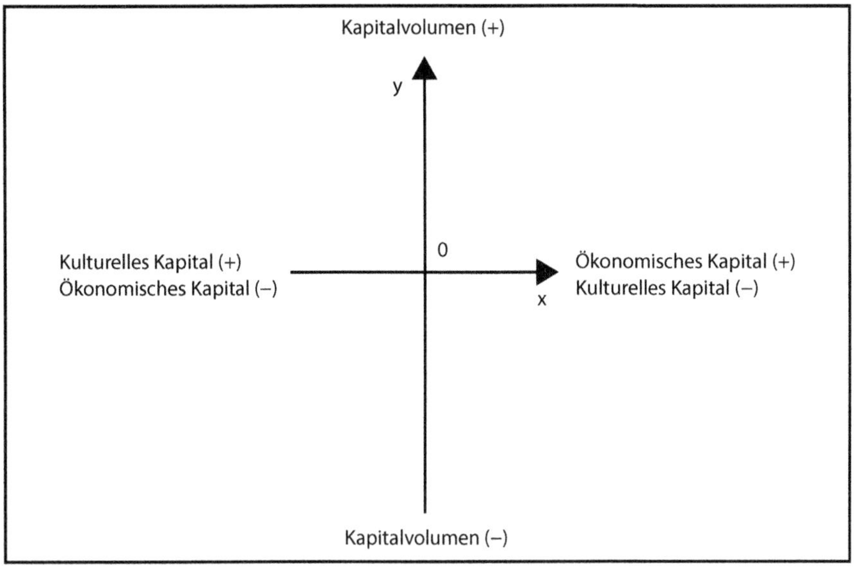

Quelle: Schwingel 1995: 108

Tipp gibt, mit der Folge eines hohen Spekulationsgewinns usw. Die noch nicht genannte dritte Dimension ist die Zeit. Der Erwerb von jeder Sorte Kapital kostet Zeit. Auch ein Positionswechsel im sozialen Raum, in dem es Aufstiege und Abstiege gibt, braucht Zeit. Verbunden damit sind Kämpfe zwischen Individuen und sozialen Gruppen, z. B. um das hohe politische Amt, die Parlamentsmehrheit oder die Marktstellung eines Unternehmens. Dabei kommt es auf den Einsatz von **symbolischem Kapital** an. Diese vierte Kapitalsorte gehört nicht direkt zur oben gezeigten Typologie. Bei symbolischem Kapital geht es um symbolische Formen, mittels derer in den **sozialen Feldern** (die Handlungsfelder: Politik, Wirtschaft, Bildung, Kunst, Wissenschaft, Religion, Sport u. a.). Macht ausgeübt wird. Beispiele für das Feld Politik: Gewinnen einer wichtigen Wahl, Bildungsabschluss an einer Eliteschule. In der Wissenschaft ist an Preise, Auszeichnungen u. a. zu denken.

Gibt es soziale Klassen? Nach objektiven Merkmalen hat Bourdieu in Frankreich drei Klassen unterschieden: die herrschende, die mittlere und die untere Klasse. Von außen und untereinander wahrnehmbares Unterscheidungsmerkmal ist der Geschmack. Er bewirkt, dass man „unter sich bleibt" und die Herrschaftsverhältnisse stabil bleiben. Das gilt vor allem für die „herrschende Klasse", die sich gegen die aufstiegsorientierte „Mittelklasse" abschottet. Sie pflegt den „legitimen Geschmack", der zugleich der Distinktion gilt. Die mittlere Klasse verfügt über den „mittleren Geschmack"; die Unterklasse über den „populären Geschmack".

Eine politische Bedeutung haben die Klassen nicht, weil sie sich als Klassen nicht wahrnehmen, also über kein „Klassenbewusstsein" verfügen.

Dienstklassen. 1949 legte der französische Ökonom und Soziologe Jean Fourastié (1969) seine viel beachtete „Drei-Sektoren-Hypothese" vor. Kern ist, dass aufgrund des technischen Fortschritts die Beschäftigtenanteile in den Sektoren Agrarproduktion, Industrie und Dienstleistungen sich derart verschieben würden, dass der dritte Sektor schließlich dominiere und die Nachfrage dort stark ansteige („Hunger nach Tertiärem"). Da – mangels technischem Fortschritt – Arbeitskräftefreisetzungen nicht möglich seien, betrage der Beschäftigtenanteil in der „Dienstleistungsgesellschaft" etwa 80 %. Dienstleistungsberufe erfordern, so Fourastié, eine hohe Qualifikation.

Inzwischen sind Teile der These durch den sozialen Wandel bestätigt worden. Der Beschäftigtenanteil liegt im tertiärem Sektor in vielen westlichen Ländern nur noch wenig unter der genannten Marke. Nicht bestätigt hat sich die „Große Hoffnung des 20. Jahrhunderts" (so der Titel des Buches). Auch im Dritten Sektor kommt es zu Freisetzungen durch Produktivitätsfortschritt. Das Versprechen, Arbeitslosigkeit gehöre in der Dienstleistungsgesellschaft der Vergangenheit, hat sich ebenso wenig erfüllt wie ein hohes Qualifizierungsniveau aller Beschäftigten. Vielmehr ist es zu einer Differenzierung des Dienstleistungssektors in zwei bis drei Klassen gekommen. Strasser/Goldthorpe (1985) unterscheiden folgende Klassen:

- **Obere Dienstklasse:** Freiberufler, Selbstständige mit mehr als zehn Mitarbeitern, Beamte, Richter und Angestellte im höheren Dienst mit umfassenden Führungsaufgaben
- **Untere Dienstklasse:** Kleine Selbstständige (mit einem Mitarbeiter), Beamte im gehobenen und mittleren Dienst, Berufssoldaten, Angestellte mit schwierigen Aufgaben und allgemein eigenverantwortlicher Tätigkeit und begrenzten Führungsaufgaben.

Geißler (1996) fügt eine **mittlere Dienstklasse** ein (Berufe mit höherer Fachausbildung (Erzieher, Sozialarbeiter, Computertechniker u. a.) und differenziert zusätzlich in der unteren Hälfte der Gesellschaft in gelernte und angelernte Dienstleister, die er aber nicht als Klassen bezeichnet. In der Literatur findet man auch den Begriff „Serviceklasse" (Bahl 2014; Staab 2014). Es handelt sich hier um einen Bereich prekärer Beschäftigung: befristete Arbeitsverträge, niedriger Lohn, keine Qualifikation.

Trotz voranschreitender Differenzierung der Formen sozialer Ungleichheit sind – bei begrenzter Verwendbarkeit von Kaste – die Begriffe Stand und Klasse solche, die auch gegenwärtig Ungleichheitsformen adäquat bezeichnen können.

Informationsteil

Literatur zur Einführung

Bahrdt, H.-P., Schlüsselbegriffe der Soziologie. Eine Einführung mit Lehrbeispielen, München ^{9}2003, Kap. VII: Schichten, Klasse, Stände
Ein für Anfänger gut geeignetes Einführungsbuch in zentrale Begriffe der Soziologie. Die verständlich geschriebenen Kapitel sind ergänzt durch Praxisbeispiele. Der in der soziologischen Fachliteratur nur selten behandelte Begriff Kaste wird dargestellt.

Burzan, N., Soziale Ungleichheit. Eine Einführung in die zentralen Theorien, Wiesbaden ^{4}2011
Eine gut lesbare Darstellung klassischer und neuer Ansätze. Neben der Darstellung jeweils auch eine kritische Reflexion.

Hradil, S., Soziale Ungleichheit in Deutschland, Wiesbaden ^{8}2005
Dieses Werk wird im Informationsteil der nachfolgenden Lektion vorgestellt.

Kreckel, R., Politische Soziologie der sozialen Ungleichheit, Frankfurt a. M./New York. ^{3}2004, insbesondere Kap. II: Dimensionen vertikaler Ungleichheit heute, 1. Marx und Weber: Klasse und Stand
Eine gut nachvollziehbare Bearbeitung der Begriffe Klasse und Stand auf der Grundlage von Marx und Weber mittels ausführlicher Verwendung von Originalzitaten. Kreckel zeigt eindrucksvoll die Eignung der Begriffe für die Analyse von aktuellen Ungleichheitsphänomenen und führt zugleich verständlich in wichtige Teile der Klassikerliteratur ein.

Krysmanski, H.-J., Entwicklung und Stand der klassentheoretischen Diskussion, in: KZfSS, 41. Jg., 1989, S. 149–167
Obwohl nicht als Einführungstext geschrieben, eignet sich der Text zur Vermittlung des Diskussionsstandes. Insbesondere wird die marxistische Debatte, ausgehend von den Klassikertexten (Marx/Engels), behandelt. Berücksichtigt wird auch der neuere Klassenbegriff, wie er etwa von David Lockwood und Immanuel Wallerstein benutzt wird.

Zitierte und weiterführende Literatur

Bahl, F., Lebensmodelle in der Dienstleistungsgesellschaft, Hamburger Edition, Hamburg 2014

Beck, U., Jenseits von Klasse und Stand?, in: *Kreckel, R.*, Hg., a. a. O., 1983, S. 35–74

Ders., Risikogesellschaft. Auf dem Weg in eine andere Moderne, Frankfurt a. M. [18]2006

Bellwinkel, M., Die Kasten-Klassenproblematik im ständisch-industriellen Bereich: historisch-empirische Fallstudien über die Stadt Kampur in Uttar-Pradesh, Indien, Wiesbaden 1980

Berger, P. A./Hradil, S., Hg., Lebenslagen, Lebensläufe, Lebensstile, Göttingen 1990

Bolte, K.-M., Deutsche Gesellschaft im Wandel, Opladen [2]1967

Bourdieu, P., Ökonomisches Kapital, kulturelles Kapital, soziales Kapital, in: *Kreckel, R.*, Hg., a. a. O., 1983, S. 183–198

Ders., Die Illusion der Chancengleichheit. Untersuchungen zur Soziologie des Bildungswesens am Beispiel Frankreichs, Stuttgart 1988

Ders., Sozialer Raum und „Klassen", Frankfurt a. M. [3]1995 (orig. frz. 1984)

Ders., Zur Soziologie der symbolischen Formen, Frankfurt a. M. [11]2000

Ders., Die feinen Unterschiede. Kritik der gesellschaftlichen Urteilskraft, Frankfurt a. M. [17]2006 (orig. frz. 1979)

Burzan, N., Soziale Ungleichheit. Eine Einführung in die zentralen Theorien, Wiesbaden [4]2011

Dahrendorf, R., Gesellschaft und Demokratie in Deutschland, München [5]1977 (zuerst 1965)

Durkheim, E., Die Regeln der soziologischen Methode, Frankfurt a. M. [6]2007 (orig. frz. 1895)

Elias, N., Die höfische Gesellschaft, Frankfurt a. M. Nachdruck 1. Auflage 2007

Fourastié, J., Die große Hoffnung des zwanzigsten Jahrhunderts. Frankfurt a. M. [2]1969

Geiger, Th., Die Klassengesellschaft im Schmelztiegel, Köln/Hagen 1949

Ders., Die soziale Schichtung des deutschen Volkes, Stuttgart 1987 (mit einem Geleitwort von Bernhard Schäfers) (zuerst 1932)

Geißler, R., Kein Abschied von Klasse und Schicht, in: KZfSS Jg. 48, 1996, S. 319–338

Ders., Die Sozialstruktur Deutschlands. Zur gesellschaftlichen Entwicklung mit einer Bilanz zur Vereinigung, Wiesbaden [7]2014

Giddens, A., Die Klassenstruktur fortgeschrittener Gesellschaften, Frankfurt a. M. 1984

Giesen, B./Haferkamp, H., Hg., Soziologie der sozialen Ungleichheit, Opladen 1987

Haller, M., Theorie der Klassenbildung und sozialen Schichtung, Frankfurt a. M./New York 1983

Herz, Th. A., Klassen, Schichten, Mobilität, Stuttgart 1983

Hoffmann-Lange, U./Bürklin, W., Eliten, Führungsgruppen, in: *Schäfers, B./Zapf, W.*, Hg., Handwörterbuch zur Gesellschaft Deutschland, Opladen [2]2001

Hradil, S., Sozialstrukturanalyse in einer fortgeschrittenen Gesellschaft. Von Klassen und Schichten zu Lagen und Milieus, Opladen 1987

Ders., Soziale Ungleichheit in Deutschland, Wiesbaden [8]2005
Krause, D./Schäuble, G., Jenseits von Klasse und Schicht. Beurteilung von Lebenschancen zwischen traditionellem Reduktionismus und aktueller Formenvielfalt, Stuttgart 1988
Kreckel, R., Hg., Soziale Ungleichheiten, Soziale Welt, Sonderband 2, Göttingen 1983
Ders., Klassentheorie am Ende der Klassengesellschaft, in: *Berger, P. A./Vester, M.*, Hg., a. a. O., 1998, S. 31–47
Ders., Politische Soziologie der sozialen Ungleichheit, Frankfurt a. M. [3]2004
Leisewitz, A., Klassen in der Bundesrepublik Deutschland heute, Frankfurt a. M. 1977
Linton, R., Mensch, Kultur, Gesellschaft, Stuttgart 1979 (orig. amerik. 1936)
Marx, K., Zur Kritik der Nationalökonomie – Ökonomische-Philosophische Manuskripte, Frankfurt a. M. 2009 (zuerst 1844)
Ders., Zur Kritik der politischen Ökonomie, MEW (Marx-Engels-Werke) Bd. 13, Berlin [13]2015 (zuerst 1859)
Marx, K./Engels, F., Die deutsche Ideologie, MEW Bd. 3, Berlin 1973, S. 9–530
Dies.en, Manifest der Kommunistischen Partei, MEW Bd. 4, Berlin 1973, S. 459–493 (zuerst 1848)
Nohlen, D./Nuscheler, F., Hg., Handbuch der Dritten Welt, Bd. 1, Bonn [3]1993
Ritsert, J., Der Kampf um das Surplusprodukt. Einführung in den klassischen Klassenbegriff, Frankfurt a. M./New York 1988
Rothermund, D., Hg., Indien. Kultur, Geschichte, Politik, Wirtschaft, Umwelt. Ein Handbuch, München 1995
Rousseau, J.-J., Diskurs über die Ungleichheit/Discours sur l'inégalité (frz./dt.), Paderborn/München/Wien [6]2008 (orig. franz. 1754)
Schelsky, H., Auf der Suche nach der Wirklichkeit. Gesammelte Aufsätze, Düsseldorf/Köln 1965
Ders., Die Bedeutung des Schichtungsbegriffs für die Analyse der gegenwärtigen deutschen Gesellschaft, in: *ders.*, a. a. O., 1965a, S. 331–336
Ders., Gesellschaftlicher Wandel, in: *ders.*, a. a. O., 1965b, S. 337–351
Schmieder, F., Die mittelalterliche Stadt, Darmstadt 2005
Schwingel, M., Pierre Bourdieu. Zur Einführung, Hamburg 1995
Staab, P., Macht und Herrschaft in der Servicewelt. Hamburger Edition, Hamburg 2014
Strasser, H./Goldthorpe, J. H., Hg., Die Analyse sozialer Ungleichheit. Kontinuität, Erneuerung, Innovation, Opladen 1985
Vester, M., Klassengesellschaft ohne Klassen. Auflösung oder Transformation der industriegesellschaftlichen Sozialstruktur, in: *Berger, P. A./Vester, M.*, Hg., Alte Ungleichheiten – Neue Spaltungen, Opladen 1998, S. 109–148
Weber, M., Wirtschaft und Gesellschaft. Grundriss der verstehenden Soziologie, zwei Teile in einem Band, Frankfurt a. M. 2010 (zuerst 1922)
Willke, G., Kapitalismus, Frankfurt a. M. 2006

Lektion XI
Soziale Ungleichheit, soziale Schichtung und Mobilität

Stefan Hradil

Inhalt

1 Phänomen und Begriff sozialer Ungleichheit

Historische Beispiele für Ungleichheit

Wo und wann immer Menschen zusammenlebten und -arbeiteten, waren bestimmte Menschen besser als andere gestellt. So lebten in der Antike Sklaven unter wesentlich schlechteren Umständen als freie Bürger. In Industriegesellschaften finden wir gleichzeitig entmutigende Armut und luxuriösen Reichtum; wir sehen integrierte „Normalbürger" und randständige Asylbewerber; wir erleben beruflichen Auf- und Abstieg, sichere Anstellungen neben Arbeitslosigkeit, bessere und schlechtere Entlohnung; viele Frauen kämpfen für Gleichberechtigung und viele Männer üben sich in stiller Verteidigung ihrer Begünstigungen (vgl. zum Folgendem insgesamt: Hradil 2005; Hradil 2013).

Auf alle eben angesprochenen Phänomene, die bestimmte Menschen besser stellen als andere, bezieht sich der Begriff **soziale Ungleichheit.** Auf ihn soll im Folgenden näher eingegangen werden.

Soziale Beziehungen und Positionen

Wenn Menschen zusammenleben und -arbeiten, tun sie das meist in recht beständigen sozialen Beziehungen, z. B. zwischen Eltern und Kindern, zwischen Einkäufer und Materialverwalter in einem Betrieb, zwischen Regierenden und Wählern. Es entstehen mehr oder minder umfangreiche Beziehungsgefüge wie Familien, Unternehmen, Gesamtgesellschaften und darin enthaltene soziale Positionen, z. B. Mütter, Väter und Kinder, Berufspositionen, Lehrer und Schüler. Sie sind oft so stabil institutionalisiert, dass sie von den jeweiligen Personen prinzipiell unabhängig sind.

Lebensbedingungen und Ungleichheit

Wenn ein Mensch eine dieser Positionen (z. B. einen Beruf) einnimmt, so sind damit für ihn, unabhängig von seiner individuellen Persönlichkeit, bestimmte Lebens- und Handlungsbedingungen verbunden. Unterschiedliche Positionen bringen unterschiedliche Bedingungen mit sich. So hat eine berufstätige Mutter andere Existenzbedingungen als eine Hausfrau. Nun sind die Bedingungen, die mit bestimmten sozialen Positionen einhergehen, nicht einfach anders als andere (unterschiedlich), sie bringen vielmehr Vor- oder Nachteile im Vergleich zu anderen mit sich: Sie sind ungleich. So sind die Lebens- und Arbeitsbedingungen eines Schlossers nicht nur anders als die eines Ingenieurs. Sie enthalten auch unübersehbare Vorteile für den Ingenieur: Er verdient meist mehr, hat üblicherweise eine sauberere und interessantere Arbeit; sein Beruf ist gesellschaftlich angesehener. Ähnlich ist es mit den gesellschaftlichen Positionen von Mann und Frau oder von Einheimischen und Migranten.

Definition sozialer Ungleichheit

Als **soziale Ungleichheit** bezeichnet man bestimmte vorteilhafte und nachhaltige Lebensbedingungen von Menschen, die ihnen aufgrund ihrer Positionen in gesellschaftlichen Beziehungsgefügen zukommen.

Drei Definitionskriterien

Wenn (un)vorteilhafte Lebensbedingungen eines Positionsträgers als „soziale Ungleichheiten" gelten sollen, müssen drei Voraussetzungen erfüllt sein:

- Erstens müssen die Bedingungen einen gesellschaftlichen „Wert" darstellen. Sie müssen in der jeweiligen Gesellschaft als knappes und begehrtes „Gut" gelten. Ein solches „Gut" stellt in modernen Industriegesellschaften z. B. das Erwerbseinkommen dar, das Berufstätigen zukommt, oder die (Aus-)Bildung, die die Besetzung einer Berufsposition erst ermöglicht. In Nomadengesellschaften dagegen sind Bildung und Geld vergleichsweise unwichtig; der Besitz von Vieh gilt hier viel mehr.
- Zweitens müssen die knappen und begehrten „Güter", so etwa die Einkommen, „ungleich" verteilt sein. In der Soziologie wird jede Verteilung eines wertvollen „Gutes", in der nicht jedem Menschen absolut gleich viel zukommt, als „ungleich" bezeichnet. Dadurch wird ein weiter Kreis von Vor- und Nachteilen in den Begriff „soziale Ungleichheit" einbezogen, sowohl solche, die gemeinhin als „gerecht" bzw. als legitim gelten (wie Tariflohnabstände), also auch jene, die als „ungerecht" bzw. illegitim angesehen werden, wie die höheren Arbeitslosigkeitsrisiken in Ostdeutschland. Dass keine begriffliche Vorentscheidung über „Gerechtigkeit" und „Ungerechtigkeit" getroffen wird, unterscheidet den sozialwissenschaftlichen Begriff vom umgangssprachlichen, wo das Wort „Ungleichheit" meist den Beigeschmack von „Ungerechtigkeit" hat.
- Drittens müssen Vorstellungen oder wenigstens Vermutungen über sozial strukturierte, das heißt in der Organisation einer Gesellschaft verankerte, regelmäßige und überpersönliche Verteilungsmechanismen bestehen, damit Vor- bzw. Nachteile als „soziale Ungleichheit" gelten können. Folglich fallen vorteilhafte bzw. nachteilige Lebensbedingungen, die auf den Einzelnen offenkundig zufällig (etwa ein Lotteriegewinn), individuell (z. B. aufgrund eines schwierigen Charakters) oder natürlich (eine ererbte Krankheit etc.) zukommen, nicht unter die Kategorie „soziale Ungleichheit".

Ungleichheitsbegriff als Erbe der Aufklärung

Dies heißt aber auch, dass sich in der Geschichte die Idee erst durchsetzen musste, dass von Menschen gemachte gesellschaftliche Verhältnisse existieren und eine eigenständige Prägekraft haben, um einen Begriff von „*sozialer* Ungleichheit" zu ermöglichen. Genau wie sich erst die Idee von der prinzipiellen Gleichheit aller Menschen durchsetzen musste, um einen Begriff von „sozialer *Ungleichheit*" zu gewinnen. Diese Ideen hatten sich erst vom Zeitalter der Aufklärung an verbreitet. Der Begriff „soziale Ungleichheit" ist somit ein Produkt gesellschaftlicher Modernisierung.

Präzisierte Definition

Als soziale Ungleichheit bezeichnet man (1) wertvolle, (2) nicht absolut gleich und (3) systematisch aufgrund von Positionen in gesellschaftlichen Beziehungsgefügen verteilte, vorteilhafte bzw. nachteilige Lebensbedingungen von Menschen.

Verteilungsungleichheit und Chancenungleichheit

Soziale Ungleichheit findet sich in zwei Ausprägungen. **Verteilungsungleichheit** bezieht sich auf Vor- und Nachteile zwischen Gesellschaftsmitgliedern schlechthin, beispielsweise auf die Verteilung von Bildungsabschlüssen in der Bevölkerung und damit u. a. auf die Existenz von Akademikern, Qualifizierten und Ungelernten. Als **Chancenungleichheit** wird dagegen die über- oder unterdurchschnittliche Chance bestimmter Bevölkerungsgruppen (z. B. von ausländischen Jugendlichen oder von Mädchen) bezeichnet, Vor- bzw. Nachteile (z. B. höhere Bildungsabschlüsse) zu erlangen.

Strukturebenen sozialer Ungleichheit

Schließlich ist zu trennen zwischen vier Ebenen der Struktur sozialer Ungleichheit:

- *Ursachen sozialer Ungleichheit:* Dies sind die Bestimmungsgründe und Mechanismen, die Strukturen sozialer Ungleichheiten entstehen und weiter bestehen lassen. Ursachen sozialer Ungleichheit können z. B. wirtschaftliche Ausbeutung, Funktionserfordernisse einer Industriegesellschaft oder soziale Vorurteile sein.
- *Determinanten sozialer Ungleichheit:* Das sind Kriterien, Positionen und „Wege", die bestimmte Gruppen von Menschen mit großer Wahrscheinlichkeit in Vorteile oder Nachteile führen, aber selbst keine Vor- bzw. Nachteile darstellen. So ziehen unter anderem der Beruf, das Geschlecht, das Alter und der Wohnort je nach ihrer Ausprägung günstige oder weniger günstige Lebensbedingungen nach sich.
- *Dimensionen sozialer Ungleichheit:* Hierunter sind die wichtigsten Arten sozialer Vor- und Nachteile zu verstehen, die in einer bestimmten Gesellschaft vorkommen. Unter ihnen waren die drei „klassischen" Dimensionen, nämlich Vor- und Nachteile wirtschaftlicher Art, des Ansehens und der Macht, in bislang allen Gesellschaften wichtig. Hinzu kommen in „postindustriellen" Gesellschaften weitere Dimensionen: In erster Linie die Bildung, die so wichtig geworden ist, dass sie in den Rang einer vierten Grunddimension aufgerückt ist. Aber auch Freizeitbedingungen, Wohn- und Umweltbedingungen, Arbeitsbedingungen, Gesundheitsbedingungen, soziale Sicherheit, Ungleichbehandlungen etc. gelten heute als wesentliche Dimensionen sozialer Ungleichheit.
- *Auswirkungen sozialer Ungleichheit:* Sie bestehen sowohl in äußeren Lebensverhältnissen (Luxus oder Kargheit, Reisemöglichkeiten etc.), als auch in Mentalitäten und alltäglichen Verhaltensweisen (Optimismus oder Pessimismus, Aktivität oder Lethargie, Kontaktfähigkeit oder Isolation, Zukunfts- oder Gegenwartsbezogenheit, sprachliche Fertigkeiten oder Defizite, Fremdheit oder Vertrautheit mit (Hoch-)Kultur etc.). Solche Konsequenzen machen gesellschaftliche Vor- oder Nachteile erst spürbar und ziehen oft weitere Vor- und Nachteile nach sich.

Ein Gefüge sozialer Ungleichheit lässt sich durch eine bestimmte historische Ausgestaltung, Zueinanderordnung und Besetzungshäufigkeit der vier Strukturebenen kennzeichnen. So ist heute die Dimension Geld viel wichtiger als etwa Weiderechte, die Determinante Beruf hat mehr Gewicht als die Körpergröße, und die Verteilung der Bevölkerung auf Berufsgruppen und Einkommensschichten ist strukturprägend für das Schichtungsgefüge.

Gefüge sozialer Ungleichheit

2 Die historische Abfolge von Gefügen sozialer Ungleichheit

In Mitteleuropa lassen sich vereinfacht vier Epochen mit jeweils eigenen Ungleichheitsgefügen ausmachen: das vorindustrielle Ständegefüge, die frühindustrielle Klassenstruktur, das industriegesellschaftliche Schichtungsgefüge und die zugleich pluralisierte und polarisierte Ungleichheitsstruktur postindustrieller Gesellschaften.

2.1 Die vorindustrielle Ständegesellschaft

Determinante „Geburt"

Die familiale Herkunft war seit Beginn des Mittelalters bis hin zu den politischen und wirtschaftlichen Revolutionen des 18. und 19. Jahrhunderts die weitaus wichtigste Determinante sozialer Ungleichheit. Wie gut oder schlecht die Lebensbedingungen eines Menschen sein würden, war meistens schon mit seiner Geburt im Adels-, Bürger- oder Bauernstand entschieden. Die Ungleichheiten zwischen diesen, aber auch innerhalb dieser Gruppierungen bestanden – anders als die heutigen Dimensionen – vor allem aus standesrechtlich festgelegten Privilegien: Ungleichheiten der Besteuerung, der Wahlrechte, der Erwerbsmöglichkeiten, der Arbeitspflichten usw. Diese Vorrechte und Verbote, von Kleidervorschriften über das Recht auf bestimmte Kirchenbänke bis hin zum Schollenzwang und zur Erbuntertänigkeit unfreier Bauern, durchzogen das gesamte Alltagsleben und führten zu jeweils „standesgemäßen" Lebensweisen.

Die Konsequenzen sozialer Ungleichheit in der Ständegesellschaft waren allgegenwärtig spürbar, über Lebensbereiche und Lebensphasen hinweg generalisierbar und meist auch erzwingbar. Es war nur selten möglich, von Stand zu Stand auf- oder abzusteigen. Die Ständegesellschaft war eine weitgehend geschlossene Gesellschaft (vgl. Lektion X). Erst in ihrer Spätphase, im Absolutismus seit dem 17. Jahrhundert, bot sie mehr Aufstiegsmöglichkeiten, etwa durch den Kauf von Adelstiteln, durch die Ernennung von „Freimeistern" und die Vergabe von Manufakturrechten. Aber auch Abstiege häuften sich durch die Vermehrung „unterständischer“ Tagelöhner, Wanderarbeiter und Häusler auf dem Lande.

2.2 Die frühindustrielle Klassengesellschaft

Determinante Besitz

Ab der Mitte des 19. Jahrhunderts, als mit den rechtlichen und wirtschaftlichen Reformen (Gewerbefreiheit, Bauernbefreiung, Freizügigkeit) die ständischen Schranken aufgehoben waren und auch in Deutschland die Industrialisierung vorankam, wurde die Determinante „familiale Herkunft“ allmählich durch eine andere überlagert: Nun entschieden Besitz oder Besitzlosigkeit über bessere oder schlechtere Lebensbedingungen. Wer Fabriken, Maschinen oder Kapitalien besaß, gelangte zu Reichtum, Macht und Einfluss. Wer besitzlos war, musste sich bei Besitzenden verdingen, konkurrierte mit vielen um Arbeit und erhielt einen Lohn, der kaum zum Überleben reichte. Er hatte wenige Chancen, zu Wohlstand, Ansehen, Bildung und politischem Einfluss zu gelangen. Die beiden Klassen der Besitzenden und Besitzlosen waren nicht durch rechtliche Privilegien, wohl aber durch wirtschaftliche und gesellschaftliche Schranken voneinander getrennt, die Auf- und Abstiege selten machten. Die „Welten“, d. h. die Verkehrskreise, die Kultur und die Verhaltensweisen des Besitz- und Bildungsbürgertums einerseits und der Arbeiterschaft andererseits, waren scharf voneinander geschieden (zu den Grundzügen der Klassengesellschaft und zur Theorie von Marx und Engels vgl. Lektion X).

Freilich war die Ständestruktur damit noch nicht verschwunden. Dies zeigte sich unter anderem in der familiären Vererbung von Besitztümern und den Bestrebungen von Großbürgern, den „ständischen“ Lebensstil, die Titel, das Ansehen und die Zugangschancen (beispielsweise bei Hofe) des Adels zu erlangen.

2.3 Die industriegesellschaftliche Schichtgesellschaft

Im Laufe des 20. Jahrhunderts wuchs die Zahl der besitzlosen unselbstständigen Erwerbstätigen immer mehr an; zugleich machten sich deutlichere Ungleichheiten unter ihnen bemerkbar. Es entstand eine Berufshierarchie, in der z. B. die Lage eines leitenden Angestellten und eines Hilfsarbeiters weit auseinander klafften. Für immer mehr Menschen war also nicht länger der Besitz, auch nicht die Herkunft, sondern die Berufsstellung die wichtigste Determinante ihrer Lebensbedingungen. Die mit dem Beruf einhergehenden Vor- und Nachteile von Qualifikation, Arbeitsmarktchancen, Einkommen, beruf-

Determinante Beruf

lichem Ansehen (Prestige) und Anweisungsbefugnissen (Macht) stellten nun die wichtigsten Dimensionen sozialer Ungleichheit dar. Die Verteilung dieser Vor- und Nachteile vor allem zwischen Arbeitnehmern wird als Schichtungsgefüge bezeichnet. Es überlagerte etwa seit Beginn des 20. Jahrhunderts das Klassen- und die Reste des Ständegefüges, ohne sie völlig zu verdrängen. Daher werden Industriegesellschaften auch als geschichtete Gesellschaften bezeichnet.

2.4 Die postindustrielle Ungleichheitsstruktur

Seit den 1970er Jahren überflügelte der Dienstleistungssektor den Industriesektor immer mehr. Zur größten Berufsgruppe wurden die Angestellten; ihre Zahl übertraf die der Arbeiter mehr und mehr.

Auf der einen Seite pluralisierte sich das Ungleichheitsgefüge: Weitere Determinanten (z. B. der Sozialstaat) und Dimensionen (z. B. Freizeitchancen) wurden immer wichtiger. Die Lebensstile der Menschen und ihre sozialen Milieus differenzierten sich aus. Innerhalb gleicher sozialer Schichten entstanden immer unterschiedlichere Mentalitäten und Lebensweisen. Sie prägten nicht nur soziokulturelle Unterschiede, sondern auch die jeweilige Ausgestaltung besserer oder schlechterer Lebenschancen (vgl. 6.2 und 6.3).

Auf der anderen Seite wurde das Gefüge sozialer Ungleichheit wieder ungleicher, nachdem es in Industriegesellschaften langsam gleicher geworden war. Der technische Wandel trieb die Einkommen vieler Hochqualifizierter nach oben. Die Einkommen bestimmter Spitzenmanager erreichten zuvor nie gekannte Höhen. Die Deregulierung des Kapitalverkehrs ließ Einkommen aus großem Kapitalbesitz und den so entstehenden Reichtum ansteigen. Die Niedrigeinkommen unqualifizierter Beschäftigter vor allem im Dienstleistungsbereich und die geringen Transfereinkommen von Arbeitslosen schufen mehr Armut und ließen eine neue Unterschicht heranwachsen, die am Rande oder unterhalb der Berufshierarchie angesiedelt war. Die postindustrielle Ungleichheitsstruktur löste so das beruflich verankerte Schichtgefüge nicht ab, ergänzte es aber nach oben und nach unten.

3 Grundzüge sozialer Schichtung und Grundbegriffe der Schichtungssoziologie

Klassen- und Schichtgesellschaft

Während eine Klassengesellschaft eine gespaltene Gesellschaft ist, stellt eine **Schichtgesellschaft** eine in allmählichen Übergängen, z. B. von arm über gut gestellt bis hin zu reich, ungleich abgestufte Gesellschaft dar. Die wichtigsten Dimensionen sozialer Ungleichheit sind in Schichtgesellschaften graduell verteilte „Güter".

Das „Rückgrat" dieses Ungleichheitsgefüges bildet die berufliche Hierarchie. Das heißt, die Stellung der Einzelnen im Ungleichheitsgefüge hängt von ihrer Berufsstellung (oder der ihrer „Ernährer") und immer mehr auch von der dafür notwendigen Qualifikation ab. Geschichtete Gesellschaften erheben den Anspruch, „offene Gesellschaften" (Karl R. Popper, 1902–1994) zu sein. Ihre Mitglieder sollen die zentralen, gesellschaftlich vermittelten Vor- und Nachteile nach dem Maß ihrer Leistungsfähigkeit und -willigkeit in stets korrigierbarer Weise erwerben. Soziale Vor- und Nachteile sollen nicht aufgrund von Herkunft oder Vererbung ein für allemal zugeschrieben werden.

Definition Status

Die Stellung eines (Berufs-)Positionsinhabers auf den Abstufungen von Qualifikation, Erwerbstätigkeit, Einkommen, Prestige oder Macht nennt man **Status.** Aus den Einzelstatus innerhalb der einzelnen Dimensionen sozialer Ungleichheit setzt sich der Gesamtstatus eines Menschen zusammen. Dieser im Folgenden verwendete Statusbegriff, der sich auf alle Dimensionen sozialer Ungleichheit bezieht, also z. B. auch auf den „Einkommensstatus", ist zu unterscheiden vom älteren (und in der angelsächsischen Terminologie nach wie vor dominierenden) Statusbegriff, der ausschließlich den „Prestigestatus" meint.

Den Gesamtstatus eines Menschen zu ermitteln, fällt leicht, wenn er einen ähnlich hohen Status auf allen Dimensionen sozialer Ungleichheit besitzt.

Statuskonsistenz und Statusinkonsistenz

Diesen Zustand bezeichnet man als **Statuskonsistenz.** In einer statuskonsistenten Lage befindet sich beispielsweise ein Angestellter, der über mittlere Reife, ein mittleres Einkommen und mittleres Berufsprestige verfügt. Der „Taxifahrer, Dr. phil." stellt dagegen ein Beispiel von Statusinkonsistenz dar. Er hat einen hohen Status formaler Bildung, aber einen niedrigen Berufsprestigestatus und einen mäßigen Einkommensstatus.

Statusgruppen bilden den Statusaufbau

Da in der Realität nicht alle Menschen den gleichen (Gesamt-)Status besitzen, aber auch nicht alle einen verschieden hohen, ergibt sich eine unterschiedlich starke Besetzung der einzelnen Statuslagen. Diese bezeichnet man als Statusverteilung oder **Statusaufbau.** Gruppen von Menschen, die über einen ähnlich hohen oder ähnlich zusammengesetzten Status verfügen, heißen **Statusgruppen.**

Definition soziale Schicht

Unter **sozialen Schichten** werden Statusgruppen verstanden, die durch bestimmte Grenzen von höher oder tiefer Stehenden getrennt sind. Wenn fließende Übergänge zwischen Statusgruppen bestehen, dann ziehen Sozialforscher diese „Grenzen" relativ willkürlich. Es können aber auch reale Trennungslinien zwischen Schichten existieren, deren Grenzen mehr oder minder verfestigt sind. Beispielsweise können Schichten durch deutlich bessere oder schlechtere Lebensbedingungen voneinander getrennt sein. Die Mitglieder der einzelnen Schichten können so lange in der jeweiligen Schicht leben, dass sich darüber hinaus bestimmte Mentalitäten und (Sub-)Kulturen herausbilden. Besonders verfestigt ist ein Schichtgefüge, wenn Schichtzugehörigkeiten sich „vererben“, wenn also die Vor- oder Nachteile der jeweiligen Schichtzugehörigkeit von Eltern (z. B. durch die Weitergabe von Sprachstil, Leistungsmotivation und entsprechenden Bildungschancen) an deren Kinder weitergereicht werden.

Will man nicht nur eindimensionale Schichten, etwa Einkommensschichten, sondern Schichten im Hinblick auf mehrere Dimensionen sozialer Ungleichheit unterscheiden, so ist dies nur dann sinnvoll, wenn Statuskonsistenz die Regel und -inkonsistenz die Ausnahme ist. Einen gutverdienenden, aber wenig gebildeten Schrotthändler zusammen mit dem erwähnten „Taxifahrer, Dr. phil.“ gemeinsam in eine „Mittelschicht“ einzuordnen, heißt „Äpfel und Birnen“, d. h. soziologisch nicht Zusammengehöriges, in die gleiche „Schicht“ zu pressen. Solche Statusinkonsistenzen sind insbesondere in mittleren Statuslagen häufig. Um den dadurch entstehenden Problemen zu entgehen, versteht man unter „Schichten“ häufig Berufsgruppen (wie z. B. ungelernte Arbeiter, qualifizierte Angestellte etc.), deren Mitglieder jeweils statusähnliche Lebensbedingungen aufweisen. Dergleichen Berufsschichten können im Statusgefüge übereinander, u. U. aber auch „nebeneinander“, platziert sein (vgl. Abbildung 2).

4 Das Gefüge sozialer Schichtung in Deutschland. Empirische Befunde

4.1 Bildung

Formale Bildungsabschlüsse sind in modernen Gesellschaften Voraussetzungen zur Aufnahme qualifizierter und einträglicher Berufspositionen. Ohne Bildung ist weder eine hinreichende gesellschaftliche und politische Mitwirkung möglich, noch lassen sich berufliche Interessen durchsetzen.

Um das Jahr 1850 konnten in Preußen schon etwa 80 Prozent der Bevölkerung lesen und schreiben, in England und Frankreich maximal 55 bis 60 Prozent, in Russland nur 5 bis 10 Prozent (Flora 1974: 147). Ende des 19. Jahrhunderts war eine elementare Schulbildung für praktisch alle Kinder in Mitteleuropa verwirklicht. Eine weiterführende Schulbildung in Realschulen bzw. Gymnasien und Universitäten blieb aber nur wenigen, in der Regel gut Gestellten vorbehalten. Den späteren Gymnasiasten und Studenten wurde die Grundbildung oft von Beginn an in gesonderten Einrichtungen vermittelt, z. B. in „Vorschulen“ oder in privater Vorbereitung auf das Gymnasium. Erst in der Zwischenkriegszeit setzte sich dann in Deutschland die gemeinsame

„Volksschule" für alle Kinder durch. Sie war den Realschulen und Gymnasien vorgeschaltet. Weiterführende Schulbildung erreichte dadurch allmählich breitere Kreise.

Das Ausmaß der vermittelten Bildung verstärkte sich dann in Deutschland vor allem seit Mitte der 1960er Jahre erheblich. Denn damals geriet das im internationalen Vergleich niedrige Bildungsniveau wie auch die hohe Ungleichheit der Bildungschancen (s. u.) in die öffentliche Kritik. Ein leichterer Zugang zu weiterführenden Bildungswegen wurde gefordert. Diese Forderungen konnten in der Folgezeit zu einem guten Teil erfüllt werden.

Im Jahr 1952 mussten in Westdeutschland noch etwa 80 Prozent der 13-Jährigen mit dem Besuch der Hauptschule vorlieb nehmen. 2011 dagegen absolvierten in Deutschland nur noch gut 15 Prozent aller Schüler die 8. Klassenstufe in der Hauptschule. Sie trägt ihren Namen mittlerweile zu Unrecht. Die Realschule, 1952 nur von sechs Prozent aller 13-jährigen Westdeutschen besucht, erlebte einen rapiden Aufstieg: 2011 wurde ein Viertel aller Schüler und Schülerinnen der 8. Jahrgangsstufe in Realschulen unterrichtet. Das Gymnasium konnte seinen Anteil an den 13-Jährigen bzw. an den Achtklässlern zwischen 1952 und 2011 von zwölf auf 36 Prozent steigern (Gesis-ZUMA 2013; Sekretariat der Ständigen Konferenz der Kultusminister 2012: 11).

Der Niedergang der Hauptschule und der Siegeszug des Gymnasiums kommen auch in der Verteilung der Schulabschlüsse in der Bevölkerung zum Ausdruck. Der Anteil der Hauptschulabschlüsse sinkt von Altersgruppe zu Altersgruppe dramatisch, während der Anteil der Personen mit (Fach-)Hochschulreife drastisch ansteigt.

Chancengleichheit als Ziel einer Schichtungsgesellschaft

Schichtungsgesellschaften erheben den Anspruch, jedem Gesellschaftsmitglied einen leistungsgerechten Bildungsstatus zu ermöglichen. Bildungseinrichtungen gelten als die wichtigsten Stätten der Leistungsmessung und Bildungsgrade als die wichtigsten Instrumente der Statuszuweisung. Deshalb sollen alle Bevölkerungsgruppen die gleiche Chance haben, ihre Leistungsfähigkeit weit möglichst zu entwickeln und leistungsgerechte Bildungsgrade zu erreichen. Diese Chancengleichheit ins Werk zu setzen, war neben der Bildungsexpansion das große Ziel der „Bildungskampagne" ab Mitte der 1960er Jahre.

„Gewinner" der Bildungsexpansion ist eindeutig das weibliche Geschlecht. Anders als noch vor dreißig Jahren sind heute Mädchen im allgemeinbildenden Schulsystem bis einschließlich des Abiturs, in der Berufsbildung und in den Hochschulen bis zum ersten Abschluss nicht mehr benachteiligt; sie haben die Jungen sogar überholt. In Hauptschulen und in Sonderschulen für Lernbehinderte überwiegen mittlerweile die Jungen, und die Forschung beschäftigt sich mit den Gründen für ihr schlechtes Abschneiden (Becker/Müller 2011).

Bleibende Benachteiligung unterer Statusgruppen

Noch nicht erreicht wurde dagegen das Ziel, Kindern aus unteren Schichten gleiche Bildungschancen zu verschaffen. Zahlreiche Studien belegen, dass die Bildung, das Einkommen und der Beruf der Eltern, also ihre Schichtzugehörigkeit, die Bildungschancen ihrer Kinder weiterhin stark prägen. Nach wie vor schaffen es unverändert etwa zwei Drittel aller Beamtenkinder und ein gutes Drittel aller Angestelltenkinder ins Gymnasium. Während zu Beginn der 1990er Jahre nur jedes zehnte Arbeiterkind in ein Gymnasium gelangte, erreicht das heute immerhin jedes fünfte (Leszczensky et al. 2009: 66; Lörz/Schindler 2011).

Die Bildungschancen von Kindern und Jugendlichen mit Migrationshintergrund (Einwanderer, Ausländer oder mindestens ein Elternteil seit 1950 eingewandert), bleiben trotz zunehmender Erfolge immer noch hinter denen der einheimischen Kinder zurück. Diese erwerben häufiger den Abschluss der Realschule und das Abitur und müssen sich seltener als Migrantenkinder mit dem Hauptschulabschluss begnügen oder gehen gar ohne Abschluss von der Schule ab. 2011 konnte ein Viertel der 20- bis 25-Jährigen mit Migrationshintergrund nur einen Hauptschulabschluss vorweisen, von den gleichaltrigen Einheimischen nur ein Sechstel. 27 Prozent der 20- bis 25-Jährigen mit Migrationshintergrund und 33 Prozent der Gleichaltrigen ohne Migrationshintergrund verfügten über einen Realschulabschluss. 37 Prozent der 20- bis 25-Jährigen mit Migrationshintergrund, aber 45 Prozent der Einheimischen hatten die Fachhochschul- bzw. Hochschulreife erlangt (Statistisches Bundesamt 2012: 41, 45).

Vergleicht man jedoch die Kinder mit Migrationshintergrund, die ja meist aus Arbeiterfamilien stammen, mit Kindern der deutschen Arbeiterschicht, so sind die Unterschiede der Schulerfolge gering. Dies wirft Zweifel auf, inwieweit wirklich Migration und inwieweit nicht doch die berufliche Zugehörigkeit der Eltern Kinder benachteiligt. Zu bedenken ist auch, dass die Bildungserfolge von Kindern aus unterschiedlichen Ethnien erheblich sind. So schneiden Kinder mit iranischen und griechischen Wurzeln besser ab als einheimische Kinder. Besonders schlechte Bildungserfolge erzielen Kinder italienischer und türkischer Herkunft.

4.2 Beschäftigung

Erwerbsstatus und -chancen als Merkmale sozialer Schichtung

Seit Mitte der 1970er Jahre die Arbeitslosigkeit in Deutschland zunahm, ist deutlich geworden, dass ungleiche Erwerbschancen einen wichtigen Bereich sozialer Schichtung darstellen. Hierbei erstreckt sich die Spannweite von der mehr oder weniger gesicherten Vollzeiterwerbstätigkeit über prekäre Beschäftigungen (Scheinselbstständigkeit, unfreiwillig befristete Beschäftigung, ungewollte Teilzeit-Erwerbstätigkeit, geringfügige Beschäftigung, Arbeitszeiten auf Abruf etc.) bis hin zur mehr oder minder lange andauernden Arbeitslosigkeit. Eine Vollzeiterwerbstätigkeit verschafft „eigenes Geld", Unabhängigkeit, Kontakte, Selbstvertrauen, Identität usw.; Arbeitslosigkeit bedroht all dieses.

Entwicklung der Arbeitslosigkeit

Die Entwicklung der Arbeitslosigkeit in Westdeutschland verlief nach dem Zweiten Weltkrieg in vier Phasen: (1) In der Zeit des Wiederaufbaus und Wirtschaftswunders konnte von der Gründung der Bundesrepublik bis zum Ende der 1950er Jahre die Arbeitslosigkeit bis hin zur Vollbeschäftigung gesenkt werden. (2) In der Phase der Vollbeschäftigung von Anfang der 1960er Jahre bis 1973 blieb die Arbeitslosenquote (Anteil der Arbeitslosen an allen unselbständigen Erwerbspersonen außer Soldaten) minimal (3) Danach vollzog sich in Westdeutschland ein treppenförmiger Anstieg der Arbeitslosigkeit, obwohl das Angebot an Arbeitsplätzen im Ganzen zunahm. Der Hauptgrund war die steigende Nachfrage nach Arbeit von Seiten geburtenstarker Jahrgänge, Frauen sowie Zuwanderer. (4) Seit 2005 geht die Arbeitslosigkeit deutlich zurück, weil die wirtschaftliche Konjunktur neue Arbeitsplätze schafft und weil immer mehr geburtenschwache Jahrgänge ins Erwerbsleben einziehen und so die Nachfrage nach Erwerbsarbeit sinkt. Die Arbeitslosenquote sank von 11,2 Prozent im Jahr 2005 auf 6,4 Prozent im Jahr 2015 (Bundesagentur für Arbeit 2015).

Bestimmte Bevölkerungsgruppen haben deutlich schlechtere Chancen als andere, eine hinreichend gesicherte Erwerbstätigkeit zu erlangen. Dazu gehören in erster Linie gering Qualifizierte, aber auch Ausländer, gesundheitlich Beeinträchtigte, ältere und ostdeutsche Arbeitnehmer.

4.3 Einkommen

In modernen Gesellschaften sind fast alle materiellen und viele immaterielle Güter durch Geld käuflich. Die wichtigsten Einkommen entstehen aus eigener Erwerbstätigkeit, aus staatlichen Transferzahlungen, aus privater Versorgung oder aus Vermögenserträgen.

Will man die Einkommensschichtung ermitteln und dabei Auskunft über die zur Verfügung stehenden Geldmittel erlangen, so sollte man am Netto-Haushaltseinkommen ansetzen, wenn möglich am (nach Haushaltsgröße und Alter der Kinder) bedarfsgewichteten Pro-Kopf-Netto-Haushaltseinkommen („Äquivalenzeinkommen"). Dagegen sind persönliche Einkommen weniger aussagefähig, da sie u. U. für mehrere Personen reichen müssen. Auch Bruttoeinkommen besagen wenig, da hiervon sehr ungleich hohe Steuern und Sozialabgaben zu entrichten sind.

Einkommensungleichheit in der Bundesrepublik

Die Einkommensverteilung hat sich in Deutschland, wie in anderen Industrieländern, vom Beginn des 20. Jahrhunderts bis zur Mitte der 1970er Jahre langsam angeglichen. Die Einkommens-Mittelschicht wurde allmählich größer. Danach vollzog sich ein Trendbruch, und die Einkommensschere öffnete sich. Die einkommensstärksten drei Zehntel der Bevölkerung konnten ihren Einkommensvorsprung ausbauen. Die Einkommensmittelschicht verbuchte weder nennenswerte Zugewinne noch Verluste. Deutliche Einbußen mussten die einkommensschwächeren Bevölkerungsteile hinnehmen. Dazu haben unter anderem eine hohe Zuwanderung und die Wiedervereinigung beigetragen, wodurch viele Beschäftigte mit niedrigen Einkommen hinzukamen (Goebel u. a. 2010).

Seit 2005 sind in Deutschland jedoch immer weniger Menschen arbeitslos. Seither werden die Einkommen in den unteren Einkommensbereichen nicht länger ungleicher, wohl aber in den oberen (Grabka u. a. 2012).

Die **Armut** hat in Westdeutschland in der Nachkriegszeit abgenommen. In den prosperierenden 1960er und frühen 1970er Jahren waren nur sehr wenige Menschen arm. Danach wuchs aber der Anteil der armen Menschen bis etwa zum Jahr 2005 stetig an. Denn mehr Menschen wurden arbeitslos, viele Menschen wanderten nach Deutschland ein, wovon ein Teil nicht dauerhaft in den Arbeitsmarkt integriert werden konnte, und immer mehr Frauen waren alleinerziehend und hatten angesichts der bestehenden Kinderbetreuungseinrichtungen oft schlechte Erwerbschancen.

Seit dem Jahr 2005, seit in Deutschland die Arbeitslosigkeit abnimmt, stabilisiert sich die Zahl armer Menschen. Im Jahr 2004 hatten 13,9 Prozent, 2010 14,3 und 2012 14,4 Prozent der Menschen weniger als 60 Prozent des medianen Äquivalenzeinkommens zur Verfügung, so dass sie als armutsgefährdet galten (Bundesministerium für Arbeit und Sozialordnung 2016). Wenn es keine sozialstaatlichen Transferzahlungen gäbe, würden sogar ca. 40 Prozent der Menschen unter dieser Armutsgrenze leben.

Das größte Risiko der Verarmung haben neben Arbeitslosen und Alleinerziehenden große Familien und damit Kinder sowie Ausländer zu tragen. Ältere Menschen hingegen, die Jahrhunderte lang besonders häufig arm waren, weisen heute nur noch ein durchschnittliches Armutsrisiko auf.

4.4 Prestige

Definition Prestige

Unter **Prestige** wird das typische Ansehen sozialer Gruppierungen verstanden. Bestimmte Gruppenmerkmale (z. B. die soziale Herkunft, der Beruf, der Bildungsabschluss oder der Lebensstil), werden von Mitmenschen bewertet und führen zu höherem oder geringerem Ansehen. Ob es die Einzelnen wahrhaben wollen oder nicht: Ein großer Teil ihres Strebens richtet sich auf die Mehrung oder Bewahrung von Prestige.

In modernen Gesellschaften, in denen der Status der Einzelnen weitgehend auf eigenen Bemühungen und Verdiensten beruht, ist das Prestige vor allem an den Bildungsstatus und die (damit oft einhergehende) Berufsposition geknüpft. Insbesondere das Berufsprestige gilt als „harter Kern" der Prestigestruktur moderner Gesellschaften. Den einzelnen Berufen wird, sofern sie allgemein bekannt sind, in der Bevölkerung ein weithin übereinstimmendes und konstantes Prestige entgegengebracht. Gleichwohl gibt es Veränderungen: z. B. die langsamen Prestigeeinbußen des „Spitzenreiters" Arzt, die etwas schnelleren Prestigeverluste des Atomphysikers und einen Prestigeeinbruch von Professoren während der 1970er Jahre.

Hoher Stellenwert des Berufsprestiges

Da es in Industriegesellschaften mindestens 20 Tsd. verschiedene ausgeübte Berufe gibt, ist es weder möglich noch sinnvoll, das Prestige jedes einzelnen Berufes festzustellen, um so Aufschluss über das Prestige aller Berufstätigen zu erhalten. Man benutzt stattdessen Berufsklassifikationen, in die sich alle Berufe einordnen lassen, stellt das (Durchschnitts-)Prestige jeder Berufsgruppe fest und kann so das Berufsprestige aller einschätzen, deren Beruf in die jeweilige Berufsgruppe fällt. So kam (in der dreistelligen Klassifikation des Internationalen Arbeitsamtes) die Berufsgruppe „Soziologen, Anthropologen und verwandte Wissenschaftler" auf 125,8 Prestigepunkte, die der „Wirtschaftswissenschaftler" auf 117,4 (Hradil 2005: 288).

4.5 Macht

Webers Definition von Macht

Zu den grundlegenden Erscheinungsformen sozialer Ungleichheit zählen die Abstufungen der Macht. **Macht** bedeutet nach Max Weber „jede Chance, den eigenen Willen innerhalb einer gegebenen sozialen Beziehung auch gegen Widerstreben durchzusetzen, gleichviel worauf diese Chance beruht" (2002: 711). Häufig geht Macht in modernen Gesellschaften in geregelter Form von Machtpositionen (z. B. in Betrieben und Organisationen) und deren Befugnissen aus. Ist Macht institutionalisiert und legitimiert, und dadurch auf Dauer gestellt, so wird sie als **Herrschaft** bezeichnet. Die Inhaber von Spitzen-Herrschaftspositionen, deren Befugnisse sich in ihren Auswirkungen auf die gesamte Gesellschaft erstrecken, werden **Machteliten** genannt.

In den einschlägigen Studien (vgl. als Übersicht: Hartmann 2013: 228) wurden in Deutschland gut 4 500 Spitzenpositionen diverser Organisationen als Elitepositionen eingestuft. Sie waren von fast 4 Tsd. Amtsinhabern besetzt, d. h. etwa 500 Personen hatten wenigstens zwei solcher Positionen inne. Sie kamen aus den Funktionsbereichen Politik, Verwaltung, Wirtschaft, Finanzwirtschaft, Wirtschaftsverbände, Gewerkschaften, Berufsverbände, Justiz, Wissenschaft, Massenmedien, Kultur, Kirchen und Militär.

Die Bereiche Politik, Verwaltung und Wirtschaft stellen den Großteil der Elitenmitglieder. Im Jahr 1995 besetzte etwas mehr als die Hälfte aller Elitenmitglieder Positionen aus diesen drei Sektoren, im Jahr 2012 waren es knapp zwei Drittel.

Aus welchen Kreisen kommen die Inhaber gesamtgesellschaftlich wirksamer Herrschaft? Akademisch ausgebildete Personen, Männer und aus oberen Schichten Stammende hatten wesentlich bessere Chancen, in die Machteliten aufzurücken als geringer Ausgebildete, Frauen und jene, deren Eltern Arbeiter oder Angestellte in ausführender Position waren.

4.6 Schichtung und Schichten

Nachdem die soziale Schichtung innerhalb der einzelnen Dimensionen sozialer Ungleichheit dargestellt wurde, stellt sich die Frage, wie das gesamte Gefüge sozialer Schichtung in Deutschland beschaffen ist.

Fragt man die Menschen danach, in welche Schichten sie sich selbst einordnen, so ergibt sich, dass sich in Ostdeutschland 1990 die Mehrheit der Arbeiterschicht zuordnete, 2012 sich jedoch die Mehrheit zur Mittelschicht zählte (siehe Abb. 1). In Westdeutschland rechnet sich dagegen seit Jahrzehnten eine steigende Mehrheit zur Mittelschicht. Dies spiegelt die Geschichte und

Abbildung 1 Subjektive Schichteinstufung 1990 und 2012

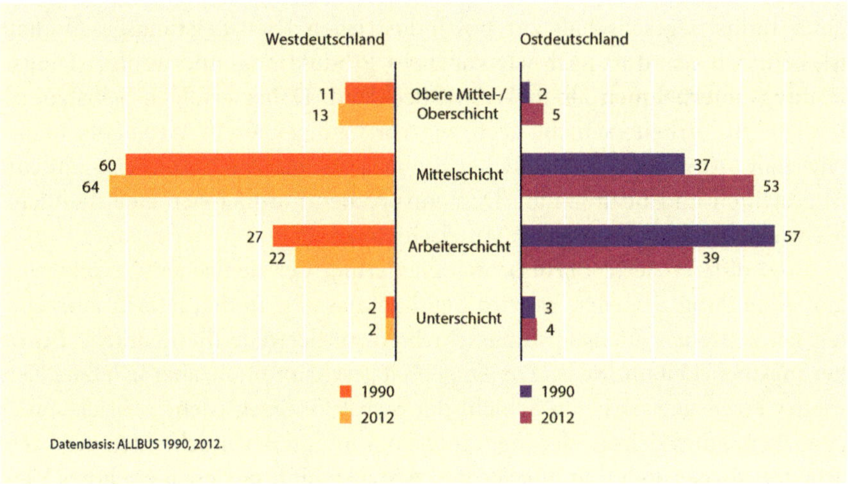

Quelle: Bundeszentrale für Politische Bildung 2013: Kap. 7.1.3)

Abbildung 2 Die soziale Schichtung der Bevölkerung 2009

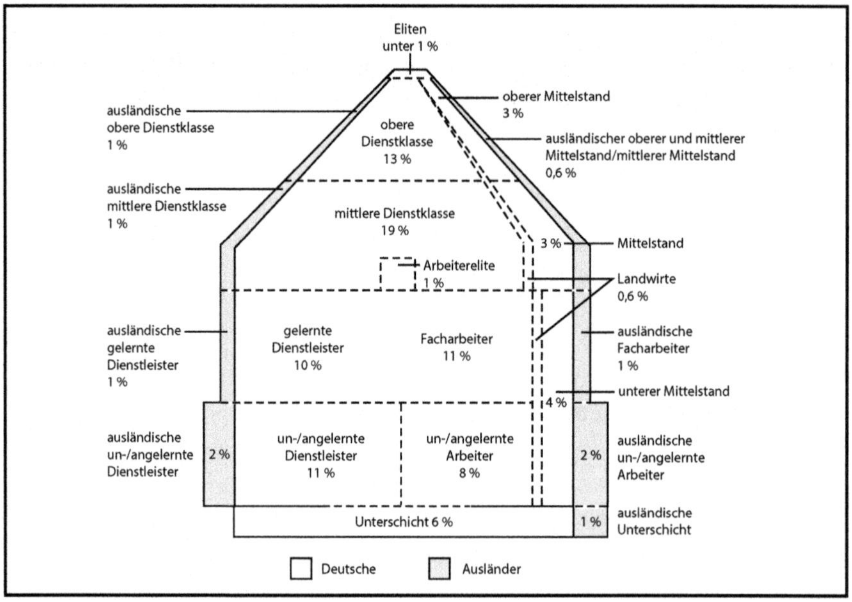

Daten: Mikrozensus 2009; *Quelle:* Geißler 2014, S. 101

die unterschiedlichen Berufsstrukturen in beiden Teilen Deutschlands wider. So bewirkte die Vergangenheit Ostdeutschlands als „Arbeiter- und Bauernstaat“, dass die Menschen sich 1990 eher als in Westdeutschland der Arbeiterschicht zurechneten. Obwohl heute auch Ostdeutschland auf dem Weg von einer Industriegesellschaft zur postindustriellen Dienstleistungsgesellschaft ist, befinden sich dort nach wie vor mehr Produktions- und weniger Dienstleistungsunternehmen als in Westdeutschland. Daher erfolgen Selbstzuordnungen zur Arbeiterschicht nach wie vor häufiger als in Westdeutschland. Hier hält – trotz zwischenzeitlicher Einbußen – das Wachstum der Zahl von Angestellten und Beamten an. Dementsprechend ordnet sich eine deutliche Mehrheit der Bevölkerung der Mittelschicht zu.

Eine differenzierte Berufsschichtgliederung der deutschen Bevölkerung gibt Abbildung 2 wieder. Es wird deutlich, dass die in den letzten Jahrzehnten gewachsenen Dienstleistungsschichten mittlerweile die deutliche Bevölkerungsmehrheit umfassen. Der lange Zeit geschrumpften, aber in letzter Zeit wieder etwas gewachsenen Schicht der Selbstständigen (dem „Mittelstand“) gehört ein gutes Zehntel der Menschen an. Zur den Berufsschichten der Facharbeiter, angelernten und ungelernten Arbeiter zählt nur noch ein gutes Viertel der deutschen Bevölkerung.

5 Sozialer Auf- und Abstieg im Schichtungsgefüge

Die sozialen Vor- und Nachteile von Menschen ergeben sich nicht nur durch ihren momentanen Status. Wichtig ist auch, wie lange jemand z. B. arm oder angesehen bleibt, und wie das Auf und Ab seines Lebensweges verläuft. Ein längeres Verbleiben in einer bestimmten Statuslage prägt das Denken und Verhalten nachdrücklicher als eine nur kurze Passage. So erzeugt Langzeitarmut häufig Isolation, Entmutigung, Planlosigkeit und fragwürdige Erziehungspraktiken, vorübergehende Armut jedoch kaum.

Differenzierung sozialer Mobilität

Bewegungen von einer Position zur anderen, z. B. Berufswechsel oder Umzüge, werden in der Soziologie als **soziale Mobilität** bezeichnet. Bewegungen zwischen ungleich gut ausgestatteten Positionen, also Statusveränderungen, heißen **vertikale Mobilität.** Unter solchen Auf- und Abstiegen werden **intergenerationelle** (Mobilität im Vergleich zum Status der Eltern) und **intragenerationelle** Mobilität (Karrieremobilität) unterschieden.

Legitimität des Schichtungsgefüges

Das Ausmaß vertikaler Mobilität gibt auch Aufschluss über die allgemeine Anerkennung und damit die Legitimität des Schichtungsgefüges. Ob die Abstufungen des gesellschaftlichen Höher und Tiefer als „gerecht“ empfunden werden, hängt in Schichtungsgesellschaften wesentlich davon ab, ob man darin seinen Leistungen entsprechend auf- und absteigen kann.

Was die Bestimmungsgründe vertikaler Mobilität betrifft, so trennt man zwischen den Auf- und Abstiegen, die strukturell „erzwungen“ werden und jenen, die durch das individuelle Verhalten zustande kommen. **Strukturelle Mobilität** zeigte sich z. B. am Lebensweg hunderttausender selbstständiger Bauern. Sie wurden zur Aufgabe gezwungen und meist in den Status angelernter Fabrikarbeiter hinabgedrückt. Aber auch die Ausweitung des Dienstleistungssektors erzeugte strukturelle Mobilität. Sie ermöglichte vielen Tausenden von (meist Fach-) Arbeitern den Aufstieg zu besser bezahlten und angeseheneren Angestellten (Erikson, R./Goldthorpe, J. 1992).

Wichtig und fühlbar für die Menschen ist vor allem, ob die absolute Häufigkeit der Auf- und Abstiege zu- oder abnimmt. So sind zum Beispiel im Laufe des 20. Jahrhunderts bis in die frühen 1970er Jahre immer mehr Arbeiterkinder aufgestiegen und arbeiteten als Mittelschicht-Angestellte. Absolut wachsende vertikale Mobilität wird häufig durch strukturelle Verschiebungen hervorgerufen (etwa durch die Zunahme des Dienstleistungssektors und den dadurch ausgeübten Aufstiegssog) und nicht unbedingt durch individuelle Bemühungen und Erfolge. Ob eine Gesellschaft wirklich chancengleicher geworden ist und individueller Tüchtigkeit mehr Raum gibt, lässt sich ermitteln, indem die individuelle und relative Mobilität errechnet wird. Relative Mobilität heißt die Auf- und Abstiegshäufigkeit einer sozialen Gruppe im Vergleich zu der anderer Gruppen. Eine Zunahme relativer Mobilität liegt zum

Beispiel vor, wenn Aufstiege von Frauen stärker zugenommen haben als die der Männer.

Die empirischen Ergebnisse zeigen, dass die Herkunft aus einer bestimmten sozialen Schicht in Deutschland einen besonders starken Einfluss auf den (späteren) Status der Menschen hat. Denn Chancengleichheit im Bildungswesen und Leistungsgerechtigkeit im Berufsleben sind hierzulande nach wie vor weithin unrealisierte gesellschaftliche Ziele. Besonders viele heutige Landwirte und Facharbeiter sowie Ungelernte, aber andererseits auch hochqualifizierte Beamte und Angestellte kommen aus Familien der gleichen Berufsschicht, in der sie heute arbeiten. Das heißt: Die Selbstrekrutierung in diesen Gruppierungen ist hoch, sie nimmt teils sogar noch zu. Besonders viele frühere Facharbeiter sowie höhere Angestellte und Beamte gaben ihren Status an ihre Kinder weiter. Das heißt: Nicht nur die Selbstrekrutierung, auch uch die „soziale Vererbung" in diesen Gruppierungen ist hoch, sie wird eher stärker als schwächer.

Deutschland ist also seit den 1970er Jahren, was die absolute vertikale Mobilität betrifft, nicht offener, teilweise sogar geschlossener geworden. Daher spielen Aufstiegsperspektiven für Arbeiter heute kaum noch eine Rolle, und auch die oberen Schichten werden allmählich geschlossener. Dadurch geht viel Leistungsmotivation und gesellschaftliche Integration verloren.

Wo Auf- oder Abstiege noch stattfinden, da haben seit den 1970er Jahren Abstiege im Verhältnis zu Aufstiegen zugenommen. Auch das trägt nicht zum Zusammenhalt der Gesellschaft bei. Gegenläufig zu dieser Entwicklung sind nur die Aufstiege von westdeutschen Frauen häufiger geworden.

Ein großer Teil der bisher dargestellten, insgesamt enttäuschenden Entwicklungen hängt damit zusammen, dass die Zahl der Landwirte und Facharbeiter mittlerweile stark gesunken ist, während immer mehr Menschen einfache Bürotätigkeiten oder aber hochqualifizierte Aufgaben verrichten. Lässt man diese Struktureffekte unberücksichtigt, betrachtet also nur die individuelle Mobilität, errechnet man auch nicht die absoluten, sondern die relativen Auf- und Abstiegschancen (im Vergleich zwischen den einzelnen Gruppierungen), so erhält man Informationen über das Ausmaß der Chancengleichheit. Ein Blick hierauf zeigt, dass seit den 1970er Jahren die soziale Herkunft immer weniger Einfluss auf die soziale Stellung der Menschen in Westdeutschland ausübt. Im Hinblick hierauf ist Deutschland also chancengleicher geworden. Im Osten Deutschlands hat sich allerdings der Einfluss der Herkunft vergrößert (Bundeszentrale 2013, Kap. 7.2).

6 Das Ungleichheitsgefüge postindustrieller Gesellschaften

Abschließend soll der Frage nachgegangen werden, inwieweit neuere Entwicklungen des Ungleichheitsgefüges von der typischen Schichtungsstruktur industrieller Gesellschaften wegführen.

6.1 Die typische Schichtungsstruktur industrieller Gesellschaften

Merkmale industrieller Schichtungsstruktur

Diese lässt sich, wie im 3. Punkt ausgeführt, durch vier Merkmale charakterisieren:

1) In Industriegesellschaften finden sich die wichtigsten Ursachen sozialer Ungleichheit im wirtschaftlichen Bereich. Dies entspricht auch dem Selbstverständnis und der Ideologie von Industriegesellschaften.
2) Die wichtigste Determinante der Statuszuweisung stellt für die Einzelnen ihr Beruf dar. Er prägt auf direktem Wege für Erwerbstätige, auf indirektem für Rentner und Pensionäre die Stellung im Schichtungsgefüge. Die Familienzugehörigkeit (und damit der Beruf des „Hauptemährers" der Familie) bildet für Kinder und Hausfrauen die wichtigste Statusdeterminante.
3) Im Schichtungsgefüge lassen sich die Menschen in eine vertikale Struktur ungleicher Lebensbedingungen in den berufsnahen Dimensionen Bildung, Beschäftigung, Einkommen, Macht und Ansehen einordnen. Diese Stellungen vermitteln „objektive" Vor- bzw. Nachteile: Wer z. B. in der Einkommensverteilung oben steht, hat Vorteile, wer unten steht, hat Nachteile, ob er das bemerkt, wahrhaben will, für wichtig hält oder nicht.
4) Diese „objektiv" ungleichen Lebensbedingungen haben weitreichende Folgen, die Vor- bzw. Nachteile der Schichtzugehörigkeit erst wirklich ausmachen. So entstehen u. a. schichtspezifische
   - *Gesellschaftsbilder:* Unterschichten haben oft das Bild einer zweigeteilten Gesellschaft vor Augen, die durch eine kaum übersteigbare Barriere zwischen den „kleinen Leuten" und „denen da oben" geteilt ist. Die Mittelschichten sehen Gesellschaft dagegen meist als abgestuft und durchlässig.
   - *Arten der Kindererziehung:* Unterschichteltern erziehen eher positions-, regel- und anpassungsorientiert. Eltern der Mittelschicht erziehen vornehmlich individuell, persönlichkeits- und leistungsorientiert.
   - *Konsumgewohnheiten:* Mitglieder der Unterschicht kaufen meist nach Nutzen und Preis. Mittelschichtkonsumenten orientieren sich oft am Prestige. Käufer aus der Oberschicht wählen häufig nach individuellem Geschmack.

- *politische Interessen und Wahlentscheidungen:* Die Unterschichten wählen eher sozialdemokratisch bzw. wohlfahrtsstaatlich orientierte Parteien. Die Mittelschichten bevorzugen meist konservativ, die wirtschaftlichen Oberschichten liberal ausgerichtete Parteien.

Erst vor dem Hintergrund dieses „typisch industriegesellschaftlichen" Schichtungsgefüges wird deutlich, dass bestimmte neue Formen sozialer Ungleichheit nicht in die Struktur passen (vgl. Punkt 2.4). Sie markieren sie den Übergang in ein „postindustrielles" Gefüge sozialer Ungleichheit, dessen Konturen freilich noch teilweise unklar sind.

6.2 „Neue" soziale Ungleichheiten in postindustriellen Gesellschaften

„Neue" Ursachen

Heute sind nicht nur wirtschaftliche Ursachen maßgebend für die Herausbildung sozialer Ungleichheit. Auch der Wohlfahrtsstaat und soziokulturelle Faktoren sind zu Quellen ungleicher Lebensbedingungen geworden. So ist mittlerweile jeder dritte Euro in den Geldbeuteln deutscher Privathaushalte in Form von Sozialleistungen (für Renten, Gesundheitsleistungen, Armutsbekämpfung, Ausbildungsförderung etc.) umverteilt. Neben wohlfahrtsstaatlichen schaffen auch soziokulturelle Faktoren, wie Vorurteile gegen Ausländer, soziale Ungleichheit.

„Neue" Determinanten

Seit den 1960er Jahren gerieten auch außerberufliche Statusdeterminanten in den Vordergrund. Zwar stellen der Beruf und die familiäre Abhängigkeit von berufstätigen „Ernährern" auch heute noch besonders wichtige und vielbeachtete Zugänge zu gesellschaftlichen Vor- und Nachteilen dar. Was heute hinzukommt, sind Ungleichheiten zwischen Mann und Frau, zwischen kleinen und großen Familien, zwischen West- und Ostdeutschland sowie zwischen Einheimischen und Menschen mit Migrationshintergrund. Diese Disparitäten werden (mit einem etwas missverständlichen Ausdruck) oft **horizontale Ungleichheiten** genannt, weil sie teilweise „quer" zu den beruflichen, vertikalen stehen. So sind z. B. Frauen auch dann im privaten und politischen Bereich benachteiligt, wenn sie Männern beruflich gleichgestellt sind. Auffällig ist, dass vor allem die horizontalen Determinanten heute im Mittelpunkt der Diskussion stehen, die (wie das Geschlecht) auf biologischen oder quasi natürlichen Merkmalen von Menschen beruhen. In modernen Gesellschaften, wo nur durch individuelle Leistung „erworbene" Ungleichheiten als legitim gelten, sind diese individuell unbeeinflussbaren, „zugeschriebenen" Ungleichheiten schwer erträglich, selbst dann, wenn sie geringere Ausmaße aufweisen, als die individuell erworbenen, z. B. die beruflichen.

„Neue" Dimensionen

In postindustriellen Gesellschaften schieben sich, neben Bildung, Erwerbstätigkeit, Einkommen, Vermögen, Macht und Prestige, weitere Dimensionen sozialer Ungleichheit in den Vordergrund. Wichtig sind heute u. a. Ungleichheiten der Freizeit-, Arbeits-, Gesundheits-, Wohn- und Wohnumfeldbedingungen, der sozialen Sicherheit und der „Ungleichbehandlung". Zwar sind die „horizontalen" Ungleichheiten und die „neuen" Ungleichheitsdimensionen nur teilweise wirklich neu. „Neu" ist aber in jedem Falle die erheblich gestiegene Bedeutung, die z. B. Ungleichheiten zwischen den Geschlechtern oder gesundheitlichen Ungleichheiten zugemessen wird.

Großen Anteil an diesem Bedeutungsgewinn hat die Steigerung des Wohlstands, der Ausbau wohlfahrtsstaatlicher Leistungen und der damit einhergehende „Wertewandel". Dadurch gerieten neben den seit jeher bedeutenden ungleichen Ressourcen, wie z. B. Geld oder Prestige, immer mehr auch (un)vorteilhafte Lebens- und Versorgungsbedingungen in Bereichen wie Freizeit-, Wohnungs- und Gesundheitsbedingungen ins Blickfeld der Menschen. Oft ermöglichen diese erst die Nutzung von Ressourcen und machen so „Lebensqualität" aus. Man benötigt z. B. gute Freizeit- und Wohnumfeldbedingungen, um verfügbares Geld nutzen zu können.

Abnehmende Dominanz der vertikalen Schichtung

Das Gefüge sozialer Ungleichheit in postindustriellen Gesellschaften ist nicht mehr ohne weiteres als vertikal anzusehen. Besonders im mittleren Bereich sind Statusinkonsistenzen häufig, vor allem dann, wenn auch „postindustrielle" Dimensionen in die Betrachtung einbezogen werden. So verfügt beispielsweise ein Polizeibeamter des mittleren Dienstes über eine Kombination von Vor- und Nachteilen: viel Freizeit, hohe soziale Sicherheit, aber relativ geringes Einkommen und ungünstige, z. T. ungesunde Arbeitsbedingungen (Schicht-, Wochenenddienst, gefährliche Tätigkeiten). Ganz anders ein Selbstständiger, der sein u. U. hohes Einkommen mit Unsicherheit und Freizeitmangel erkauft. Solche Konstellationen sind für die Ungleichheitsgefüge postindustrieller Gesellschaften typisch. Für sie ist eher der Begriff der Lebenslagen als der der sozialen Schichten angemessen. Als **Lebenslage** wird die jeweilige Konstellation vorteilhafter und nachteiliger Lebensbedingungen bezeichnet. In Lagenmodellen können, im Unterschied zu Schichtungsmodellen, auch Nicht-Berufstätige (Hausfrauen, Studierende, Kinder, Rentner, Arbeitslose etc.) eingeordnet werden.

Lebenslagen statt soziale Schichten

Neue Problem- und Randgruppen

Im unteren Segment ist das Gefüge der Lebenslagen weniger durch ein Nebeneinander von Vor- und Nachteilen als durch Anhäufungen von Nachteilen gekennzeichnet. Seit der Verschärfung sozialer Ungleichheit ab Mitte der 1970er Jahre droht die Ausgrenzung verschiedener Problem- und Randgruppen: Flüchtlinge und Asylbewerber, sozialhilfeabhängige Alleinerziehende, nicht integrierte Zuwanderer, Wohnungslose, Langzeitarbeitslose. Sie sind die Benachteiligten postindustrieller Gesellschaften, nicht mehr die Arbeiterschaft im Ganzen, die zu Zeiten herkömmlicher Industriegesellschaften die Unterschicht ausmachte. Die Lebenslage und die politische Situation dieser heterogenen, vergleichsweise kleinen und meist außerhalb des Erwerbslebens stehenden Gruppierungen ist viel schwieriger als vormals die des großen, relativ einheitlichen und durch Solidarität mächtigen Proletariats. Es konnte drohen: „Alle Räder stehen still, wenn Dein starker Arm es will." Asylbewerber und Alleinerziehende können das nicht.

In den „oberen" Lebenslagen ergeben sich seit den 1970er Jahren für bestimmte Gruppierungen immer deutlichere Vorteile. So nimmt der Reichtum wie in den meisten entwickelten Gesellschaften auch in Deutschland zu.

Neues Gesamtbild sozialer Ungleichheit

Eine Gesamtsicht des Lebenslagengefüges ergibt, dass sich Minderheiten von ca. 5 % nach „oben" und gut 10 % nach „unten" von der Bevölkerungsmehrheit entfernt haben (siehe Abb. 3). Die überwiegende Bevölkerungsmehrheit lebt in vergleichsweise auskömmlichen, wenn auch unterschiedlichen und insgesamt abgestuften Lebensbedingungen. Gleichwohl ist auch der Wohlstand von Teilen dieser mittleren Statusgruppen prekär geworden.

Die **soziale Lage** eines Menschen bestimmt sich danach, welche Determinante seine (un)vorteilhaften Lebensbedingungen hauptsächlich bestimmt, z. B. die berufliche Stellung als Facharbeiter oder die Stellung als Rentner. Untergliedert man die Bevölkerung einer postindustriellen Gesellschaft im Hinblick auf ihre jeweilige soziale Lage, so wird nochmals sichtbar, wie differenziert das Ungleichheitsgefüge geworden ist. Unter anderem sorgen verlängerte Bildungsphasen und der hohe Anteil derer, die von staatlichen Transfereinkommen leben (z. B. Rentner, viele Studierende, Arbeitslose), dafür, dass die Lagen der Einzelnen sich oft weniger nach der beruflichen Stellung als z. B. nach wohlfahrtsstaatlichen Versorgungsleistungen bemessen.

6.3 „Neue" Lebensweisen

Pluralisierung von Milieus und Lebenswelten

Menschliche Denk- und Verhaltensweisen können die Folgen (z. B. in der Erziehung oder im politischen Verhalten) oder aber, wie bestimmte Vorurteile, die Bestimmungsgründe ungleicher Lebensbedingungen sein. In postindustriellen Dienstleistungsgesellschaften finden sich heute sehr differenzierte milieuspezifische Strukturen des Denkens und Verhaltens.

Definition Milieus

Hierbei versteht man unter **Milieus** „Gruppen Gleichgesinnter", das heißt die in bestimmten Personengruppen typischerweise zusammentreffenden Werthaltungen, Einstellungen und Meinungen. Ein Beispiel ist die Verzahnung traditioneller Werte, politisch konservativer Einstellungen und hohem Pflichtbewusstsein im „konservativen Milieu". Da sich Gleichgesinnte häufig zusammenfinden, prägt das Leben in sozialen Milieus die Menschen. Ihre

Abbildung 3 Soziale Lagen 2010 in Ost- und Westdeutschland (in Prozent)

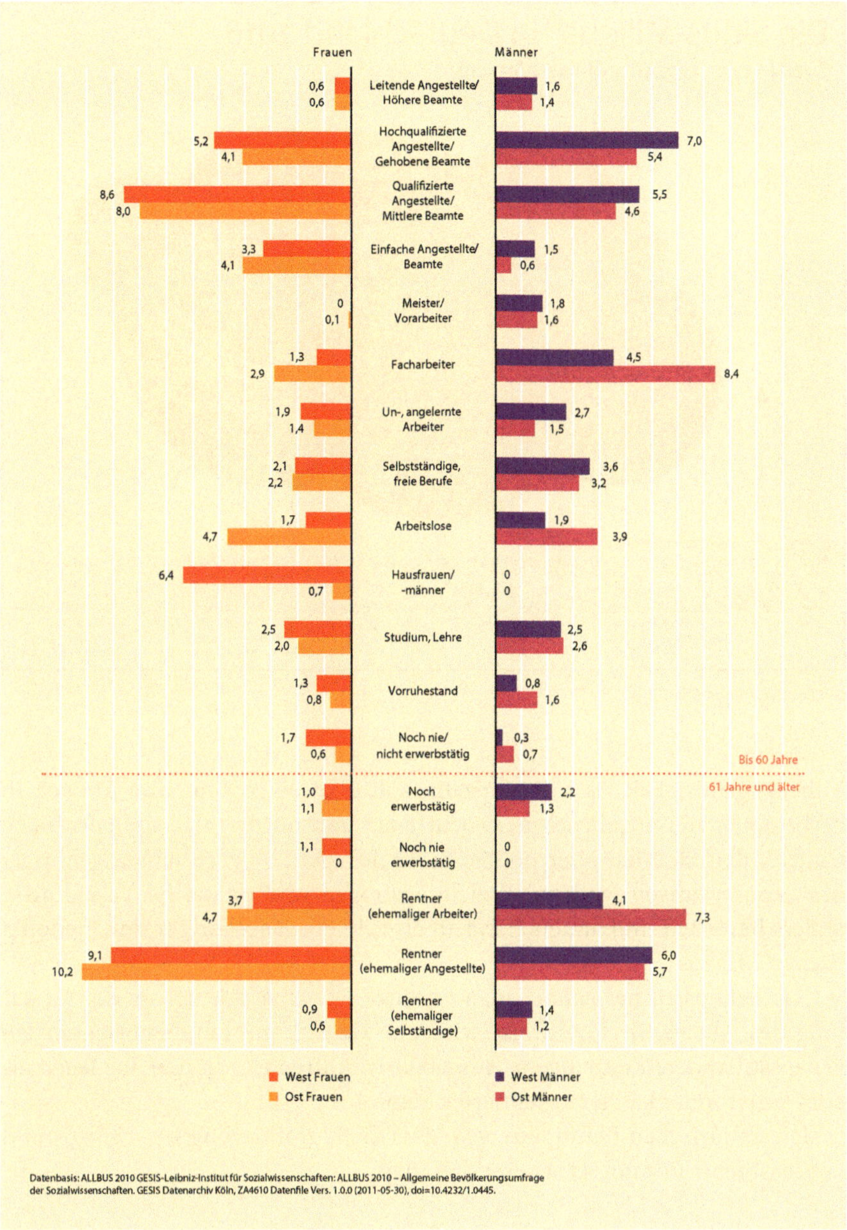

Daten: Allbus 2010; *Quelle:* Bundeszentrale 2013: Kap. 7.1.1

Abbildung 4 Soziale Milieus in Deutschland 2015

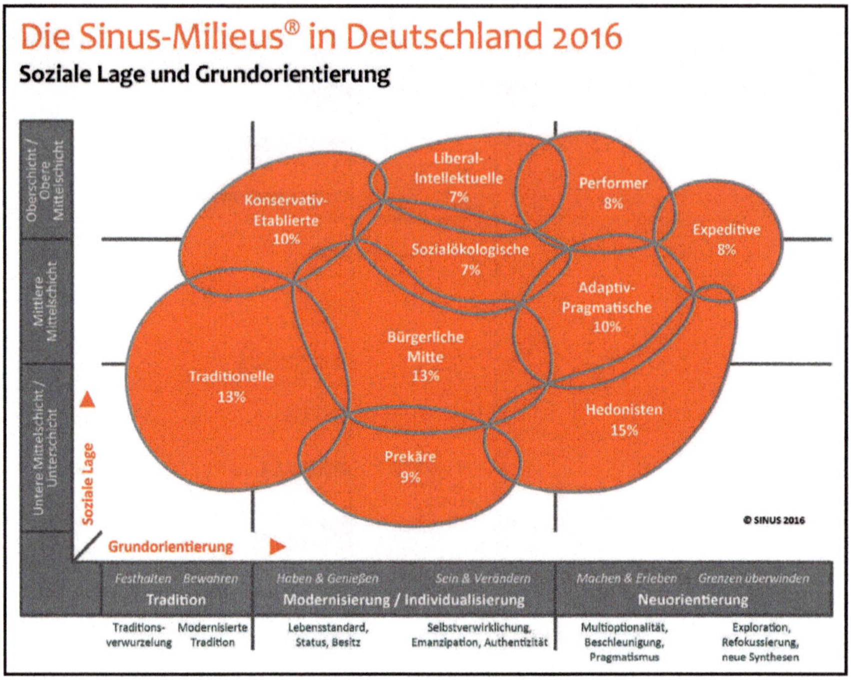

Quelle: www.sinus-institut.de

Milieuzugehörigkeit lässt die Einzelnen ihre jeweilige Um- und Mitwelt in bestimmter Weise wahrnehmen, beurteilen und nutzen, z. B. das berufliche Umfeld, den Stadtteil oder politische Streitfragen. So wird ein Angehöriger des „konservativen Milieus" Erziehungsfragen und politische Verhältnisse anders bewerten und anders handeln als z. B. ein Angehöriger des „hedonistischen Milieus".

Definition Lebensstil

Als **Lebensstil** bezeichnet man typische Regelmäßigkeiten in der Gestaltung des Alltags. Beispielsweise wird ein Mensch mit familienorientiertem Lebensstil andere Zeitbudgets, Ausgabenstrukturen etc. an den Tag legen als ein freizeit- oder karriereorientierter Mensch.

Die empirischen Befunde zeigen, dass die Pluralisierung von Milieus und Lebensstilen zunimmt. Das heißt dreierlei:

- Erstens hat sich die Verknüpfung zwischen ungleichen, insbesondere schichtspezifischen Lebensbedingungen einerseits und milieu- bzw. lebensstilspezifischen Lebensweisen andererseits gelockert. Mitglieder der gleichen Schicht gehören heute häufig unterschiedlichen Milieus und Le-

Abbildung 5 Lebensstile in Westdeutschland 2011

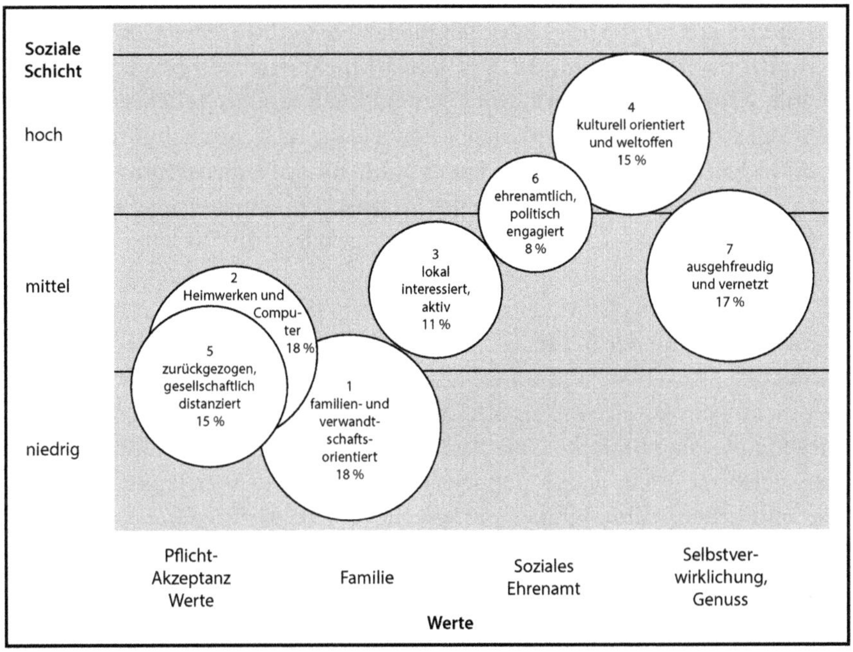

Quelle: Hradil/Spellerberg 2011, S. 59

bensstilgruppierungen an. Andererseits finden sich die Mitglieder einiger, z. B. des hedonistischen Milieus sowohl im oberen als auch im unteren Teil der sozialen Schichtung. Allerdings konzentrieren sich die Mitglieder der meisten Milieus und Lebensstile nach wie vor in bestimmten sozialen Schichten. Milieus und Lebensstile stellen meist interne Differenzierungen sozialer Schichten dar.

- Zweitens nimmt die Vielfalt der Lebensweisen zu. Auch wenn man die Bevölkerung nur grob einteilt, muss man heute eine ganze Reihe von verschiedenen sozialen Milieus und Lebensstilgruppen auseinanderhalten. Daneben haben für die Menschen in postindustriellen Gesellschaften Zugehörigkeiten zu kleineren Gruppierungen, z. B. zu Freundeskreisen, regionalen Milieus oder großstädtischen Lebensstilen, oft ähnlich große Bedeutung wie die Zugehörigkeit zur Kultur und Lebensweise von Großgruppen, wie der Arbeiterschaft, der Mittelschicht oder dem „konservativen Milieu".
- Und drittens heißt Pluralisierung von Milieus und Lebensstilen, dass die Zugehörigkeit zu Lebensweisegruppierungen sowohl die gesellschaftliche

Standortbestimmung als auch viele alltägliche Verhaltensweisen der Menschen prägt, von der Kindererziehung über die politische Beteiligung bis hin zur Lebensplanung. Was Mitglieder postindustrieller Gesellschaften „sind" und was sie tun, ist für sie nicht mehr nur eine Frage von Beruf und Status, sondern auch von Grundeinstellung und Lebensweise. Zum Beispiel begreifen und verhalten sich viele Jugendliche nach ihrem Musik- und Kleidungsstil. Allerdings hat die Milieu- und Lebensstilzugehörigkeit für die Mitglieder postindustrieller Gesellschaften nicht mehr jene lebenslang andauernde Stabilität wie vordem vielleicht die Prägung durch das katholische oder das Arbeitermilieu.

Schichtungsgefüge bleibt „harter Kern"

Wenn auch die mit der Berufshierarchie verknüpfte Schichtungsstruktur nach wie vor den „harten Kern" des Gefüges sozialer Ungleichheit darstellt, kann es aber nicht mehr zureichend als Schichtungsgefüge beschrieben werden. Dazu spielen außerökonomische Ursachen sozialer Ungleichheit, außerberufliche Statusdeterminanten, „neue" Dimensionen, komplexe Soziallagen sowie Milieu- und Lebensstilbindungen mittlerweile eine zu wichtige Rolle.

Informationsteil

Literatur zur Einführung

Geißler, R., Die Sozialstruktur Deutschlands, Wiesbaden [7]2014

Eine verständlich geschriebene, dank vieler Abbildungen auch sehr anschauliche Übersicht über die Sozialstruktur im Ganzen. Neben Strukturen sozialer Schichtung und sozialer Ungleichheit, die großen Raum einnehmen, werden auch die Herausbildung der modernen Industriegesellschaft, sowie Strukturen der Bevölkerungsweise, der Lebens- und Familienformen, der Bildung, des Wirtschafts- und Erwerbslebens etc. dargestellt. Grundprinzip der Schichtungsdarstellung ist die Gliederung nach Berufsgruppierungen (Arbeiter, Dienstleistungsmittelschichten, Eliten etc.). Wenig Informationen gibt es zu Begriffen, Theorien und soziokulturellen (Denken und Verhalten) Aspekten sozialer Schichtung bzw. Ungleichheit.

Hradil, S., Soziale Ungleichheit in Deutschland, Wiesbaden [8]2005

Das Standardlehrbuch bietet einen relativ ausführlichen, verständlich geschriebenen Überblick über soziale Schichtung und Ungleichheit in Deutschland. Im Hauptteil werden die einzelnen Dimensionen sozialer Schichtung bzw. sozialer Ungleichheit (Erwerbs- und Arbeitslosigkeitschancen, Bildungschancen, Einkommen, Vermögen, Armut, Macht, Prestige etc.) vorgestellt. Auch die historische Entwicklung, die Grundbegriffe, die erklärenden Theorien sozialer Schichtung bzw. Ungleichheit sowie das darauf bezogene Denken und Verhalten der Menschen (Sozialisation, Sprache, Politik, Kriminalität usw.) kommen zur Darstellung.

Ders. (in Zusammenarbeit mit A. Hepp), Hg., Deutsche Verhältnisse. Eine Sozialkunde, Frankfurt am Main 2013
Die einzelnen Kapitel des Buchs gehen jeweils auf einen bestimmten sozialstrukturellen Bereich ein. Sie behandeln u. a. die Bevölkerungsentwicklung, Migration, Bildung, Arbeitsmarkt, soziale Ungleichheit, Sozialstaat etc. Die Beiträge sind von ausgewiesenen Fachleuten verständlich geschrieben und behandeln die jeweiligen historischen Hintergründe, die empirische Entwicklung im europäischen Vergleich sowie die gesellschaftlichen und politischen Probleme.

Mau, S./Schöneck, N., Hg., Handwörterbuch zur Gesellschaft Deutschlands, Wiesbaden 2012
Die ca. 70 Artikel dieses Handwörterbuchs behandeln jeweils wichtige Sachgebiete der Gesellschaft und der soziologischen Gesellschaftsanalyse. Die Artikel verfügen über eine weitgehend gleiche Gliederung: Definition des Themas, sozialgeschichtliche Entwicklung, gegenwärtige sozialstrukturelle Ausprägung, sozialpolitische Relevanz. Autoren sind nur ausgewiesene Fachleute. Die Artikel enthalten neben sorgfältigen Begriffsklärungen und Problemdarstellungen nicht zuletzt zahlreiche aktuelle empirische Befunde. Mindestens ein Drittel der Beiträge weisen Inhalte auf, die für die Thematik sozialer Schichtung und sozialer Ungleichheit von Bedeutung sind.

Bundeszentrale für politische Bildung, Hg., Datenreport 2013. Ein Sozialbericht für die Bundesrepublik, Bonn 2013
Der Datenreport bietet eine griffige Zusammenstellung von quantitativen empirischen Daten über die Gesellschaft Deutschlands. Auch wirtschaftliche Aspekte werden ausführlich dargestellt (im Internet abrufbar unter: http://www.destatis.de/datenreport/). Der Band wird alle zwei bis drei Jahre umfassend aktualisiert und neu herausgegeben. Die Texte sind knapp gehalten und beschränken sich weitgehend auf die Hervorhebung besonders wichtiger Befunde. Ein erheblicher Teil der Darstellungen (z. B. zur Arbeitslosigkeit, Bildung, Einkommensverteilung und Armut) sind relevant für die Thematik sozialer Schichtung und sozialer Ungleichheit.

Weiterführende Literatur

Beck, U., Risikogesellschaft. Auf dem Weg in eine andere Moderne, Frankfurt a. M. [18]2006

Berger, P./Hradil, S., Hg., Lebenslagen, Lebensläufe, Lebensstile. Sonderband 7 der Zeitschrift „Soziale Welt“, Göttingen 1990

Bourdieu, P., Die feinen Unterschiede, Frankfurt a. M. [17]2006 (orig. frz. 1979)

Geißler, R., Hg., Soziale Schichtung und Lebenschancen in der Bundesrepublik Deutschland, Stuttgart ²1996

Hradil, S., Sozialstrukturanalyse in einer fortgeschrittenen Gesellschaft. Von Klassen und Schichten zu Lagen und Milieus, Opladen 1987

Huinink, J./Schröder, T., Sozialstruktur Deutschlands, Konstanz 2008

Kreckel, R., Politische Soziologie der sozialen Ungleichheit, Frankfurt a. M. ³2004

Mau, S./Schöneck, N., Hg., (Un-)Gerechte (Un-)Gleichheiten, Frankfurt 2015

Ders./Verwiebe, R., Die Sozialstruktur Europas, Konstanz 2009

Piketty, Th., Das Kapitel im 21. Jahrhundert, München 2014

Rössel, J., Sozialstrukturanalyse, Wiesbaden 2009

Schäfers, B., Sozialstruktur und sozialer Wandel in Deutschland, Stuttgart ⁹2012

Schwenk, O. G., Soziale Lagen in der Bundesrepublik Deutschland, Opladen 1999

Steuerwald, Chr., Die Sozialstruktur Deutschlands im internationalen Vergleich, Wiesbaden 2015

Zitierte Literatur

Becker, R./Müller, W., Bildungsungleichheiten nach Geschlecht und Herkunft im Wandel, in: *Hadjar, A.*, Hg., Geschlechtsspezifische Bildungsungleichheiten, Wiesbaden 2011

Bundesministerium für Arbeit und Sozialordnung, Der fünfte Armuts- und Reichtumsbericht der Bundesregierung, Entwurf 2016 http://www.armuts-und-reichtumsbericht.de/DE/Startseite/start.html (Zugriff: 9. 2. 2016)

Bundeszentrale für Politische Bildung, Hg., Datenreport 2013, Bonn 2013

Erikson, R./Goldthorpe, J., The Constant Flux. A Study of Class Mobility in Industrial Societies, Oxford 1992

Flora, P., Modernisierungsforschung, Opladen 1974

Geißler, R., Die Sozialstruktur Deutschlands, Wiesbaden ⁷2014

Gesis-ZUMA 2013, System sozialer Indikatoren für die Bundesrepublik Deutschland. Schulbesuch der 13-Jährigen nach Schularten. http://www.gesis.org/fileadmin/upload/dienstleistung/daten/soz_indikatoren/Schluesselindikatoren/B002.pdf (Zugriff: 18. Februar 2013)

Goebel, J./Gornig, M./Häußermann, H., Polarisierung der Einkommen. Die Mittelschicht verliert, in: DIW Wochenbericht 24, 2010, S. 2–8

Grabka, M./Goebel, J./Schupp, J., Höhepunkt der Einkommensungleichheit in Deutschland überschritten? In: DIW Wochenbericht 43, 2012, S. 3–15

Hartmann, M., Soziale Ungleichheit – Kein Thema für die Eliten? Frankfurt am Main 2013

Hradil, S., Soziale Ungleichheit in Deutschland, Wiesbaden ⁸2005

Hradil, S., Hg., Deutsche Verhältnisse. Eine Sozialkunde, Frankfurt am Main 2013

Hradil, S./Spellerberg, A., Lebensstile in Deutschland, in: GWP – Gesellschaft. Wirtschaft. Politik 60, 2011, S. 51–59

Leszczensky, M. et al., Bildung und Qualifikation als Grundlage der technologischen Leistungsfähigkeit Deutschlands. Bericht des Konsortiums „Bildungsindikatoren und technologische Leistungsfähigkeit“, Hannover 2009

Lörz, M./Schindler, S., Bildungsexpansion und soziale Ungleichheit, in: Zeitschrift für Soziologie 40, 2011, S. 458–477

Sekretariat der Ständigen Konferenz der Kultusminister der Länder in der Bundesrepublik Deutschland, Schüler, Klassen, Lehrer und Absolventen der Schulen 2002 bis 2011. Statistische Veröffentlichungen der Kultusministerkonferenz. Dokumentation Nr. 198, Berlin 2012

Sinus 2015, http://www.sinus-institut.de/fileadmin/user_data/sinus-institut/Downloadcenter/Informationen_zu_den_Sinus-Milieus.pdf (Zugriff: 4. 2. 2016)

Statistisches Bundesamt, Bildungsstand der Bevölkerung, Wiesbaden: Statistisches Bundesamt 2012

Weber, M., Soziologische Grundbegriffe, in: *Ders.*, Schriften 1894–1922, ausgewählt und hrg. von *D. Kaesler*, Stuttgart 2002, S. 653–716

Lektion XII
Kultur

Gabriele Klein

Inhalt

1 Die Geschichte des Begriffs

1.1 Grundlegung des Kulturkonzepts in der Antike

Kultur als „agricultura" und „cultura animi"

Der Begriff **Kultur** ist sehr eng an die europäische Geschichte geknüpft. Bereits die römische Antike versteht unter ‚cultura' eine umfassende Lebensgestaltung und -pflege im Umgang mit innerer und äußerer Natur. Dies wird in den Begriffen der ‚agricultura' und der ‚cultura animi' zum Ausdruck gebracht. Während erstere auf eine Gestaltung und Formung der äußeren Natur abzielt, verbirgt sich hinter der von Cicero (106–43 v. u. Z.) formulierten Idee von der ‚cultura animi' ein Verständnis des Menschen als ein Wesen, dessen Geist und Seele kultivierungsbedürftig sei, der Mensch sich deshalb der Formung und Bildung seines Charakters widmen solle. Diese an den Einzelnen gerichtete Aufforderung ist in der antiken Gesellschaft aber keineswegs als eine gleichwertige Bildung aller Gesellschaftsmitglieder gedacht, sondern nur derjenigen, die aufgrund ihrer ökonomischen, juristischen und politischen Stellung dazu in der Lage sind: ‚Cultura' besaß nur der vollwertige Bürger Roms. ‚Cultura animi' ist von daher auch immer die Beschreibung eines sozialen Privilegs und damit implizit ein wirksames Medium sozialer Abgrenzung.

Der Kulturbegriff der Antike bezeichnet das Ineinanderwirken der kulturellen Bearbeitung der äußeren Natur und des eigenen Lebens. In ihm formuliert sich das erwachende Selbstverständnis des europäischen Kulturmenschen, das alle folgenden Kulturbegriffe prägen sollte: Aufgabe der Kultur ist die Gestaltung und Pflege oder anders formuliert: die Disziplinierung und Beherrschung der menschlichen und der äußeren Natur.

1.2 Der bürgerliche Kulturbegriff des 18. Jahrhunderts

Mit der Aufklärung gelangte die antike Vorstellung von ‚cultura' in den deutschen Sprachraum und erhielt hier ihre konzeptionelle, stärker gesellschaftsbezogen formulierte, spezifisch bürgerlich-emanzipatorische Umdeutung. Zugleich avancierte Kultur zu einem politischen Kampfbegriff der deutschen Aufklärung gegenüber dem höfischen Sittenkodex des Adels, der sich im politisch zersplitterten Deutschland vor allem an den Konventionen des übermächtigen französischen Hofes orientiert hatte. Im Gegensatzpaar Kultur und ‚Civilité' formulierte sich somit nicht nur eine standesspezifische, sondern auch eine nationale Konfrontation zwischen Frankreich und den deutschsprachigen Ländern.

Wie sich die kulturelle ‚Veredlung' zum Wohle des Einzelnen und der Menschheit vollziehen kann, beschäftigte aufklärerische Denker, allen voran Johann Gottfried Herder (1744–1803), Immanuel Kant (1724–1804), Friedrich von Schiller (1759–1805) und Wilhelm von Humboldt (1767–1835). Kant sah „Fortschritte in der Kultur", d. h. die ethische Fundierung von Kultur und ein harmonisches Verhältnis von Natur und Kultur vor allem durch einen Prozess gegeben, den er Moralisierung nennt (vgl. Kant 1968a: 693 u. 703 ff.). Dieser könne sich, so Kant, nur auf dem Boden einer „vollkommen bürgerlichen Verfassung", die er als das „äußerste Ziel der Kultur" (Kant 1968b) ansah, verwirklichen lassen. Herder begriff eine religiös fundierte und normativ formulierte ‚Humanität' als den Schlüssel zu einer erfolgreichen, mehrere historische Epochen überdauernden Naturformung und Kulturgestaltung. Schiller wiederum verstand das ‚Ästhetische' als Ideal einer historische Phasen übergreifenden Menschheitskultur. Dessen Einfluss auf den Lebensalltag führe zu einer Lebenskunst, die es dem Menschen ermögliche, seine Natur ästhetisch zu formen und moralisch zu fundieren und zugleich die soziale Welt zu einem freien Zusammenspiel unabhängiger Menschen zu führen. Auf diese Weise könne die Entfaltung der Kultur vorangetrieben werden.

Kultur als „Moralisierung"

Kultur und Ästhetik

Wilhelm von Humboldt schließlich konzentrierte die Konzepte der Moralisierung, Humanität und Lebenskunst auf Bildung und übte – auch aufgrund der politischen Umsetzung seines Konzeptes in Gestalt des humanistischen Gymnasiums und der Berliner Universität im Jahre 1809 – großen Einfluss auf die Kultur- und Bildungspolitik des 19. und 20. Jahrhunderts aus. Für Humboldt ist die Harmonie von Natur und Kultur erst in und über Bildung erreicht, denn sie ermögliche dem Menschen, auf einer höheren Stufe zu seinem ursprünglichen Wesen zurückzufinden. Bildung, so Humboldt, ist die „Sinnesart, die sich aus der Erkenntnis und dem Gefühle des gesamten geistigen und sittlichen Strebens harmonisch auf die Empfindung und den Charakter ergießt" (Humboldt 1907: 30).

Kultur und Bildung

1.3 Zur Kritik am Kulturbegriff der Aufklärung: 19. Jahrhundert

Der Kulturbegriff der Aufklärung wurde im Laufe des 19. Jahrhunderts als ein vor allem der Selbstidentifikation des Bürgertums dienendes Konzept kritisiert. Vor allem kritische Sozialtheoretiker wie Karl Marx (1818–1883) und Friedrich Engels (1820–1895) und auch Philosophen wie Friedrich Nietzsche (1844–1900) versuchten den Kulturbegriff seines projektiven und identifikatorischen Gehaltes zu entkleiden und ihn zur gesellschaftlichen Wirklichkeit ins Verhältnis zu setzen. Marx und Engels definierten die ökonomischen Verhältnisse als die materielle Basis, den Unterbau der Gesellschaft, während sie die Kultur dem ideologischen Überbau zuordneten. Da sie den Antrieb zu sozialen Umwälzungen mit historischer Notwendigkeit in den ökonomischen

Kultur als Überbau

Widersprüchen zwischen Produktivkräften und Produktionsverhältnissen gegeben sahen, konnten sie der Kultur keinerlei emanzipatorisches Veränderungspotential zusprechen.

Neben Marx und Engels übte vor allem Nietzsches Kulturphilosophie einen großen Einfluss auf das Verständnis von Kultur im 20. Jahrhundert aus. Nietzsche, der bereits Ende des 19. Jahrhunderts als einziger ernstzunehmender weltanschaulicher Kontrahent von Marx galt, bescheinigte der okzidentalen Kulturentwicklung einen Prozess des Verfalls. Dieser sei die quasi zwangsläufige Folge eines vom Nihilismus getragenen Vergesellschaftungsprozesses und einer Dekadenz der Lebensformen. Seine kulturpessimistischen Thesen machten Nietzsche neben Marx und Engels zu einem wichtigen kulturtheoretischen Vordenker der sich um die Wende zum 20. Jahrhundert formierenden Soziologie (vgl. Lichtblau 1996).

1.4 Die Ausdifferenzierung des Kulturbegriffs im 20. Jahrhundert

Hochkultur versus Massenkultur

Seit Beginn des 20. Jahrhunderts waren die kulturtheoretischen und -politischen Debatten durch eine Auseinandersetzung mit der sich durch Print- und Bildmedien ausbreitenden sog. **Massenkultur** geprägt, von der die sog. **Hochkultur,** die sich in der Tradition deutscher Aufklärung fühlte, abgegrenzt wurde. Damit zerfiel der Kulturbegriff konzeptionell in zwei Teile. Das Konzept ‚Hochkultur' diente fortan immer auch der Selbstidentifikation der bildungsbürgerlichen Klasse und ihre ‚Kultur' ihnen als wirksames Medium sozialer Distinktion.

Kultur und Alltag

Der Dualismus von Hoch- und Massenkultur begann sich erst in den 1970er Jahren im Zuge einer Ausdifferenzierung und Neuorientierung der kulturwissenschaftlichen Forschung aufzulösen. Verschiedene kulturelle Felder wie Alltags-, Arbeiter-, Sub-, Jugend-, Musik- und Popkulturen gerieten ins Blickfeld. Prozesse der Globalisierung und Transnationalisierung beförderten zudem eine Auseinandersetzung mit ethnischen Kulturen, Impulse gingen hier vor allem von den cultural studies und den postcolonial studies aus. Diese Neuorientierungen forderten ein verändertes, weniger idealisiertes und normiertes, sondern eher heterogenes und differenzierendes, Hybridität betonendes Verständnis von Kultur heraus.

2 Klassiker der Kultursoziologie: Die Idealisierung des Kulturbegriffs

Kulturtheorie als Gesellschaftstheorie

Der Begriff **Kultursoziologie** wurde von Alfred Weber (1868–1958) geprägt, ist aber bis heute umstritten. Denn frühe soziologische Denker wie Georg Simmel (1858–1918), Max Weber (1864–1920) und selbst Alfred Weber verstanden Theorien der Gesellschaft immer auch als Theorien über Kultur. Kultur als einen Teilbereich der Gesellschaft zu verstehen, wie der Begriff Kultursoziologie suggeriert, war von daher ihrem wissenschaftlichen Selbstverständnis fremd. Heute ist der Begriff in der Soziologie zwar etabliert – so z. B. in der Sektion ‚Kultursoziologie' der Deutschen Gesellschaft für Soziologie – aber aufgrund seines teildisziplinären Charakters nach wie vor nicht konsensfähig.

2.1 Alfred Weber

Die Soziologie entstand in der historischen Phase eines epochalen Transformationsprozesses, der nicht nur durch massive Umwälzungen und Neuerungen in Politik und Wirtschaft, sondern auch durch eine umfassende Kulturkrise gekennzeichnet war. Es war das Anliegen der ersten Soziologen, diese Veränderungen mit einer neuen Wissenschaft von der Gesellschaft zu analysieren und zukünftige Entwicklungen zu prognostizieren. Alfred Weber konzentrierte sich auf das Verhältnis von (Universal-)Geschichte und Kultur. Als erster Soziologe entwickelte er einen geschichts- und kultursoziologischen Forschungsansatz, den er in seinem 1935 erstmals erschienenen und von ihm selbst als sein eigentliches Lebenswerk bezeichneten Buch „Kulturgeschichte als Kultursoziologie" (A. Weber 1951) darlegte.

Verhältnis von (Universal-) Geschichte und Kultur

Hauptthema seiner kultursoziologischen Überlegungen ist die historische Veränderung des soziokulturellen Habitus, des „Menschentyps". Es ist ein Thema, das nicht nur eine Anzahl von Zeitgenossen wie beispielsweise Oswald Spengler interessierte, sondern später auch Soziologen wie Norbert Elias und Pierre Bourdieu. Im Unterschied zu diesen aber versuchte sich Alfred Weber – ganz im Sinne abendländischer Geschichtsphilosophie in der Nachfolge Hegels, Herders und Marx' – dieser Kategorie universalgeschichtlich zu nähern. Weber arbeitete in einem groben makrotheoretischen Entwurf vier Menschentypen heraus: den „ersten" und „zweiten Menschen" ordnete er der Prähistorie zu, den „dritten Menschen" stellte Weber als Repräsentanten der Hochkulturen, speziell der griechischen Antike vor, aber auch als einen freiheitlich-demokratischen Idealtypus, während der „vierte Mensch" in Gestalt des angepassten und effizienten Technokraten als der Prototyp des 20. Jahrhunderts daherkam.

Kulturelle Menschentypen

Alfred Weber unterteilte Geschichte in drei Felder: erstens den Gesellschaftsprozess, der Staat und Gesellschaft umfasst, zweitens den Zivilisationsprozess, zu dem wissenschaftlicher Fortschritt und kapitalistische Ökonomie gehören und drittens die **Kulturbewegung**, zu der Weber die Kreativität der Menschen zählte, die sich in Ideen und Kunstwerken manifestierte sowie in religiösen und moralischen Wertvorstellungen. Webers zentrales Forschungsthema wurde die Kulturbewegung, die Sphäre des Geistig-Seelischen, die er, in Umkehrung des Marxschen Theorems, als eigenständig und unabhängig von der ökonomischen Sphäre begriff. Entsprechend richtete sich seine Forderung auf eine Anerkennung des „Geistig-Schöpferischen" als Basis jeglichen Handelns, was seiner kulturtheoretischen Position eine metaphysische Färbung gab.

Kultur als Bewegung

2.2 Max Weber

Die Entzauberung der Welt

Obgleich Max Weber sich weit weniger als sein Bruder Alfred kultursoziologischen Fragestellungen widmete, übte seine kulturkritische Position einen weitaus nachhaltigeren Einfluss auf die weiteren kulturtheoretischen Debatten aus. Max Webers sozialwissenschaftliches Theorem ist das der ‚Entzauberung der Welt'. In all seinen Schriften unterstellte er einen Differenzierungsprozess, der die europäische Geschichte seit der Renaissance begleitet und dessen Haupttriebkräfte Rationalisierung und Bürokratisierung, Technisierung und Industrialisierung seien. Max Weber hielt die Ausdifferenzierung von Gesellschaften für so weit fortgeschritten, dass eine Vielzahl heterogener Felder entstanden seien, die es nicht mehr legitimierten, von einem einheitlichen festgefügten Verhältnis zwischen Kultur und Gesellschaft auszugehen. Diese Tatsache wiederum verpflichtet seiner Ansicht nach die sich ausdifferenzierenden Gesellschaften auf einen reflexiven Umgang mit Kultur im Sinne einer ständigen Prüfung der verschiedenen Bedeutungsebenen, Wertideen und Sinnvorgaben. Damit wird Kultur zu einer Art Planungsaufgabe der Gesellschaft und gerät in den Sog einer sich verwaltenden Welt.

Kultur als Gestaltungsaufgabe der Gesellschaft

Wenn Max Weber Kultur als Gestaltungsaufgabe der Gesellschaft ansah, so begriff er sie auf der Ebene des Individuums entsprechend als eine zentrale Aufgabe menschlichen Lebens, „ein vom Standpunkt des Menschen aus mit Sinn und Bedeutung bedachter endlicher Ausschnitt aus der sinnlosen Unendlichkeit des Weltgeschehens" (M. Weber 1973: 180). Der Mensch ist ein Kulturmensch mit dem Willen zur Gestaltung, denn es ist, so Weber, seine spezifische Intentionalität, dem eigenen Schaffen ‚Sinn' zu verleihen und damit zur Welt Stellung zu beziehen. Die anthropologische Fähigkeit, Kulturerscheinungen mit Sinn zu versehen, ist demnach die Voraussetzung, die Kulturwelt als sinnstiftend wahrnehmen zu können.

Weber versteht den Begriff der Kultur als einen Wertbegriff. Aufgabe der Kultursoziologie ist es, den Sinn von und in Kulturerscheinungen und Kulturleben zu untersuchen, was auch bedeutet, dass für Max Weber vor allem das Alltagsleben in den Vordergrund kultursoziologischer Forschung rückt.

2.3 Georg Simmel

Dieser Ansicht war auch Max Webers Zeitgenosse Georg Simmel. In seinen in essayistischer Form verfassten soziologischen Schriften untersuchte er verschiedene Bereiche alltagskulturellen Zusammenlebens: Empfindungen wie Liebe, Scham, Konkurrenz oder Treue, aber auch alltägliche Verrichtungen wie die Einnahme von Mahlzeiten und schließlich die Sinne selbst stehen im Mittelpunkt seiner alltagssoziologischen Analysen. Alle diese Arbeiten sind von Simmels grundlegender Annahme einer Verschränktheit von Individuum und Gesellschaft getragen. Diese anschaulich zu machen, in ihren vielfältigen Nuancen darzulegen und zu spezifizieren, war sein Anliegen. Ebenso wie er das Verhältnis von Individuum und Gesellschaft bzw. Prozesse der Individualisierung und Vergesellschaftung als „Wechselwirkungen" begriff, verwies er auf den synthetischen Charakter von Kultur, die zwischen subjektiver und objektiver Kultur, zwischen „einer subjektiven Entwicklung und einem objektiven geistigen Wert" (Simmel 1957: 93) oder anders formuliert: zwischen individuellem Gestaltungswillen und objektiven Angeboten vermittelt. ‚Wechselwirkung' ist für Simmel auch hier eine relationale Kategorie, die er zu einem „regulativen Weltprinzip" erhob. Wie Max Weber sah Simmel Kultur als etwas menschlich Hervorgebrachtes an, wie auch umgekehrt die Menschen erst über Kultur zu etwas Höherem gelangen. Auch die Problematik eines Zerfalls einheitlicher Werte als Basis von Kultur im Zuge von Differenzierungsprozessen teilte Simmel mit Weber. Das, was bei Weber in der Formel der Entzauberung formuliert war, beschrieb Simmel als die Tragödie der Kultur.

Subjektive und objektive Kultur

Gefangen von den rapiden epochalen Umwälzungen konstatierten alle soziologischen ‚Klassiker', ganz im Sinne Nietzsches, einen Kulturverfall und versuchten im Zuge des Verlusts einer homogenen Kultur in einer sich ausdifferenzierenden Gesellschaft das Verhältnis von Kultur und Gesellschaft als ein Korrespondenzverhältnis aufzufassen, demzufolge eine Gesellschaft nur über Kultur eine Form finde. Zentrale Aufgabe der Kultursoziologie ist es demnach, diese sich ständig wandelnde und sich ausdifferenzierende Formensprache zu entziffern.

3 Die Materialisierung des Kulturbegriffs: Die Kritische Theorie

In der deutschsprachigen Soziologie wurde in den 1930er Jahren die marxistische Gesellschaftstheorie vor allem von der ‚Frankfurter Schule', einer Forschergruppe, die ihren Namen durch das Institut für Sozialforschung an der Universität Frankfurt am Main erhielt, weitergedacht und für zukünftige gesellschaftskritische Kulturanalysen fruchtbar gemacht.

In seiner Antrittsrede als Direktor des Instituts für Sozialforschung in Frankfurt am Main im Jahre 1931 stellte Max Horkheimer (1895–1973) die Ausarbeitung einer materialistischen Theorie der Kultur als eines der zukünftigen Ziele des Instituts vor. Die Kritik an einem idealistischen Kulturbegriff brachte Herbert Marcuse (1898–1979) auf die Formel des „affirmativen Charakters der Kultur" (vgl. Marcuse 1965). Dessen Charakteristikum sei es, die Kulturwelt als eine bessere, höhere Welt vorzustellen, die sich vom alltäglichen profanen Leben unterscheide. Zugleich suggeriere die affirmative Kultur, dass Kultur eine anthropologische Qualität sei und deshalb von jedem Individuum, unabhängig von seiner sozialen Position, erreichbar sei.

Kritik am idealistischen Kulturbegriff

Eine materialistische Umdeutung des idealistischen Begriffs wollten die Frankfurter aber nicht im Sinne einer marxistischen Basis/Überbau-Schematik erreichen, weil hier Kultur durch die ökonomischen Verhältnisse einseitig determiniert sei. Kultur wollten sie vielmehr als Ausdruck des Spannungsverhältnisses von technologischer Entwicklung und ökonomischer Struktur verstanden wissen. **Kulturanalyse** meinte demzufolge eine Untersuchung des Wechselverhältnisses von materieller und geistiger Kultur, von ökonomischer Basis und Bewusstseinsform(ung)en.

Wechselverhältnis von materieller und geistiger Kultur

In den folgenden zwei Jahrzehnten veröffentlichten die Soziologen der ‚Frankfurter Schule' eine beachtliche Anzahl marxistisch orientierter Kulturanalysen, die auf die Kulturkritik in Deutschland eine nachhaltige Wirkung ausübten, von der Studentenbewegung der 1960er Jahre wieder aufgegriffen wurden und auch bei der Neubegründung der Kultursoziologie seit den 1970er Jahren eine zentrale Rolle spielten. Beeinflusst von der politischen Wirksamkeit der neuen Massenmedien Radio und Kino, die die nationalsozialistische Propagandamaschine für ihre Zwecke zu nutzen wusste und durch die zunehmende Omnipräsenz des TV im Alltagsleben, wie sie die jüdischen Intellektuellen des Frankfurter Kreises im amerikanischen Exil in den 1940er Jahren kennen lernten, radikalisierten sie ihren Kulturbegriff in Richtung des Nachweises einer politischen Totalisierung und vollständigen industriellen Vereinnahmung von Kultur.

Das Programm einer materialistischen Theorie der Kultur fand in den 1947 von Max Horkheimer und Theodor W. Adorno vorgelegten Thesen zur

Kulturindustrie seinen Niederschlag, die bis heute zu den wichtigsten und einflussreichsten Aufsätzen einer kritischen Theorie der Massenkultur zählen (vgl. Horkheimer/Adorno 1971). Kulturindustrie, so der zentrale Gedanke, bedeutet Anti-Aufklärung, denn sie zielt aufgrund ihres Quantifizierungs- und Profitinteresses nicht auf die Befriedigung der Wünsche und Bedürfnisse der Masse, sondern ganz im Gegenteil: Kulturindustrie sei ein Manipulationsinstrument, das die Bildung autonomer, bewusst urteilender und freier Individuen verhindern soll. Industriell produzierte Kultur kläre nicht auf, sondern zwinge die Menschen zum reinen Nachvollzug des Vorproduzierten. Kulturindustrie hat also das Verhältnis der Menschen zur Kultur umgekehrt: Nicht mehr die Menschen schaffen Kultur, sondern die Kulturindustrie produziert die kulturellen Bedürfnisse der Menschen. Kultur, für die bürgerliche Aufklärung noch ein Ausdruck der Wahrheit, Echtheit und Tiefe des Menschen, sei somit zu einem menschenfeindlichen Instrument mutiert. Da die Welt der Kulturindustrie eine Welt der Zerstreuung und des Amüsements sei, könne es nur noch der Kunst gelingen, dem allumfassenden Verblendungszusammenhang zu entkommen. Nur noch in der autonomen Kunst, so versuchte Adorno in seinen späteren Ausführungen zur Ästhetischen Theorie diese kulturkritische Grundannahme zu erhärten, seien utopische und emanzipatorische Momente enthalten.

Kultur als Industrie

Der Kulturbegriff der Frankfurter Schule ermöglichte, die ideologischen Momente moderner ‚Massenkultur' freizulegen. Da die Thesen aber auf dem Dualismus von kulturindustriellen Produkten und Kunst basierten, transportierte die Kritische Theorie letztlich einen idealistisch geprägten Begriff von Kunst. Weil sie zudem ihren Fokus auf die Sphäre der Produktion, auf Werk und Ware richtete, geriet der Umgang der Menschen mit kulturindustriellen Produkten aus dem Blick. Mit der Frage, welche Relevanz kulturindustrielle Produkte für den Lebensalltag haben, befassten sich seit den 1970er Jahren vor allem die Cultural Studies.

4 Kultur und Zivilisation: Die kultursoziologische Wende des Begriffspaars bei Norbert Elias

4.1 Kulturentwicklung als Zivilisationsprozess

Etwa zeitgleich mit seinen Frankfurter Kollegen entwickelte Norbert Elias (1897–1990) eine umfassende Theorie der **Zivilisation.** Aber im Unterschied zu Horkheimers und Adornos ‚Dialektik der Aufklärung' konzentriert sich Elias nicht auf die Kehrseite der Zivilisation und die Gefahr des ständigen Umschlagens der Moderne in Barbarei. Sein Interesse galt der Frage, wie vom

Mittelalter bis zur Neuzeit zivilisiertes Verhalten zum dominanten Verhaltenstypus werden konnte. Die erstmals 1939 veröffentlichte Schrift „Über den Prozess der Zivilisation" eines deutschen Juden fand zunächst kaum Resonanz und stieß erst in den sechziger Jahren auf breite Anerkennung.

Elias veranschaulichte in dieser Schrift nicht nur seine Grundannahmen einer unauflöslichen Verflechtung von Individuum und Gesellschaft, indem er den Prozess der Staatenbildung mit der Genese des bürgerlichen Verhaltens-, Sitten- und Moralkodex in Verbindung setzte, sondern deutete auch das Begriffspaar Kultur und Zivilisation als einen semantischen Ausdruck historischer Abgrenzung sowie nationaler und sozialer Selbstfindungsprozesse. Damit setzte Elias einen markanten vorläufigen soziologischen Schlussstrich unter eine Debatte um den Begriff der Zivilisation, der die gesamte europäische Denkgeschichte begleitete und im 19. Jahrhundert seinen Höhepunkt gefunden hatte.

4.2 Geschichte des Begriffs Zivilisation

Schon in der römischen Antike diente der Begriff ‚civitas' immer auch zur sozialen Unterscheidung der politisch und ökonomisch Bessergestellten. Im Mittelalter benutzten die sich etablierenden bürgerlichen Stände den Begriff ‚civilitas' als kollektiven Wertbegriff, mit dem schließlich seit dem Humanismus sowohl bürgerliche Erziehungsideale und die Gemeinschaft der ‚Aufklärer' als auch die Einsicht in die Veränderungsfähigkeit von Gesellschaft gemeint war.

Im Frankreich des 18. Jahrhunderts avancierte der Begriff ‚civilité' zum Schlagwort des ökonomisch, sozial und intellektuell erstarkten Bürgertums, das sich von der stilisierten und oberflächlichen höfischen ‚politesse' abzugrenzen versuchte. Hieraus erwuchs der Begriff der ‚civilisation', den der Physiokrat Mirabeau Mitte des 18. Jahrhunderts als einen Konkurrenzbegriff zu ‚culture' formulierte. Der in Frankreich und England favorisierte Begriff der ‚Civilisation' bezeichnet beides: die von der abendländischen Geschichte hervorgebrachten ökonomischen, technischen und wissenschaftlichen Errungenschaften und einen bestimmten Verhaltens- und Manierenkodex. Er ist schicht- und staatenübergreifend definiert und impliziert einen Herrschaftsgestus, der bereits seit dem 15. Jahrhundert in Gestalt von Kolonialismus und Imperialismus politisch wirksam wurde.

Kultur und Zivilisation

Die positive Besetzung des Begriffs ‚civilisation' und den mit ihm verbundenen Optimismus einer positiv verlaufenden und sich von Europa auf die anderen Teile der Welt ebenso auswirkenden Zivilisation teilten weder die deutschen Aufklärer noch die Soziologen des 19. und des frühen 20. Jahrhunderts. Herder, Kant, Marx und Engels und auch Nietzsche polemisierten gegen den Begriff der Zivilisation. Kant beispielsweise hielt die Menschheit bis zum Übermaß zivilisiert, Marx und Engels machten die Zivilisation für einen morschen und desolaten gesellschaftlichen Überbau verantwortlich und Nietzsche stand dem Begriff vollständig ablehnend gegenüber und erklärte die Zivilisation zur Verursacherin des allgemeinen Werteverfalls.

4.3 Zivilisation und kulturelle Konvention

Mit dem Dilemma des Gegensatzes einer nunmehr herrschaftsverdächtigen Zivilisation und einer idealisierten Kultur waren auch Weber und Simmel konfrontiert. Während Alfred Webers Dreiteilung den Zivilisationsprozess brandmarkte und die Kulturbewegung idealisierte, benutzten Max Weber und Georg Simmel ganz in der Tradition der deutschen Klassik den Begriff der Kultur. Im Unterschied zum konservativ vereinnahmten und hierarchisch ausgelegten Zivilisationsbegriff schien dieser ihnen eine tendenzielle Offenheit gegenüber zukunftsweisenden Überlegungen zur Gestaltung der sich so rasant verändernden Gesellschaft zu gewährleisten.

Zivilisierung als Verhaltensregulierung

Norbert Elias versuchte hingegen, der Zweiteilung des Begriffs zu entgehen, indem er eine **Zivilisationstheorie** formuliert, die weder kulturell ‚Höheres' oder technische Errungenschaften sondern menschliches Verhalten in den Blick nimmt. Seine Zivilisationstheorie ist breiter angelegt als herkömmliche Kulturtheorien, weil sie das Verflochtensein von alltäglichen Verhaltensweisen und gesamtgesellschaftlichen Entwicklungen betont. Elias konstatierte einen sich im Laufe seines Untersuchungszeitraumes vom 9. bis 18. Jahrhundert erstreckenden Prozess zunehmender Affektkontrolle, einen Anstieg der Scham- und Peinlichkeitsschwellen und zugleich eine Steigerung rationalen und psychologisierenden Verhaltens. Diese beständige Zunahme ‚zivilisierten' Verhaltens, die äußere Zwänge zu Selbstzwängen mache, führe nicht nur zu abnehmender Aggressions- und Gewaltbereitschaft zwischen Gruppen oder Staaten, sondern hätte trotz mancher „Rückschritte" – als solche begriff der deutsche Jude Elias, der ins Exil nach London geflüchtet war und dessen Eltern im Konzentrationslager Auschwitz ums Leben kamen, auch den europäischen Faschismus sowie den deutschen Nationalsozialismus der 1930er und 1940er Jahre – letztendlich eine positive menschengerechtere Tendenz.

5 Natur und Kultur: Anthropologisch fundierte Kulturtheorien

In den 1950er und 1960er Jahren kamen die entscheidenden kulturtheoretischen Impulse nicht so sehr aus der Soziologie, sondern eher aus der anthropologischen Forschung, die im deutschen, französischen und angloamerikanischen Sprachraum sehr unterschiedliche Richtungen verfolgte.

Im deutschen Sprachraum traten mit Helmuth Plessner und Arnold Gehlen vor allem zwei Theoretiker hervor, die im Anschluss an den Wissenssoziologen Max Scheler (1874–1929) die Richtung der philosophischen Anthropologie begründeten. Ihr Augenmerk richtete sich auf das Verhältnis von Natur und Kultur, Tier und Mensch.

5.1 Philosophische Anthropologie: Helmuth Plessner und Arnold Gehlen

Helmuth Plessners (1892–1985) Formel ist die der „*ex-zentrischen Positionalität* des Menschen", die er in seinem 1928 erstmals veröffentlichten Buch „Die Stufen des Organischen und der Mensch" (Plessner 1975) entfaltete. Unter seinem zentralen Begriff der Positionalität verstand Plessner, dass Lebewesen, Menschen wie Tiere in einem beständigen aktiven Austausch mit ihrer Umwelt stehen. Dieser Austausch gestaltet sich durch die organische Eigenart des Lebewesens und damit, so Plessner, für Menschen anders als für Tiere: während Tiere eine zentrische Lebensform haben, d. h. in ihrem Körper sind und aus ihm heraus auf Umweltreize reagieren, ohne ihr Verhalten selbst erfahren zu können, ist es ein charakteristisches Merkmal des Menschen, ex-zentrisch zu sein. Die Lebensform des Menschen ist demnach doppelgleisig und brüchig: wie das Tier hat er einen zentrischen Lebenskreis, ist aber zugleich immer auch jenseits dessen, indem er zu seinem Verhalten in Distanz treten und sich seines Verhaltens bewusst werden kann. Der Mensch ist immer zugleich in seinem Körper und hat seinen Körper. Ex-zentrische Positionalität meint die Gleichzeitigkeit von Körper-Sein und Körper-Haben.

Der Mensch als Natur- und Kulturwesen

Für Plessner resultiert die Besonderheit der menschlichen Existenz aus seiner Mangelexistenz. Deshalb ist er gezwungen, mit der Umwelt in Kontakt zu treten. Sprache, Interaktion und Arbeit, für Plessner die zentralen Charakteristika des Menschlichen, sind spezifische Fähigkeiten, die sich aus seiner Mangelexistenz herleiten. Sie sind es auch, die es dem Menschen ermöglicht haben, seinen Körper instrumentalisieren zu können und kulturfähig zu werden. Denn der Mensch, so das Plessnersche Theorem, muss sich, im Unterschied zum Tier, „zu dem, was er schon ist, erst machen". Diese anthropologische Notwendigkeit bildet die Grundlage jeglicher Kulturleistung.

Kultur als natürliche Lebensnotwendigkeit

Arnold Gehlen (1904–1976) hatte bereits 1940 sein Hauptwerk „Der Mensch. Seine Natur und seine Stellung in der Welt" vorgelegt und nach dem Ende des Nationalsozialismus mehrfach bezüglich des biologistischen und rassistisch anmutenden Gehaltes korrigiert, was ihm aber dennoch bis an sein Lebensende umfassende Kritik einbrachte (vgl. Gehlen 1986). Während er hier Kultur aus der besonderen Stellung des Menschen in der Welt zu fundieren sucht, widmete er sich in seinen späteren Arbeiten vor allem Zeitdiagnosen zur Bedingung und Möglichkeit von Kultur in einer sich technisierenden Welt.

Gehlen brachte seine kulturanthropologische Position markant auf die Formel: der Mensch ist „von Natur ein Kulturwesen" (ebd.: 80). Im Unterschied zum Tier sei das menschliche Verhalten nicht instinktgeleitet, der Mensch müsse daher, um überleben zu können, diesen „Mangel" durch vernunftgeleitetes Handeln kompensieren. Im Unterschied zu Elias rückte Gehlen nicht die Kategorie des Verhaltens, sondern die der Handlung in den Mittelpunkt seiner kulturtheoretischen Überlegungen. **Handeln** meint alle geistigen, seelischen und körperlichen Aspekte der Lebensorganisation und dieses wird durch regulierende Gewohnheiten und Systeme wie beispielsweise Sprache, Moral, Recht, Kunst und Technik gestützt und entlastet.

Gehlen verstand unter Kultur die Notwendigkeit des Menschen, sich und seine Welt erst herstellen zu müssen. Sie ist kein spezielles Feld menschlichen Handelns, sondern eine von Natur aus und gegen sie entwickelte menschliche Lebensnotwendigkeit. Gerade in der Selbst- und Weltdeutung, in der Fähigkeit, eine symbolische Welt zu konstruieren, sah Gehlen die zentrale Leistung der Kultur.

5.2 Strukturale Anthropologie: Claude Lévi-Strauss

In eine andere kulturtheoretische Diskursfigur als die philosophische Anthropologie entwickelte die französische Schule im Anschluss an Claude Lévi-Strauss (1908–2009), der als Begründer der strukturalen, d.h. vom Strukturalismus beeinflussten Anthropologie gilt. Den Strukturalismus, der in den 1960er Jahren in Frankreich die philosophische Vormachtstellung des Existentialismus verdrängt hatte, verstand Lévi-Strauss nicht so sehr als eine Philosophie oder eine Theorie, sondern eher als eine Methode, die zum Ziel hat, hinter der scheinbaren Unordnung und Unübersichtlichkeit menschlichen Lebens eine Struktur kultureller Ordnung herauszufinden. Diese stellt sich im strukturalistischen Denken als konstante Beziehungen zwischen Zeichen dar.

Angelehnt an die sprachanalytischen Untersuchungen des französischen Linguisten Roland Barthes beschäftigte sich Lévi-Strauss in dem Werk „Das wilde Denken" (1968) zunächst mit den Denk- und Sprachstrukturen nichtschriftlicher Kulturen, um sich dann den „elementaren Strukturen der Verwandtschaft" und den strukturalen Analysen ihrer Mythen und Rituale zuzuwenden. Im Unterschied zu Gehlen und Plessner waren seine Untersuchungen empirisch angelegt und fundiert; geleitet von der bei seinen ethnologischen Untersuchungen gemachten Erkenntnis, dass der im Namen der Zivilisation erfolgte Kolonialismus gerade die alten, illiteraten Kulturen zerstört hat, verstand Lévi-Strauss seine Forschungen auch immer als Zivilisationskritik. Sein Augenmerk richtete er dabei vor allem auf die Vielgestaltigkeit der symbolischen Strukturen, also jene Ordnungen, deren Generierung Gehlen als die zentrale Leistung der Kultur bezeichnet hatte. Mit der Thematisierung symbolischer Ordnungen konnte Lévi-Strauss nicht nur den von Marx vernachlässigten ‚Überbau' der Zivilisation durchleuchten, sondern auch die gängige zivilisationsfreundliche These in Frage stellen, der Grad der Abstraktheit der ökonomischen Verhältnisse verweise auf die Komplexität der geistigen Welt.

Vielgestaltigkeit symbolischer Ordnungen

Wie die Anthropologie insgesamt beschäftigte sich auch Lévi-Strauss mit der Frage, wie Menschen aus ihrer Naturverbundenheit hinaustreten und lebensfähig werden. Wie Gehlen und Plessner beantwortete er diese mit der anthropologischen Fähigkeit, Sinnstrukturen zu bilden und damit in die Natur verändernd einzugreifen und kulturbildend zu sein. Bei diesem Prozess lassen sich, so Lévi-Strauss, zwischen den ‚Zivilisationsniveaus' verschiedener Gesellschaften keine prinzipiellen Unterschiede in den Strategien der Sinngenerierung feststellen. Wie bereits Simmel Kulturbildung über eine Art Dreistadiengesetz erklärte, das „von der geschlossenen Einheit durch die entfaltete Vielfalt zur entfalteten Einheit" führe, unterstellte Lévi-Strauss im Prozess der Symbolbildung einen Dreischritt „von der empirischen Vielfalt zur begrifflichen Einfachheit zur bezeichnenden Synthese". Die für individuelles und soziales Leben notwendige Bildung von Sinnstrukturen erfolgt demnach dadurch, dass Menschen die Fülle ihrer Wahrnehmungen zunächst vorbegrifflich-symbolisch, dann auch begrifflich klassifizieren, um sie schließlich in ein strukturiertes Feld von Bedeutungen einzuordnen. Dieses Bedeutungsfeld umspannt Ich und Welt, oder in Simmels Begriffen, subjektive und objektive Kultur. Wenn Lévi-Strauss auch einen strukturell gleichlaufenden Prozess der Sinnstiftung bei sog. vorzivilisierten und sog. zivilisierten Kulturen unterstellte, begriff er deren Verhältnis zur Natur als grundlegend unterschiedlich: ‚Vorzivilisierte' Völker benutzen ihre Kultur zur Sicherung ihres Lebens in der sie umgebenden Natur, Sinnstiftung erfolgt hier ausschließlich im unmittelbaren Umgang mit Welt. ‚Zivilisierte' Kulturen hingegen setzen ihre Technologien ein, um Natur zu beherrschen und sie auf diese Weise an ihre Kultur anzupassen. Moderne Zivilisation beruhe von daher auf einer der Natur entfremdeten Kulturpraxis.

Lévi-Strauss' kulturanthropologische Studien haben nicht nur in der jüngeren Ethnologie zu einer Neuorientierung geführt, sondern auch die französische Kultursoziologie stark beeinflusst. In Deutschland blieb der Einfluss Lévi-Strauss' in der sich in den 1970er Jahren neu begründenden Kultursoziologie gering. Hier favorisierte man eher den in den USA entwickelten Symbolischen Interaktionismus und die Ethnomethodologie oder die in der Tradition Edmund Husserls (1859–1938) stehende Sozialphänomenologie von Alfred Schütz (1899–1959). Zwar beschäftigen sich nach wie vor auch diese Forschungsrichtungen mit Fragen nach der Generierung von Sinnstrukturen und dem Studium von Teilkulturen, dies aber vor allem aus mikrosoziologischer Perspektive.

6 Kultur und Alltag: Kultursoziologie seit den 1970er Jahren

Die Neubegründung der Kultursoziologie in den 1970er Jahren erfolgte vor dem Hintergrund einer Vielzahl von gesellschaftlichen Transformationen, in denen sich ein Bruch mit der Kultur der Moderne ankündigte: Aufhebung der Trennungen von Hochkultur und Massenkultur, von künstlerischer Avantgarde und Pop, Hybridisierung von Kultur durch Globalisierung und Migration, Verschwimmen der Grenzen zwischen Wirklichkeit und Fiktion durch neue Medien, eine damit verbundene Fiktionalisierung von Erfahrung, eine Eventisierung und Musealisierung von Kultur und eine allumfassende Theatralisierung und Ästhetisierung des Alltags.

Wurden diese Tendenzen von den Theoretikern der Moderne zumeist unter dem Stichwort des Werteverfalls betrachtet, so richtet die auf **Alltagskultur** ausgerichtete jüngere Kultursoziologie ihren Blick auch auf die Potentiale, die diese Umwälzungen mit sich bringen und nimmt dies zum Anlass, die vorliegenden kulturtheoretischen Entwürfe zu hinterfragen, zu modifizieren und zu korrigieren. Die neue Generation der Kultursoziolog*innen bedient sich verschiedener Theorieansätze und verbindet sie zu neuen Konzepten, so dass seitdem nur noch schwerlich national geprägten Theorierichtungen in der Kultursoziologie ausgemacht werden können. Kultursoziologie stellt sich heute eher dar als ein Rhizom, als ein vielfach verästelter und verzweigter Wurzelstock, der nicht mehr auf einen Stamm, auf eine eindeutige Genealogie verweist. Gemeinsam ist allen Richtungen, die Problematik einer Ausdifferenzierung von Kultur theoretisch und empirisch erfassen zu wollen.

6.1 Cultural Studies

In den 1970er Jahren hatte es sich die sog. Birmingham School, eine Forschergruppe des Centers for Contemporary Cultural Studies (CCCS) in Birmingham, zur Aufgabe gemacht, populäre Kulturen zu untersuchen. Damit verbunden waren zwangsläufig eine Hinterfragung der Kulturindustriethese Horkheimers und Adornos und die Entwicklung neuer Perspektiven auf die Kultur in spätkapitalistischen und postkolonialen Gesellschaften. Seitdem widmen sich die vor allem im angelsächsischen Raum stark vertretenen Cultural Studies der Aufgabe, den Sinn- und Bedeutungsgehalten von kulturindustriell erzeugten Produkten in der Alltagspraxis nachzugehen. Damit übersetzen sie die schon von der Anthropologie gestellte Frage nach der Konstruktion symbolischer Welten auf das Verhältnis von Kulturindustrien und Alltagskultur.

Kulturindustrie und Alltagskultur

Stuart Hall (1932–2014), in den 1970er Jahren Institutsdirektor in Birmingham, legte die theoretischen Grundlagen, die zu den Forschungen führten, die später unter dem Begriff der ‚*Cultural Studies*' zusammengefasst wurden. Beeinflusst durch den marxistischen Kultur- und Sozialtheoretiker Antonio Gramsci (1891–1937) beschreibt Hall, ähnlich wie etwa zeitgleich Pierre Bourdieu, das Feld der Kultur als einen Schauplatz ständiger ideologischer Kämpfe, wobei es, nach Hall, in der Hauptsache um einen Kampf zwischen der hegemonialen und der populären Kultur geht, die in einem dialektischen Verhältnis zueinander stehen. Populäre Kultur ist demnach weder authentisch oder autonom noch könnte die hegemoniale Kultur auf sie verzichten. Vielmehr stellt sie ein notwendiges Instrument und Produkt von Klassenauseinandersetzungen dar und dient als solches dem Erhalt von Klassenschranken.

Hegemoniale und populäre Kultur

Die Frage, wie Menschen mit den kulturindustriellen Produkten umgehen, beantwortete Hall mit dem Encoding/Decoding-Kommunikationsmodell. Demnach haben Kulturindustrien zwar die Macht, Kulturwaren zu produzieren und weltweit zirkulieren zu lassen, aber es sind die Rezipient*innen, die im Prozess der Aneignung den Kulturobjekten erst Bedeutung zuweisen. Diesen aktiven Prozess der Bedeutungszuschreibung hält Hall gerade in einer zunehmend komplexeren und ausdifferenzierteren Welt für einen entscheidenden Vorgang, denn zum einen ist das kulturelle Produkt im Prozess der Vermittlung vom Produzenten zum Konsumenten unterschiedlichen Kontexten ausgesetzt, die die ursprüngliche Bedeutung verändern können. Auf der anderen Seite ist das Decoding selbst ein aktiver, interpretativer und sozialer Vorgang, der von den Rezipient*innen entsprechend ihrer sozialen Klasse und dem entsprechenden sozialen Sinnsystem unterschiedlich geleistet wird. Voraussetzung einer differenten Auslegung ist, dass die zirkulierenden Zeichen selbst ‚interpretationsvariabel', polysem sind. Mit der Auffassung, dass alle kulturellen ‚Texte' verschiedene Lesarten zulassen, orientierte sich Hall an

Aneignung kulturindustrieller Produkte

den Überlegungen des Poststrukturalisten Roland Barthes, der eine erweiterte Perspektive auf den ‚Text' vorstellte, indem er den Text auflöste in die ‚Lesarten', die ihn rezipieren.

Dieses semiotische Verständnis von Kultur wurde ebenfalls durch die angloamerikanische Ethnologie stark gemacht. Etwa zeitgleich mit den Cultural Studies hatten seit den 1960er Jahren Autoren wie Ward Goodenough (1971), Mary Douglas (1971; 1996), Clifford Geertz (1997) und James Clifford (1986 [als Hg. zusammen mit George E. Marcus]; 1988) einen bedeutungs- und wissensorientierten Kulturbegriff entwickelt und ein semiotisches Verständnis von Kultur gestärkt. Demzufolge sei Kultur als ‚Text' zu lesen, wobei die Lesarten von Kultur sich in ethnographischen Studien erschließen.

Kulturelle Stile

Kulturelle Stile nähren sich, so die Cultural Studies, aus zwei Quellen: zum einen aus der eigenen Klassenkultur, zum anderen aus den Symbolsystemen, wie sie von der Kulturindustrie angeboten werden. Von daher können die Cultural Studies auch keine Kulturanalyse für hinreichend halten, die sich auf die intendierten Bedeutungen von Kulturprodukten konzentriert, da diese nur wenig über die Bedeutung von Kultur für die Konsument/innen aussagen. Der Frage, wie sich denn diese Aneignung von kulturellen Produkten im Lebensalltag vollzieht, haben sie aber offengelassen. Hier können wiederum die Kategorien Habitus und Leib von Pierre Bourdieu hilfreich sein.

6.2 Die Kulturtheorie von Pierre Bourdieu

Der französische Soziologe Pierre Bourdieu (1930–2002) legte die theoretischen Fundamente für einen neuen Zugang zu einer empirisch geleiteten Erforschung von Kultur. Bourdieu versteht unter Kultur weder ästhetische Objekte von ‚hoher' Qualität, noch allein das Feld der Bildung, sondern alle Kulturobjekte, kulturelle Praktiken und Arten und Weisen des Lebens, also Lebensstile. Sein weiter Kulturbegriff entstammt der Ethnologie in der Tradition Lévi-Strauss und soll herkömmliche Dichotomien zwischen hoher Kunst und Massenkultur, bürgerlichem und proletarischem Geschmack aufheben. Dementsprechend richtete sich sein Fokus weder auf die noch für Adorno wesentliche Frage nach der ästhetischen Qualität kultureller Objekte, noch auf die problematischen Folgewirkungen der Massenkultur, sondern auf alle alltagskulturellen Praktiken. Die Verbindung von Lebensstil und Kultur stellte Bourdieu her, indem er sein Konzept auf drei zentralen Begriffen aufbaut: Geschmack, Körper/Leib und Habitus.

Kultur als Lebensstil

Bourdieus zentrales Interesse richtete sich auf den Nachweis, dass Kultur ein entscheidendes Medium sozialer Distinktion sei. Bereits in den 1970er Jahren wies er in dem Buch „Die feinen Unterschiede" (1987) nach, dass Unterschiede in der Kultur im wesentlichen dazu dienen, soziale Klassengegensätze zu veranschaulichen und damit zu manifestieren. Diese These konnte entwickeln, indem er den Marxschen Begriff des Kapitals um die kulturelle und symbolische Ebene erweiterte. Nicht nur wirtschaftliche Besitzstände sind demnach eine Form des Kapitals, sondern auch kulturelles Kapital in Form von Bildung und symbolisches Kapital, beispielsweise in Form von sozialen Beziehungen, sind entscheidend für die soziale Positionierung des Einzelnen im sozialen Feld. Indem die ‚oberen' Gesellschaftsschichten mehr kulturelles Kapital besitzen, sind sie, so Bourdieu, zugleich ‚legitimiert', eine Kontrolle über die kulturellen Gewohnheiten ‚unterer' Sozialschichten auszuüben: sie sind es, die darüber urteilen, was höher- und niederwertiger, was schlechter und guter Geschmack ist. Geschmack ist der soziale Platzanweiser im kulturellen Feld; er ist das Medium, über das Hierarchien in der Kultur aufgestellt und soziale Unterschiede manifestiert werden.

Kultur als Kapital

6.2.1 Geschmack als Mittel sozialer Distinktion

Geschmack hat man oder eben nicht, – diese Auffassung hielt Bourdieu für eine sozial wirksame Ideologie der führenden Klassen. Für ihn ist **Geschmack** durchweg gesellschaftlich produziert und als solcher klassenspezifisch differenziert: Die gesellschaftlichen Eliten haben das, was Bourdieu ‚legitimen' Geschmack nennt, sie versinken bei Bachs ‚wohltemperiertem Klavier', die Mittelschichten hingegen mögen eher Gershwins ‚Rhapsody in Blue', während die Unterschichten dem populären Geschmack nachhängen und bei ‚An der schönen blauen Donau' zu schunkeln beginnen. Wie schon Elias kulturelle Gewohnheiten im Habitus der Menschen verankert sah, verpflichtete nach Bourdieu der Geschmack die Menschen in einem sehr elementaren, weil an den Körper gebundenen Sinn an ihren klassenspezifischen Habitus und Lebensstil. Er ist ein gesellschaftlicher Orientierungssinn und auch das Medium, das kulturellen Produkten und kulturellen Codes ihre distinktive Funktion verleiht. Geschmack ist, so Bourdieu, ein Mittel sozialen Kampfes, über ihn bilden und verfestigen sich Klassengegensätze, ethnische Differenzen und konkretisieren sich Generationskonflikte.

Klassenkulturen als Geschmackskulturen

Geschmack ist aber nicht nur eine soziale Strukturkategorie, sondern übernimmt im Denken Bourdieus auch eine Vermittlerrolle zwischen dem objektiven Status kultureller Objekte und den subjektiven Wahrnehmungen und individuellen Handlungsweisen im Umgang mit Kultur. Diese Aufgabe kann Geschmack erfüllen, indem er einverleibt wird und fortan die Bedürfnisse nach Kultur prägt. Geschmack, das ist Natur gewordene, inkorporierte Kultur. Indem sich Geschmack in die Körper eingräbt und hier, dem Bewusstsein nur bruchstückhaft zugänglich, als scheinbar Naturhaftes seine Wirk-

Geschmack als inkorporierte Kultur

samkeit entfaltet, kann er die Klassenkulturen wirksam reproduzieren. Kulturelle Bedürfnisse sind demnach weder individuell oder natürlich, noch primär bewusst, sondern sozial produziert und körperlich manifest.

6.2.2 Der Körper als Produkt, Instrument und Produzent von Kultur

Den **Körper** verstand Bourdieu als die materiale Form eines gesellschaftlichen Klassifikationsprinzips, als die unverrückbare Objektivierung des Klassengeschmacks. Ebenso wenig wie der Geschmack ist der Körper demnach etwas Naturgegebenes, sondern durchweg sozial konstruiert und konnotiert, was sich in seinen physischen Dimensionen wie Umfang, Gewicht, Form und Muskelaufbau und den Haltungen, Gesten, Mimiken und Bewegungen ebenso manifestiert wie in den kulturellen Praktiken, den Körper zu gebrauchen, ihn zu pflegen, zu ernähren und zu benutzen. Aber der Körper drückt das Verhältnis der Menschen zu ihrer Kultur nicht nur aus, ist also nicht nur Träger von distinktiven Zeichen, sondern er produziert auch: erst über den Körper können Zeichen in eine sichtbare stoffliche Form gelangen. Der Körper ist Produkt, Produzent und Instrument von Kultur und als solcher die Basis des Habitus. Das Verhältnis der Menschen zu ihren Körpern beschreibt Bourdieu entsprechend als eine Dimension ihres Habitus (vgl. Lektion IV).

Körper als materialisierte kulturelle Praxis

6.2.3 Die Doppelfunktion des Habitus

Den **Habitus** verstand Bourdieu als Produkt inkorporierter sozialer Strukturen und zugleich als Produzenten kultureller Praxis. Für Bourdieu sind Menschen selbst ‚Konstrukteure' von Inkorporierungsprozessen, aber zugleich setzt der Habitus ihren individuellen Handlungsspielräumen Grenzen: Der Habitus ist ein klassenspezifisches Produkt und produziert entsprechende Praktiken im sozialen Feld. Handlungsanleitend sind weder Ideologien noch rationale Deutungsmuster, sondern das Wissen, das in dem leibgebundenen Habitus abgespeichert ist und über den praktischen Sinn im sozialen Feld immer wieder wachgerufen wird. Im Wissen des Leibes sind die klassenspezifischen Geschmackspräferenzen und alltagskulturellen Praktiken der Menschen gespeichert ebenso wie ihre ästhetischen Dispositionen im Umgang mit Kunst. Kunst und Alltag, ästhetisches Urteil und Geschmack begriff Bourdieu als zwei Seiten einer Medaille.

Bourdieu hat das bislang komplexeste Modell vorgelegt, in dem Klassentheorie und Lebensweltanalyse, Kultur- und Sozialstrukturanalysen, Theorie und Empirie miteinander verknüpft sind. Er hat (macht)strukturelle Mechanismen der Verteilung von Kultur aufgezeigt und deutlich gemacht, wie diese von der Ebene ökonomischer Produktion bis in die leiblichen Strukturen hineinreichen. Mit seiner Auffassung, dass kulturelle und ästhetische Bedürfnisse und Präferenzen der Menschen immer klassenspezifisch strukturiert sind, widersprach er Horkheimers und Adornos Thesen zur Kulturindustrie, die ausschließlich die Bedürfnisse bestimmter sozialer Schichten, der ‚Masse', als manipuliert begriffen haben. Indem er, angelehnt an Ethnomethodologie und Symbolischen Interaktionismus, die handelnden Menschen als symbolische Konstrukteure verstand, sie aber im Unterschied zu diesen in das soziale Bedingungsfeld von Klassenstrukturen stellte, werden die Menschen nicht als manipulierbare und passive Objekte angesehen. Dem Denken Bourdieus folgend ist die Manipulationsthese Horkheimers und Adornos immer auch ein symbolisches Instrument im beständigen Kampf zwischen den Klassen.

6.3 Die deutschsprachige Kultursoziologie

In der deutschsprachigen Soziologie wurde ebenfalls in den 1970er Jahren der Ruf nach einer Neubegründung der Kultursoziologie laut. Mit der z. B. von Friedrich H. Tenbruck (Tenbruck 1979, 1996) formulierten Kritik, dass Soziologie im Zuge der Übermacht der Strukturtheorien à la Talcott Parsons (1902–1979) und Niklas Luhmann (1927–1999) zu einer Sozialdisziplin degradiert sei, wird hier Ende der 1970er Jahre von verschiedenen Autoren wie Wolfgang Lipp und Hans-Peter Thurn der Neubeginn einer Kultursoziologie gefordert, die ganz in der Tradition der deutschen ‚Klassiker' als eine Erfahrungswissenschaft zu konzipieren sei. Sie soll gleichermaßen global und regional orientiert sein, Kultur und Gesellschaft als ein spannungsreiches Interdependenzgeflecht begreifen und die kulturelle Bedingtheit sozialer Prozesse ebenso anerkennen wie sie Kultur als gesellschaftlich produziert ansieht (vgl. Luhmann 1995; Lipp 1979; Thurn 1979).

In den 1980er Jahren widmete sich die deutschsprachige Kultursoziologie dem Verhältnis von Kultur und Gesellschaft zum einen aus der Perspektive der Moderne (vgl. Neidhardt/Lepsius/Weiss 1986, Münch 1993), zum anderen aus der Sicht der Alltagskulturen (vgl. Soeffner 1988a). Der 24. Soziologentag in Zürich 1988 stand dann bezeichnenderweise auch unter dem Thema „Kultur und Gesellschaft".

Die wesentlichen theoretischen Einflüsse gehen im deutschsprachigen Raum vor allem vom symbolischen Interaktionismus in der Nachfolge George H. Meads (1863–1931), der Ethnomethodologie eines Erving Goffman (1922–1982) und der Wissenssoziologie in der Nachfolge von Alfred Schütz (1899–1959) und Peter Berger/Thomas Luckmann aus (vgl. Goffman 1994a, 1994b; Schütz/Luckmann 1984; Berger/Luckmann 1986; Luckmann 1986). Kultursoziologie versteht sich hier vor allem als eine interpretativ verfahrende

Mikrosoziologie, sie legt ihr Augenmerk auf Lebensweltanalysen und rückt die Kategorie des Handelns, verstanden als symbolisch vermittelte, sinnorientierte, sinndeutende soziale Interaktion in den Mittelpunkt ihrer Untersuchungen. In Tradition der Ethnomethodologie erhalten hier vor allem die dramaturgischen Aspekte des Handelns Gewicht, die diese als ‚Theater', als ‚Inszenierung' vorstellen. Dementsprechend wird hier Kultur als „eine spezifische Zugangsweise und Aktivität des Menschen auf sich selbst, seine Mitmenschen und seine Umwelt hin (einschließlich der von ihm geschaffenen) als auch die Produkte dieser Aktivität" (Soeffner 1988b) verstanden.

Mikrosoziologische Ausrichtung der Kultursoziologie

Die Neubelebung der Kultursoziologie rechtfertigte sich auch hier aus dem seit den 1980er Jahren steigenden Einfluss der Kultur auf den gesellschaftlichen Alltag, der seinen markanten Ausdruck in den Begriffen **‚Kulturgesellschaft'** (Ästhetik und Kommunikation 1987) oder **‚Erlebnisgesellschaft'** (Schulze 1993) fand. Hinter diesen Stichworten verbergen sich soziologische Konzepte, die dem Ereignis und Erlebnis, der Inszenierung und der Präsentation eine neue Bedeutung beimessen. Ganz im Sinne der Thesen moderner Kulturkritik wird auch hier ein in allen Bereichen des sozialen Lebens und über alle Klassen, Geschlechts- und Altersgruppen hinweg wachsendes Verlangen nach ‚Events' verzeichnet, das als Gegenbild zum entfremdeten und eintönigen Alltag zum neuen Zauberwort avanciert sei. Zugleich wird eine immense Ausweitung von Kultur auf alle Bereiche gesellschaftlichen Lebens verzeichnet: Politische Diskussionen gibt es vor allem als Talkshows und damit als Inszenierungen von Politik, gleichzeitig degeneriere Kultur zum weichen Standortfaktor und die zunehmend kommerzielle Kulturförderung zur wirksamen Imagepflege von Wirtschaftsunternehmen.

Kultur als Event

Allerdings meinen die Begriffe Kultur- und Erlebnisgesellschaft nicht einen neuen Typus, sondern nur eine bestimmte Perspektive auf Gesellschaft, die keineswegs die Bedeutung anderer Perspektiven verkennt. Mit diesem Begriff wird ein bestimmtes Merkmal betont, ähnlich wie dies bei den Begriffen der Arbeits- oder Risikogesellschaft, der Informations- und der Multioptionsgesellschaft der Fall ist. Das Prädikat Kulturgesellschaft soll ausdrücken, dass Kultur zu einem wichtigen Instrument und zu einer zentralen Säule gegenwärtiger Gesellschaften geworden ist. Dies macht auch die Kultur für die Ökonomie, den Städtetourismus, aber auch die Wissenschaften wieder interessant und führt in den 1990er Jahren verstärkt zu Diskussionen um die universitäre Institutionalisierung einer interdisziplinär ausgerichteten Kulturwissenschaft, die zudem das Dilemma der umstrittenen Begriffskombination von Geistes- und Sozialwissenschaft beseitigen soll.

Kultur als Produktivkraft postindustrieller Gesellschaften

Die Hinwendung zur Alltagskultur und hier vor allem zu Inszenierungs- und Handlungspraktiken bedeutete zugleich eine theoretische Perspektivenverlagerung. Denn mit dieser Schwerpunktsetzung gerieten zunehmend die

Fragen, wie der Begriff der Praxis zu bestimmen sei und wie diese Praxis entstehe, in den Blickpunkt des Interesses. Bislang war in der Kultursoziologie ein Denkmodell vorherrschend, das Kultur als Repräsentation (z. B. einer sozialen Klasse oder verschiedener Bildungsniveaus) verstand. Mit der Konzentration auf die alltägliche Inszenierungspraxis rückte hingegen erneut die Handlungsdimension des Kulturellen in den Mittelpunkt. Damit verbunden war eine theoretische Wende, die das Repräsentationsmodell ‚Kultur' in Frage stellte und sich zunehmend auf die Performanzen von Kultur, d. h. auf die Generierung von kultureller Praxis, auf Kultur als Handlungsvollzug und auf performative Kulturen konzentrierte. Dem ‚linguistic turn', der die Bedeutungsdimensionen von Kultur thematisierte, folgte in den 1990er Jahren der ‚performative turn', in dessen Folge die Herstellungsweisen kultureller Praxis verhandelt wurden (vgl. Klein/Friedrich 2003; Reckwitz 2000).

Die jüngste diskursive Bedeutungszunahme der Kultur ist ein Indiz für eine Gesellschaft und eine „Consumer culture", die geprägt ist durch die Gleichzeitigkeit eines expandierenden Kulturkonsums und einer komplementären Expansion von Kulturbedürfnissen. Die Ausdifferenzierung kultureller Felder und die Vielzahl kultureller Praxisformen macht es unmöglich, eine eindeutige Definition von Kultur zu formulieren. Neuere Migrationsbewegungen forcieren zudem eine Auseinandersetzung mit der Vielheit und Gleichzeitigkeit unterschiedlicher kultureller Traditionen, Verhaltensmuster und -praktiken. Kultur ist heute zugleich Wirtschaftsfaktor (z. B. in postindustriellen Städten) und politisches Kampffeld, die Vielheit von Kulturen Praxis und Alltagserfahrung und in urbanen Lebenszusammenhängen sowie ein wichtiges Instrument im Kampf um Anerkennung, in Strategien der In- und Exklusion und der (Selbst-)Positionierung. Insofern sollte dieser Text veranschaulichen, dass die Geschichte der Kulturtheorien eine Geschichte der Perspektivenerweiterungen und -wechsel ist. Der soziologische Kulturbegriff ist dabei ein ‚Handwerkszeug', das gegenüber anderen wissenschaftlichen Kulturkonzepten seine Besonderheit darin hat, Kultur in Bezug auf soziale Prozesse und gesellschaftliche Entwicklungen zu verstehen. Vor diesem Hintergrund ist gerade die Kultursoziologie aufgefordert, kultursoziologische Konzepte und Befunde immer wieder neu zu reflektieren.

Informationsteil

Literatur zur Einführung

Da die einschlägige Literatur zu den einzelnen Autoren an den entsprechenden Stellen im Text vermerkt ist (s. zitierte und weiterführende Literatur), werden hier zur Einführung Publikationen vorgestellt, die einen Überblick über die Kultursoziologie liefern und verschiedene kulturtheoretische Perspektiven eröffnen:

Alexander, C. J./Smith, P., Der Diskurs der amerikanischen Zivilgesellschaft: Ein neuer kultursoziologischer Entwurf. In: Berliner Journal für Soziologie, Bd. 4, 1994, S. 157–177

Gebhardt, W., Vielfältiges Bemühen. Zum Stand kultursoziologischer Forschung im deutschsprachigen Raum. In: *Orth, B./Schwietring, Th./Weiß, J.*, Hg., Soziologische Forschung. Stand und Perspektiven. Ein Handbuch, Opladen 2003

Moebius, St./Albrecht, C., Hg., Kultur-Soziologie. Klassische Texte der neueren deutschen Kultursoziologie, Wiesbaden 2015

Möbius, St./Scherke, K./Nungesser, F., Hg., Handbuch Kultursoziologie. Band 1: Begriffe - Kontexte - Perspektiven - Autor_innen, Wiesbaden 2015

Moebius, St., Kultur. Einführung in die Kultursoziologie, Reihe: Themen der Soziologie, Bielefeld ²2010

Reckwitz, A., Unscharfe Grenzen. Perspektiven der Kultursoziologie, Bielefeld 2008

Wohlrab-Sahr, M., Kultursoziologie. Paradigmen - Methoden - Fragestellungen, Wiesbaden 2010

Zitierte und weiterführende Literatur

Ästhetik und Kommunikation. Thema: Kulturgesellschaft, H. 67/68, 18. Jg., Berlin 1987

Berger, P. L./Luckmann, Th., Die gesellschaftliche Konstruktion der Wirklichkeit, Frankfurt/M. 1969 (engl. Original 1967)

Bourdieu, P., Die feinen Unterschiede, Frankfurt/M. 1987 (franz. Original 1979)

Clifford, J., The Predicament of Culture. Twentieth-century ethnography, literature and art, Cambridge 1988

Ders./Marcus, G. E., Hg., Writing Culture. The poetics and politics of ethnography, Berkeley 1986

Douglas, M., Natural Symbols, London 1971

Dies., Thought Styles. Critical Essays on good taste, London 1996

Elias, N., Über den Prozess der Zivilisation. 2. Bde., Frankfurt/M. 1997 (zuerst 1939)

Geertz, C., Dichte Beschreibung, Frankfurt/M. 1997 (engl. Original 1983)

Gehlen, A., Der Mensch. Seine Natur und seine Stellung in der Welt, Wiesbaden ¹³1986 (zuerst 1940)

Goffman, E., Interaktionsrituale, Frankfurt/M. ³1994a (1. Aufl. 1971, amerik. Original 1967)

Ders., Wir alle spielen Theater, München 1994b (1. Aufl. 1969, amerik. Original 1959)
Goodenough, W., Hg., Culture, Language and Society, Reading 1971
Horkheimer, M./Adorno, T. W., Aufklärung als Massenbetrug, in: Dialektik der Aufklärung. Frankfurt/M. 1971 (zuerst 1947)
Hörning, K. H., Doing Culture: neue Positionen zum Verhältnis von Kultur und sozialer Praxis, Bielefeld 2004
Ders., Widerspenstige Kulturen: Cultural Studies als Herausforderung, Frankfurt am Main 2005
Humboldt, W. v., Gesammelte Schriften. Bd. 7.1, Berlin 1907
Kant, I., Über Pädagogik, Gesammelte Werke. Bd. XII, Frankfurt/M. 1968a (zuerst 1803)
Ders., Mutmaßlicher Anfang der Menschengeschichte, Gesammelte Werke. Bd. XI, Frankfurt/M. 1968b
Klein, G., Electronic Vibration. Pop Kultur Theorie, Wiesbaden 2004
Dies./Friedrich, M., Is this real? Die Kultur des HipHop, Frankfurt/M. 2003
Lévi-Strauss, C., Das wilde Denken, Frankfurt/M. 1968 (franz. Original 1962)
Lichtblau, K., Kulturkrise und Soziologie um die Jahrhundertwende. Zur Genealogie der Kultursoziologie in Deutschland, Frankfurt/M. 1996
Lipp, W., Kulturtypen, kulturelle Symbole, Handlungswelt, in: KZfSS, Jg. 31, 1979, S. 450–484
Luckmann, Th., Lebenswelt und Gesellschaft, Paderborn 1980
Luhmann, N., Kultur als historischer Begriff, in: Gesellschaftsstruktur und Semantik. Studien zur Wissenssoziologie der modernen Gesellschaft, Bd. 4, Frankfurt/M. 1995, S. 31–54
Marcuse, H., Über den affirmativen Charakter der Kultur, in: Kultur und Gesellschaft I, Frankfurt/M. 1965 (zuerst 1937), S. 56–100
Moebius, S., Kultur: Theorien der Gegenwart, Wiesbaden 2006
Morley, D., British cultural studies: geography, nationality, and identity. Reprinted. Oxford u. a. 2005
Münch, R., Die Kultur der Moderne I/II, Frankfurt/M. 1993 (zuerst 1986)
Neidhardt, F./Lepsius, M. R./Weiss, J., Hg., Kultur und Gesellschaft. Sonderheft 27 der KZfSS, Opladen 1986
Noguchi, M., Kampf und Kultur: Max Webers Theorie der Politik aus der Sicht seiner Kultursoziologie, Berlin 2005
Plessner, H., Die Stufen des Organischen und der Mensch, Berlin/New York [3]1975 (zuerst 1928)
Schulze, G., Erlebnisgesellschaft. Kultursoziologie der Gegenwart, Frankfurt/M. 1993
Schütz, A./Luckmann, Th., Strukturen der Lebenswelt. 2 Bde., Frankfurt/M. 1984 (amerik. Original 1975)

Simmel, G., Vom Wesen der Kultur. In: Brücke und Tür. Essays des Philosophen zur Geschichte, Religion, Kunst und Gesellschaft, hrsg. von *M. Landmann*, Stuttgart 1957 (zuerst erschienen 1908), S. 86–94

Soeffner, H.-G., Hg., Kultur und Alltag, Soziale Welt, Sonderband 6, Göttingen 1988a

Ders., Kulturmythos und kulturelle Realität(en), in: *Ders.*, Hg., a. a. O., 1988b, S. 3–20

Tenbruck, F. H., Die Aufgaben der Kultursoziologie, in: KZfSS, Jg. 31, 1979, S. 399–421

Ders., Perspektiven der Kultursoziologie, Opladen 1996

Thurn, H. P., Kultursoziologie – Zur Begriffsgeschichte der Disziplin, in: KZfSS, Jg. 31, 1979, S. 422–449

Weber, A., Kulturgeschichte als Kultursoziologie, München 1951

Weber, M., Die ‚Objektivität' sozialwissenschaftlicher und sozialpolitischer Erkenntnis, in: Gesammelte Aufsätze zur Wissenschaftslehre, hrsg. von *J. Winckelmann*, Tübingen ^{4}1973 (zuerst 1904), S. 146–214

Lektion XIII
Entwicklung und Sozialstruktur moderner Gesellschaften

Wolfgang Zapf

Inhalt

1 Modernisierung und moderne Gesellschaften

Die Soziologie spricht in mindestens drei unterschiedlichen Weisen von **Gesellschaft:** in der allgemeinen Theorie von den Grundbedingungen der Vergesellschaftung, in vergleichender Analyse von Typen und Entwicklungsstadien von Gesellschaften und in historischer Betrachtung von konkreten Gesellschaften mit Ländernamen und Jahreszahlen, z. B. die Bundesrepublik Deutschland in einem bestimmten Zeitraum im internationalen System der Staaten und Bündnisse.

Definition Modernisierung

Modernisierung ist die Entwicklung von einfachen und armen Agrargesellschaften zu komplexen, differenzierten und reichen Industriegesellschaften, die nach innen und außen ein bestimmtes Maß an Selbststeuerungsfähigkeit besitzen.

Definition Moderne

Die „Moderne" ist demgegenüber ein Begriff aus Kunst, Literatur und Philosophie, wandelbar in der jeweiligen Auseinandersetzung von Avantgarde und Konvention, am besten „sichtbar" vielleicht im Wechsel der jeweils modernen Architektur (erinnert sei an die Debatte, ob eine Postmoderne das „Projekt Moderne" abgelöst habe).

Grundprobleme der allgemeinen soziologischen Theorie

Die allgemeine soziologische Theorie behandelt seit ihren Klassikern eine begrenzte Anzahl von Grundproblemen: Wie wird die gesellschaftliche Ordnung aufrecht erhalten und dennoch innerer und äußerer Wandel ermöglicht? Wie erwirtschaften die Gesellschaftsmitglieder die Ressourcen für ihr Überleben, ihre physische Reproduktion? Wie gestalten sie ihre innere und äußere Sicherheit durch politische Herrschaft? Wie organisieren sie die psychische und kognitive Reproduktion, also die Sozialisation nachwachsender Generationen?

Diese Fragen sind in einer „Sprache" gestellt, in der Gesellschaften als Kollektivgebilde behandelt werden, in denen das Handeln von Individuen durch Regeln institutionalisiert, d. h. „auf Dauer gestellt" ist, so dass es als eigene soziale Realität erlebt wird. Der soziologisch Interessierte sollte aber von Anfang an davon ausgehen, dass die Art des Sprechens über Gesellschaft selbst ein zentrales theoretisches Thema ist und dass es auch andere „Sprachen" gibt. Zum Beispiel kann man Gesellschaft aus den Interaktionen der einzelnen Handelnden ableiten, die ihr Handeln an Traditionen, Werten und Interessen oder durch Lernen so orientieren, dass sie die Probleme der Reproduktion, Steuerung und Sozialisation lösen können, entweder planvoll oder doch als ungeplante Nebenfolge.

Gesellschaften können auch – wie in der modernen Evolutionstheorie – als sich selbst reproduzierende („selbst organisierende") Systeme innerhalb umfassenderer ökologischer und globaler Systeme der Konkurrenz, Spezialisierung und Generalisierung verstanden werden. Wir bleiben der Einfachheit halber in der Sprache der Kollektivgebilde, wechseln sie aber, wo andere Sprechweisen, z. B. über innovatives Handeln, angemessener sind.

2 Die Erklärung gesellschaftlicher Entwicklung in der Modernisierungstheorie

Zivilisationstheorie als Paradigma

Ein klassisches Thema der Soziologie ist die Beschreibung und Erklärung der universalgeschichtlichen Entwicklung, die von den „primitiven" Stammesgesellschaften bis zum Kapitalismus und Sozialismus der Gegenwart reichen kann. Der letzte der großen Entwürfe stammt von Norbert Elias (1897–1990). In seinem Werk „Über den Prozess der Zivilisation" (1998, zuerst 1939) wird die Bildung der Staaten und die „Bildung" des modernen Menschen seit dem Mittelalter als Zivilisierung von Gewaltsamkeit und Triebverhalten beschrieben: als einen Prozess, den niemand geplant und der dennoch eine bestimmte Richtung genommen hat.

Die **Modernisierungstheorie** hat demgegenüber ein begrenzteres Programm. Sie untersucht die Entwicklung der letzten 250 Jahre. Eine der besten Definitionen stammt von Reinhard Bendix (1969) und enthält selbst bereits eine Theorie. Sie lautet:

Modernisierung nach Bendix

> „Unter Modernisierung verstehe ich einen Typus des sozialen Wandels, der seinen Ursprung in der englischen industriellen Revolution von 1760–1830 und in der politischen Französischen Revolution von 1789–1794 hat (…) Modernisierung (…) besteht im wirtschaftlichen und politischen Fortschritt einiger Pioniergesellschaften und den darauf folgenden Wandlungsprozessen der Nachzügler."

2.1 Stadien der wirtschaftlichen Entwicklung

Industrialisierung und Demokratisierung als zentrale Prozesse

Industrialisierung und **Demokratisierung** sind demnach die beiden zentralen Prozesse der Modernisierung; sie müssen jedoch um ihre Voraussetzungen und Folgen ergänzt werden. Für die industrielle Entwicklung gibt es ein sehr anschauliches Modell der Stadien wirtschaftlichen Wachstums von Walt W. Rostow (1967):

- Das Stadium der traditionalen Agrargesellschaft ist der Ausgangspunkt; in ihr gibt es allenfalls zyklische Krisen und Prosperitätsphasen, aber kein Wachstum. In einem Vorbereitungsstadium sammeln sich sodann technische Erfindungen, ökonomische Ersparnisse und unternehmerische Talente.

- In der Durchbruchphase *(take-off-Phase)* finden diese Elemente zusammen bzw. werden von „Unternehmern" zusammengebracht: In wenigen Jahrzehnten erhöht sich die Investitionsquote so drastisch, dass die Wirtschaft „abhebt" und sozusagen in den Steigflug gelangt, in das Stadium des sich selbst erhaltenden Wachstums, in dem die großen Industrien, die Großstädte, die Verkehrssysteme entstehen (Rostow gibt für einzelne Länder sogar Jahreszahlen für die *take-off-Phase* an, so für England 1783–1802, Frankreich 1830–1860, USA 1843–1860, Deutschland 1850–1873).
- Erst mit erheblicher Verzögerung, nach den Entbehrungen der „Gründerzeit", nimmt die breite Bevölkerung am wachsenden wirtschaftlichen Reichtum teil: im Stadium des Massenkonsums, das symbolisiert wird durch die Ausbreitung des privaten Automobils.

Wenn wir darüber nachdenken, werden wir wahrscheinlich zustimmen, dass tatsächlich die Verbreitung des privaten Automobils das augenfälligste Anzeichen des Übergangs von einer Mangelwirtschaft zu einer Wohlstandsgesellschaft *(affluent society)* darstellt. Aber diese Wohlstandsgesellschaft kann nicht unbegrenzt weiterwachsen. Rostow kombiniert das exponentielle Wachstum der Aufstiegsphase mit sich später verringernden Zuwachsraten in einem s-förmigen Modell, und er postuliert für die Zeit ab ca. 1970 ein neues Stadium: die Suche nach neuen Qualitäten, in dem ein hohes Niveau wirtschaftlichen Wohlstands das Wachstumsziel zurücktreten lässt und Energien für andere, persönliche Ziele und für einen besseren Schutz der natürlichen Umwelt freisetzt. Nach dem neuen Wachstumsschub der 1980er Jahre wurden diese Gedanken in den Konzepten „Human Development" und „nachhaltiges Wachstum" wieder aufgenommen.

2.2 Stadien der politischen Entwicklung

Staaten- und Nationenbildung als Ausgang

Auch die politische Entwicklung ist in solchen Stadienmodellen dargestellt worden (vgl. z. B. Rokkan 1969). Jede Stufe produziert neue Probleme, aber liefert auch die Kapazitäten für neue Problemlösungsversuche. Die ersten beiden Stadien sind Staatenbildung und Nationenbildung. Aus der Vielfalt vormoderner Herrschaften (oder an der *open frontier* von Siedlungsgesellschaften) formen Eliten durch Kriege oder Verträge Staaten, die Steuern erheben, eine leistungsfähige Verwaltung aufbauen und eine militärische Macht errichten können.

Die Staatenbildung wird erleichtert und stabilisiert durch die Herausbildung einer nationalen Identität, wie sie durch ein nationales Schulsystem und in bestimmten Fällen durch eine Staatskirche gefördert oder durch große

Kompromisse zwischen Volksgruppen und Religionen erst ermöglicht wird. Im folgenden Stadium der Konsolidierung müssen die Ansprüche der Bürger auf politische Beteiligung und auf Umverteilung des gesellschaftlichen Reichtums befriedigt werden: Wahlrecht und parlamentarische Demokratie, soziale Sicherung und Wohlfahrtsstaat sind die Lösungsversuche für die Herausforderungen, die bis an die Probleme der Gegenwart heranführen.

Politische Modernisierung: eine Abfolge von Grundrechten

T. H. Marshall (1965) hat politische Modernisierung als Abfolge von bürgerlichen, politischen und sozialen Grundrechten beschrieben. Das bedeutet, dass sich ein Rechtsstaat entwickelt, der zuerst die innere Sicherheit garantiert und dann zunehmend die individuellen Freiheits- und Beteiligungsrechte anerkennt und schützt.

2.3 Weitere Bedingungen des Modernisierungsprozesses

Wirtschaftliche und politische Modernisierung sind zentrale Dimensionen, aber sie sind nicht selbsttragend. So hat man in den verschiedensten Versionen Veränderungen von Individuen, Sozialstruktur und Kultur als Voraussetzung und Folgen der wirtschaftlichen und politischen Entwicklung untersucht.

Anforderungen an die Individuen

Die Mitglieder von sich modernisierenden Gesellschaften müssen z. B. in ihren Rollen als Erwerbstätige und Wähler gut ausgebildete, mobile, flexible und leistungsbewusste Persönlichkeiten werden – charakterisiert durch den Übergang vom *traditional man* zum *modern man,* wobei beide Geschlechter gemeint sind.

Klassen und Schichten der Sozialstruktur müssen offen und veränderbar sein, d. h. sie müssen Mobilität erlauben, wachsen und schrumpfen können. Zur psychischen und sozialen Mobilität gehört auch die geographische Mobilität, wie sie sich in Wanderungen und Siedlungsmustern (Urbanisierung, Suburbanisierung) ausdrückt.

Die Kultur muss einerseits auf Säkularisierung und Rationalismus, andererseits auf Wertepluralismus im Rahmen eines verbindlichen Rechtssystems gegründet sein.

Steigerung der Autonomie gesellschaftlicher Systeme

In der allgemeinen Gesellschaftstheorie wird alles dies als langfristige Differenzierung gesellschaftlicher Teilsysteme bzw. als steigende Autonomie der Subsysteme behandelt. Demnach steigt die Leistungsfähigkeit der einzelnen gesellschaftlichen Teilbereiche, wie Wirtschaft, Politik, Recht, Wissenschaft, in dem Maße, in dem sie ausschließlich ihren eigenen Kriterien („Codes") folgen können, z. B. die Wissenschaft ausschließlich dem Kriterium der Wahrheitsfindung und des Erkenntnisfortschritts.

Damit stellt sich das Problem, wie diese autonomen Teilsysteme integriert werden und in produktive Austauschprozesse treten können. Und es stellt sich die Frage, inwieweit es noch so etwas wie gesamtgesellschaftliche Steuerungsfähigkeit, z. B. einen Führungsanspruch der Politik, gibt.

3 Grundinstitutionen moderner Gesellschaften

Man kann stadienförmige Modernisierungstheorien immer auch von hinten lesen: Die letzten Stadien umschreiben dann den gegenwärtigen Stand moderner Gesellschaften. Von rückwärts gelesen, kann man auf die Vorstellung verzichten, die Modernisierung hätte mit deterministischer Notwendigkeit so verlaufen müssen, wie sie verlaufen ist. Dennoch gibt es bestimmte Voraussetzungen für die Entwicklung moderner Gesellschaften.

Vier Grundbedingungen liberaler Demokratie

In einer Untersuchung über Gesellschaft und Demokratie in Deutschland aus dem Jahr 1965 hat Ralf Dahrendorf (1929–2014) vier Grundbedingungen für eine liberale Demokratie genannt, die für ihn zu den Voraussetzungen einer „offenen", modernen Gesellschaft gehören: Es müssen die bürgerlichen (persönlichen, politischen, sozialen) Grundrechte auf Chancengleichheit durchgesetzt sein. Soziale Konflikte müssen als produktiv anerkannt und in ihrer Austragung rational geregelt werden. Die Vielfalt der gesellschaftlichen Interessen muss in einer Konkurrenz der Führungsgruppen (Eliten) zum Ausdruck kommen. Und neben der Verfolgung privater Interessen müssen die „öffentlichen Tugenden", also das Gemeinwohl, eine Rolle spielen. In Dahrendorfs Einschätzung und detaillierter Analyse waren diese vier Bedingungen für eine liberale Demokratie im autoritären Kaiserreich und in der zerrissenen Weimarer Republik nicht verwirklicht, schon gar nicht im totalitären Nationalsozialismus, während die Bundesrepublik – bezogen auf die 1960er Jahre – auf dem Wege sei, eine moderne Gesellschaft zu werden.

Die evolutionistische Perspektive

Als Ergänzung zu Dahrendorfs Anforderungen bietet sich eine evolutionistische Perspektive an, in der Gesellschaften, die moderne Institutionen ausgebildet haben, erfolgreicher sind als diejenigen, die dies erst noch anstreben (vgl. Parsons 1979). In dieser Perspektive schlage ich vor, **moderne Gesellschaften** durch die folgenden Grundinstitutionen zu definieren: Konkurrenzdemokratie, Marktwirtschaft sowie Wohlstandsgesellschaft mit Massenkonsum und Wohlfahrtsstaat.

Drei Grundinstitutionen moderner Gesellschaften

3.1 Konkurrenzdemokratie und Marktwirtschaft

Konkurrenzdemokratien sind politische Systeme, in denen Parteien bzw. Kandidaten (z. B. Präsidentschaftskandidaten) nach verfassungsmäßigen Regeln um die Macht kämpfen, die ihnen auf Zeit übertragen wird. Dazu gehören ein funktionierender Rechtsstaat, die Auseinandersetzungen der Interessengruppen und eine pluralistische öffentliche Meinung. Variieren können Konkurrenzdemokratien u.a. hinsichtlich des Ausmaßes von Zentralismus bzw. Föderalismus, regionaler Besonderheiten und der Koordinationsformen der Interessengruppen.

Zwischen Kapitalismus und sozialer Marktwirtschaft

Marktwirtschaften sind ökonomische Systeme, in denen große und kleine Unternehmen dezentral ihre Entscheidungen über Investitionen und Beschäftigung treffen und in denen Arbeitnehmer frei über das Angebot ihrer Arbeitskraft entscheiden. Das ist Kapitalismus, aber in modernen Marktwirtschaften gibt es klare rechtliche Schranken gegen Willkür gegenüber Beschäftigten, Kunden und gegenüber der natürlichen Umwelt. Variieren können Marktwirtschaften z.B. hinsichtlich des Umfangs sozialstaatlicher Regelungen. Das heißt mit anderen Worten, dass moderne Marktwirtschaften in unterschiedlichem Grad soziale Marktwirtschaften sind und unterschiedliche Typen von Wohlfahrtsstaaten ausgebildet haben.

3.2 Wohlstandsgesellschaft mit Massenkonsum und Wohlfahrtsstaat

Konkurrenzdemokratie und Marktwirtschaft sind Grundinstitutionen moderner Gesellschaften. Als weitere Grundinstitution füge ich die Wohlstandsgesellschaft mit Massenkonsum und **Wohlfahrtsstaat** hinzu. Moderne Gesellschaften sind solche, in denen die Aufwendungen und Anstrengungen von Staat und Markt letztendlich an der Wohlfahrt des einzelnen Bürgers bzw. der privaten Haushalte gemessen werden, nicht an militärischer Stärke oder weltwirtschaftlichem Einfluss. Der Massenkonsum bedeutet den „Wohlstand für alle" und die Wahlmöglichkeiten *(provisions, options)* der Bürger. Der Wohlfahrtsstaat garantiert soziale Sicherheit im Sinne individueller Grundrechte *(entitlements)*.

Erst in den 1960er Jahren sind die westeuropäischen Gesellschaften durch die Ausbildung von Massenkonsum und Wohlfahrtsstaat in diesem Sinne moderne Gesellschaften geworden, und in den 1990er Jahren haben die osteuropäischen Gesellschaften überhaupt erst die Chance, auf dem Wege zu modernen Gesellschaften aufzuholen.

3.3 Zur Kritik der Modernisierungstheorie

Die skizzierten Vorstellungen über Modernisierung und moderne Gesellschaften sind heftig kritisiert worden. Bis zur Wende 1989/1990 stand mit dem Sozialismus eine Alternative zur Verfügung, dessen Thesen über die kapitalistische Ausbeutung auch viele Länder der dritten Welt übernommen hatten, z. B. in der Dependenciatheorie, die die Abhängigkeit der Peripherieländer durch die kapitalistischen Zentren thematisierte (vgl. So 1992). Aber schon lange vorher wurde sichtbar, dass Planwirtschaft und Erziehungsdiktatur nicht die Leistungen, vor allem nicht den Wohlstand, von Marktwirtschaften und Konkurrenzdemokratien erreichen können. Dennoch bleiben zahlreiche Einwände gegen das Konzept der Modernisierung, von denen ich drei nennen will. Erstens wird die „Amerikanisierung" und „Westernisierung" kritisiert, insbesondere die Dominanz des Vorbilds USA. Zweitens wird der verkürzte Blick kritisiert, der das große Ausmaß von Gewalt und Krieg in der Entwicklung unterschätzte; bei Individualisierungs- und Pluralisierungsvorstellungen würden das Gewicht traditioneller Bindungen und die ökologischen Grenzen des Wachstums übersehen. Eine dritte Linie der Kritik geht davon aus, dass im Laufe der zunehmenden Globalisierung die Nationalstaaten ihre Steuerungskraft verlieren und der Zusammenstoß der Kulturen (Huntington 2006) an die Stelle nationalstaatlicher Konkurrenz treten wird.

„Amerikanisierung"

„Halbierte Moderne"

Zusammenstoß der Kulturen

4 Sozialstruktur moderner Gesellschaften

Wie kann es mit den modernen Gesellschaften weitergehen? Für eine solche Frage hat sich die Szenario-Methode bewährt, in der man zentrale Elemente der Sozialstruktur, die man künftig für entwicklungsführend hält, hervorhebt. Ich werde am Schluss für das Modell der „weitergehenden Modernisierung" plädieren. Zuvor sind einige alternative Modelle vorzustellen.

4.1 Der Begriff Sozialstruktur

Dreifache Bedeutung von Sozialstruktur

Unter **Sozialstruktur** kann mindestens dreierlei verstanden werden:

- Erstens die demographische Grundgliederung der Bevölkerung und die Verteilung zentraler Ressourcen wie Bildung, Beruf und Einkommen. Üblicherweise wird dies im Querschnitt untersucht; neu ist die Längsschnittbetrachtung der sozialen Prägung des Lebenslaufs in der Abfolge der Generationen.
- Zweitens kann man unter Sozialstruktur – unter Einschluss von Werten und Mentalitäten – die Zusammenfassung dieser Gliederungen in soziale Klassen und Schichten verstehen; hierbei sind auch „flüssigere" Sozialmilieus und Lebensstile neben den Klassen und Schichten zu beachten.

- Drittens gibt es den Begriff von Sozialstruktur als dem historisch ausgeprägten System gesellschaftlicher Ordnungen oder Grundinstitutionen, wie wir sie oben definiert haben.

Auf der Ebene typologisierender Gesellschaftsmodelle werden die Postindustrielle Gesellschaft, die Informationsgesellschaft, die Informelle Gesellschaft, die Duale Gesellschaft und die Risikogesellschaft unterschieden (zu weiteren Gesellschaftsmodellen vgl. Immerfall 1995; Pongs 2000, 2007).

4.2 Typologisierende Gesellschaftsmodelle

Das Modell der **postindustriellen Gesellschaft** knüpft an einen sehr fruchtbaren Gedanken von Colin Clark und Jean Fourastié (1969) an, Gesellschaften und ihre Sozialstruktur anhand der Verteilung der Erwerbstätigen auf drei Sektoren zu charakterisieren: den primären Sektor der Landwirtschaft, den sekundären Sektor der Industrieproduktion und den tertiären Sektor der Dienstleistungen.

Vorläufer: das Drei-Sektoren-Modell

In der idealtypischen traditionalen Gesellschaft arbeiten 80 % und mehr der Beschäftigten in der Landwirtschaft. Dann wird der technische Fortschritt zum Motor der Modernisierung. Die idealtypische Industriegesellschaft hat nur noch 25 % der Beschäftigten in der Landwirtschaft, 50 % und mehr in der Industrieproduktion, den Rest in Dienstleistungen. Aber je mehr der technische Fortschritt in der Industrie zunimmt, desto größer wird der „Hunger nach Dienstleistungen", desto mehr Beschäftigte gehen aus der Produktion in die Dienste des Handels und Verkehrs, der Banken und Versicherungen, der öffentlichen Verwaltung, der Bildungseinrichtungen, des Gesundheitswesens und der Sozialarbeit.

Von der Dominanz des Agrarsektors zur Dominanz des Dienstleistungssektors

Die Expansion der Dienstleistungen verläuft im Übrigen parallel zur Ausdehnung der Frauenerwerbstätigkeit und der Expansion des Wohlfahrtsstaates. Daniel Bell (1996) hat von der postindustriellen Gesellschaft gesprochen, in der mehr als 50 % der Beschäftigten in Dienstleistungen tätig sind. Diese Schwelle ist zunächst von den Vereinigten Staaten in den 1960er Jahren überschritten worden; heute sind alle reichen OECD-Länder in diesem Sinn postindustriell. In der Bundesrepublik sind nahezu zwei Drittel der Erwerbstätigen in privaten und öffentlichen Dienstleistungen tätig.

Daniel Bell hat die traditionale Gesellschaft als „Spiel gegen die Natur" im Sinne eines Kampfes gegen Hunger und Armut beschrieben, die industrielle Gesellschaft als „Spiel gegen eine vom Menschen fabrizierte Natur", als Kampf um wirtschaftliches Wachstum. Die postindustrielle Gesellschaft ist demge-

Vom „Spiel gegen die Natur" zum „Spiel zwischen Personen"

genüber ein „Spiel zwischen Personen", ein Kampf um wissenschaftlichen Fortschritt und um persönliche Lebensziele. Wissenschaftler und Kommunikationsspezialisten sollen die künftigen Eliten sein. Postmaterialistische Werte sollen bei zunehmender Sättigung der Grundbedürfnisse die materialistischen Werte von Besitz und Konsum ablösen.

Es kann gar kein Zweifel bestehen, dass damit reale Entwicklungen beschrieben wurden: Wir sind auf solche Tendenzen bei der Individualisierung, der Pluralisierung der Lebensstile und der Suche nach Lebensqualität gestoßen. Aber die Industrie ist nicht verschwunden; sie hat sich vielmehr verwissenschaftlicht und in Teilen automatisiert. Noch immer geben Politiker und Unternehmer den Wissenschaften die Hauptrichtung vor, Chemie- und Automobilindustrie behaupten sich neben den neuen High-Tech-Industrien der Elektronik, der Luft- und Raumfahrt. Zahlreiche der expandierenden Dienstleistungen sind Dienste für die industrielle Produktion.

Trend der Verwissenschaftlichung und Automatisierung

Im Modell der **Informationsgesellschaft** (vgl. z. B. Spinner 1998) wird das der postindustriellen Gesellschaft sozusagen generalüberholt und neu adjustiert. Der Akzent liegt nicht mehr auf der umfassenden Ausweitung theoretischen Wissens und der sich selbst erhaltenden technologischen Innovationen, sondern auf der Überwindung der gegenwärtigen Innovationsengpässe mittels des Durchbruchs einer neuen Schlüsseltechnologie: der Verbindung von fortgeschrittener Informationstechnik mit Kommunikationstechnik (Telefon plus Kopierer gleich Telefax als frühes Beispiel, Vernetzung von Computern und Telekommunikation als gegenwärtiger Trend).

Durchbruch neuer Schlüsseltechnologien

Auswirkung der neuen Technologien

In gewisser Weise proklamiert dieses Modell eine Re-Industrialisierung, aber derart, dass die Entwicklung der neuen Technologien eine räumliche Dezentralisierung, die Aufwertung kleiner und mittlerer Unternehmen und einen schonenden Umgang mit den natürlichen Ressourcen ermöglicht. Derartige Tendenzen sind absehbar und jedenfalls realistischer als die Vorstellung einer High Tech-Welt vollautomatisierter Produktion, zentralgesteuerten Verkehrs, verbreiteter Tele-Heimarbeit und dem sich gleichermaßen selbst verwaltenden „intelligenten Haus".

In zwei weiteren Modellen, der Informellen Gesellschaft und der Dualen Gesellschaft, werden die Trends zur Informationsgesellschaft anders gewichtet und anders gewertet.

Einsatz der neuen Technologien für zunehmende Eigenproduktion

In der **Informellen Gesellschaft** oder Selbstbedienungsgesellschaft (*informalization* statt *informatization*, als englisches Wortspiel) ergänzen die Verbraucher die technologischen Innovationen der Anbieter in Industrie und Handel durch soziale Innovationen auf der Nachfrageseite, d. h. sie verändern ihre Verbrauchs- und Lebensgewohnheiten in Richtung auf größere Eigenproduktion und Selbstständigkeit. Wie Autos und Haushaltsgeräte eingesetzt werden, um zusammen mit der eigenen Arbeit Transportleistungen und

Hausarbeitsleistungen zu produzieren, so könnten auch die neuen Informations- und Kommunikationstechnologien eingesetzt werden, z. B. zur Eigenproduktion von Weiterbildung oder von Gesundheitsvorsorge.

Damit fällt ein erheblicher Teil der im postindustriellen Modell unterstellten Nachfragesteigerung für Dienstleistungen aus, aber es entsteht eine neue Nachfrage nach sog. intermediären Dienstleistungen, nach den Leistungen von Spezialisten, die Hardware und Software für die Eigenproduktion bereitstellen müssen (z. B. für das Erlernen einer Sprache im programmierten Unterricht). Das ist nicht unbedingt ein „grünes" Gesellschaftsmodell, aber es ist doch eines, das Vollbeschäftigung und den Normalarbeitstag nicht mehr unbedingt voraussetzt. Bisher hat es sicher keine massenhafte Verbreitung gefunden, wohl aber einige der neuen Lebensstile nachhaltig beeinflusst.

Negative Folgen neuer Technologien

Das Modell der **Dualen Gesellschaft** beleuchtet hingegen die negativen Folgen eines Siegeszugs der Informatisierung durch die neuen Technologien. Die Gesellschaft wird sich dann spalten in „Gewinner" und „Verlierer". Kernsektoren der Wirtschaft und Kernbelegschaften von Betrieben werden prosperieren, Randsektoren und Randbelegschaften werden verkümmern. Die inneren Städte werden veröden, während in den suburbanen Gebieten die wohlhabenden Bevölkerungsgruppen sich gegen die deprivierten Minderheiten abschotten.

Dies ist ersichtlich ein Szenario, das verschiedene Spaltungstendenzen der heutigen Welt zusammenwirft: die Verslumung der Riesenstädte in den unterentwickelten Ländern, die Ghettobildung und Rassendiskriminierung in den USA und andernorts, die Folgen von Rationalisierungsmaßnahmen in der Industrieproduktion.

Keine Verstetigung der „Zweidrittelgesellschaft"

Wiederum handelt es sich um reale Tendenzen, wie sie sich insbesondere dann ergeben, wenn sich das Innovationstempo erhöht. Aber diese Tendenzen haben sich bisher nicht so ausgebreitet, dass man moderne Gesellschaften als „Zweidrittelgesellschaften" bezeichnen könnte. Die Mobilitätsprozesse, die für moderne Gesellschaften so charakteristisch sind, verhinderten bisher die massenhafte Verfestigung von Armut, Arbeitslosigkeit und anderen Notlagen. Sie verhindern jedoch nicht, dass es auch in den reichen Gesellschaften zunehmend Armut, Aussonderung und Ghettobildung gibt. Der Kampf gegen Exklusion ist zu einem wichtigen Thema der Politik geworden, die gegenüber dem Markt wieder eine Aufwertung erfährt und in der Lage sein soll, „soziale Gerechtigkeit" durch die Verringerung von Verteilungsungleichheiten herzustellen. **Exklusion** meint eine mehrfache Benachteiligung: nicht nur Einkommensarmut oder Arbeitslosigkeit, sondern im Wortsinn den Ausschluss von einer menschenwürdigen Teilnahme am gesellschaftlichen Leben (vgl. Leisering 2000).

5 Reflexive und weitergehende Modernisierung

5.1 Der Doppelsinn des Begriffs Risikogesellschaft

Eines der am meisten diskutierten Modelle moderner Gesellschaften wurde von Ulrich Beck in seinem Buch „Risikogesellschaft“ (2006, zuerst 1986) vorgestellt. Hier findet sich auch eine aktuelle Kontroverse der Soziologie um die Zukunft moderner Gesellschaften. Der Untertitel lautet: „Auf dem Weg in eine andere Moderne“.

Unterschied von Risiko und „Restrisiko“

Moderne Gesellschaften sind **Risikogesellschaften** in einem doppelten Sinn. Zum einen sind sie nicht mehr blindlings Naturkatastrophen oder gesellschaftlichen Katastrophen ausgeliefert, weil gesellschaftliche Risiken, z. B. der Produktion, des Handels oder des Verkehrs, berechenbar sind, und weil man Vorsorge gegen sie treffen kann, z. B. durch Versicherungen. Zum anderen aber produzieren moderne Gesellschaften zunehmend Risiken einer solchen Art, eines solchen Ausmaßes, dass es dagegen keine Versicherungen mehr gibt – im wörtlichen wie im übertragenen Sinne: „Atomkraft, viele chemische und gentechnische Produktionen sowie die laufenden und drohenden ökologischen Zerstörungen“ behalten ein „Restrisiko“; sie werden zu „Gefahren“, die sich nicht mehr raum-zeitlich begrenzen lassen, die man nicht mehr einfach mit Geld kompensieren kann (Beck 2006).

5.2 Soziale und theoretische Konsequenzen im Stadium „reflexiver Modernisierung“

Das Versagen bisheriger Mechanismen der Problembearbeitung und Sicherheit

Nach Beck entsteht zwischen kontrollierter Sicherheit und der Ausbreitung nicht-berechenbarer Gefahren ein neuer Widerspruch, der in der Bevölkerung eine Spirale des Misstrauens in Gang setzt. Das Rechtssystem greift gegenüber diesen Großgefahren nicht mehr. Der Vertrauensverlust in die etablierten Institutionen hängt damit zusammen und auch der Zulauf, den soziale Bewegungen oder auch esoterische Zirkel finden. Es entstehen neue Ungleichheiten innerhalb der alten Lager von Arbeitgebern und Gewerkschaften und jenseits der bisherigen regionalen Ungleichheiten.

„Fortschritt“ kann zur Selbstvernichtung führen

Kraft ihrer Eigendynamik untergrabe die moderne Gesellschaft ihre industriegesellschaftlichen Gestalten von „Klasse, Schicht, Beruf, Geschlechtsrollen, Betrieb, Branchenstruktur und eben gerade auch die Voraussetzungen und Verlaufsformen des naturwüchsigen technisch-ökonomischen Fortschritts“. Beck nennt dieses neue Stadium, in dem Fortschritt zur Selbstvernichtung führen kann und Modernisierung die Modernisierung untergräbt, **reflexive Modernisierung.** Zugleich sieht er darin die soziale Kraft, die Widerstand und demokratische Subversion gegen eben diese Gefahren produziert (Beck 2006: 254 ff.).

Der Zusammenbruch des Sozialismus, die Transformation der kommunistischen Diktaturen in Demokratien und Marktwirtschaften ist, gemessen an diesem Modell, eine Wiederholung der einfachen Modernisierung. Sie verdeckt den „Konflikt der zwei Modernen" (Beck): der industriegesellschaftlichen Moderne gegen die der reflexiven Modernisierung, in der Patriarchat und Technikdominanz ebenso wie die ökologische Selbstzerstörung von einer neuen Politik überwunden werden.

„Konflikt der zwei Modernen"

Die Position von Ulrich Beck ist deshalb so faszinierend, weil sie sowohl am Programm der Modernisierung festhält als auch an einer fundamentalen Kritik der gegenwärtigen Gesellschaft, einschließlich des größten Teils der heutigen Soziologie. Beck will eine „andere Moderne" und eine einsichtsvollere, gewissenhaftere, reflektiertere, eben: reflexive Theorie entwerfen. Sie vermag die Anhänger der Kritischen Theorie für sich zu gewinnen, für die der Satz von T.W. Adorno (1903–1969) gilt: „Das Ganze ist das Unwahre". Sie vermag die enttäuschten Marxisten zu vereinnahmen, deren Träume vom Sozialismus zwar zerbrochen sind, die aber nun gezeigt bekommen, dass auch die marktwirtschaftlichen Demokratien an ihren Widersprüchen scheitern müssen. Sie ist eine modernisierte Variante der Spätkapitalismusdoktrin, wo bei die ökologische Krise jetzt die Rolle einnimmt, die seinerzeit die Legitimationskrise des Spätkapitalismus eingenommen hat. Sie ist eine weitere Theorie des „Dritten Weges" jenseits von Sozialismus und Kapitalismus.

Theoretische Anschlussfähigkeit der Risikogesellschaft

Es ist kaum zu bestreiten, dass sich in modernen Gesellschaften Individuen und Institutionen verändern und dass die Modernisierungstheorie in dem Sinn reflexiv sein muss, geplante und ungeplante Folgen von Handeln und Unterlassen zu reflektieren. Es ist aber durchaus zu bestreiten, dass die modernen Gesellschaften an einem grundlegenden Widerspruch (z.B. der ökologischen Krise) so leiden, dass sie nur durch fundamentale Veränderungen eine Überlebenschance besitzen. Die Rede von „fundamentalen Veränderungen" muss notwendigerweise metaphorisch bleiben, solange niemand plausible Gegenentwürfe zu den uns geläufigen Basisinstitutionen vorlegen kann.

Kein grundlegender Widerspruch moderner Gesellschaften

Eine theoretische Alternative besteht nun darin, den sozialen Wandel in modernen Gesellschaften, ihre weitere Modernisierung, als einen prinzipiell unabgeschlossenen Prozess von politischen Reformen sowie technischen und sozialen Innovationen zu begreifen. Die Kategorien Reformen und Innovationen sind operationalisierbar und evolutionär; man kann sie messen und dann angeben, welche Bedingungen für sie günstig sind: z.B. die Institutionen der Konkurrenzdemokratie und der sozialen Marktwirtschaft selbst, oder allgemeiner: die Bedingungen einer „offenen Gesellschaft".

5.3 Statt Systemkrise: Umstellungskrisen und weitergehende Modernisierung

Die vielen Probleme, die in den diversen Gesellschaftsmodellen ins Auge gefasst wurden, die vielen Konflikte, die sich aus alten und neuen Ungleichheiten ergeben, kumulieren nicht zu einer Systemkrise.

Definition Systemkrise

Unter einer **Systemkrise** ist eine fundamentale Veränderung zu verstehen, der Zusammenbruch der Basisinstitutionen: Konkurrenzdemokratie, Marktwirtschaft, Wohlstandsgesellschaft mit Massenkonsum und Wohlfahrtsstaat. Davon waren selbst Marxisten nicht mehr überzeugt, als sie die erstaunliche Regenerationsfähigkeit des kapitalistischen Systems durch die zyklisch auftretenden Kombinationen von „technologischen Durchbrüchen" und „politischen Reformen" zur Kenntnis nehmen mussten.

Es gibt zweifellos schwierige Umstellungskrisen: nicht nur im Verhältnis der Wirtschaftssektoren und zwischen Standorten und Branchen, sondern auch im Verhältnis zwischen Berufen und Berufsqualifikationen, zwischen Stadt, Land und Umland, zwischen den Geschlechtern, zwischen Jung und Alt.

Abwechseln von Reform/Innovation und Stagnation/Krise

Die Vorstellung, dass sich die gesellschaftliche Entwicklung in Schüben von Reformen und Innovationen nach Phasen der Stagnation und Krise vollzieht, in langfristigen Wellen, hat wieder an Bedeutung gewonnen und kann sowohl die linearen Gesellschaftsmodelle als auch die radikalen Programme einer Fundamentalveränderung ersetzen. Unter **Innovationen** sind nicht nur neue Güter, Produktionsmethoden und Absatzmärkte zu verstehen, sondern auch neue Organisationsformen und Lebensstile, die längerwährende Veränderungen auslösen. **Reformen** sind die politisch geplanten Veränderungen, die in einer prinzipiell als Ganzes nicht planbaren Gesellschaft ebenfalls längerwährende Wandlungen zur Folge haben.

Regelung der „sozialen Frage" als Beispiel

Ein exemplarischer Fall für die Bewältigung einer schweren Umstellungskrise war die Regelung der „sozialen Frage" seit Ende des 19. Jahrhunderts durch die Reformen und Innovationen des modernen Wohlfahrtsstaates. Bewusst ist von Bewältigung und Regelung und nicht von Lösung die Rede, weil in der Perspektive von Reform und Innovation endgültige Lösungen kein sinnvolles Ziel sind. Die soziale Sicherheit, die sich als Ergebnis dieser Reformen und Innovationen für die breite Bevölkerung eingestellt hat, war ihrerseits eine der Voraussetzungen für die Individualisierung der Ausbildung, der Familienbeziehungen, der Arbeitsverhältnisse usw., die heute in ihrer Spannung zur sozialen Sicherheit die Reformprobleme des Wohlfahrtsstaats bezeichnen. Auch die „ökologische Frage" wird in den nächsten Jahrzehnten prinzipiell mit ähnlichen Verfahren bewältigt werden.

Lösung der „ökologischen Frage"

Die größten Umstellungen wird dabei der Massenkonsum im Sinne eines qualitativen Wachstums und „sanfter Technik" erfahren. Der Massenkonsum als Basisinstitution moderner Gesellschaften, als Zugang zu Gütern und Diensten für alle, wird dabei nicht in Frage gestellt. Er bildet zusammen mit den Sicherungen des Wohlfahrtsstaats die Legitimationsgrundlage für Konkurrenzdemokratie und Marktwirtschaft, die ihrerseits die Steuerungsleistungen und Produktionsleistungen moderner Gesellschaften erbringen. Die Konkurrenzdemokratie wird sich durch Innovationen, z. B. im Bereich der Bürgerpartizipation und der Interessensorganisation, modernisieren müssen, die Marktwirtschaft durch neue Produktlinien mit ökologischen Sicherungen, neue Leitsektoren und neue Organisationsformen der Arbeit.

In einer Perspektive, in der Modernisierung als evolutionärer Prozess von scheiternden und erfolgreichen Reformen und Innovationen gesehen wird, haben auch die Basisinstitutionen Konkurrenzdemokratie, Marktwirtschaft und Wohlstandsgesellschaft keine Bestandsgarantie, aber gegenwärtig sind keine leistungsfähigeren Alternativen in Sicht. Die Größe von Problemen, z. B. die ökologische Krise, ist allein noch kein Argument für einen Systemwandel. Auch Großprobleme lassen sich durch räumliche, zeitliche, sachliche, soziale Teilung in Aufgaben transformieren, die man mit Reformen und Innovationen bewältigen kann. Erfolg als Teil einer evolutionären Entwicklung ist immer relativ gedacht: als die unter gegebenen Umständen relativ beste Lösung für eine bestimmte Zeit. In diesem Sinne ist von weitergehender Modernisierung zu sprechen, als dem Wandel im Einzelnen einschließlich von Fluktuationen und Tempowechseln bei genereller Richtungskonstanz in der absehbaren Zukunft.

Keine Alternativen zu den Basisinstitutionen

Diese abstrakten Überlegungen, abgeleitet aus der allgemeinen soziologischen Theorie werden sich in der raum-zeitlich bestimmbaren Welt der modernen Gesellschaften und Staaten bewähren müssen. Auf der Tagesordnung stehen aber auch die Transformationsprobleme der ehemals sozialistischen und autoritären Gesellschaften, die Integration von nunmehr 28 europäischen Gesellschaften und viele alte und neue Probleme, wie die Bekämpfung der Armut in der Dritten Welt, die Herausforderungen des islamischen Fundamentalismus, der Ökologie und der Globalisierung.

Informationsteil

Kommentierte Literatur zur Einführung/Vertiefung

Modernisierung/Modernisierungstheorien

Die Modernisierungstheorien der 1960er Jahre sind dokumentiert in: *Zapf W.*, Hg., Theorien des sozialen Wandels, Königsstein/Ts. ^{4}1979 (zuerst 1969). Dort finden sich Texte u. a. von G. Almond, R. Bendix, S. N. Eisenstadt, A. Etzioni, D. Lerner, T. Parsons, S. Rokkan und W. W. Rostow.

Eine gute Zusammenfassung dieser theoretischen Entwicklung gibt *P. Flora*, Modernisierungsforschung. Zur empirischen Analyse der gesellschaftlichen Entwicklung, Opladen 1974.

Zur Diskussion über Modernisierung und Modernisierungstheorie finden sich in Heft 1/1996 der Zeitschrift Leviathan die folgenden Beiträge: *Joas, H.*, Die Modernität des Krieges, S. 13–27; *Hondrich, K. O.*, Lassen sich soziale Beziehungen modernisieren?, S. 28–44; *Berger, J.*, Was behauptet die Modernisierungstheorie wirklich – und was wird ihr bloß unterstellt?, S. 45–62; *Zapf, W.*, Die Modernisierungstheorie und unterschiedliche Pfade der gesellschaftlichen Entwicklung, S. 63–77; *Senghaas, D.*, Wie geht es mit China weiter?, S. 78–92; *Giesen, B.*, Kulturelle Vielfalt und die Einheit der Moderne, S. 93–108.

Grundinstitutionen moderner Gesellschaften

Die Idee der Grundinstitutionen moderner Gesellschaften wird unter der Fragestellung nach den Voraussetzungen erfolgreicher liberaler Demokratien von *R. Dahrendorf* in seinem Buch „Gesellschaft und Demokratie in Deutschland", München ^{5}1977 (zuerst 1965), formuliert. Dieses Buch ist immer noch, auch wegen der weit ausholenden historischen Perspektive, eines der besten Bücher zum Thema.

Sozialstruktur moderner Gesellschaften

In dieser Lektion wird Sozialstruktur im Sinne der ersten beiden Definitionen (Demokratische Grundgliederung, Verteilung knapper hochbewerteter Güter; Klassen und Schichten, Sozialmilieus und Lebensstile) nicht weiter behandelt. Hierzu vergleiche das mehrfach aktualisierte Standardwerk von *B. Schäfers*, Sozialstruktur und sozialer Wandel in Deutschland, Konstanz ^{9}2012 sowie das von *B. Schäfers* und *W. Zapf* herausgegebene Handwörterbuch zur Gesellschaft Deutschlands, Opladen ^{2}2001.

Eine erweiterte Liste typologisierender Gesellschaftsmodelle findet sich in: *Immerfall, S.*, Einführung in den europäischen Gesellschaftsvergleich. Ansätze – Problemstellungen – Befunde, Passau ^{2}1995; unter der Überschrift „Soziologische Gegenwartsdeutungen" werden die multikulturelle Gesellschaft, die Organisationsgesellschaft, die Freizeitgesellschaft, die anonyme Massengesellschaft und die ergraute Gesellschaft diskutiert.

Eine noch weitergehende Ausdifferenzierung aktueller Gesellschaftstypisierungen findet sich in: *Pongs, A.*, In welcher Gesellschaft leben wir eigentlich? Bd. 1 München ^{3}2007, Bd. 2 München 2000.

Zum Thema Armut und Exklusion geben die folgenden Arbeiten einen breiten Überblick: *Cousins, C.*, Social Exclusion in Europe, Policy and Politics, 26 (1998), S. 127–146; Zeitschrift für Sozialreformen, 44 (1998), Heft 4–6, Armut in Europa; *Leisering, L.*, Exklusion – Elemente einer soziologischen Rekonstruktion, in: *Büchel, F. u. a.*, Zwischen drinnen und draußen, Opladen 2000, S. 11–26.

Reflexive und weitergehende Modernisierung

Das Buch von *U. Beck,* Risikogesellschaft. Auf dem Weg in eine andere Moderne, ist zuerst 1986 bei Suhrkamp in Frankfurt a. M. erschienen ([18]2006).

Die Diskussion „weitergehende Modernisierung versus reflexive Modernisierung" findet sich in den beiden Eröffnungsreferaten des Frankfurter Soziologentags von 1990: *Zapf, W.,* Modernisierung und Modernisierungstheorien, S. 23–39; *Beck, U.,* Der Konflikt der zwei Modernen, S. 40–53, in: *Zapf, W.,* Hg. (im Auftrag der Deutschen Gesellschaft für Soziologie), Die Modernisierung moderner Gesellschaften. Verhandlungen des 25. Deutschen Soziologentages in Frankfurt a. M. 1990, Frankfurt a. M. 1991. Inzwischen hat *U. Beck* sein Theorieprogramm unter dem Titel „Die zweite Moderne" weiterentwickelt und unter dieser Rubrik auch eine eigene Buchreihe im Suhrkamp Verlag aufgelegt.

Vgl. auch den Sammelband zu den zentralen Paradigmen des sozialen Wandels: *Schelkle, W. u. a.,* Paradigms of Social Change: Modernization, Development, Transformation, Evolution, Frankfurt a. M. 2000.

Zitierte und weiterführende Literatur

Beck, U., Risikogesellschaft. Auf dem Weg in eine andere Moderne, Frankfurt a. M. [18]2006 (zuerst 1986)

Ders., Was ist Globalisierung? Irrtümer des Globalismus, Antworten auf Globalisierung. Edition zweite Moderne, Frankfurt a. M. [9]2007 (zuerst 1997)

Ders./Giddens, A./Lash, S., Reflexive Modernisierung. Eine Kontroverse, Frankfurt a. M. [4]2003

Bell, D., Die nachindustrielle Gesellschaft, Frankfurt a. M. 1996 (orig. amerik. 1973)

Bendix, R., Modernisierung in internationaler Perspektive, in: *Zapf, W.,* Hg., a. a. O., 1969, s. 505–512

Elias, N., Über den Prozess der Zivilisation. Soziogenetische und psychogenetische Untersuchungen, Frankfurt a. M. 1998 (zuerst 1939)

Fourastié, J., Die große Hoffnung des Zwanzigsten Jahrhunderts, Köln [2]1969 (orig. franz. 1949)

Huntington, S. P., Kampf der Kulturen. Die Neugestaltung der Weltpolitik im 21. Jahrhundert, München/Wien 2006 (orig. amerik. 1996)

Leisering, L., in: *Büchel, F. u. a.,* a. a. O., 2000, S. 11–26

Marshall, T. H., Class, citizenship and social development: Essays, Garden City/New York 1965

Meadows, D. u. a., Die Grenzen des Wachstums. Bericht des Clubs of Rome zur Lage der Menschheit, Stuttgart [17]2000 (orig. amerik. 1972)

Parsons, T., Das Problem des Strukturwandels. Eine theoretische Skizze, in: *Zapf, W.,* Hg., a. a. O., 1979, S. 35–54

Rokkan, S., Die vergleichende Analyse der Staaten- und Nationenbildung. Modelle und Methoden, in: *Zapf, W.,* Hg., a. a. O., 1979, S. 228–252

Rostow, W. W., Stadien wirtschaftlichen Wachstums, Göttingen [2]1967 (orig. engl. 1960)
So, A. Y., Social Change and Development. Modernization, Dependency and World System Theories, Newbury Park 1992
Spinner, H. F., Die Architektur der Informationsgesellschaft, Bodenheim 1998
Zapf, W., Modernisierung, Wohlfahrtsentwicklung und Transformation. Soziologische Aufsätze 1987 bis 1994, Berlin 1994

Sachregister

Dieses Register ist eine Ergänzung zu den differenzierten Gliederungen und dem Randglossar. Hauptbegriffe der Lektionen werden halbfett hervorgehoben.

Herausgeber, Mitarbeiterinnen und Mitarbeiter

Korte, Hermann, geb. 1937 in Münster/Westf.; em. Professor für Soziologie an der Universität Hamburg

Schäfers, Bernhard, geb. 1939 in Münster/Westf.; em. Professor für Soziologie an der Universität Karlsruhe (TH)

Bublitz, Hannelore, geb. 1947 in Schleswig; em. Professorin für Soziologie an der Universität/GHS Paderborn

Gukenbiehl, Hermann L., geb. 1934 in Kaiserslautern; Professor i. R. für Soziologie an der Universität Koblenz-Landau, Abt. Landau; verstorben 2015

Hradil, Stefan, geb. 1946 in Frankenthal/Pfalz; em. Professor für Soziologie an der Johannes-Gutenberg-Universität Mainz

Imbusch, Peter, geb. 1960 in Vechta; Professor für Politische Soziologie an der Bergischen Universität Wuppertal

Klein, Gabriele, geb. 1957 in Wanne-Eickel; Professorin für Soziologie (Arbeitsbereich Soziologie und Psychologie von Bewegung, Sport und Tanz) an der Universität Hamburg

Liebsch, Katharina, geb. 1962 in Hamburg; Professorin für Soziologie an der Universität der Bundeswehr Hamburg

Peuckert, Rüdiger, geb. 1944 in Zittau; Professor i. R. für Soziologie am Fachbereich Sozialwissenschaften der Universität Osnabrück

Scherr, Albert, geb. 1958 in Edenkoben/Pfalz; Professor für Soziologie an der PH Freiburg/Br.

Thieme, Frank, geb. 1947 in Hagenow/Mecklenburg; Dr. rer. soc., Wissenschaftlicher Mitarbeiter an der Fakultät für Sozialwissenschaften der Ruhr-Universität Bochum

Zapf, Wolfgang, geb. 1937 in Frankfurt a. M.; em. Professor für Soziologie an der Freien Universität Berlin

Printed by Printforce, the Netherlands